传播力大讲堂

Experiencing Intercultural Communication: An Introduction

跨文化传播（第5版）
（5 EDITION）

［美］朱迪丝·N.马丁　托马斯·K.那卡雅玛　著

陈一鸣　刘巍巍　译

清华大学出版社
北京

Judith N.Martin; Thomas K.Nakayama
Experiencing Intercultural Communication: An Introduction, Fifth Edition
ISBN: 978-0-07-803692-7
Copyright ©2014 by McGraw-Hill Education.

All Rights reserved. No part of this publication may be reproduced or transmitted in any form or by any means, electronic or mechanical, including without limitation photocopying, recording, taping, or any database, information or retrieval system, without the prior written permission of the publisher.

This authorized Chinese translation edition is jointly published by McGraw-Hill Education and Tsinghua University Press Limited. This edition is authorized for sale in the People's Republic of China only, excluding Hong Kong, Macao SAR and Taiwan.
Copyright © 2018 by McGraw-Hill Education and Tsinghua University Press Limited.

版权所有。未经出版人事先书面许可，对本出版物的任何部分不得以任何方式或途径复制或传播，包括但不限于复印、录制、录音，或通过任何数据库、信息或可检索的系统。

本授权中文简体字翻译版由麦格劳-希尔（亚洲）教育出版公司和清华大学出版社有限公司合作出版。此版本经授权仅限于中华人民共和国境内（不包括中国香港、澳门特别行政区和中国台湾地区）销售发行。
版权©2018由麦格劳-希尔（亚洲）教育出版公司与清华大学出版社有限公司所有。

本书封面贴有McGraw-Hill公司防伪标签，无标签者不得销售。

北京市版权局著作权合同登记号 图字：01-2015-1596

版权所有，侵权必究。举报：010-62782989，beiqinquan@tup.tsinghua.edu.cn。

图书在版编目（CIP）数据

跨文化传播：第5版/（美）马丁（Judith N.Martin），（美）托马斯（Thomas K.Nakayama）著；陈一鸣，刘巍巍译．— 北京：清华大学出版社，2019（2023.6重印）
（传播力大讲堂）
书名原文：Experiencing Intercultural Communication: An Introduction
ISBN 978-7-302-47643-6

Ⅰ．①跨… Ⅱ．①马… ②托… ③陈… ④刘… Ⅲ．①文化传播 Ⅳ．①G206

中国版本图书馆CIP数据核字（2017）第155183号

责任编辑：纪海虹　李　莹
封面设计：崔振江
责任校对：王荣静
责任印制：丛怀宇

出版发行：清华大学出版社
　　　　网　　址：http://www.tup.com.cn, http://www.wqbook.com
　　　　地　　址：北京清华大学学研大厦A座　　邮　编：100084
　　　　社 总 机：010-83470000　　邮　购：010-62786544
　　　　投稿与读者服务：010-62776969，c-service@tup.tsinghua.edu.cn
　　　　质量反馈：010-62772015，zhiliang@tup.tsinghua.edu.cn
印 装 者：三河市龙大印装有限公司
经　　销：全国新华书店
开　　本：188mm×260mm　　印　张：25　　字　数：576千字
版　　次：2019年3月第1版　　印　次：2023年6月第4次印刷
定　　价：89.00元

产品编号：061648-01

PREFACE 序言

十年前,也就是我们最初决定写这本书时,我们无论如何也预料不到,在全球范围内会发生如此翻天覆地的巨变。伴随着这些变化的发生,我们在跨文化方面的研究进展也进一步凸显了跨文化传播在当今世界的重要性。当中国取代美国,变成世界最大的经济体时,会有哪些变化接踵而来?欧盟为了继续保持欧元作为通用货币,又将面临哪些变革?未来经济问题可能主导跨文化传播的形式和特征——因为商业将决定人们更加频繁地接触哪种文化类型。

可以预见,政府体系也将迎来改变。继"阿拉伯之春"后,我们无法预知阿拉伯民族以后的发展方向。日益发展的区域认同又将给一些民族(如比利时、加泰罗尼亚和苏格兰民族)带来哪些变化呢?巴勒斯坦国家是未来的发展趋势吗?如果是的话将给中东带来怎样的变化?随着这些变化出现在我们的视野,我们应该如何处理跨文化冲突?在这些冲突中跨文化传播有何作用?

自然灾害也可能影响跨文化传播。气候变化会要求我们与全球范围内的其他民族共同努力。干旱、地震、台风、飓风、海啸以及其他自然灾害也凸显了跨文化传播的必要性,因为这能帮助有需要的人。

社交媒体的盛行也带来了新的跨文化问题。一方面其可以促进跨文化理解;另一方面也导致对各种文化的负面性攻击。2012年,部分奥运运动员因为在Twitter上发布种族偏见的言论而陷入困境。这起使用社交媒体加剧跨文化冲突的事件,并非特例。正确使用社交媒体可以建立与其他文化交流的桥梁,而使用不当则会加深不同文化之间的隔阂。

在当今这个日新月异的世界,跨文化传播到底有哪些作用?我们应该如何利用跨文化技能为我们和他人的生活添姿添彩?研究跨文化传播的学者们应该聚焦于哪些方面?在这个变化的世界,怎样才能更好地理解跨文化传播?随着世界的变化,认识和了解过去对我们有何意义?我们是否应该关注特定文化相关的信息?或者我们是否应该致力于发展一些通用的规则?我们怎样才可以了解世界上的每一种文化、每一种语言?本书对以上以及很多关于跨文化传播的问题进行探究。

和之前出版的书籍相比,我们同样运用了各种渠道获得的信息,包括传统社会心理学方法、民族志研究以及最近主流社交媒体研究等渠道获得的信息。然而,本书强调的是跨文化传播的实践性和经验性特质。我们认为，许多跨文化情景都没有固定统一的答案。但是，当意识到跨文化传播学学生面临的复杂任务时，我们尝试提供一些可靠实用的指南。

本书的特征

本书在第一章介绍一系列技巧，并通篇强调跨文化传播的概念和技巧，尝试阐述跨文化传播的主要问题和关注点。本书包括技巧和理论的平衡。

- 技巧方面主要围绕文化和传播的概念方面展开。每个章节都有"培养跨文化技能"的部分，为提升读者的跨文化传播能力提供指南。
- 为理解跨文化传播提供一个框架，聚焦于建立四个板块（文化、传播、语境与权力）以及四个障碍（民族优越感、刻板印象、偏见和歧视）。
- 重点强调个人经历，包括学生的叙述和作者的个人经验。
- 材料尽量以学生易懂的方式表述。边栏处提供了四种引人深思且有趣的信息板块，供学生兴趣阅读。本版本还提供了最新案例和相关网址。

"你怎么看？"包含的信息和问题可以激发学生思考他们自身的文化和交流方式。

"极速冲浪"提供了几个网站，学生可以访问获得更多关于文化和交流的信息。

"流行文化聚焦"描述了当今主流文化里跨文化传播的实例。

"信息频道"主要陈述一些关于跨文化传播的有趣事实和图例。

- 包括关于历史和身份的独立章节，部分章节涉及白人种族，帮助欧美学生了解他们自身的文化。
- 聚焦于流行文化，有单独的章节和贯穿全文的实例进行阐述。
- 将概念运用于真实生活，该书有四个章节探讨跨文化传播对日常中旅游业、商业、教育和健康的影响。

第5版新增内容

本版本新增了如何应对跨文化传播面临的最新挑战，包括与日俱增的全球范围内的宗教和种族冲突，政治语境对跨文化人员的影响，以及科技上的挑战。例如，第六章描述了欧洲国家禁止戴头巾产生的影响；第八章延续了美国当前宗教的紧张局势，并新增了对平息种族冲突的探讨。

我们也意识到政治问题对跨文化语境的持续性影响。例如，第二章探讨了 DREAM 中的文化纷争；第四章讨论了作为美国民主的一部分的两性权益的影响；第十二章阐述了针对学童的亚拉巴马州移民法的影响。

进一步意识到科技在跨文化传播中的与日俱增的作用，第一章中我们更新了对电子设备探讨和统计；第四章中我们新增了关于 Facebook 上"虚假"身份的新材料；第五章新增了关于传播中新媒体对文化差异的影响，以及网上跨文化传播中文字的作用；第七章探讨了 2012 年伦敦奥运会期间 Twitter 如何被用于表达种族主义观点的；第十一章我们新增了对全球工作环境下虚拟传播中文化差异的讨论；第十章描述了新媒体在旅游业的作用。

全书内容概述

第一章重点阐述了社会生活和全球环境的动态变化，为跨文化传播研究提供理论依据，文中认为跨文化学习不仅可以改变个人，在这个联系日益紧密的地球村，社会和其他文化群体也受益匪浅。在该版中，我们更新了一些统计结论和实例，对社会偏见进行延伸探讨，强调了文化群体（如流浪者和网上欺凌受害者）的社会参与。

第二章就全书内容进行概括，并提出跨文化传播的四个板块建设——文化、传播、语境和权力，以及四个态度和行为上的障碍：民族优越感、刻板印象、偏见和歧视。此外，该书就民族和种族刻板印象方面提供了最新的实例。

第三章着眼于让学生意识到历史对了解当代跨文化传播的重要性，并探讨了后殖民历史如何与当今的全球外包和商业交织在一起。该版列举了历史帮助了解当代形势的最新实例，并强调影响跨文化关系的可能因素。

第四章探讨了身份和跨文化传播有关的问题。该章节论述了各种身份［性别、年龄、种族、民族（包括白人身份认同）、生理能力、宗教、阶层、国家和区域认同等］。我们还探讨了多文化认同——居住在交界处的人——的跨境问题以及文化差异和适应。该版亦新增了美国政府政策对两性权益的影响、流行文化产品最新实例及其对各种文化认同的影响。

第五章论述了跨文化传播中的语言表达问题，描述了文化在语言和交流形式上的变化，言谈、书写和沉默的态度以及权力和语言问题。本版讨论了幽默和俚语在跨文化传播中的使用，并讨论了社交媒体 (Facebook, Twitter) 对文化差异交流方式的影响。同时还增加了对书面交流中性别和文化差异的讨论。

第六章重点讨论了跨文化互动中的非言语行为的作用，描述了非言语交流中通用的以及文化特有的内容，以及非言语习惯可能造成刻板印象和偏见。该章节也论述了文化空间和其动态变化的本质，并将网络空间作为一个文化空间进行讨论。本版本还提供了伴随语言行为的文化演变的最新资料，进一步探讨了沉默在文化交流中的运用。

第七章阐述了流行文化和跨文化传播。首先阐述了流行文化的定义，探讨了流行文化如何让我们形成对文化群体的印象，以及我们对流行文化产品的消费（或抵触）方式。本版本列举了关于流行文化的最新实例，包括国际焦点俄罗斯"暴力小猫"朋克乐队，及伦敦奥运会运用 Twitter 来表达种族主义观点等。

第八章讨论了文化的作用和冲突。本章定义了跨文化冲突的特征，描述了个人、社会和政治层面的冲突，审视了宗教在跨文化冲突中的作用，以及不同文化应该采取的冲突管理方式。本书对经济状况和社会不平等在跨文化冲突中的作用进行了进一步的探讨。

第九章主要关于日常生活中的跨文化关系。定义了跨文化关系中的挑战和益处，审视了不同文化中这种关系的不同，并探讨了各种关系类型，包括朋友、同性恋、恋人和夫妻关系。本书中，我们进一步讨论了各种关系中的冲突协商，并新增了网上跨文化关系有关的材料。

第十至十三章主要探讨了特定语境中的跨文化传播。第十章论述了旅游业中跨文化传播相关的问题，探讨了本地人和游客之间可能的互动方式，不同的文化规则会如何影响游客的遭遇、语言和交流方式，以及本地人对游客的态度等。本书中亦探讨了最近经济下滑、政治不稳定、健康问题及环境灾难（地震和飓风）等对游客的影响，更新了一些关于医疗旅游的资料，并进一步讨论了可持续旅游项目。

第十一章聚焦于商业背景中的跨文化传播，提出国内和国际交流中面临的几个挑战（工作价值、管理方式的不同、语言问题以及反歧视行动）。另外我们还探讨了权力关系如何影响跨文化商业从业人员。本书还新增了一章节，探讨了跨文化与多元化训练和国际商业背景下的关系处理。

第十二章研究了跨文化传播和教育；探讨了不同的教育经验（如出国留学、特定文化背景）及交流面临的挑战（学生、老师、分数和权力扮演的不同角色）；强调了社会关怀以及文化在入学、反歧视行动（平权法案）及标准化测试的作用；并审视了教育移民带来的挑战。我们还探究了教育环境中欺凌和零容忍扮演的角色。

第十三章阐述了跨文化传播和卫生保健，重点聚焦于影响卫生保健的跨文化障碍、文化群体的历史待遇、权利变化、宗教信仰、影响交流的语言障碍等。卫生保健方面探讨了一些替代和补充医疗方法。本书亦提供了卫生保健中针对语言使用的法律要求和平价医疗法案（奥巴马）等有关信息。

附录

学生网上学习中心包括学生测试和一些有用的学习工具。

导师网上学习中心是一个受密码保护的网站，提供导师手册，测试试题库和幻灯片教案。

访问 www.mhhe.com/experiencing5e，阅读全文，可访问 www.CourseSmart.com. CourseSmart 可以帮助节省50%的课本打印费，降低对环境的影响，并获得有效的网上学习工具。CourseSmart 上提供多种电子教科书，包括各种高等教育出版社出版的普遍采用的教科书。CourseSmart 教科书可以兼容一千多种网上阅读器，支持全文搜索，带笔记和知识重点，以及实时邮件与同学们交流。

鸣谢

一如既往，我们向亚利桑那州立大学（ASU）文理学院人类传播系的同事们以及校外的同事表示衷心感谢。ASU 的同事们，基于他们和学生的生活经历，为我们提供了不少意见和见解。我们的同学也为该书贡献良多。感谢他们乐于分享生活中的亲身经历和故事，并积极支持该项目。

另外诚挚感谢我们的助理编辑 Priyadersini Eramath Murali，Gladys Muasya，和帮助我们完成空白处材料的学生助理 Monica Vuppalapati，感谢他独立创新地努力工作，并在不太可能完成的时间里独立完成了该工作。我们尤其要感谢以上学生的帮助，感谢他们完成我们提出的诸多生活和工作上的要求。

此外感谢其他传播学院同事们的贡献，包括 Anneliese Harper 教授（斯科茨代尔船舶学院），指出需要更多基于具体语境和经验的跨文化传播课程，因此启发了我们著写本书；Shelley Smith（明尼苏达德卢斯大学）、Dawn Braithwaite 教授（内布拉斯加州立大学）和

Denis Leclerc 教授（雷鸟国际管理学院）等人为我们第一版书籍的内容提供了材料和建议。感谢北加州梅克伦堡放射学协会的医学博士 Robert Barr，为卫生保健传播提供了贴心建议。

感谢 McGraw-Hill 的优良团队，让一切可能成为现实。感谢高级编辑 Susan Gouijnstook，为我们整个出版过程提供了技巧性指导。我们亦感谢本书的内容项目管理人员 M. Jane Lampe、全程服务项目管理人员 Vivek Khandelwal，以及文字编辑 Sue Nodine，尤其要特别鸣谢开发编辑 Nicole Bridge，感谢他一如既往的耐心，帮助我们有条不紊地完成进度。感谢营销专员 Alexandra Schultz 和管理编辑 Penina Braffman。

此外我们向以下读者和评论者表示诚挚感谢，你们洞察秋毫、极富见解的评论帮助我们更好地进行修订，改进手稿内容：伊利诺伊大学春田校区的 Amie D. Kincaid、宾夕法尼亚州立大学贝克斯校区的 Cheryl L. Nicholas、达顿学院的 Kevin C. Lee、胡德社区学院的 Marilyn Brimo，以及迈阿密达德学院的 Michael Lenaghan。

感谢以下朋友和同事，感谢他们帮助我们充实生活，了解跨文化生活意味着什么：Amalia Villegas 博士、Laura Laguna、Cruzita、Aurelio Mori、Lucia Madril 和他的家人，波特兰俄勒冈跨文化传播暑期学院的全体教职员、工作人员和参与人员，以及比利时蒙斯埃诺大学 (Universite de Mons-Hainaut) 的 Jean-Louis Sauvage。最后感谢我们的搭档 Ronald S. Chaldu、David L. Karbonski，感谢他们时时刻刻的陪伴和帮助。

目录

第一部分　跨文化传播的基本知识

第一章　学习跨文化传播　2

第二章　跨文化传播：组成元素与障碍　28

第三章　历史与跨文化传播　64

第四章　身份与跨文化传播　88

第二部分　跨文化传播的过程

第五章　跨文化传播中的语言问题　132

第六章　非语言传播问题　170

第三部分　日常生活中的跨文化传播

第七章　流行文化与跨文化传播　200

第八章　文化、传播和冲突　224

第九章　日常生活中的跨文化关系　254

第四部分　跨文化传播的实际运用

第十章　旅游业中的跨文化传播　288

第十一章　跨文化传播商务　308

第十二章　跨文化传播与教育　334

第十三章　跨文化传播与医疗　358

词汇表　378

第一部分

跨文化传播的基本知识

PART ONE

第一章 学习跨文化传播

章节概要

和平原则
经济原则
　工作场所
　全球经济
科技原则
　科技与人类传播
人口统计学原则
　美国人口统计学特征的变化
　移民模式的变化
自我意识原则
伦理原则
　伦理判断与文化价值观
　成为合乎道德的文化学习者
小结
培养跨文化技能
实践
注释

学习目标

读完本章节后,你应该能够

1. 描述学习跨文化传播的和平原则。
2. 分析和说明学习跨文化传播的经济与科技原则。
3. 描述变化中的美国人口学特征及世界移民模式如何影响跨文化传播。
4. 解释为何学习跨文化传播会增进自我认识。
5. 理解伦理与跨文化传播研究的普遍主义方法和相对主义方法的区别。
6. 分析和说明合乎伦理道德的文化学习者的特点。

关键词

可同化性、阶级结构、世界公民、跨文化培训师、人口统计学特征、多元化、聚居区、伦理、全球化、异质性、移民、边境加工厂、熔炉比喻、相对主义立场、自我意识、自我反思、普世主义立场

今天出生的孩子像成年人一样，几乎每天面对全球互相依存带来的问题：和平、食物、生活质量、通货膨胀或资源缺乏。他/她既是整个世界的行动者，又是受益者或受害人，他/她可能会问："为什么没人警告我？为什么我没接受更好的教育？为什么老师没有告诉我这些问题，并告诉我作为互相依存的人类一员，我的行为表现应该怎样？"

——罗伯特·穆勒 (Robert Muller)[1]

这句话出自"全球教育之父"罗伯特·穆勒，今天听起来仍和30年前一样中肯，它强调了解这个互相依存的世界的重要意义。过去5年全球经济衰退，国家和文化间的相互联系比任何时候都显得重要。专家认为，导致世界许多国家危机的事件是相似的。房价暴涨、房主和企业承担过多债务、贷款机构没有足够资产偿还债务；除此之外，还有危险、复杂的金融产品和大量家庭债务。经济学家描述了危机如何在一些国家例如冰岛、爱尔兰及美国开始，以多米诺骨牌效应蔓延至一个又一个国家，因为进口/出口及贸易平衡与借贷是相互关联的。[2]

全球的互相联系对个人影响巨大。也许，你父母或你认识的人失业或失去了房子，受过高等教育但失业的年轻人及少数族裔人数居高不下。让我们思考一下经济状况怎样影响跨文化关系。在美国，与父母同住的成年子女创下新纪录（占18~23岁成年人的53%），其中一些人身负大学学费的巨额债务。这种跨代的居住安排在某些

国家很常见，但在美国，这却为有独立思想的子女（及父母）带来了挑战，要求双方都具备（跨文化）传播技巧——坦率、尊重地彼此聆听。有些人甚至说这是好事——父母子女共度额外的时光，在其他环境下，他们是无法这样做的。[3]

经济衰退的另一个后果是国内外反对移民的人越来越多。失业或面临经济困难时，人们有时可能指责移民抢了他们的工作，或不公平地占用教育及社会服务资源。美国民意调查发现，在有人失业或害怕失业的家庭中，反对移民的态度尤其普遍[4]。2011年，在挪威夏令营枪杀孩子的悲剧就是由枪手的反移民态度导致。我们将在其后的章节讨论经济和对移民的态度如何互相影响。

在欧洲联盟（欧盟）的起步阶段，全球经济衰退对跨文化关系影响巨大。你可能知道，欧洲国家经历的危机不同，但经济互相关联。北部国家德国、芬兰、瑞典、丹麦厉行节约，经济相对健康，但正在被经济疲弱的南部国家希腊、西班牙、意大利拖累。由此引起的紧张气氛正在恶化旧的刻板印象。一方面，德国人（甚至一些政界人士）说希腊人怕工作、不守规则、过度挥霍，同时认为自己是勤奋工作并守法的人，量入为出。另一方面，希腊人也取笑德国人节俭，甚至重提"德国人是法西斯"的刻板印象[5]。欧洲消除种族歧视委员会 (European Commission against Racism and Intolerance, ECRI) 指出，经济危机正在"激化种族歧视"，这类种族歧视不仅针对移民，也针对少数族裔，发生在法国图卢兹犹太人学校的枪杀案就是证据。他们还注意到，互联网和社交媒体的作用越来越大：

> 社交媒体助长种族主义的惊人效果最近得到证实。互联网上排斥欧洲穆斯林移民的观点和全世界犹太人有阴谋的说法，加大了极端主义产生的风险。造成这个结果的另一个原因是，不同的互联网论坛通常吸引想法相似的人，鼓励/强化彼此的偏见，所以真实社群拒绝互相对话。（第10页）[6]

这对跨文化传播有什么意义？这些紧密的经济联系突出了经济全球化大趋势，也反映出每天有大量的人们与世界其他地方的人交流。有些人面对面交流，如留学的国际生、出差的人、游客、移民去国外的人等。有些人通过在线方式如互联网、发短信或其他通信媒介交流。

一些更大的力量推动人们与不同文化背景的人互相交流。经济是其中一个重要影响力，但人们进行跨文化联系的其他原因还有很多。战争或其他暴力冲突让有些人离开祖国，寻找更安全的居住地。自然灾害也会让人去其他可以重新生活的地区。有些人去其他地方追求更好的生活，或受好奇心推动寻找和游历世界其他地方。人们时常与其他国家的人相爱并组成家庭。你还能想到人们与不同文化的人交流的其他原因吗？

身为学习跨文化传播的学生，你要学什么才能理解跨文化传播的复杂程度？学习跨文化传播对你有什么好处？

人容易因为复杂变得不知所措。然而，不了解你想知道的一切也是学习过程的一部分，正是因为不可能知道一切，才使跨文化传播实践变得精彩。与其因为自己不知道的事气馁，还不如想想你可以从跨文化传播学到什么。本书会介绍一些思考跨文化传播的基本概念和准则。你可以靠聆听别人的经验学习很多跨文化传播知识，但跨文化传播是个终生项目，希望读过这本教科书很久之后，你还能继续学习。

专注于跨文化传播，努力在这个复杂的互动形式上变得更好，这为什么那么重要？学习更多跨文化传播知识的原因有几个。也许你想在工作中服务不同客户；也许你的大家庭中有不同种族、不同宗教的家人或身体有残障的家人，你想更理解他们。也许你想更好地理解职场中有不同文化背景的同事。也许你想多了解在互联网上和自己联络的人，或想多了解每日新闻里的国家和文化：伊拉克、大学校园里的种族矛盾、大小城市里的仇恨犯罪。在本章，我们讨论这些重要内容——学习跨文化传播的主要原则：和平、经济、科技、人口学特征、自我意识、种族。

和平原则

不同性别、年龄、民族、种族、语言、宗教的人能在地球和平共存吗？这是一个重要问题。人类历史及中东、伊拉克、朝鲜、伊朗、印度、巴基斯坦、爱尔兰的冲突很难让人乐观。从最早的文明社会至今，不同国民之间的接触经常导致不和谐。根据系统和平中心(Center for Systemic Peace)的资料，2006—2012年，世界上的武力冲突非常少，例如在尼日利亚、伊拉克、俄罗斯、肯尼亚、乍得，或者是因为有些国家的国民组织了起来对抗政府（叙利亚、利比亚、象牙海岸、埃及）[7]。想想苏联的民族斗争，印度尼西亚和东帝汶之间的冲突，以及美国不同城市内的种族矛盾与民族矛盾。其中一些冲突是全世界殖民主义的遗留问题——欧洲列强逼迫语言、文化、宗教或身份不同的族群组成一个国家。例如，在英国影响下形成的孟加拉、巴基斯坦、印度联盟；最终，巴基斯坦脱离印度独立，孟

你怎么看？

加拿大的一些国际名流提倡成立"和平部"或任命"和平部长"，"和平部"或"和平部长"可以促进在全世界用非暴力方法解决冲突。你认为和平部的主要功能可能是什么？什么人有能力成为和平部长？

加拉又脱离巴基斯坦独立。美国在菲律宾和夏威夷有殖民利益。在殖民主义的背景下，可以更好地理解一些前殖民地内的巨大差异及历史对抗。

人们经常因为冲突承受灾难性的后果，这些冲突并非由他们开始或选择。在这张图片里，加沙冲突的受害者在被战争摧毁的瓦砾中搜索。传播技巧对处理跨文化冲突至关重要，但却无法解决所有政治冲突。

有些冲突也与经济差距和经济殖民主义有关。有些人认为美国科技与媒体的巨大影响力有积极意义，但有些人却视其为对抗的成因。传播学者费尔南多·德尔加多(Fernando Delgado)描述了这些矛盾：

尽管在国内受到称赞，但这种文化优势仍会触发跨文化冲突，因为它抑制其他民族本土流行文化产品的发展，妨碍这些民族的经济发展，把美国价值观强加于其他文化。这些效果反过来导致愤恨和冲突。[8]

德尔加多认识到这个问题的复杂性。他最近去欧洲时，重新计算了室外涂鸦、报纸、电视节目中有反美情绪的言论。但美国的影响力在年轻人的音乐、电视、电影、汽车中仍很明显。他注意到，当地人对美国流行文化的渗入既惊讶又憎恨。幻想只学习跨文化传播就可以结束战争和文化冲突未免有些天真，但这些问题凸显出，我们需要对自己以外的群体多些了解。我们也需要记住，人通常生来就会遇到冲突，这些冲突不是由自己开始或选择，是被更大的社会力量影响。

全球化怎样成为你每天阅读的新闻？想想你每天读报时的头版新闻，你访问博客和网站时的报道，你看的新闻节目，你从收音机听到的新闻报道。新闻主要是本地事件还是国际事件？

经济原则

由于工作场所未来几年有巨大变化，你可能希望更了解跨文化传播。这也是了解其他文化和传播模式的重要原因之一。除此之外，学习跨文化传播对新兴跨国经济中的美国商业有重要战略意义。正如《华尔街日报》作家卡罗尔·海洛薇兹(Carol Hymowitsz)提出："如果公司打算把产品和服务销往全球，他们就需要大量具有不同观点和经验的员工。他们也需要了解不同国家与文化的高层管理人。"[9]

工作场所

考虑到美国的文化多样性日益增加，商界有必要更注意多元化的问题。因为工作场所变得更多元化，许多企业试图从这些差异中获利："一旦企业学会用包容的态度对待其成员，那么在企业如何看待客户储备、如何开发产品及评估商机、如何与社区联系方面都会有积极影响。"[10] 从职场文化差异中受益不仅涉及与不同员工及雇主工作，也涉及如何看待新业务市场，为不同的文化环境开发新产品，以适当的文化和有效的方式营销产品。从这个角度来看，多元化是企业有潜力的强大经济工具。我们会在第十一章继续讨论多元化的问题。

全球经济

全球企业都在**全球化**过程中继续扩大海外市场。这个新趋势在一位记者的报道中体现得非常明显，记者问戴尔电脑一位经理他的笔记本电脑在哪里制造。答案是，这台笔记本电脑由得克萨斯州及中国台湾地区工程师共同设计；微处理器在英特尔公司在菲律宾、哥斯达黎加、马来西亚或中国的其中一家工厂制造。存储器来自韩国、德国、中国台湾地区或日本工厂。其他部件（键盘、硬盘驱动器、电池等）由日本、中国台湾地区、爱尔兰、伊朗或英国公司制造，这些公司的工厂主要位于亚洲；最终，这台笔记本电脑在中国台湾地区组装。[11]

全球化对普通人的最大影响是什么？有些经济学家支持全球化，认为客户在价格方面的获益总是弥补损失。越来越多经济学家赞同这个观点。[12] 现在的全球经济面貌如何？全球经济怎样关联跨文化传播的问题？美国现在的零售增长比欧洲及日本快2.4%，但比其他许多国家慢。例如，中国的消费者支出增长了22倍，包括奢侈品网上销售的巨大增长。印度、俄罗斯的消费也在增长。[13] 工业发展稍逊的一些国家经济增长也不错。巴西、印度、中国占全球增长的50%以上，非洲国家（南非、阿尔及利亚、博茨瓦纳）和中东国家（土耳其、沙特阿拉伯）都显示出强劲的增长。2012年是一个重要的新里程碑，这些新兴经济体进口的商品超过了富裕国家。这些经济体购买了一半以上的摩托车（2000年开始有20%的增长），手机合同占80%。[14] 美国企业逐渐发现，为了竞争它们需要在全球销售。

21世纪，多元文化环境变得越来越普遍。在很多情况下，小群体内的工作尤其重要。在这种趋势下，雇员需要学会应对文化差异。

要在这个全球市场有效竞争的核心问题是，美国人必须知道其他国家是如何做生意的，以及如何谈有利于美国经济的生意。[15] 然而，美国人并非总是愿意花时间和精力这样做。美国营销广告翻译不准确的例子比比皆是，如大众汽车的 Nova 在南美洲的营销（no va 在西班牙语中是"不走"的意思）。[16] 与之相反，星巴克最近进入亚洲市场修改标志似乎获得了成功。星巴克决定删掉标志上的星巴克名称及"咖啡"一词，让标志呈现更圆润的外观，吸引了中国或其他亚洲国家的客户。[17]

另外，在理解全球市场时，还有其他的考量。把运营搬迁至海外并利用低劳动成本的优势，对公司有着深远的影响。**边境加工厂**

国际贸易是不同文化间互动的推动因素之一。如图所示，这些人正在抗议2009年4月于伦敦举行的G-20会议，因为他们担心，国际化引起的贫穷及不公日益增加，可能导致更多跨文化冲突。

是一个例子，边境加工厂是用国内劳动力，跨越美国—墨西哥边境的外国工厂。美国公司把工厂建在那里，可受益于当地更低的劳动成本，以及环境和其他企业法规的缺失，而墨西哥劳动者得到工作机会。因为墨西哥的空气污染及水污染法规没有美国的严格，很多边境加工厂对墨西哥境内的环境有负面影响。两国的经济与环境互相依存，两国也分享经济与环境的影响。因此，这体现的是墨西哥和美国相同的跨文化挑战。

为了跨越文化鸿沟，许多公司聘请**跨文化培训师**协助要出国的人，告诉他们应对文化差异的策略；据这些培训师汇报，日本人和其他商业人士决定在美国设厂或投资前，通常会用几年时间在美国学习英语或了解这个国家。相反，许多美国公司在派员工出国前只提供很少培训，甚至不培训，而且公司希望交易能很快完成。他们似乎对文化气质考虑甚少，这可能引起憎恶和不信任，加强负面的刻板印象，结果是失去商机。

未来，日本和其他亚洲国家及地区将为跨文化传播创造更多需求，拉丁美洲和非洲的经济发展也是如此。经济交易促进跨文化交流。发展不仅创造更多工作机会，也有更多来自全世界的客户购买商品并外出旅行。

科技原则

今天，人们通过短信、Twitter、Facebook、电子邮件、公告牌、博客、网站，以及语音邮件等旧科技与其他从未见过的人联络。用这些科技，不仅可以与其他人交流，还可以发展复杂的关系。

科技与人类传播

最近的调查显示，美国成年人平均每天发60条短信，而年长女性平均每天发100条短信，88%的美国人有一部手机。[18] 根据若干统计，人们在社交网站例如Facebook上花的时间比其他活动更多，80%的Facebook用户身处美国及加拿大以外。[19] 社交媒体例如Facebook和Twitter影响深远，理解这些科技对跨文化冲突可能产生的正面影响和负面影响很重要。例如，2011年1月日本海啸发生后，人们能够使用Twitter和Facebook接收最新信息并在随后与家人朋友联络。[20] 叙利亚、埃及、利比亚的人们可以通过文字及视频，每分每秒向全世界播放他们反抗压迫、争取民主的进程与挑战。[21]

另外，国家冰上曲棍球联盟(National League Hockey)的华盛顿首都队与波士顿棕熊队最近一次比赛，首都队一位黑人球员乔尔·沃德 (Joel Ward) 在加时赛进行 1.35 分钟后打出获胜的一个进球，Twitter 立刻"爆发"。据新闻报道，数千名心怀恶意的种族主义者发表言论，许多人用 N 开头的词（称呼黑人的歧视性词语）针对沃德，有些人提出冰上曲棍球是"白色"的运动，甚至有个人说 N***** 打进致胜一球让"他的失败伤害更大"。这些信息都说明传播科技带来广泛的负面影响。[22]

一些媒体专家担心，并非所有联系都能巩固我们的关系。有时，面对面也未必真正交流，因为我们在查看手机短信或在智能手机上搜索信息。形容这种状况的一个专业术语是"缺席的在场"[23]。还有人认为，科技让我们可以掌控自己的关系，使我们更容易在希望的时间以希望的方式交流，所以我们经常选择科技手段（如短信或语音邮件）拉长我们之间的距离。[24]

即便如此，全世界仍有越来越多人用科技彼此交流。思考一下这些统计数据

- 过去 10 年（2002—2012 年），非洲的互联网使用率增加了 2000%。
- 世界上 60% 的人口拥有手机；有种说法是，阿联酋每人拥有手机的数量最高（每人超过 2 部）。[25]

这与跨文化传播有什么关系？通过高科技的传播，我们经常以自己并不理解的方式，联络截然不同的人。在电子邮件网络和博客上联络的人，可能说着和我们不同的语言，来自不同国家，有不同的民族背景，有许多不同的生活经历。

人们"会面"的一个地点是博客和社交媒体，例如 Twitter。1999 年后，博客上的活动呈指数增长，原因之一是主流媒体逐渐承认博客内容是合法的新闻来源，因为博客用户能迅速轻松地更新，使用 Twitter 尤其如此，从 2011 年埃及和利比亚民主运动的报道就可以看到这种情况（请看"极速冲浪"）。人们在个人博客中记录日常活动并表达观点、想法、感觉、宗教信仰[26]，现在，人们在其他新媒体空间例如 Twitter 上撰写类似博客的素材（发布笑话和链接，报道日常活动，表达政治观点）。Twitter 特别受欢迎，因为它可以密切关注我们不认识的人，数百万人视 Twitter 为一个更大的社交媒体网络，用它传播市场信息、政治信息、新闻、个人信息。面世 6 年，Twitter 的发展速度呈指数增长，人们现在一天就发出 3.5 亿条消息！[27] 科技让许多人遇到多语言环境的频率增加；他们必须决定使用哪种语言。对比人类 100 多年前的日常生活环境，那时，人们很少与自

流行文化聚焦

电影《大都会》（Metropolis，1927）设定在未来 2020 年，其中炫目的新式建筑展现出一个发展过快的世界景象。片中有人们对未来的一切恐惧——从机器人取代人类工作而使失业者群起反叛，到一个工业家企图统治世界而创造出一个足以毁灭世界的电子人。《大都会》还预言了传播中视觉科技在全球急速发展的统治地位，以及当下与未来流行文化日益增长的势力。

- 你觉得电影预言的事已经成真了吗？
- 在过去一世纪里，传播科技怎样在政治与经济上，改变了全球图景？
- 新媒体技术用什么方式促进了全球范围的跨文化关系？以什么方式阻碍了群体间的关系？

己村外说不同语言的人交流。我的学生莉迪亚(Lydia),这样描述在网上进行跨文化传播的挑战:

我大学最后一年的室友来自中国台湾地区,我们成了好朋友。她6月回台湾后,我们决定继续通过Facebook和Skype保持好友关系。我发现,和她在网上交流更难,因为她总是不明白我在写什么,而我又不能像和她面谈时一样重复句子;同样,她写的内容我也不懂。用Skype交流则容易得多,所以我们经常用这种方式保持联络。

对学习跨文化传播的人来说,感兴趣的一个问题是"数字鸿沟",它存在于可以使用和无法使用科技产品(如互联网)的人之间。

研究显示,在美国可以使用互联网的人是年轻人或中年人,这些人是大学毕业生或学生,有不错的收入。如果我们比较教育水平及收入水平相似的使用者,会发现种族和民族似乎不是使用互联网的重要因素。[28] 虽然数字鸿沟正在缩小,但某些群体仍然滞后——低收入及受教育较少的群体。"互联网联通性"取决于一个人的社会地位,甚至比收入、教育或是否可以使用家庭电脑更重要。如果有人的朋友和家人上网,能帮忙解决与互联网有关的问题,而且认为互联网在生活中起重要作用(例如,找工作时与人联络,获得职业发展技巧,完成工作,提供娱乐等)[29],这些人就更可能上网。

美国以外甚至存在更大的不平等。非洲人口占全世界人口的14%以上,但互联网用户只占世界的3%,而北美洲人口只占世界人口的5%,但互联网用户占世界的17.5%。世界上互联网用户占人口比例较低的国家有:科索沃(20%);尼加拉瓜(12%);印度(8%);柬埔寨(2%);索马里(1%)。[30]

这些不平等对跨文化传播有极大影响。在全球信息社会,信息是重要商品。人人都需要信息运作。在日益"互联网化"的社会,这种能力尤其重要。很容易看到,如果没有这些技巧和知识,一个人可能会觉得被边缘化,与社会的中心脱节。[31]

人口统计学原则

人口统计学特征指特定人口的一般特征。如2000年及2010年美国统计数据所示,在你有生之年,即未来50年,美国人口统计学特征预计会有巨大变化。你们工作时的劳动人口肯定和你们父母那一代不同。这些变化有两个来源:美国国内人口统计学特征的变化和移民模式的变化。

美国人口统计学特征的变化

根据美国人口资料局(U.S. Population Reference Bureau, PRB)的数据,至2050年,全国的西班牙裔人口及亚裔人口预计是现在的3倍,而非西班牙裔白人人口预计增长更缓慢,仅占全国人口的大约一半。有西班牙血统的人(可以是任何种族)将从3600万增加至1.03亿。亚裔人口预计是现在的3倍,从1100万增加至3300万。2050年,黑人人口预计从3600万增加至6100万,增长71%。这个变化将使黑人占全国人口的比例从2000年的13%增加至2050年的15%。

2000—2050年,人口中的"其他种族"(包括美国印第安人、阿拉斯加土著、夏威夷人及太平洋岛屿人的其他人口,也包括在统计表上填2个或以上种族的人口类别)预计是现在的3倍,从700万增加至大约2200万。[32]

另一个有趣的预测是"多种族"类别,某种程度上是因为种族不同的夫妻增加。[33] 2000年的普查首先允许人们选择"2个或以上的种族",2.4%的受访者选了这个选项,预计这个数字会增加。2010年普查公布的最新数据显示,日益多元化的预计完全正确,反映出美国民族和种族结构的急剧变化。实际上,美国又向人口统计学的里程碑走近了一步,没有一个族群再占大多数,这在4个州(加利福尼亚、夏威夷、新墨西哥、得克萨斯)的317个县已成为现实,哥伦比亚特区、内华达州、亚利桑那州、佛罗里达州、佐治亚州、马里兰州也在逐渐靠近这个里程碑。如你所见,人口多元化的州主要在美国南部地区及西部地区。这些统计数据显示,居住地点更大程度决定你有多少机会和不同民族或种族的人交流。[34] 总之,新劳动者与现有劳动者的融合将为美国商界带来机遇与挑战,也为整个国家带来机遇与挑战。

移民模式的变化

人口特征变化的第二个因素是不同的**移民**模式。美国移民的故事有着相反的两面。尽管美国经常被认为是移民国家,但它也是通过征服当地原住民而建立的国家,经济繁荣是因为逼迫输入的数百万非洲人当奴隶。认识美国人的不同经历很重要,这样,我们才能更好地理解身为美国籍非洲人有什么意义。如果想更好地理解现代美国社会,我们不能简单认为美国是个移民国家。

现在的移民模式对社会环境有重大影响,海外出生的人口占总人口的比例不断增加,从1970年大约5%增加至2012年超过12%。

流行文化聚焦

以下几部电影讲述的是移民如何在新环境中生存的故事。看看这些电影,比较早期到美国(《大地雄心》Far and Away)与近期到美国的移民(《美国梦》In America)的经历。比较到美国与到英国的移民(《美丽坏东西》Dirty Pretty Things)的经历。以历史背景和国家为基础的移民经历有什么区别?又有什么相同?

《更好的生活》(A Better Life,2011)。墨西哥移民的辛酸故事,园丁努力保护儿子远离东洛杉矶社区的帮派与其他坏影响,努力开始自己的园艺生意。移民家庭起起落落的真实写照。

《美丽坏东西》(2002)。善良的尼日利亚医生和土耳其女服务员在西伦敦的同一家宾馆工作,那里充斥着毒品交易和卖淫。当医生在旅馆厕所发现一然而，这仍比 1800—1900 年的大移民数字要小，大移民时期，大部分欧洲人来到美国。根据美国人口资料局 (U.S. Population Reference Bureau, PRB) 的数据，今天移民人口的大部分来自拉丁美洲（52%）及亚洲（25%）。这些移民也倾向于在某些地区定居。他们更喜欢居住在美国西部，更喜欢居住在大城市的中心位置，使这些地区更加多元化。这些移民变化加上家庭的日益多元化，清楚显示美国正在变得更加**异质**（多元）。[35]

这些人口统计学的变化，为学习跨文化传播的学生和社会带来许多机遇与挑战。必须承认不同种族与民族群体之间的矛盾，承认对政治上占统治地位的群体的惧怕。然而，跨文化冲突并非**多元化**的必然结果。我们在第九章会看到，跨文化冲突在某种情况下可以导致非常正面的结果，包括减少偏见和建立正面的族群间关系。例如，多族群的校园可为跨文化交往提供机会，并培养跨文化友谊——营造大量在正式与非正式场合接触的机会，促进交流，并借以推动友谊的发展。[36] 实际上，一个校园更多元化，学生就更可能发展跨文化友谊，这并不奇怪——这些友谊给我们机会，在语言、政治、社会、不同生活方式及思考方式上开阔眼界。[37] 接触不同的做事方式并把这些习惯融入自己的生活方式，我们经常能从中受益。

历史回顾 要对美国今天的社会文化状况有更好的认识，让我们来看看历史。正如之前所讲，美国一直是移民国家。当欧洲人到达新世界境内时，约 800 万至 1000 万印第安人已在这里居住。这两个族群——开拓殖民地的欧洲人与印第安人的冲突结果众所周知。至 1940 年，印第安人已减少至大约 25 万人。今天，约有 250 万印第安人（来自 542 个受认可部落）在美国生活。[38]

非洲裔美国移民是美国移民历史中的一个特例，因为他们来到这个国家并非出于自愿。一些欧洲人也是以契约劳工或合同劳工身份移居美国的。但到 17 世纪中期，契约制被终止，因为对农民来说不够经济，也没有解决劳动力长期缺乏的问题。[39] 地主需要扣押工人，让他们既不能逃走，也不能成为竞争者，最终只能成为奴隶。不选择印第安人是因为他们总能逃回自己的土地，但非洲人不能。实际上，当时欧洲人与非洲人之间已有奴隶贸易，因此美洲成为主要市场。奴隶贸易持续了大约 350 年，约有 900 万至 1000 万非洲人到达美洲（但大部分人却在前往海外的残酷行程中丧命）。[40] 如詹姆士·鲍德温 (James Baldwin) 所说，奴隶制度使美国历史及现有人种间的关系和欧洲历史及人种间的关系不同。[41]

从历史角度看，奴隶制度是很多白人的道德两难问题，但今天

颗人体心脏后，他揭开了隐藏的罪行。

《美国梦》(2002)。胸怀抱负的爱尔兰演员和家人非法移民美国。在纽约，他们努力把残破的公寓变成舒适的家。在他们努力适应新国家的时候，这个家庭找到了新朋友麦提欧，这位孤僻的邻居以意想不到的方式为他们提供帮助。

《大地雄心》(1992)。19 世纪末，一对爱尔兰年轻人带着在新国家拥有土地的远大理想前往美国。电影接着展示了他们的生活，男青年当拳击手，女青年当舞蹈演员。然后他们去了鸡肉加工厂，在那里存钱直到可以去西部买土地。同时，女青年的父母发现她去了美国，也去当地找她并想带她回家。

常见的反应是忽略历史。很多白人说，并非所有白人都有奴隶，所以，我们应该忘记这段历史继续前进。但对大多数非洲裔美国人来说，这是无法接受的。哈佛大学美国黑人研究及宗教哲学教授科内尔·韦斯特 (Cornel West) 表示，我们应该从承认美国社会的历史缺点开始，承认奴隶制度的历史后果。[42] 一直以来南部邦联的旗帜在南卡罗来纳州议会大楼上飘扬，这个持续受争议的话题反映了以不同方式记住过去的愿望。值得注意的有趣事实是，美国有几个大屠杀博物馆，但最近国家才正式承认恐怖的奴隶制度——计划修建美国国立博物馆，以非洲裔美国人历史及文化为主题，计划于 2015 年开幕。计划兴建的第二个博物馆——美国国立奴隶博物馆似乎已被放弃，这个博物馆设计成"高耸的玻璃和大理石建筑……中庭有一艘照原物尺寸仿造的奴隶船"。[43]

居民和移民（老居民和新来者）之间的关系经常有各种争议。19 世纪，印第安人经常夹在美国人和欧洲竞争者之间。例如，1812 年战争期间，印第安人与英国人结盟，战争结束后被美国严厉惩罚。1832 年美国国会承认了印第安人自治的权利，但 1871 年的国会法案废除了美国政府和印第安人部落之间的协议。1887 年，国会通过了《道斯土地占有法》(Dawes Severalty Act)，结束了印第安人与美国政府的特殊关系，为把印第安人逐出他们的土地铺平了道路。

因为移民继续从欧洲涌入，更多已完全安定下来的欧洲移民，主要是英国移民，努力保护他们的生活方式、语言、文化。詹姆斯·班克斯 (James Banks) 意识到了贯穿国家历史的不同冲突，其中一些并非美国独有，而是来源于欧洲。[44] 例如，1729 年，一个英国匪帮阻止了一群爱尔兰移民在波士顿上岸。几年之后，另一个匪帮又在马萨诸塞州伍斯特毁坏了一座苏格兰—爱尔兰长老会新教堂。随后，来自欧洲北部及西部的移民成为美国文化的主导，来自欧洲南部、中部、东部的移民只能融入所谓的主流文化，跳进"熔炉"成为"美国人"。

19 世纪末和 20 世纪初，一场反移民的本土主义运动提倡针对新移民的暴力。例如，1885 年，28 名华人在怀俄明州一场反华人的骚乱中丧生；1891 年，一个白人匪帮袭击洛杉矶的华人社区，杀害了 19 人；1891 年，新奥尔良州 11 名意大利裔美国人被私刑处死。

反移民、本土主义的情绪也得到政府支持。1882 年，国会通过了《排华法案》，正式禁止中国人移民美国。1924 年，《约翰逊·里德法案》及《排斥东方人法案》设立了严格的移民配额，完全禁止亚洲人移民。高木罗纳 (Ronald Takaki) 认为，1924 年的这些法律"规

> **信息频道**
> 奴隶贸易是世界历史上第一个组织吗？联合国教科文组织 (UNESCO) 有一个叫"奴隶贸易"的项目，该项目 1994 年启动，目标是维持和平承诺、保护历史事实、坚持跨文化对话、维护人权与发展。联合国教科文组织文化项目致力于改善全球的跨文化对话。

定了以国籍为基础的移民配额：每年批准的移民人数限制为1890年在美国居住的各国籍海外出生人口的2%"[45]。这些法案的理论基础是，经济及政治机会是否应该留给白人及在当地出生的美国人。因此，美国白人占多数，不仅仅是更多欧洲人想来这里；是美国政府把我们的社会设计成这样。[46]

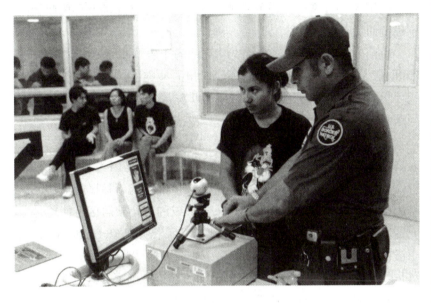

加利福尼亚圣伊西德罗的移民官，在比对移民的指印和绿卡上显示的指印。移民，尤其是来自亚洲和和拉丁美洲的移民，能丰富一些美国人的跨文化经历。

至20世纪30年代，来自南欧及东欧的移民被认为**可同化**，或者说能成为白人美国社会的成员，种族概念呈现了新含义。全部所谓的白种人被认为已融为一体，所以种族敌视情绪指向了非白人民族的成员，例如亚裔美国人、印第安人、墨西哥裔美国人；这种偏见对非洲裔美国人尤其具有破坏力。[47]20世纪前50年，在经济增长但脆弱的经济环境里，只有白人才能确保自己的地位。白人移民赚到的工资可能相对较低，但他们能收到额外的"心理"工资，形式包括更优质的学校教育、不断增加的公共设施、更多的社会尊重。

经济环境形成对外国工人的不同态度及不同移民政策。因此，在20世纪30年代经济大萧条时，墨西哥人及墨西哥裔美国人被逼返回墨西哥，为美国白人空出工作岗位。20世纪40年代繁荣重现时，作为廉价劳动力墨西哥人又受到欢迎。2006年，许多企业和政府赞同与墨西哥实施"外来工人计划"，该计划允许墨西哥工人临时在美国居住。实际上，这种情况在世界各地都有。北非工人在法国也是时而受欢迎，时而被拒绝，决定因素是法国的经济状况和对进口劳工的需求。这些移民不满和被边缘化的结果可以从法国2005年秋及2007年的骚乱中看到，从伦敦2011年的骚乱中也可以看到这个结果。在法国，制造骚乱的主要是北非移民的后裔；在英国，许

流行文化聚光灯

如果还没看的话，请看看这部在2003年3月荣获10项奥斯卡提名的电影《纽约黑帮》（*Gangs of New York*）。影片突出了移居当地的居民和新移民之间经常爆发的冲突。影片也表现了纽约埃里斯岛的历史，该岛在20世纪初是许多移民进入美国的著名的移民检查站。这部影片中有多名受欢迎的演员：莱昂纳多·迪卡普里奥、丹尼尔·戴-刘易斯、卡梅隆·迪亚兹。

多是加勒比海及非洲移民的后裔。英国和法国的骚乱首先始于贫穷社区的人。《经济学人》表示，在法国"比起伊斯兰教，引起动荡不安的更大原因是缺乏工作"，在伦敦，飞速上涨的房价把中产阶级迅速推到"更边缘"的社区。[48] 土耳其外来工在德国也受到相似的不确定因素限制。在肯尼亚的印度工人，在马来西亚的中国移民，离开自己国家在外辛苦工作的其他工人都会因经济浮动及移民政策的不确定而受苦。

目前的情况　今天，不同文化之间的矛盾及冲突传统继续存在。20世纪90年代发生在南加利福尼亚州的冲突，其根源是美国人口统计学的变化。实际上，大洛杉矶的状况是美国21世纪跨文化传播问题的典型例子。

洛杉矶拉丁美洲人、非洲裔美国人、韩裔美国人、欧洲裔美国人之间的矛盾可以在不同层面分析。有些冲突是因为不同的语言、价值观、生活方式。有些非洲裔美国人憎恨韩国新移民的成功，这是历史上一种普遍的反应。定居模式形成的文化**聚居区**可能也是形成冲突的原因——例如，拉丁美洲人在英格尔伍德(Inglewood)及东洛杉矶定居，韩国人在洛杉矶市中心西段的"非凡大道"(Miracle Mile)定居，而白人居住在城市的西面。在这个国家的其他地方，住在城郊的大多数美国白人都住在以白人为主的地区。[49]

有些冲突可能是因为这些不同族群之间存在的经济实力悬殊。要理解这种悬殊，我们需要看看经济阶级的问题。多数美国人不愿承认**阶级结构**的存在，更别说承认在这个结构中向上层移动有多困难。事实是，多数人终生生活的经济阶级都与自己出生时相同。另外，美国文化的神话〔又叫霍雷肖·阿尔杰（Horatio Alger）神话，即任何人都能通过努力工作在阶级结构中上升〕并无合适的存在环境。相反，它既强化中产阶级及上层社会觉得自己优越的信念，又使劳动阶级成员保留可以进步的错误希望。美国恰好有足够的成功故事——例如，名人奥普拉·温弗瑞(Oprah Winfrey)、前总统比尔·克林顿(Bill Clinton)、饶舌歌手埃米纳姆(Eminem)、歌手及词曲作家多莉·巴顿(Dolly Parton)、温蒂汉堡(Wendy's)创办人戴夫·托马斯(Dave Thomas)向上层移动的故事给人深刻印象，继续保持神话。

事实上美国贫富阶层之间的收入差距比其他任何工业国家都大。[50] 这个差距仍在继续扩大，尤其是2007年12月至2009年6月最近的一次经济衰退，这是自大萧条后最大的经济衰退。当经济衰退正式结束时，专家指出经济复苏的轨迹有两条：一条适合典型的

流行文化聚焦

电影《西班牙女佣》(*Spanglish*, 2004)表现的是墨西哥移民母亲及女儿在美国的生活。母亲受雇照顾一个富裕的美国家庭的孩子，最终，为了有更多时间和雇主的孩子一起，移民母亲被要求放弃照顾自己的女儿。电影显示了当前有关跨文化主义和移民政策的争论。白人家庭和移民家庭的交流体现了跨文化交流的复杂性。尽管有语言障碍和文化差异，两个家庭仍然尽力适应彼此。

工人家庭，另一条适合富裕阶层。当许多美国家庭仍与失业和止赎斗争时，富裕阶层却看到收入和财富急剧增长——他们从股票市场的高收入及创纪录的公司盈利中获益。

富人与其他阶层之间惊人的差距不容小觑——现在的差距是有史以来最大的。更确切说，现在，美国 1% 最富裕家庭拥有的资本净值是中等家庭或典型家庭资本净值的 225 倍。[51] 最近的统计数据显示，最贫穷的穷人（收入是官方贫穷线的一半）数量创新高，从 2008 年的 5.7% 上升到今天的 6.3%。儿童贫穷的比例现在是 21%，2000 年为 16%。[52] 公司搬到美国国内或国外劳动力较便宜的地区，流失稳定的工业职位是一个原因，房产价值下降是另一个原因。阶级和人口统计学问题也有影响，占少数的种族和民族受经济下滑的打击最大。2009 年，黑人家庭资产净值（从资产中减去负债后拥有的净值）中位数达到历史最低纪录——2200 美元；白人家庭资产净值中位数是 97 000 美元。[53] 要改变这种差异不易，但差异对我们的跨文化交流有什么影响？

白天接触不同的族群主要在学校、企业、医院，在这期间，不同族群带来不同的语言、历史、经济背景。这为我们社会及个人打破对好莱坞的固有印象，认识多元化，应用跨文化传播知识带来了挑战。也许，第一步就要认识到，**熔炉的比喻**（所有移民进入熔炉，融入美国社会）难以实现。也就是说，并非所有移民都能以同样方式融入美国社会。

有关移民矛盾的后遗症保留至今。随着经济下滑，许多美国人不喜欢移民；他们把移民视为工作的额外竞争者。有关移民，产生争议的一个领域是高水平技工。美国通常发放 H-1B 签证给这些工人在当地工作。但是，经济逐渐衰退时，高水平技工可能不会选择留在美国。哈佛法学院一位高级研究员观察到：

> 因为与 H-1B 工人及技术移民有关的争论加剧，我们正在忽视一个重要事实：美国不再是唯一有机会的地方。如果不希望移民融入我们的创新与经济增长，他们现在还有其他选择。回国的移民人数增加。新研究显示，他们回国后可享有更好的生活质量、更好的职业前途，以及离家人、朋友更近的舒适感觉。[54]

移民变化对我们的社会有什么影响？失去高水平技工对我们经济和技术复苏的能力有什么影响？这些变化如何影响我们与别人互动？

幸好，尽管有文化差异，多数人仍然可以在学校、企业、其他环境的日常活动中协商。多元化可以是积极的力量。多元化的美国

你怎么看？
别人的资料有助于我们以不同的方式了解自己。2012 年全球十大最高建筑，只有一个在美国——芝加哥的威利斯大厦（前称希尔斯塔）。现在的世界最高建筑是迪拜的哈利法塔。另外，跨度最大的悬索桥在日本兵库县。美国最长的桥是纽约韦拉札诺大桥，排名世界第 8。这些事实令你惊讶吗？或者能让你以不同的方式看待美国吗？

人口特征为我们提供了十分丰富的语言和不同食物，给我们资源迎接新的社会挑战，创造国内外的新商机。

自我意识原则

学习跨文化传播最重要的原因是取得对自己文化身份与背景的认识。这种**自我意识**是最不明显的原因之一。著名社会心理学家皮特·阿德勒(Peter Adler)发现，跨文化传播学习以了解另一种文化及现实开始，以回到自己文化的旅程结束。[55]

笔者自己生活的例子浮现在脑海中。朱迪思最早在公立学校的经历使她意识到不是人人都披"头巾"、穿"长袍"、戴"无边帽"，而这些是阿米什人/门诺派家庭中女性常穿的服饰。朱迪思意识到自己的家庭与交往的多数家庭不同。几年后，当朱迪思在北非阿尔及利亚的一个伊斯兰国家教高中时，她意识到了新教徒的宗教身份认同问题。12月25日来了又去，她一直在上课，完全无人提及圣诞节。朱迪思从未想过庆祝圣诞节有什么特殊，或这个节日有什么特殊。然后，她意识到这个特定文化活动对个人的独一无二。

开始上小学时，作为日本后裔，汤姆读的是一所白人学校，在种族隔离的美国南部，一些非洲裔学生对他直直的黑头发感到好奇。那时，他意识到自己和黑人学生之间的联系，开始形成关于自己身份的自我意识核心。住在日益多元化的世界，我们可以把握机会学习更多有关自己文化背景和身份的东西，了解自己和所交流的人有怎样的相似或不同。然而，意识到跨文化学习不总是轻松舒适很重要。你学到什么取决于你在社会中的社会地位和经济地位。来自少数种族或民族的人，通过跨文化交流产生自我意识，可能会对多数族裔表现出的轻微怠慢学会谨慎对待或不表示惊讶。例如，一位非洲裔美国同事说，她注意到一些白人收银员在找回零钱的时候会避免碰到她的手。

如果你是白人和中产阶级，跨文化学习可能意味着强化你优越的自我意识。一名白人同事说起在牙买加度假区由黑人服务的不舒服经历，这些黑人的祖先被欧洲殖民者当奴隶带到那儿。一方面，像我们同事一样的游客体验新文化和新地点是一种特权。另一方面，有人可能会想，通过这种旅行，我们是否在重塑与历史相同的后殖民经济模式。

产生于跨文化学习的自我意识可能包含一种日益加强的意识，这种意识将涉及那些不属于我们自己的政治、经济、历史系统的产生。

伦理原则

住在跨文化的世界，会产生有挑战性的伦理问题，这些问题可以通过学习跨文化传播解决。**伦理**准则也许可以认为是有助于约束个人与群体行为的行为准则。这些准则通常来源于大众对于什么是好行为，什么是坏行为的看法。文化价值告诉我们什么是"好"，什么是"应该"。

伦理判断与文化价值观

伦理判断更关注人类行为对与错的程度，而不是文化价值。[56]

有些判断陈述得非常明确。例如，"十诫"告诉我们偷盗、说谎、谋杀等行为是错的。有些美国人还学到己所不欲、勿施于人的"黄金法则"。法律经常反映主流群体的文化价值。例如，以前美国很多州都有禁止不同种族通婚的法律。现代有关同性婚姻合法与否的争论反映出文化价值在法律中的作用。其他一些源自我们文化经历的相同法则可能没有那么明确——例如，人应该受到平等对待，他们应该努力工作。

在跨文化传播中，一些问题以伦理讨论的形式出现在脑海里。例如，两个伦理系统碰撞时会发生什么？做正确的事，为更美好社会做贡献的想法可以是重要动力，但在跨文化传播更具体的情况下，知道什么是"正确"也不总是那么容易。伦理原则通常受文化制约，跨文化冲突起源于什么构成道德行为的不同观念。

另一个伦理两难问题涉及跨国公司做生意的标准。美国国会及证券交易委员会认为，为了促进贸易，公司向其他国家的政府官员付款是不道德的。本质上，这种付款类似于行贿。但是，在很多国家，政府官员的收入主要来自这种非正式途径，而不是由税收支持。对跨国附属企业的员工来说，什么是道德的行为呢？

答案取决于一个人看问题的角度。[57] 根据**普世主义立场**，我们需要分辨出适用于不同文化的原则。例如，普世主义者可能尝试分辨多数社会认为错误的行为和状况，例如谋杀、叛国、偷窃。有些抱极端普世主义态度的人可能坚持文化差异只是表面的，对与错的基本观念才是普遍的。有些宗教采用普世的态度——例如，"十诫"是一种普遍的行为准则。但基督教团体通常不同意《圣经》的普遍性。例如，《新约全书》的教诲主要只是耶稣时代基督徒的准则呢，

> **信息频道**
>
> 在伦敦，在电影院里接吻是不合法的。在格陵兰爱斯基摩人那里，提他们自己的名字是禁忌。唐老鸭漫画书在芬兰图书馆是被禁的，因为政府觉得让孩子们看到主人公不穿裤子到处乱跑不太好。（资料来源：It is Illegal to Quack Like a Duck and Other Frenky Laus, by Barbara Seuling and Gwen Senling, 1988, New York: Penguin Grop.）

还是适用于 21 世纪基督徒的准则？对寻找道德准则的许多人来说，这些是有难度的问题。

相反，根据**相对主义立场**，任何文化行为只有在其产生的文化背景中才能判断。这表示只有社群才能真正对其成员做出道德判断。跨文化学者威廉·S.豪威尔(William S. Howell)解释相对主义者的态度：

> 道德原则在行动上有偶然性。环境和人产生很大影响……环境、状态、互动的时机、人的关系——都影响应用道德标准的方式。道德是操作层面的一种背景功能……所有道德选择源自决策者的观念，一个人独一无二的人生经验，在决策者下决定的背景中产生这些观念。[58]

这些不是简单的问题，哲学家及人类学家一直竭尽全力发展既可普遍应用，又可反映全世界巨大文化差异的道德准则。

社会学者大卫·W.卡尔(David W. Kale)为跨文化传播草拟了一个普世的道德准则。这个准则的基础是一个普世信念——人类精神的圣洁及对和平的渴望。[59] 当我们可能希望普世道德准则存在时必须小心，不要认为别人会与我们有同样的道德准则。当我们在不同情况下接触其他道德准则时，知道我们是否把自己的道德准则强加于人通常不易，知道我们是否应该这样也不易。这些道德难题没有简单的答案。

哲学家克瓦米·阿皮亚(Kwame Appiah)与大卫·卡尔(David Kale)一样，认为包容这种普世价值存在且应该存在。他探讨"我的价值观是唯一正确的"错误信念如何会导致基督教徒及穆斯林的偏狭、残忍，甚至杀戮（例如，在堕胎诊所或其他建筑放置炸弹）。他提出如何保持普世价值但仍然尊重不同文化的难题。他的答案是，我们必须都成为**世界公民**，不仅认真对待人生的价值，也认真对待人生的细节，永远不忘记每个人都对别人有责任。[60]

跨文化传播研究应该不只提供对文化模式的洞察力，也有助于解决涉及跨文化交流的道德问题。阿皮亚(Appiah)及其他当代学者强调对话及"跨越差异对话"的重要性，建议身为世界公民，把我们的生活和其他人协调，共同批评现有的标准，找到更能接受的道德标准。[61] 首先，我们应该能根据文化优先的不同变化判断什么是道德和不道德的行为。其次，我们应该在道德冲突的跨文化背景中确认文化行为的指导准则。

另一个道德问题与跨文化传播学术研究的应用有关。一位国际教育工作者埃弗雷特·克雷占斯(Everett Kleinjans)，强调国际教育与其他类型的教育不同：尽管所有教育可能都有变化的潜力，但学习作为跨文化联系的结果尤其如此，因为，它处理的是人类行为的基本层面。[62] 学习跨文化传播有时让人质疑我们系统的核心，也会带来信念、价值、行为模式的挑战。

成为合乎道德的文化学习者

学习文化模式与（自己及其他人的）文化身份是学习跨文化传播的一部分。有四个重要的技巧：练习自我反思、了解别人、聆听别人的声音、培养社会正义感。

练习自我反思 自我反思指我们"望向镜子里面"看自己的过程。学习跨文化传播的过程中，你必须了解自己和自己在社会中的地位。学习其他文化和文化习俗的时候，你通常也能学到很多关于你自己的东西。从经验中学习知识也是学习跨文化传播的一个重要方法。跨文化经验教你很多在不同文化背景中如何反应和互动的知识，帮你评估形势，处理不确定的事件。要学习跨文化传播，对跨文化经验的自我反思还有很长一段路要走。考虑跨文化传播中的道德问题时，你需要分清自己跨文化体验的优势和限制。许多移民发现，离开自己的国家前，他们从未对国籍有深刻感觉。当得到更多跨文化体验时，你的道德观就可能改变，这是自我反思过程的其中一部分。例如，认识包办婚姻成功的人之前，你可能认为包办婚姻是错误和不道德的，然而与传统的"浪漫"婚姻相比，包办婚姻的离婚率其实非常低。

逐步灌输给你的许多文化态度及观念，很难被发现和瓦解。认识你是谁从来都不简单；相反，这是一个持续的过程，这个过程永远无法吸引出现的所有人。不仅因为你在变老，也因为跨文化经验改变你是什么人，改变你认为自己是什么人。朱迪思比较自己在法国和墨西哥的跨文化经验时发现，尽管两种经验相似，她自己对跨文化冲突的反应却非常不同，因为去法国时她更年轻，对自己身份的认同还没那么强。

反思自己的社会地位也很重要。通过了解自己所属的社会阶级（由社会定义的群体）及这些阶级的含义，你会更好地理解如何交流。例如，你是男性或女性可能影响你如何解释性骚扰的某些信息。又或者，你属于某些群体成员的身份可能允许你讲特定的词语和幽默，但用其他词语或讲其他幽默可能就会惹麻烦。例如，许多比利时人非常在意法国人讲的"比利时笑话"(blagues belges) 或与比利时有关的幽默。但是，如果比利时人讲同样的笑话，又会有不同的含义。认识自己属于哪个社会阶层，分辨别人认为你属于哪个社会阶层都

你怎么看？

人们如何学习本土文化？"阿拉斯加原住民知识网"（www.ankn.uat.edu/index.html）对阿拉斯加原住民的知识体系，与认识方式进行编撰，并与外界交换信息。他们尽力保存与理解阿拉斯加原住民的经验。

你是否了解澳大利亚土著、新西兰毛利人、斯堪的纳维亚萨米族，以及美国印第安和夏威夷原住民？你会如何去了解他们？

很重要，因为这会影响别人如何诠释你表达的信息。

了解别人　文化研究实际是对其他人的研究，这是需要记住的重要一点。永远不要忽视研究主题中的人文元素。试试不要像看动物园的动物那样观察人。记住你研究的是真正的人，他们有真实的生命，你的结论不管对他们或对你都有实实在在的影响。

汤姆长大之后，很惊讶听到一位年长女士说她第一次见到日本人或中国人是在马戏团，那时那位女士还是个小女孩。朱迪思记得，在亚利桑那州窗户岩的纳瓦霍族集会，看到有白人游客偷拍宗教仪式上纳瓦霍族舞者时的不安感觉。在这种情况下，人们看待和对待不同人的方式似乎是把他们的文化习俗当成陈列品或娱乐，根本没有尝试认真了解他们或他们的文化。

当学习文化的学生尝试讨论其他人的文化模式时，文化研究学者琳达·阿尔克弗 (Linda Alcoff) 谈到了涉及的道德问题。[63] 她承认"为"文化背景不同的人说话和"谈论"文化背景不同的人都不易。她说，学习文化的学生应该试试"与"人说话和"对"人说话。与其仅仅从远距离描述他人，更好的方法是聆听并参加与他们文化事实有关的对话。

聆听别人的声音　我们从真实生活经验学到很多。聆听不同人的经验可以形成看世界的不同方法。以人种、性别、性向、国籍、民族、年龄等为基础的许多不同，深深影响人们的日常生活。请仔细聆听，因为人们的经验和知识有助于我们了解其他文化。这里的聆听不仅仅包括与别人面对面交谈。也指通过网络、电影、博客倾听其他人的声音（请阅读前一页的"你怎么看"，本页的"极速冲浪"及下一页的"流行文化聚焦"）。

传播学者斯达鲁斯塔和陈 (Starosta & Chen) 表示，专注聆听（而不是交谈）是成功的跨文化理解的核心。他们认为，优秀的跨文化聆听者从文化背景不同的许多人那里接受"人生故事"，作为理解和解释周围世界的方式。这些聆听技巧建立在公开、好奇心、共鸣的基础上。[64]

日本学者石井 (Ishii) 认为，跨文化传播的核心是聆听。有效的跨文化传播者善解人意，开口讲话前仔细聆听别人的话。他/她听到别人的话，考虑再考虑，尝试不同的诠释，尽力理解说话者可能的意图。当聆听者认为明白说话者的观点时，就可以一直用温和的方式回应。[65] 只有真正仔细聆听，我们才能真正理解另一个人，这就是这里要表达的观点。

培养社会正义感　最后一个道德问题是获得跨文化知识与洞察

极速冲浪
你知道
- 居住在其他国家的土耳其人有多少？
- 哪些国家智商测试的结果最好？
- 在哪些国家同性婚姻、雷达检测器、人造大麻是合法的？

了解这些信息会让你的跨文化交流更有效吗？

流行文化聚焦
《不朽的园丁》(2005) 讲述贾斯汀·奎尔的故事，他是派驻肯亚的英国低级外交官，他的妻子特莎是关注贫穷及社

力时的责任感。怎样应用跨文化知识是道德的？怎样应用是不道德？一种令人质疑做法是，有人为了不经同意改变别人的宗教信仰而研究跨文化传播。例如，有些宗教组织，以英语会话课程作伪装，在大学为国际生上圣经研究课。另一种值得质疑的做法是，跨文化顾问在简介会或短期培训时歪曲或夸大自己处理偏见和种族主义复杂问题的能力。还有一种对道德责任的看法是，跨文化学习不仅可以改变人，还应该在日益互相依存的世界里让社会更多人及其他文化群体受益。实践社会公益的第一步是承认压迫和不公平存在。正如我们试图指出的那样，文化差异不仅有趣和迷人，而且存在于阶级制度中，有些人有特权，为其他人设置规则。

例如，在同性恋年轻人成为欺凌目标的环境里，你怎样应用跨文化传播的概念？统计数据显示，这类成年人受欺凌的次数比异性恋同龄人多两至三倍，而且通常发生在 Facebook 和 Twitter 等社交媒体上，那里的受众更多，而且相对使用匿名方式。[66] 为什么会发生这种事？怎样才能减少针对某种特定文化群体的侵害？

在其后几章，你们将学习不同文化群体之间冲突的原因与模式，偏见与歧视的起源，以及减少冲突与歧视的策略。想想另一个文化传播学者很少提及的文化群体——露宿者，他们经常也是偏见和暴力的目标。也许对这个群体多一些了解，多一些对跨文化传播道德的应用，就可以更好地理解这些人，最终减少歧视与偏见。以支持者身份在丹佛为露宿者工作之后，传播学者菲尔·汤普金斯(Phil Tompkins)这样描述传播技巧与社会正义之间的联系。他对社会正义的解释是："与相似和不同组织附属机构的人交流、激励、支持、组织、工作的过程，帮助所有人赢得尊敬，以有利于社区及个人的方式参与社会活动。"[67] 这个定义有三部分主要内容：(1) 交流是中心；(2) 社会正义的结果必须对社会有益，而不只是对有关的个人有益；及 (3) 所有人的尊敬和参与是重要的。希望阅读后面几章的时候，你们会同意学习跨文化传播也包含对跨文化知识的道德应用。

当你把自己和别人当文化生物了解时，当你理解互动发生的更大经济、政治、历史环境时，有没有继续学习的道德责任？流行文化产品，例如电影，在激励人实现社会正义中起了作用吗？（请阅读前一页的"流行文化聚光灯"）我们相信作为日益紧密联系的全球社区的成员，跨文化传播学生有责任教育自己，教育内容不仅是有趣的文化差异，还有跨文化冲突、固有印象及偏见的影响，以及压制和否定基本人权的大系统，除了学习外也把这些知识用在自己生活和互动的社群中。

会公益的活动家。他们反对跨国大药厂用肯亚贫民窟的艾滋病病人测试危险药物，这些药物有可怕的副作用。这部电影涉及环境、贪污、贫穷问题。这类电影是鼓励观众在全球环境下争取社会公益吗？你认为他们表现了真实的非洲生活吗？或者他们只是保持了欧洲殖民者陈旧的固有印象，殖民地的"贫穷"非洲人只能依靠欧洲白人"拯救"他们？这类电影对非洲人和英国人或美国人之间的跨文化交往有什么影响？

小结

在这一章中，我们确认了学习跨文化传播的六个原因：和平原则、经济原则、科技原则，人口统计学原则、自我意识原则、道德原则。也许你会想到一些其他原因。我们强调，跨文化传播进行的环境既复杂又有挑战性。

培养跨文化技能

什么是跨越文化有效传播的必要技巧？给出在任何情况下有效的建议实属不易，因为传播太复杂。但是，我们可以确认一些一般技巧，这些一般技巧可在本书涵盖的不同跨文化传播层面应用：（1）理解文化身份与历史；（2）改善口头传播与非口头传播；（3）理解跨文化传播中流行文化扮演的角色；（4）建立关系，解决冲突。

在本书内，我们把重点放在培养和改善以下传播技巧：

1. 更注意你的交流传播。听起来可能简单，但你多久才会真正考虑一次自己的传播及传播是否有效？你的很多传播，包括跨文化传播，产生在无意识层面。改善跨文化传播的第一步是注意你发出和接收的消息，包括口头与非口头消息、面对面及以媒体文字（Facebook，Twitter，短信）发出的消息。你面对面交流和在网上的沟通方式有区别吗？只有开始从意识层面注意传播，你才真正在改善自己的传播。

2. 更注意别人的交流传播。了解别人的传播要求有重要的跨文化技巧——共鸣，知道其他人来自哪里，或者知道"他/她的做事方式"。这不是简单的事，尤其是网上传播，但通过改善观察技巧，学习如何建立更好的跨文化关系，你可以达到目标。

3. 扩展你的跨文化传播技巧。这包含尝试用不同的方式看世界（口头与非口头传播，面对面及在网上传播）。建立这个技巧要求你跨出自己的传播舒适区，以不同的角度看事情。建立技巧可能也要求质疑你以前从未考虑的想法和设想。这是扩大你传播选择的部分方法。

4. 让自己的传播方式变得更灵活。这与之前的技巧（也许是最重要的技巧）紧密联系，这包括避免所谓的"固化分类"。

5. 成为别人的支持者。这并不是传播技巧列表中常有的技巧。要在群体内改善跨文化传播，我们要听到每个人的声音。无论是以民族、种族、性别、身体能力或其他差异为基础，改善群组内的人际关系不仅仅是改善个人的传播技巧；也包括与别人合作。

请记住，成为更好的跨文化传播者不能一蹴而就，需要终生努力。在后面每一章，我们都会邀请你接受挑战，继续建立这些技巧。

实践

1. 跨文化体验：描述和分析你和某类人首次交往的跨文化体验，例如不同年纪、不同民族、不同种族、不同宗教的人。

　　a. 描述体验。什么让这次体验"跨文化"？

　　b. 你对体验有什么反应？是正面经验还是负面经验？

　　c. 你从体验中学到了什么？基于这个体验，分析一些对成功的跨文化体验可能很重要的特点？

2. 跨文化的重要原因：学习跨文化传播的原因有很多，包括本章讨论的6个原因。你还能想到什么其他重要原因？

3. 家用产品：看看你家里的产品。这些产品的产地有哪些不同国家？你购买这些产品对跨文化联系可能有什么推动作用？

注释

1. Muller, R. (1982). *New Genesis. Shaping a Global Spirituality.* New York: Doubleday, p. 6.
2. Claessens, S., Dell'Ariccia, G., Igan, D., & Laeven, L. (2010). Cross-country experiences and policy implications from the global financial crisis. *Economic Policy, 25*(62), 269–293.
3. Fairbanks, A. M. (2012, May 13). 2011 college grads moving home, saddled with historic levels of student loan debt. huffingtonpost.com. Retrieved May 15, 2012, from http://www.huffingtonpost.com/2011/05/13/college-graduates-moving-home-debt_n_861849.html.
4. Gogoi, P. (2010, July 21). The jobless effect: The toxic mix of illegal immigration and unemployment. *dailyfinance.com*. Retrieved May 14, 2012, from http://www.dailyfinance.com/2010/07/21/illegal-immigration-and-unemployment-toxic-mix/.
5. Mahony, H. (2012, February 2). National stereotyping—the eurozone's other story. *euobserver.com*. Retrieved May 15, 2012, from http://euobserver.com/843/115340.
6. ECRI (2012, May). European Commission against Racism and Intolerance (ECRI). Annual Report on ECRI's activities. Retrieved May 15, 2012, from http://www.coe.int/t/dghl/monitoring/ecri/activities/Annual_Reports/Annual%20report%202011.pdf.
7. Marshall, M. G., & Cole, B. R. (2012). *Global report 2011: Conflict, governance, and state fragility*. Retrieved May 25, 2012, from http://www.systemicpeace.org/GlobalReport2011.pdf.
8. Delgado, F. (2002). Mass-mediated communication and intercultural conflict. In J. M. Martin, T. K. Nakayama, & L. A. Flores (Eds.), *Readings in intercultural communication* (pp. 351–360). Boston: McGraw-Hill, p. 353.
9. Hymowitz, C. (2005, November 14). The new diversity. *Wall Street Journal*, p. R1.
10. Pacelle, M. (2003, June 12). U.S. banks vie for big postwar roles—Financial reconstruction may include J. P. Morgan, Citigroup, Bank of America. The *Wall Street Journal (Europe)*, p. A3.
11. Friedman, T. L. (2005). *The world is flat: A brief history of the twenty-first century*. New York: Farrar, Straus & Giroux.
12. Rachman, G. (2011). Welcome to a zero-sum world. The *Economist: A 25 year Special Edition*, pp. 85–86.
13. The world in figures: (2011) Industries. The *Economist: A 25 year Special Edition*. Retrieved May 25, 2012, from http://www.economist.com/theworldin/2011.
14. Hey big spenders (2011, November). Special issue: The world in 2012. The *Economist*, p. 140.
15. Varner, I., & Beamer, L. (2010). *Intercultural communication in the global workplace*, 5th ed. Boston: McGraw-Hill.
16. Branding so much more than a name (2011). *Strategic Direction*, 27(3), 6–8.

17. Walsh, M. F., Winterich, K. P., & Mittal, V. (2010). Do logo redesigns help or hurt your brand? The role of brand commitment. *Journal of Product & Brand Management, 19*(2), 76–84.
18. Lenhart, A. (2012, March 19). Teens, smartphones & texting. Pew Research Center's Internet & American Life Project. Retrieved May 25, 2012, from http://pewinternet.org/Reports/2012/Teens-and-smartphones.aspx.
19. Hampton, K. N., Goulet, L. S., Rainie, L. & Purcell, K. (2011). Social networking sites and our lives. Pew Internet & American Life Project. Retrieved May 8, 2012, from http://www.pewinternet.org/Reports/2011/Technology-and-social-networks.aspx; http://newsroom.fb.com/content/default.aspx?NewsAreaId=22.
20. Smith, A. (2010, August 11). Home broadband 2010. Pew Internet & American Life Project. Retrieved April 29, 2011, from http://www.pewinternet.org/~/media//Files/Reports/2010/Home%20broadband%202010.pdf.
21. Griffin, G. (2011, April 20). Egypt's uprising: Tracking the social media factor. *PBS Newshour*. Retrieved May 7, 2012, from http://www.pbs.org/newshour/updates/middle_east/jan-june11/revsocial_04-19.html.
22. McCarthy, M. (2012). Twitter racially charged after Jeol Ward's penalty. *USAToday.com*. Retrieved May 8, 2012, from http://content.usatoday.com/communities/gameon/post/2012/05/racists-attack-joel-ward-of-capitals-on-twitter----again-washington-capitals-new-york-rangers-nhl-boston-bruins-twitter/1#.T6wY9-vLyTU; http://chirpstory.com/li/6781.
23. Gergen, K. J. (2002). The challenge of absent-presence. In J. Katz & M. Aakhus (Eds.), *Perpetual contact: Mobile communication, private talk, public performance* (pp. 223–227). Cambridge, UK: Cambridge University Press.
24. Turkle, S. (2011). *Alone together: Why we expect more from technology and less from each other*. New York: Basic Books.
25. http://www.internetworldstats.com/stats.htm; http://www.nationmaster.com/graph/med_tel_mob_cel_percap-telephones-mobile-cellular-per-capita.
26. Cheong, P. H., Halavais, A. & Kwon, K. (2008). The chronicles of me: Understanding blogging as a religious practice. *Journal of Media and Religion*, 7, 107–131.
27. Zickuhr, K. (2010, December 16). Generations 2010. Pew Internet & American Life Project. Retrieved July 23, 2011, from http://www.pewinternet.org/Reports/2010/Generations-2010.aspx; Weber, H. (2012, March 21). With 140 million active users & 340 million tweets per day, Twitter is officially mainstream. *TNW blog*. Retrieved May 8, 2012, from http://thenextweb.com/socialmedia/2012/03/21/twitter-has-over-140-million-active-users-sending-over-340-million-tweets-a-day/.
28. Demographics of internet users (2012, April). Pew Internet and American Life Project. Retrieved July 1, 2012, from http://www.pewinternet.org/Static-Pages/Trend-Data-(Adults)/Whos-Online.aspx; Fox, S. (2010). Latinos online 2010. Pew Internet & American Life Project. Retrieved July 2, 2012, from http://www.pewinternet.org/Commentary/2010/September/Latinos-Online-2010.aspx.
29. Jung, J-Y. (2008). Internet connectedness and its social origins: An ecological approach to postaccess digital divides. *Communication Studies, 59*(4), 322–339.
30. World Internet Usage Statistics (2012). Retrieved May 25, 2012, from http://www.internetworldstats.com/stats.htm.
31. van Dijk, J. (2004). Divides in succession: Possession, skills, and use of new media for societal participation. In E. P. Bucy & J. E. Newhagen (Eds.), *Media access: Social and psychological dimensions of new technology use* (pp. 233–254). Mahwah, NJ: Erlbaum; Rojas, V., Straubhaar, J., Roychowdhury, D., & Okur, O. (2004). Communities, cultural capital, and the digital divide. In Bucy & Newhagen, pp. 107–130.
32. Scommegna, P. (2003). U.S. growing bigger, older and more diverse. Population Reference Bureau website, http://www.prb.org/.
33. Jayson, S. (2012, April, 26). Census shows big jump in interracial couples. *USAToday.com*. Retrieved July 2, 2012, from http://www.usatoday.com/news/nation/story/2012-04-24/census-interracial-couples/54531706/1.
34. Humes, K. R., Jones, N. A., & Ramirez, R. R. (2011, March). *Overview of Race and Hispanic origin: 2010*. U.S. Census Brief. Retrieved May 8, 2012, from http://www.census.gov/prod/cen2010/briefs/c2010br-02.pdf.
35. Nation's Foreign-Born Population Nears 37 Million (2010, October 19). U.S. Census Bureau news release. Retrieved April 8, 2012, from http://www.census.gov/newsroom/releases/archives/foreignborn_population/cb10-159.html.
36. Fischer, M. J. (2008). Does campus diversity promote friendship diversity? A look at interracial friendships in college. *Social Science Quarterly, 89*(3), 631–655.
37. Gurin, P., Nagda, B. A., & Lopez, G. E. (2004). Benefits of diversity in education for democratic citizenship. *Journal of Social Issues, 60*(1), 17–34.
38. U.S. Bureau of the Census website, http://www.census.gov/prod/2002pubs/c2kbr01-15.pdf. The American Indian and Alaskan Native Population: 2000.
39. Webster, Y. O. (1992). *The racialization of America*. New York: St. Martin's Press.

40. Curtin, P. D. (1969). *The Atlantic slave trade: A census*. Madison: University of Wisconsin Press.
41. Baldwin, J. (1955). *Notes of a native son*. Boston: Beacon Press.
42. West, C. (1993). *Race matters*. Boston: Beacon Press.
43. Taylor, K. (2011, July 20). Tax bills imperil slavery museum. The *New York Times*, Section C, Column 0, The Arts/Cultural Desk, p. 1.
44. Banks, J. (1991). *Teaching strategies for ethnic studies*. Needham, MA: Allyn & Bacon.
45. Takaki, R. (1989). *Strangers from a different shore*. New York: Penguin Books, p. 209.
46. Roediger, D. R. (2005). *Working toward Whiteness: How America's immigrants became White*. New York: Basic Books.
47. Roediger, D. R. (1991). *The wages of Whiteness: Race and the making of the American working class*. New York: Verso.
48. After the riots: The knees jerk. (2011, August 20). The *Economist, 400*(8747), 13–14; Rennie, D. (2011, August 2011). Bagehot: The transportation option. The *Economist, 400*(8747), p. 54.
49. Logan, J. R., Stults, B. J., & Farley, R. (2004). Segregation of minorities in the metropolis. *Demography, 41*, 1–22.
50. Yen, H. (2010, September 28). Census finds record gap between rich and poor. *Salon.com*. Retrieved May 26, 2012, from www.salon.com/news/feature/2010/09/28/us_census_recession_s_impact_1.
51. Allegretto, S. A. (2011, March 23). The state of working America's wealth, 2011. Economic Policy Institute State of Working America Briefing Paper #292. Retrieved May 26, 2012, from http://www.irle.berkeley.edu/cwed/wp/wealth_in_the_us.pdf.
52. Macartney, S. (2011, November). *Child poverty in the Unites States 2009 and 2010: Selected race groups and Hispanic origin*, U.S. Census Bureau. Retrieved May 8, 2012, from http://www.census.gov/prod/2011pubs/acsbr10-05.pdf.
53. Allegretto, S. A. (2011, March 23). The state of working America's wealth, 2011. Economic Policy Institute State of Working America Briefing Paper #292. Retrieved May 26, 2012, from http://www.irle.berkeley.edu/cwed/wp/wealth_in_the_us.pdf.
54. Wadhwa, V. (2009, March 2). Why skilled immigrants are leaving the U.S. *BusinessWeek*. Retrieved March 2, 2009 from: http://www.businessweek.com/technology/content/feb2009/tc20090228_990934.htm.
55. Adler, P. S. (1975). The transition experience: An alternative view of culture shock. Journal of *Humanistic Psychology, 15*, 13–23.
56. Johannesen, R. L. (1990). *Ethics in human communication* (3rd ed.). Prospect Heights, IL: Waveland Press.
57. Evanoff, R. J. (2004). Universalist, relativist, and constructivist approaches to intercultural ethics. *International Journal of Intercultural Relations, 28*, 439–458.
58. Howell, W. S. (1982). *The empathic communicator*. Belmont, CA: Wadsworth.
59. Kale, D. W. (1994). Peace as an ethic for intercultural communication. In L. Samovar & R. E. Porter (Eds.), *Intercultural communication: A reader* (7th ed., pp. 435–441). Belmont, CA: Wadsworth.
60. Appiah, K. A. (2006). *Cosmopolitanism: Ethics in a world of strangers*. New York: Norton.
61. Appiah (2006); Evanoff (2004); Kidder, R. M. (2006, April 4). Values for citizens of a flat world. *Christian Science Monitor*, p. 17.
62. Kleinjans, E. (1975). A question of ethics. *International Education and Cultural Exchange, 10*, 20–25.
63. Alcoff, L. (1991/1992). The problem of speaking for others. *Cultural Critique, 20*, 5–32.
64. Starosta, W. J., & Chen, G.-M. (2005). Intercultural listening: Collected reflections, collated refractions. In W. J. Starosta & G.-M. Chen (Eds.), *Taking stock in intercultural communication: Where to now?* (pp. 274–285). Washington, DC: National Communication Association.
65. Ishii, S. (1984). *Enryo-sasshi* communication: A key to understanding Japanese interpersonal relations. *Cross Currents, 11*, 49–58.
66. Berlan, E. D., Corliss, H. L., Field, A. E., Goodman, E. & Austin, S. B. (2010). Sexual orientation and bullying among adolescents in the Growing Up Today study. *Journal of Adolescent Health, 46*(4), 366–371.
67. Tompkins, P. K. (2009). *Who is my neighbor? Communicating and organizing to end homelessness*. Boulder, CO: Paradigm Publishers.

CHAPTER 2 第二章

跨文化传播：组成元素与障碍

章节概要

组成元素 1：文化
文化是习得
文化包含观念与价值
文化包含感觉
文化是共有的
文化表现为行为
文化是动态及异质的
组成元素 2：传播
文化与传播
传播、文化世界观、价值
传播与文化仪式
传播与抵制主流文化
组成元素 3：环境
组成元素 4：权力
跨文化传播的障碍
民族优越感
刻板印象
偏见
歧视

小结
培养跨文化技能
实践
注释

学习目标

读完本章节后，你应该能够

1. 定义文化。
2. 定义传播。
3. 讨论文化与传播之间的关系。
4. 描述背景与权力在跨文化交流中的作用。
5. 辨识和定义民族优越感。
6. 辨识和描述刻板印象。
7. 辨识和描述偏见。
8. 辨识和描述歧视。
9. 解释民族优越感、刻板印象、偏见、歧视怎样充当有效跨文化传播的障碍。

关键词

色盲法、传播、语境、文化、歧视、具体化的民族优越感、民族优越感、仇视言论、个人主义、跨文化传播、长期取向与短期取向、男性/女性气质、观念、权力、权力距离、偏见、刻板印象、不确定性规避、价值、世界观

每年，波兰克拉科夫(Krakow)都举办国际犹太文化节，至今已超过15年。世界各地的犹太人与非犹太人聚在一起，庆祝犹太人的音乐、舞蹈、戏剧、艺术、美食文化传统。

你也可以品尝乔巴汤(Chorba soup)及其他犹太特色食品，或听听国际大屠杀与犹太历史专家的演讲。文化节在卡奇米日(Kazimirz)地区的酒窖、咖啡店、犹太教堂举行，卡奇米日曾是东欧犹太人生活的中心。压轴节目是室外音乐会，在命名巧妙的切洛卡街(Szeroka，意思是宽阔的街道)举行，来自世界各地的乐队和音乐家保证让你忍不住一起哼唱意第绪语。[1]

有关这个跨文化活动的有趣事实是，现在居住在克拉科夫的犹太人很少。克拉科夫曾是犹太文化的中心，现在有全世界最大的犹

在今天的世界，人们有时带着文化背景、信仰、生活方式、经济资源、宗教信仰的巨大差异，从各地聚集到一起。图片上这些人在马里艾萨卡内镇的沙漠庆祝年度节日，表演图阿雷格 (Toureg) 舞蹈。

太人墓地，因为这里的大部分犹太人在第二次世界大战中已被纳粹分子屠杀。大多数犹太人首先被逼迁入河对面波德戈兹区 (Podgorze) 拥挤的贫民窟，最后在那里或在死亡集中营被杀害。据估计，85%的波兰犹太人（约 300 万）被杀害，卡奇米日地区变成了鬼城。今天，居住在卡奇米日的犹太人仅有数百人。

犹太文化节首先由非犹太人雅努斯·马库奇 (Janusz Makkuch) 发起。他说，自己 20 多岁的时候想"发现过去的痕迹，发掘克拉科夫极其丰富的文化"。"犹太人带给波兰广博的文化，我们与这种文化共存多年……但之后出现了巨大的缝隙，必须做些事才能填补缝隙并找回我们失去的东西，然后我有了这个疯狂的想法……组织犹太文化节。"[2]

雅努斯害怕没人会来，但事实证明他错了。每年仲夏都有数千人在这里逗留 10 天，牢记对生命的颂赞，忘记创伤展望未来。预料之外的有趣结果是，曾经萧条的卡奇米日区逐渐恢复元气。犹太人正在返回那里居住。[3]

虽然这个活动代表全球和国家范围的跨文化交流，但跨文化交流也是你日常生活的一部分——每天你与班级不同族群的学生交流，你与父母（不同年代的文化！）交流，你与性别及性取向相反的朋友交流。

各地的人群在汇集，有时在文化背景、信仰、生活方式、经济资源、宗教方面有巨大差异。这说明跨文化传播不是发生在真空里。在特定环境中彼此相遇，参与跨文化传播时，不同的人和族群如何反应，历史、经济、政治起着非常重要的作用。跨文化传播的具体组成元素与障碍有哪些？这个问题的答案就是我们这章的重点。

跨文化传播发生在不同文化背景的人交流时，但这个定义看似简单又多余。要正确定义跨文化传播，理解文化、传播这两个词根很有必要，这也是跨文化传播的前两个组成元素。另外，传播总是发生在特定的环境或背景中，这是我们的第三个组成元素。第四个组成元素涉及权力因素，是每次跨文化交流包含的一部分。我们首先定义和描述文化与传播，然后讨论文化与传播如何与背景及权力互相影响，以形成我们对跨文化传播的理解。

> **你怎么看？**
> 请把定义"美国文化"的这些词，按重要程度排序：汉堡包、电影、玉米、苹果馅饼、比萨、篮球、热狗、奶昔、炸薯条、大汽车。你知道这些事物中，只有 3 种真正源自美国本土（玉米、篮球、奶昔），而其他 7 种都来自欧洲吗？这表现了美国文化的什么观点和价值？

组成元素1：文化

文化通常被认为是跨文化传播的核心概念。我们可能不太考虑文化，这是文化的一个特征。尝试理解一个人自己的文化就像解释鱼在水里生活。一般来说，直到遇见来自不同文化的人，给我们参考的系统，我们才能认同自己的文化背景及文化假设。以我们的学生安(Ann)为例，她去墨西哥参加了海外学习计划。她告诉我们，很多墨西哥年轻人甚至在大学毕业开始工作了都与父母同住，她觉得很奇怪。安逐渐发现，墨西哥人父母与子女之间的家庭责任感比美国人更强。因此，年轻人通常住在家里，为家庭收入作贡献。年长的父母很少去退休社区，而是在家里受到照顾。在老年人之家担任志愿者时，那里入住的人很少，这让安印象深刻。

文化已有多种定义方式。对某些人来说，文化意味着戏剧或古典音乐，但因为本书的目的，我们把**文化**定义为一群人共有的观念、价值、行为习得模式，既是动态的又是异质的。文化也包含我们的情绪和感觉。让我们来看看这个定义实际代表什么。

文化是习得

首先，文化是习得。我们要吃饭、睡觉、寻求保护、分享被爱和自我保护的动机，这些所有人共有的普遍习惯和倾向并不属于文化层面。相反，因为我们是美国人或日本人，男性或女性等，学习吃饭、睡觉、寻求保护的独特方式才是文化。例如，大部分美国人吃饭用一只手拿叉子，但当他们用刀时，会把叉子移到另一只手上。欧洲人认为这很笨拙，他们吃饭只用一只手拿叉子，另一只手拿刀。尽管美国人和日本人都有被爱的需要，但美国人往往更公开表达自己的爱意，而日本人受到的教导是要更克制。刚出生时，我们不知道应该怎样做男性或女性、怎样做美国人或墨西哥人等；要有人教我们。我们要学习如何吃饭、走路、说话，如何像我们文化群体中的其他成员一样去爱，我们经常通过社交过程缓慢、潜意识地这样做。想想孩子如何学习成为男人或女人。男孩模仿他们父亲和其他成年男性，而女孩学习母亲或其他女性的言谈举止。对我们所属的其他群体来说学习过程也是一样。例如，芬兰家庭收养的美国小孩接受的是芬兰文化价值；同样，德国家庭收养的韩国小孩表现的是德国文化价值。

接触新文化时，我们学习新的文化模式。例如，中国学生初到美国，看到司机向行人打手势让他们先过马路时很惊讶。在中国，

极速冲浪

你是否具备全球化的知识？

- 你知道芬兰的首都吗？
- "古吉拉特语"是哪个国家的语言？
- 你能说出两个毗邻死海的国家吗？
- 新西兰在澳洲北部还是南部？

只有对另一个人失望、恼怒的人才会用这个手势！但中国学生逐渐知道这个手势的含义——实际上司机是礼貌的，然后中国学生开车时也会用这个手势。

许多文化群体重视家庭关系，但怎样进行家庭互动或多久进行一次家庭互动取决于特定的文化准则。你的大家庭多久聚会一次？对这个互动的期望是什么？

文化包含观念与价值

　　文化群体学习和分享什么？首先，他们分享**观念**，或者看世界的方法。文化有时被描述成镜头，我们透过它观察世界。我们在某一天收到的所有信息都是透过这个镜头传递。观念形成的过程分为三个阶段：选择、组织、诠释。我们的文化经验影响观念形成的每个阶段，最终决定我们如何了解世界，如何对世界中的人、地点、事情产生反应。在选择的过程中，对感觉感知的所有信息，我们只能注意到其中一小部分。我们选择注意什么的基础是刺激因素的特点（大小、强度等），以及我们察觉到什么重要或与我们相关。在组织阶段，我们把信息分类到可识别的群组。观念形成的最后一个阶段是诠释，是我们为已组织的信息分配意义的一种方式。[4]

　　考虑以下场景：涂旺达和马修在大学校园行走，讨论马修社会学课程的问题。不远处，另一群学生穿着鹿皮衣、莫卡辛软皮鞋，拿着羽毛走向校园的露天场地。马修正全神贯注思考，甚至没有注意到这群学生，即使注意到他们，也不会像涂旺达一样意识到他们的特别之处。涂旺达在临近迪内族 (Dineh nation) 的地方长大，她把对这些人的感知放进了已知的认知类型，她说："印第安学生在为他们的舞蹈比赛排练呢；我有朋友参加比赛；我们去看看他们练习吧。"因为对印第安人的熟悉，她选择、组织、诠释了学生们的视像与声音。

然而，马修起初并未注意到印第安学生，之后他看到了他们，但仍未诠释出任何特殊的意义。这个场景显示，遇到相同的刺激，因为文化背景（年龄、性别、种族、民族、国籍）的差别，人选择、组织、诠释的东西可能会很不同。每个文化群体对"镜头"有不同"用法"。难点在于试图理解我们自己的文化观念——这就像尝试看自己的眼镜却不摘下眼镜。

观念形成过程为我们提供了机会，把我们及我们的文化与其他人及其他文化比较。稍后，我会在本章展示，分类与诠释的过程也可以导致过分概括、固有印象、偏见，这些都可以有负面影响。

有关文化的另一个比喻是电脑程序，从某种意义来说，充当每个人他/她自己"思维的程序"。这些思维的程序或思考模式、感觉、潜在行为，像电脑软件一样运作，（潜意识地）告诉人们如何行走、说话、进食、跳舞，如何做社交及生活中的其他行为。5

文化包含感觉

文化不仅是观念和价值，也是感觉。在自己的文化环境中时，我们觉得有熟悉感，在其他人的空间、行为、行动中觉得有某种程度的舒适感。我们可能把这种感觉描述成一种**具体化的民族优越感**，这是正常的。6（然后，我们会讨论民族主义消极的一面。）文化的这个层面有理解其他文化标准与空间的含义。你对特定空间或文化环境的认同越强，换空间时没有不舒适感觉的难度就越大——这是心理与生理的实际变化。例如，与在多数美国餐厅吃饭的经历相比，美国人在有平台、宣纸墙、灯光昏暗的日本餐厅吃饭可能会感觉稍微有点不熟悉。然而，每天经历新的文化环境可能产生更强烈的迷失之感。（我们将在第 10 章谈文化冲击时再讨论。）

在法国学习的美国学生描述了学习法语的感觉。他们的自信心下降，而且变得非常不自然。他们的整个身体竭尽全力尝试用法语沟通；这是一个费力和复杂的过程，与他们自己的所有方面相关，有一种离开自己文化舒适区7的感觉。我们不应该低估文化在提供熟悉感和舒适感方面对我们的重要性。

文化是共有的

文化定义的另一个重要部分是，文化模式是共有的。文化理念适用于一群人。这些观念和信仰的文化模式通过与不同群体的人接触而发展——在家、在社区、在学校、在年轻人群体、在大学等。

你怎么看？

在跨种族家庭里，孩子接受什么文化价值？例如歌手艾丽西亚·凯斯 (Alisha Keys)，她父亲是牙买加人，母亲是爱尔兰裔意大利人。又例如好莱坞影星基努·里维斯 (Keanu Reeves)，他是"欧亚人"、白人、中国人还是夏威夷人？他出生于黎巴嫩，长于加拿大和美国。凭借这样的家庭背景，跨种族孩子的跨文化能力可能会更强吗？

> **你怎么看?**
> 2012 年 2 月 26 日，17 岁的非洲裔美国人特雷沃恩·马丁 (Trayvon Martin) 在佛罗里达州桑福德市被枪杀。一名社区治安员乔治·兹莫曼 (George Zimmerman) 看到马丁在社区内漫步，怀疑他要犯罪。兹莫曼尾随马丁，两人发生冲突，在冲突过程中，兹莫曼开枪射杀了马丁。尽管马丁未持有武器，28 岁的兹莫曼仍然声称是自卫，最后未被逮捕。本案之后得到国内及国际社会的关注，指控枪击的动机涉及种族主义。
>
> - 如果特雷沃恩·马丁是白人，你认为他还活着吗？
> - 如果开枪自卫的人是特雷沃恩·马丁，你认为他会被释放吗？

文化成为群体的经验，因为它由居住在相同社会环境并体验相同社会环境的人分享。我们的观念对属于相同文化群体的其他人来说是相似的。在课堂，作者有时把性别相同的学生分成组，以突出多少男性对身为男性有相似的观点，对女性有相似的态度；对女性组别来说，情况似乎也是如此。例如，有时男性共有的观念是，女性在社会环境中很有权力。有时女性共有的观点是，男性认为和很多人约会的女性很糟糕。一些年长的人有时认为互联网和智能手机无用；但年轻人的生活却不能没有他们。共有观念的另一个模式在非洲裔美国人及白人的调查中很明显。2012 年春，特雷沃恩·马丁 (Trayvon Martin) 枪杀案再次显示了态度有什么不同（请阅读"你怎么看？"）。皮尤基金 (Pew Foundation) 最近的调查显示，当黑人说种族关系有进步时仍存在显著差异（75% 受访者说黑人和白人相处非常融洽或尚算融洽）。黑人对当地警察的信心小很多，尤其是警察处理少数族裔的方式。超过 2/5（43%）的非洲裔美国人说，与针对白人 13% 的歧视相比，针对黑人的歧视仍然很多。81% 的非洲裔美国人同意，"我们的国家需要继续改变，以赋予黑人和白人同等的权利"。同意这个说法的白人只有 36%。[8]

我们在文化群体中的身份从非自愿到自愿都有。我们所属的一些文化群体——尤其是基于年龄、种族、性别、身体能力、性向、家庭成员的群体是非自愿的，我们对此选择很少。我们所属的另一些文化群体——那些基于职业、社会社团、爱好的群体是自愿的。有些群体在我们生命的开始阶段可能属于非自愿（基于宗教、国籍、社会经济地位的群体），但后来变成自愿。一些专家认为，非自愿的群体身份，例如性别或种族，比自愿的群体身份对我们传播的影响更重要。人们经常根据定义这些身份的物理性质回应我们，我们在其后的章节看到，这会导致刻板印象和偏见。[9]

文化表现为行为

我们的文化镜头或电脑程序不仅影响我们的观念，还影响我们的行为。例如，安相信（或关注）个人独立的重要或个人主义，这反映在她的行为上。她得到的期望是，长大变得日益独立，大学毕业后能自主生活，她参与社交，以便自己决定约会、婚姻、事业。相反，她在墨西哥遇到的年轻人参与社交是为了集体主义的文化价值。他们得到的期望是对照顾其他家庭成员负更多责任，在婚姻和职业决定中也要考虑他们的期望。

我们属于一些不同的文化群体，这些群体共同协助我们决定观念、信仰、行为，理解这一点很重要。这些模式天长日久，从一个人传给另一个人。因此，安被会社化为个人主义的人，她可能会把相同的信念和行为传给她自己的孩子。

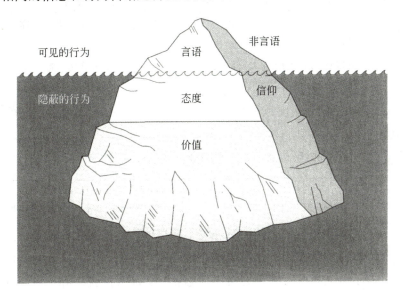

看得到和看不到的文化层。

文化是动态和异质的

文化另一个重要的特点是，它是动态的或变化的，而且经常是不同群体冲突的根源。[10] 要认识到文化模式不仅是刻板及同质的，也是动态及异质的。文化异质的一个绝佳例子是拉丁美洲人对美国移民政策的不同意见。人们有时认为，拉丁美洲人对其他拉丁美洲移民，甚至是没有登记身份的拉丁美洲移民怀有同情心。然而，最近一个研究发现，拉丁美洲人对非法移民的问题有分歧。微弱多数（53%）表示，非法移民应该支付罚款，但不用被遣返；少数人中的最小部分（13%）表示，他们应该被遣返；少数人中的大部分（28%）表示他们不应该受到惩罚。需要记住的是，相同文化群体内的成员不是全部以同样方式思考或表现。[11] 对于文化模式及意义的理解，有时文化群体内会有冲突。例如，谁定义什么是"印第安人"？政府的定义是：证明有印第安人血统并登记在某个特定部落的人。但有些人觉得，印第安人可以是传承印第安人文化、宗教仪式及惯例的任何人。

表2.1显示，一些文化行为在全世界的某些文化中得到广泛分享。请注意分享的是集体的文化行为，而不是个人特征。

流行文化聚焦

日本电影《来跳舞吧》(1996) 讲一个成功但不开心的日本会计，在偷偷学习交际舞课程的过程中找到失去的生活热情。电影在美国播映时，为了让美国观众觉得合情理，必须增加电影旁白作解释，日本的已婚夫妇很少讲"我爱你"或在公共场合手拉手，当众一起跳舞（例如交际舞）更是"十分尴尬"和惹人怀疑的事。如果没有提供这些信息，你会怎么想？你认为交际舞禁忌是荒唐的吗？你认为应该有更多电影添加旁白，详细解释不熟悉的文化吗？

表 2.1 有趣的文化行为

泰国	泰国人用手势互相打招呼——在胸前双手合十像在祈祷，微微鞠躬。
肯尼亚	用中指指向其他人或物是非常无礼的。请用整只手。
中国	传递礼物或物品时要用双手。
德国	为显示他们的赞赏，德国人经常在会议尾声用拳头敲桌子。
日本	当有人送礼给你时，首先必须恭敬平静地拒绝一次。然后，你应该用双手接受礼物。
以色列	以色列人邀请某人去他们家里是一个非常重要的举动。带一本书作礼物是合适的行为。
西班牙	吃完饭后，你必须把自己的餐具放在碟子里。否则，主人会认为你不满意。
法属波利尼西亚	没有必要给小费。人们通常赠送小礼物代替。

资料来源：Adapted from Mancini. Selling Destinations, 5E 2010 Delmar Learning, a part of Cengage Learning. Inc. Reproduced by permission. www.cengage.com/permissions

> **极速冲浪**
>
> 如果文化有时是制造空间以抵制主流文化，美国印第安人文化就是一个很好的例证。力图强化这种抵制的网站是"北美印第安人历史上的今天"(http://americanindian.net)。今天的日期曾发生过什么？

把文化看作是动态的，对理解不同群体间的冲突尤其重要，这些群体包括印第安人、亚裔美国人、大西洋岛屿居民、非洲裔美国人、拉丁美洲人、女性、男女同性恋者、劳动人民身份等——因为这些群体努力讨论他们之间的关系，确保在美国社会内的福祉。通过研究这些持续斗争产生的传播，我们可以更好地理解一些文化顾虑。例如，围绕以下法案法令的争论——《梦想法案》(DREAM Act，该法案的全称是《非美籍未成年人发展、救济及教育法案》，Development, Relief, and Education for Alien Minors Act)，奥巴马总统颁布法令停止驱逐非法移民的年轻人出境，只要这些年轻人满足某些条件（例如，在学校注册读书或在军队服役，未满30岁，16岁之前来到美国）。对以上法案及其他动议的反对意见显示许多不同文化群体的担心。支持法案的人认为，这些学生不应该受到惩罚，因为非法来这里的人是学生的父母，对美国来说这是一项好投资，因为这些受过大学教育的成年人最终会为我们的社会做出贡献，增加交税的人数。其他人认为，允许这些年轻人留在美国是奖励非法行为，发出错误信息，可能会鼓励其他人使用非法移民的途径。

把文化看作动态及异质的，开启了跨文化传播新的思考方式。毕竟，来自特定文化的人并非完全一样，任何文化都有许多文化冲突。例如，当我们说起法国文化时，我们忽略了那些文化的多样性。"法国文化"可能指"有法国血统的北非人"(Pieds Noirs)，有法国血统的越南人，或居住在法国西北部讲自己语言的布里多尼人。

然而，文化并非在任何地方都同样是异质的。其他文化的性取向、种族、性别、阶级功能不一定要和美国的相同或甚至相似。例如，大多数国家都有穷人。美国的穷人经常被瞧不起，因此人们避免成为穷人；相反，在许多欧洲国家，穷人也被认为是社会的一部分，由政府计划援助。同样，性别问题在所有国家的范围也不同。在美国，性别平等被定义为薪酬同等和工作机会平等。在一些中东国家，女性可能被视为平等，因为她们在家庭内有很大权力，但在公共领域的影响就较小。总之，通过把文化看作是异质的，我们能理解那种文化的复杂性，对人们在那种文化中如何生活感觉更敏锐。

> **极速冲浪**
> 请思考残障文化是否是一种发展成熟的文化，残障文化与民族文化有哪些相似之处或不同之处？

组成元素 2：传播

第 2 个组成元素——传播也是复杂的，可以用多种方式定义。为了我们的目的，我们把**传播**定义为符号性的过程，通过这个过程分享和传递含义。换句话说，传播发生在某人把意义加于其他人的话语或行动时。另外，虽然可能无意识，但传播也是动态、以接受者为导向的。让我们进一步看看这种说法的含义。

第一，传播是符号性的。意思是我们说的话和做的手势本身没有意义；相反，因为人们同意，至少某种程度上同意，话语和手势才有意义。使用符号如词语或手势交流时，我们假设其他人共用我们的符号系统。如果让某人"坐下"，我们认为这个人知道这两个字（符号）代表的意义。这些符号的意义也用语言或非语言来表达。数千种非语言行为——手势、姿势、眼神移动、面部表情等都包含共有的意义。

考虑一下某些服装的象征意义。为什么许多人认为 Ralph Lauren 服装的价值高于 JCPenney？服装的象征意义比服装固有的其他特殊因素都有用。有时，我们错误地认为其他人共用我们的符号系统。加拿大人珍妮 (Jenny) 到美国时还是个孩子，她知道加拿大货币和美国货币看起来不像，但她认为至少两种货币名称相同。发现美国 1 元纸币或硬币不叫 1 加币 (Loonies)，2 元纸币或硬币也不叫 2 加币 (Toonies) 时，她觉得非常困惑。在美国，她甚至找不到 2 元的纸币或硬币。

人们也对那些有力的语言符号和非语言符号的意义持不同意见——就像国旗和国歌。考虑一下用西班牙语唱国歌这个最近有争议的问题。对一些人来说，国歌代表着美国的多样性：用任何语言唱都可以接受。对另一些人来说，国歌代表国家的统一，只能用英语唱。另一个有争议的例子是在南卡罗来纳州悬挂邦联旗的做法。很明显，邦联旗对许多人来说有极大的象征意义。对一些白人来说，邦联旗象征南部丰富的遗产和在内战中的英勇战斗。对一些非洲裔美国人来说，同一面旗帜是奴隶制、压迫、隔离、偏见的负面提示。更新的例子是有关罗德岛高中祈祷文布置的法律诉讼。1963年，这个写在纸上、高八尺的祈祷文被贴在礼堂墙上。2012年，联邦法官裁定展示祈祷词违宪，因为展示祈祷词违反了政府宗教中立的原则。随后出现在社区的骚动从两面显示了这个特定符号对一些人的力量。支持保留祈祷词的人在 Twitter 上留言，甚至对首先要求移除祈祷词的学生发死亡恐吓。这名不是基督徒的学生为自己辩护说，祈祷词总让她觉得自己不受欢迎，好像她不属于那里一样。[12]

> 美国的一个重要的价值观是勤奋工作、获得人生成就。与其他文化不同，多数美国人宁可为多赚钱而加班，也不愿少工作以与亲友共度时光。

> **信息频道**
> 2010年，互联网上使用最广泛的5种语言是英语、中文、西班牙语、日语、葡萄牙语。2012年，互联网用户最多的5个国家是中国、美国、日本、印度、葡萄牙。思考一下在线传播的区别及在线传播为我们日常交流带来的影响。你会浏览非母语的网站吗？（资料来源：http://www.internetworldstats.com/top20.htm）

第二，传播是包含多个组成部分的过程：进行传播的人，用作传播的（语言或非语言）信息，传播进行的途径、背景。进行传播的人可以认为是发送者和接收者——他们既发送信息又接收信息。然而，传播不包括来回抛"信息球"，例如向一个人发出单条信息，然后其他人接收信息。相反，传播更像点一下网站，一次就有许多不同信息涌出来。

第三，传播包括分享及传递含义。人们必须对特定信息的意义达成一致，但却使事情变得更复杂，因为每条信息通常有一个以上的含义。例如，信息"我爱你"可能表示，"我想今晚与你有亲密关系""昨晚你不在，我对自己做的事有罪恶感""我想你帮帮我""和你在一起我非常快乐"，或"我希望与你共度余生"。交流时，我们假设其他人接收的是我们想要表达的含义。但对于来自不同文化背景、有不同文化经验的人来说，这个假设可能是错误的，可能导致误解和缺乏共同认可的含义。为了确保含义真正一致，我们必须更努力尝试。

第四，传播是动态的。这表示传播不是单一事件，是持续进行的，因此传播者同时是发送者和接收者。例如，老师走进教室，甚至在她开始讲话前，信息传播已经处处存在。学生看着她并诠释她的非语言信息：她的服装、举止、面部表情、目光移动显示，她是好老师吗？是严厉的老师吗？是容易谈话的老师吗？老师同样也在诠释学生的非语言信息：他们太安静了吗？他们看起来有兴趣吗？会捣乱吗？和另一个人交流时，我们用视觉、嗅觉、听觉接收信息——这些信息不是依次出现，而是同时出现。我们在传播时创造、保持、分享含义，这表示人们在积极投入传播的过程。从技术上来讲，一个人无法单独交流——在车道上洗车时自言自语并不算交流。

第五，传播不必是计划好的。一些最重要的（有时是极坏的）传播发生时，发送者甚至不知道某条消息已经发出。美国商人在沙特阿拉伯谈生意，他坐在沙特东道主对面，露出一只脚（在沙特社会是一种侮辱），询问沙特商人太太的健康状况（不恰当的话题），然后谢绝了奉上的热茶（粗鲁行为）。因为美国商人三次冒犯，尽管是无意的，但这桩生意还是永远做不成了。美国商人回家都在想到底哪里出了差错。

第六，传播以接受者为导向。分配意义的人最终决定传播情境的结果。换句话说，错误解读美国人的沙特商人决定了交流的结果——他不会签合同。与美国人想不想要这个结果关系不大。同样，如果有人把你的信息诠释为偏见、性别歧视或负面，这些诠释对未来交流的影响比你想到的意义会大得多。如果有人以你不想要的方式诠释你的传播，你可以做什么呢？首先，你需要意识到自己可能会被误解，尤其是在跨文化交流中。要核实别人是否误解你，你可以用释义或提问（"你认为我的意思是什么？"），或者你可以密切注意别人是否有非语言线索显示他们在错误诠释你的信息。在这本书中，我们还会处理如何更有效传播的问题。

信息频道

为了在另一种文化中有效地传播，人们需要理解文化的世界观影响文化传播方式的每个方面。以下是一些改善法语跨文化传播能力的小窍门。讲法语的人不经常微笑，因为他们在使用面部表情方面很矜持。讲法语的人更容易打断并加入发言者的对话或辩论中，因为他们认为这种关系产生更多思想交流。

文化与传播

传播、文化世界观、价值

正如我们已指出，文化影响传播。所有文化群体都会影响其会员体验及感知世界的方式。一种文化的成员创造世界观，世界观反过来影响传播。对朱迪思来说，在阿米什人/门诺派文化中长大的结果是，她认为战争绝对错误。汤姆生活在亚裔美国人的学术家庭，他没有那种特定的共有观念，但学到了其他价值。

你可能会记得，**价值**是判断好或坏、对或错。价值是一个文化群体共有的深层感知的信念，反映应该是什么，而不是什么。例如，平等是美国很多人共有的价值。所有人生来平等是一种信念，即使我们认识到在现实中如天赋、外貌及拥有的物质商品如此悬殊。文化群体共同的价值代表**世界观**，一种看世界的特定方式。表 2.2 显示世界各地一些有趣的文化模式。这些文化模式如何反映文化价值。让我们仔细看看价值的具体概念。

表 2.2　有趣的文化模式

英国	商业会面必须提前预约，人们总是用荣誉头衔。
约旦	约旦人对自己的阿拉伯文化遗产感到自豪，对客人非常热情。
斐济	谈到斐济人时，交叉双臂是尊敬的手势。
新加坡	参加会议要求准时。
埃及	建立信任是任何关系最重要的一方面。访客在开始会议前应该准备拓展对话和咖啡。
泰国	不要停在房子的门槛上。泰国人认为神灵住在那里。
墨西哥	"把事情留到明天再做"（Manana）是流行的准则。这不代表墨西哥人懒惰，但表示他们的节奏比其他地方慢。
塔希提岛	在塔希提人家里，用你的手指试吃所有食物是礼貌的行为。

资料来源：Adapted from Mancini. Selling Destinations, 5E. 2010 Delmar Learning, a part of Cengage Learning, Inc. Reproduced by permission. www.cengage.com/permissions.

克拉克洪与斯托特柏克的价值导向理论　为了更完整地解释价值理论，两位人类学家弗雷德·斯多特柏克与佛罗伦斯·克拉克洪研究美国籍西班牙人、印第安人、欧洲人的价值观有什么不同。[13] 他们建议所有文化群体的成员回答这些重要问题：

- 人性是什么？
- 人与自然之间的关系是什么？
- 人与人之间的关系是什么？
- 偏爱的个性是什么？

你怎么看？

《传播道德与普世价值》指出，一些基本的道德原则超越文化，例如公平、互惠、人的尊严。作者根据不同文化，推荐了附加的道德原则——真理、尊重别人的尊严、不伤害无辜。世界带着更普世的价值系统进入下世纪，你认为这有可能吗？

（资料来源：Communication Ethics and Universal Values, by C. Clifford and M. Traber [Eds.], 1997, Thousand Oaks, CA: Sage）

- 对时间的取向是什么？

每条问题有三个可能的答案，每个文化群体有一个或两个首选答案。这些问题的答案显示在表 2.3 中。需要谨记的是，价值取向是人们对世界"应该如何"而非"实际如何"的强烈信念。这些问题和回答有助于我们理解不同文化群体间广泛的文化差异——国家群体、民族群体，以性别、阶级等为基础的群体。

	价 值 范 围		
人性	基本是好的	好坏混合	基本是坏的
人与自然之间的关系	人类主导	两者和谐	自然主导
人与人之间的关系	个人	群体取向	集体
偏爱的个性	"做"：强调行动	"成长"：强调精神成长	"人"：强调你是谁
对时间的取向	以未来为取向	以现在为取向	以过去为取向

表 2.3　价值取向

资料来源：Adpated from Variations in Value Orientations, by F. Kluckhohn and F. Strodtbeck, 1961, Chicago: Row & Peterson.

人性的本质　如表 2.3 所示，有三个"答案"。人性问题的答案与占主导地位的宗教及法律实践有关。一个答案是人性本善的信念。在以这个信念为取向的社会，法律系统会强调改造触犯法律的人；监狱可以视为训练违法者重新投入社会，成为有贡献的公民的场所。有些宗教如佛教与儒教，关注人类可以感知的善良本性。

第二个答案是人性包括善与恶的结合。我们可能认为，美国的许多群体坚持这种取向，而且在过去 50 年向这种价值取向转变。就宗教信仰而言，对人性本恶的强调比在美国殖民时期少。但是，关于刑事司法系统，对监禁与惩罚（"重罪加长刑罚"法律）的强调似乎日益增加，监禁与改造的说法越来越少。美国目前被监禁的国民比例高于任何其他西方国家。

根据第三个答案，人性本质邪恶。抱有这种取向的社会学家可能喜欢惩罚罪犯多于改造罪犯。例如，伊斯兰教严格的规章及行为准则似乎反映了对人性的这种取向，某些基督教制度也是如此。在比利时居住时，汤姆被根特佛兰德斯城堡展示的惩罚、折磨图像记录惊得目瞪口呆。他经常想，如果他接受基督教人性本恶和原罪的观点，是否他就能更好地理解这些文化实践。

人与自然之间的关系　在美国社会，人似乎主导自然。例如，人为了降雨而播云；截流或改道河流给人类定居，形成湖泊供人休闲，提供能源；用药物及生育控制手段控制受孕。当然，不是美国社会的每个人都同意人应该主导自然。环保主义者与土地开发者之间的冲突经常集中在对这种价值取向的分歧上。例如，亚利桑那州

极速冲浪

不同国家的人发展相似的文化价值观，这可能吗？看看联合国教科文组织在怎样努力进行普世道德项目（www.unesco.or.kr/front/business/asianvalues/yersu_kim.htm）。该网站指出，"在这个高度个人主义、观念可能史无前例分裂的多极世界里，寻求承认比以往任何时候都重要，更确切说，价值共有底层的出现会使经济、生态、社会、文化可能在世界范围内共存"。

有个一直持续的争论，天文学家想在柠檬山（靠近图森）架设更多望远镜用于科学考察，为了保护珍稀品种的松鼠，环保学家想阻止架设望远镜。

相反，在一个强调自然主导人类的社会里，家庭可能更接受自然出生的孩子人数。这里对自然过程的干涉更少，对视为自然规律的控制尝试也更少。另一个例子是住在泛滥平原的人；他们经常面对洪水与毁坏，但他们接受与自然的这种关系。在美国，一些人不断修整太靠近洪水的房子，他们也可以说是接受自然主导人类的。

许多印第安人族群和日本人，相信人与自然和谐共存的价值，而不是某一方主导另一方。一些印第安人甚至认为活着的动物是他们的兄弟姐妹。在这个价值导向中，人敬重自然，自然在社群的精神生活及宗教生活有重要作用。例如，鹰可能被认为是指导人作决定并从上帝那里带来信息的信使。某些社会，包括一些阿拉伯文化群体，强调两者和谐及自然主导两方面。

人与人之间的关系 正如安和墨西哥朋友的例子，一些文化群体重视个人主义，而其他一些群体偏重群体取向，重视集体主义。（请阅读"你怎么看？"肯尼亚学生描述了在他们的社群如何表达这种价值。）**个人主义**是欧洲裔美国人（及加拿大人、澳洲人）的核心价值，重视个人，而不是家庭、工作团队或其他集体。相反，来自集体主义社会的人（例如，中美洲及南美洲，阿拉伯族群，美国社会的阿米什人、墨西哥裔美国人及印第安人社区）非常重视大家庭。例如，许多集体主义者相信，孩子离开家之后他们仍应该经常与父母联系。家庭纽带甚至延长至姻亲。在一些集体主义国家，结婚后按照期望，你要叫配偶的父母"妈妈"和"爸爸"，还要像对待自己的父母那样尊敬他们。这与很多美国人的态度截然不同。一名南斯拉夫学生评论：

当我们告诉朋友，我祖父母要从南斯拉夫来我家住几个月，唯一认为这很不错的人是我的中国朋友。所有其他（美国）朋友都为我妈妈难过，因为她要应付自己的婆婆几个月。

旁系亲属价值、祖先去世后仍保持关系也是一些集体主义群体共有的。亲戚可能会去世，但相信他们对现有关系及家庭关系的影响会继续。在11月开始的亡灵节(Dia de los Muertos)活动中，许多墨西哥人和墨西哥裔美国人前往已去世亲人的墓地，表示关心并说说过去一年发生的事，一般通过幽默故事怀念和赞扬已去世的家人。越南人也以相似的方式对去世的祖先表示尊敬。学者拉那·勒波泽

你怎么看？

集体主义在肯尼亚社会有怎样的效果？我们的肯尼亚学生提供了这些例子。接受集体主义价值并参加这些活动，对你来说难易程度有多大？

- 如果在做需要很多劳力的活动（如建台阶、制砖块），你可能会请邻居帮忙。你要为干活的人提供食物。不回应邻居的帮忙请求会被视为负面行为。

- 妇女们有"轮流储蓄计划"，她们按常规储蓄，轮流使用这笔钱应付预料不到的开支或开始做小生意。

- 大多数人生活在大家庭里。孩子与父母同住直到结婚或结婚后。

- 村里的孩子属于每一个人。如果孩子在吃饭时来你家，你要给他们食物。如果孩子行为不当，你要像父母一样处罚，不会有不良影响。

克 (Lana Lebozec) 描述道：

> 他们相信这些灵魂从不会消失，祖先会一直看着他们；所以，除非他们在特别的家庭活动如生日、婚礼、葬礼、周年纪念等时，通过供奉食物及纸钱给予逝者适当的尊重，否则对他们的生活会有不利影响……在祖先逝世的周年纪念日，家里每个人都要出席……通过家庭的供奉，祖先可以一直知道家庭的任何重要事情。[14]

价值也可能与经济阶层或农村/城市的不同有关。例如在美国，劳动阶层的人可能比中产阶层或上层的人更集体取向，据报道，劳动阶层的人用于帮助别人的时间和金钱所占比例更高。

这些文化价值可能影响人们如何交流。例如，重视个人主义的人倾向重视更直接的交流方式和冲突解决方式。集体主义社会的人可能采用没有那么直接的交流，有更多回避式的冲突解决方式。例如，一名日本学生描述她不那么直接的日本风格有时与更直接的美式交流方式的冲突：

> 我与美国朋友聊天时，他指出我在对话中点头太多，没有用语言回应他。这是因为日本人聆听时，他们用多次点头显示他们在留心听，是好的聆听者。我的美国朋友告诉我，对话时，美国人更愿意提问，用语言回应，说一些事情，而不是安静点头显示他们在听。尽管我知道这一点，但要改变我的行为也很难。

人们可能属于持有相反观点的文化群体，记住这一点很重要。例如，在美国多数工作环境都需要高度的个人主义行为，这可能会和更多有集体主义背景的家庭/民族有冲突。有些人可能发现很难与相信竞争价值的人共同生活。例如，纳瓦霍族学生费南莎 (Phyllencia) 告诉我们，她常常觉得家族以家庭为取向的生活，与同学希望的个人主义生活产生冲突。家人期望她回家参与家庭及社区活动；但她知道自己会因缺课和不交作业而受罚，这让她左右为难。很多像费南莎一样的学生，生活在两种文化"之间"，艰难争取满足两种文化的要求——尽可能满足家庭及文化责任，同时仍然在学习和工作方面取得成功。这种双重文化的存在就像在高空秋千上摇摆。我们将在第四章中讨论双重文化身份。

偏爱的个性 美国最普遍的活动形式似乎包含"做"的取向。因此，有创造力、保持忙碌在很多环境受到高度赞赏——例如在职场，多数员工必须记录他们"做"的事（完成销售的数量、见过的客户人数等）。最高荣誉通常会给"做"的人（运动员、演员、医生、律师），而不是主要"想"的人（哲学家、神父、学者）。

相反,"成长"的取向把重点放在精神生活方面。成长取向似乎没有另外两种普遍;这种取向主要的实践者是禅宗佛教徒。有些社会例如日本,据说结合了做和成长的取向,既强调行动又强调精神成长。

最后一种取向以"人"为中心。在这个自我实现的过程中,个人与经验融合的"经验高峰"是最重要的。这种态度可以在中南美洲、希腊、西班牙等文化群体中发现。例如,一名西班牙学生告诉我们,他妈妈在西班牙的一家美国公司工作。这间公司生产进度滞后,要求员工超时工作并提供很丰厚的奖金作为奖励。当所有员工拒绝加班,说他们情愿像往常一样过5星期暑假而不要额外金钱的时候,公司感到惊讶。这个例子解释了人的价值导向:在家庭、朋友身上花时间交流比花时间工作(做事)获取经济收入更重要。

对时间的态度　多数美国文化社群——尤其是欧洲裔美国人和中产阶级的人似乎强调未来。实践方面的证据有,把钱存进退休户口,在遥远的未来才可以动用;预先计划未来数年要做的事。看起来相反的是一些美国人背负沉重的债务,说明他们现在的生活缺乏计划和希望。也许这反映了对未来乐观的感觉,想当然地认为事情会变好——未来是"全新、有进步的!"对未来同样的乐观,也可以从缺乏保护"历史"建筑及地区的顾虑中看到。美国很多旧建筑被拆掉并用更新(有时是建得没有那么好)的建筑代替,而在欧洲和南美洲,建筑通常只做翻新。

几年前,尤利西斯·辛普森·格兰特(Ulysses S. Grant)19世纪初读书的学校被拆毁。缺乏保护"历史"建筑及地区的想法反映美国人的价值系统强调新颖和革新,而不是强调保留过去。

其他社会（西班牙、希腊、墨西哥）似乎强调现在的重要，承认在这里和现在生活的价值，以及现在时刻的潜力。一些欧洲社会（法国、德国、比利时）及亚洲社会（日本、韩国、印度尼西亚）相对把重点放在过去，相信历史对理解当代生活会有一些贡献。有些文化强调现在，但也承认过去的重要。朱迪思在墨西哥的语言学校时，她的教授总是用历史故事回答有关当代社会的问题。例如，目前在进行地区选举。如果学生问一个候选人使用的竞选平台，教授总是用该地区 50 年或 100 年前发生的事来回答。

霍夫斯塔德的价值维度理论 德国社会心理学家吉尔特·霍夫斯塔德发现了一些帮助我们理解文化差异的附加文化价值：（1）权力距离；（2）男性 / 女性气质；（3）不确定性规避；（4）对生活的长期取向与短期取向。[15]（请看表 2.4）这些价值也影响传播。

> **信息频道**
>
> 不同文化有不同的谚语，通常反映他们特殊的价值观。例如，意大利谚语说"嘴巴闭上，就不会有苍蝇飞进去"。中国谚语说"祸从口出"。西班牙谚语是"识多者寡言"。这些谚语反映的文化观念是说话或不说话的相对重要性。

权力距离	
低权力距离	高权力距离
等级越少越好	等级越多越好
男性 / 女性气质	
女性气质	男性气质
更少特定性别的角色	更多特定性别的角色
生活价值质量，对不幸者的支援	价值成就、抱负、购买物质产品
不确定性规避	
低不确定性规避	高不确定性规避
不喜欢规则，接受分歧	更广泛的规则，限制分歧
更少礼节	更多礼节
长期 / 短期取向	
短期态度	长期态度
真实重于德行	德行重于真实
偏爱迅速的结果	重视毅力和韧性

表 2.4 霍夫斯塔德的价值态度

资料来源：Adapted from Cultures and Organizations: Software of the Mind, 2nd ed., by G. Hofstede and G.J.Hofstede, 2004, Boston: McGraw-Hill.

权力距离指在一个国家机构和组织内，权力更少的成员期望和接受权力平均分配的程度。重视低权力距离的社会（丹麦、以色列、新西兰）相信，等级越少越好，权力应该只用于合法目的。例如，在美国的组织设置中，最好的老板是淡化权力差异的人，让下属叫他们的名字，接受下属的建议，认为建议重要和有价值，等等。相反，

> **流行文化聚焦**
>
> 我们能通过儿童故事学习价值观吗？想想克拉克洪-斯托特帕克、霍夫斯塔德会如何评价你喜欢的儿童故事角色？维尼熊、宾尼兔、米老鼠、史酷比、芝麻街、布偶、美国队长、忍者神龟，甚至还有天线宝宝、宠物小精灵、金刚战士。

在重视高权力距离的社会（墨西哥、菲律宾、印度），老板下属之间的关系和做决定的过程更程序化。因此，老板应该提供答案和下命令。例如，在印度工作的一位美国人，尝试用平等主义方式，让工人决定如何安排工作顺序。但工人认为他不诚恳而且能力不够，因为他没有按印度老板的方式行事，也没有强调他自己和下属之间的职位区别不同。我们的一位学生 Sang Wong，描述了在他的国家韩国的教育环境中，高权力距离价值的正面影响和负面影响。这个价值在那里表现的一种方式是学生非常尊敬老师。出于对老师的尊重，韩国学生从不会在课堂上吃东西或谈话。不过他继续解释了这样尊敬的负面影响："有时，学生出于对老师的尊重，不表达意见或说出他们的观点。所以，老师不得不教他们如何表达自己的观点。"

男性/女性气质维度指（1）特定性别角色受重视的程度；（2）文化群体重视"男性"（成就、抱负、购买物质产品）价值或"女性"（生活质量、对他人的服务、养育）价值的程度。日本人、奥地利人、墨西哥人似乎更倾向于男性取向，表现出对特定性别角色的普遍偏好。在一些国家，某些角色（工薪族）应由男性担任，而另一些角色（主妇、教师）则由女性担任。相反，一些北欧人（丹麦、挪威、瑞典、荷兰）似乎倾向于女性取向，反映出更多性别平等及重视所有人生活质量的更强烈信念。在美国，我们更倾向于特定性别角色，却没有日本、奥地利，或墨西哥那么顽固；但我们也趋向男性取向，竞争和争取的价值很高。

不确定性规避描述人们觉得被不明状况威胁及通过设置更多体系尝试保持确定性的程度。稍弱的不确定性规避社会（英国、瑞典、爱尔兰、美国）都有减少规则、接受不同意见的趋势，接受风险的意愿也增强。相反，较强的不确定性规避社会（希腊、葡萄牙、日本）通常倾向在体系中设置更多规则和规章，对目标有更一致的意见。

霍夫斯塔德承认并采用对生活的**长期与短期取向**，这些取向最先由一组亚洲研究者确认。[16] 价值与社会对美德和真理的追求有关。具有短期取向的社会（美国、加拿大、英国、菲律宾、尼日利亚）关注的是"拥有"真理（反映在西方宗教，如犹太教、基督教、伊斯兰教）。强调的是努力快速取得结果，社会压力存在于"和自己社会地位相等的人保持一致"，即使这样意味着超支。具有长期取向的社会（中国、日本、韩国、巴西、印度）更关注德行（反映在东方宗教，如儒教、印度教、佛教、日本神道教）。强调无论尝试什么事情都不顾要花多长时间的毅力和韧性，强调节俭。

跨文化冲突因价值导向的差异而产生。例如，以过去为导向的人强烈觉得考虑事情过去怎么做很重要。对他们来说，过去与传统中有答案。在国际援助项目中，例如为庄稼施肥或改善基础设施，多种价值经常冲突，其中以未来为导向的人（如许多美国人）可能表现出对传统缺乏敬意的做事方式。另一些例子是说，以个人主义为导向的人经常重视用直接面对来解决问题，而集体主义者倾向于更加非直接面对的方式。一名美国学生说过和室友的故事：

我的某位室友是来自南美洲的女孩。我记得的一件事是，她生我气的时候不是直接面对我解决问题，反而在我们宿舍的门上留了一张便条。她那样做让我非常不高兴。这个女孩是很非对抗性的人。她不高兴时从不告诉我。她可能觉得，如果不曾对抗，对我们的关系益处就会大些；但是，从我受过的个人主义培养来说，我从不这样认为！

把权力差异考虑在内时，冲突甚至可能更复杂。某些价值可能经常比其他价值有特权。例如在美国职场，以更多成效相等的合作成果作代价，奖励极度个人主义的关系和"做"的行为。个人主义的员工经常因为销售业绩或写出最多报告获得赏识，但却很少因为是好的团队成员或帮助别人实现部门目标获得奖励。

价值框架的局限　虽然确认价值观有助于我们理解广泛的价值差异，但需记住在特定社会中并非人人都赞同主流价值。我们不应该仅仅根据这些价值导向形成对人的固有印象。毕竟，不是所有阿米什人或日本人都是集体导向的，也不是所有美国人或澳洲人都是个人主义的。乡郊小社区的人可能更以集体为导向，或更愿意帮助他们的邻居，但我们也不能说大城市的人就忽略他们周围的人。

这些价值和相似文化框架的其中一个问题是，他们趋向于"扼要地总结"人。换句话说，人们趋向于认为，在任何时候和所有环境下，特定群体的特点是群体所有成员的基本特点。但这种看法忽略了不同人之间的异质性。例如，有人可能把美国医疗目前的争论描述为"男性"与"女性"价值取向之间的斗争。有些人相信，每个人应该都能照顾自己，应该负责支付自己的医疗费。另一些人代表更女性化的立场，认为每个人都应为所有人的利益牺牲一点，人人都应确保可以平等享受医疗和住院服务。

在一个经历急剧变化的社会中，价值的异质性可能尤其显而易见。例如，仅仅50年前，日本军事失败，经济破产。但现在，日本是世界上最有实力的经济体之一。这种快速的社会和经济变革影响了传统价值。尽管许多日本老一辈保持传统的集体主义价值，对

你怎么看？
你能说出其他文化的多少个节日？哪种文化庆祝"命名日"？哪种文化在女孩成年时举行"成人礼"？哪种文化举行"夏日狂欢"？其他文化的知识怎样帮助我们与其他人交流？

公司和年长者永远忠诚，年青一代却不是如此。他们正朝着更个人主义的方向转变，对家庭和公司的忠诚变小，在当代日本社会的几代人中形成某种裂痕。[17]这种情况可以和20世纪60年代嬉皮士一代的方式比较，他们改变了前几代人的一些传统价值。

虽然人们考虑的具体价值取向可能不同，他们也可能具有其他普遍的价值取向。例如，人们可能对个人或群体忠诚的重要性有不同看法，但也会深深相信人性善良，相信某种宗教仪式。尽管这些与群体有关的价值相对一致，但人是动态的，他们的行为因环境而不同。就是说，人们可能更个人主义还是集体主义取决于环境。例如，朱迪思和汤姆都发现他们在工作环境中比在家庭环境中更个人主义（更好胜，更自我取向）。

在这个意义上，没有什么简单的行为是"成功"跨文化交流的关键。相反，与亚裔美国人、残障人士、男性或女性交流时，明白事情的背景很重要。去一趟图书馆或在互联网上寻找某个群体的资料可能有帮助，但请记住，例外总是会存在或发生。这里讨论的价值取向是在跨文化传播中帮助你的一般指引，而不是死板的原则。你自己的学习和行为，与其他人经历的事都会让你的跨文化经验不同。

传播与文化仪式

当文化影响传播的时候，传播也影响并强化文化。这表示，我们在文化环境内传播的方式经常强化我们的文化身份感。例如，参加传播仪式，如在教堂或犹太教堂祈祷可以强化我们的宗教身份和对宗教社区的归属感。参加日常传播的打招呼（"嗨,你好吗？""很好,你呢？"）可以强化我们在友谊网中的存在感。

以色列中产阶级的"抱怨"是传播仪式的一个例子。以色列仪式中抱怨的主题通常涉及日常生活的某些事情，例如进行汽车排气测试。抱怨的目的不是解决问题，而是发泄被压抑的情绪。通过参加这个仪式，以色列人觉得更"以色列"；他们的传播强化他们对文化群体的归属感。像所有仪式一样，抱怨仪式有可以预测的顺序：有人说出抱怨，有人评论开始抱怨的人，然后抱怨到结束，人人叹气同意那是个问题。"不是开玩笑；事情总是在变糟，"参加者可能说。尽管其他文化群体的人肯定也会抱怨，但活动可能不是以这种系统的文化形式进行，也起不了同样的作用。[18]

许多美国中产阶级白人居民参加相似的传播仪式，在这个仪式中有问题的人通常承认这个问题并讨论解决方法。[19]美国和以色列这些传播仪式相似的是，他们都以问题为主题，都提供方式发泄沮丧情绪。然而，他们是不同的仪式。美国仪式的期望是展示或讨论出一些解决方法，而以色列仪式的重点是发泄和抱怨。但每种仪式都以自己的方式为社区身份感出力。

人们的传播行为如何强化文化身份和世界观的例子还有其他。例如，在美国许多中产阶级白人社区，男性通过与同性对话表达他们在一些环境下的性别角色，而不是与女性或小孩对话。[20]

在网上传播可以看到其他例子。最近一个研究比较了韩国人和美国人在网上的个人档案，发现韩国人似乎较少透露个人资料，他们更多用间接的途径，通过视觉方式（如图文）及兴趣链接表达他们自己。美国人似乎更直接通过个人故事，直接展示有关他们自己的个人资料。这些差异显示每个文化群体如何表达和强化他们的文化身份：更个人主义及直接的美国人，更集体主义及间接的韩国人。[21]

传播与抵制主流文化

另一种看待文化和传播的方式是思考人们可以如何使用自己的空间抵制主流文化。就像工人能找到方法，以多种方式抵制管理层的权力架构。有些抵制方式微妙（例如，怠工、在 Facebook 或 YouTube 写出雇主或公司的负面信息），有些抵制方式明显（如告发）。最近的一个例子是，意识到花旗集团用获取非法税务补助保险的方式欺骗美国时，谢利·亨特(Sherry Hunt)告发了雇主花旗抵押，结果花旗集团退回 1.583 亿给美国政府（请浏览 http://financeaddict.com/2012/03/a-win-win-replacement-for-wall-street-bonuses/ ）。也许更相关的抵制主流文化的例子是，学生在课程报名表上签署顾问的名字，以此避过大学的官僚主义。在所有抵制主流文化系统的方法中，人们找到方法满足需求，努力使关系和环境更公平。

组成元素 3：语境

跨文化传播的第三个因素是**语境**——传播发生的物质环境和社会环境。例如，传播可以在教室、酒吧或教堂发生；环境的物质特点影响传播。人们不同的传播方式取决于语境。你和朋友出去闲逛时的交流与你和导师谈话时可能不同。语境通常在决定我们如何传播方面起重要作用，同样的语境在不同文化中可能需要不同行为。例如，一个美国学生与父亲去苏格兰打高尔夫庆祝他高中毕业，他喜欢打高尔夫。苏格兰是高尔夫的诞生地，因此他对行程感到非常雀跃。他和父亲到达高尔夫俱乐部，他们戴上高尔夫球帽、穿上高尔夫球鞋，准备开始打球。令人惊讶的是他们未获得任何协助，甚至未开始比赛就被要求离开大楼。最后他们才意识到，在苏格兰的俱乐部会所里戴高尔夫球帽、穿高尔夫球鞋是粗鲁且不可接受的。

语境可能包括传播发生的物质、社会、政治、历史结构。想想 Calvin Klein 内衣广告用青少年当模特引起的争议。争议发生在宣称恋童癖不正当或不道德的社会语境内。这表示任何鼓励或滋长了这种行为或观念的传播，包括广告，都被大多数居民认为是错误的。然而，并非在所有社会、所有历史阶段恋童癖都被认为是错误的。要真正理解 Calvin Klein 的广告，我们必须知道对广告显示出恋童癖的现有态度和附带含义。

传播发生的政治环境包括试图改变或维持现有社会环境及关系的力量。例如，要理解抗议者向穿毛皮大衣的人投掷血袋或红色颜料的行为，我们必须考虑政治环境。在这个例子里，政治环境是对动物权利和养动物获取皮毛持续不断的非正式争论。在其他国家或其他时间，抗议者的传播行为可能没有意义或要以另一些方法诠释。

我们也需要查看传播的历史环境。例如，美国的非洲裔美国人和白人比欧洲的黑人和白人在互相交流方面的问题可能更多，因为奴隶制的后遗症甚至在今天都影响这些人的交流。

组成元素 4：权力

我们与其他人交流时**权力**总是会出现，虽然权力不是一直那么明显或显著。我们经常认为个人之间的交流是平等的，但事实很少如此。在每个社会，社会阶级的存在给某些群体的权力和特权比其他群体多。权力最大的群体，很大程度上决定整个社会的传播系统。[22] 例如，异性恋者通常比男女同性恋者的权力大，男性比女性的权力大，非残疾人比残疾人的权力大。有权力的人，有意识或无意识创造及保持的传播系统反映、强化、促进他们思考方式和传播方式。

与群体有关的权力有两种。第一种涉及非自愿群体内的成员身份，以年龄、性别、身体能力、种族、性取向为基础，在属性方面更永久。第二种涉及自愿群体内的成员身份，以教育背景、地理位置、婚姻状况、社会经济状况为基础，更易变化。[23] 主流传播系统最终阻碍的是没有相同传播方式的那些人，这是重点。有争论的事情是，

流行文化聚焦

只有我们对文字的意义达成一致时，文字才有意义。在电影《贱女孩》里，少女格雷琴尝试用"拿"这个字取代"酷"。当另一名少女瑞嘉娜说自己喜欢其他女孩的手镯时，格雷琴说"太拿了（太酷了）！"瑞嘉娜问："什么是拿？"措手不及的格雷琴只能编造这个字的起源："哦，这是个俚语，源自……英格兰。"你有多时髦？你可以说出青少年用词的其他例子吗？这些词似乎只因为他们讲、他们做才有意义。

大学教室里最受重视的传播风格是白人、中产阶级、男性的传统风格——强调竞争（最先举手的人可以发言）——一种令许多女性或少数族裔全体成员不舒服的风格。相反，非洲裔美国人对应的风格不是公司会议室或教室的行为模式。但是一些嘻哈(hip-hop)文化的行为模式，例如穿得低低的宽松牛仔裤和戴在后脑勺的帽子，却已进入美国年轻人的文化。

权力不是一个单向的命题，它是动态的。例如，教室里的学生是无权的；但他们可以主张或取得自己的权力。毕竟，没有学生的人也不能成为老师。而且，老师和学生之间典型的权力关系通常不能超越教室永远存在。但是，在更广的社会环境里也有权力问题。例如，在当代社会，化妆品公司在女性购买和使用化妆品后的美丽形象中有既得利益。广告使女性觉得被逼接受这个文化定义。但如果女性决定不接受这个定义会发生什么事呢？不管她不接受的原因是什么，其他人都可能以不符合她本人动机的方式诠释她的行为。女性不化妆被理解为反对社会定义的背景，换句话说，反对化妆品行业发展的背景。

从这个意义上讲，我们应该从更广的角度思考权力。主流文化群体试图以多种方法使自己的特权地位永久保持。例如，有人怀疑延迟援助2005年卡特里娜飓风的受害者就与权力结构有关。许多（不是全部）受影响的人相对贫穷，他们的声音似乎不能被听到。同样的事情在白人居住的富裕地区发生是很难想象的。低级群体也可以用许多方式抵制这种主流。例如，文化群体可以使用政治与法律手段维持或抵制主流。但这些都不是借助权力关系的仅有手段。群体可以通过经济联合抵制、罢工、静坐来协商他们与文化的不同关系。群体用这些策略与权力更大的群体谈判他们的关系，这样的例子有2011年秋天在纽约开始，继而蔓延到其他州及城市的占领华尔街运动。通过他们的策略，他们抗议大银行及跨国企业的巨大权力，抗议华尔街在经济崩溃及经济衰退中所起的作用。个人可凭借订购或不订购某种杂志、报纸，换电视频道，写信给政府官员，或者用其他手段影响权力关系。例如，欧洲的服装分销商Benetton最近发起了一个"不仇恨"广告运动，展示很多用电脑合成的图像，例如教宗本笃十六世亲吻埃及掌教（宗教领袖）。

被剥夺了权力的人可以用很多方法取得权力。例如，大机构的雇员可以自己改变职位赢得权力。或者，如果学生没有时间见顾问或顾问没时间见他们，学生可以自己在登记表上签署顾问的名字。

权力是复杂的，尤其是与制度或社会结构有关的权力。一些不公，例如涉及性别、阶级或种族的不公，比临时身份如学生或老师引起的不公更僵化。例如，如果老师是女性但受到男学生挑战，学生与老师之间的权力关系会更复杂。总之，不考虑互动之间的权力变化，我们真的无法理解跨文化传播。

跨文化传播的障碍

民族优越感

民族优越感是自己的文化群体（经常是指国籍）优于其他文化群体的信念。认为自己的国家和文化优秀本身并不是坏事。毕竟，为了把看重的价值传承下去，相信自己的国家和群体是有必要的。一种看待民族优越感的有趣方式是看不同地方制作的世界地图。多数地图把自己的国家和文化显示在世界的中间。一名中国助教说：

> 我请学生在一堂跨文化传播课上画世界地图时，我们很惊讶地看到人人都从不同的地方开始。美国学生从美国地图开始，墨西哥学生从墨西哥开始，中国学生从中国开始。学生经常对其他国家或其他洲的位置糊里糊涂，造成这个结果的部分原因是，他们熟悉的自己的国家总是处于地图中间！

跨文化传播可能涉及多个群体，群体成员的性别、年龄、民族、身体能力或其他条件不同。

但民族优越感也可能是极端的，达到了有人不相信其他文化也一样优秀或有价值的地步。当它阻止人们甚至尝试从另一个人的"专用镜片"看那个人的观点时，民族优越感就成为一种障碍。

看清我们自己的民族优越感很难。通常，看到自己民族优越感的最佳时机是在其他文化群体里度过很长时间时。我们的一名学生莎拉 (Sarah)，讲述了她意识到自己的民族优越感的故事：

22岁时，我加入了和平队 (Peace Corps)，在西非一个偏远、乡村的地方住了两年。我第一次体验到了和自己的文化截然不同、但却有其理智和内在逻辑的文化，我自满和偏见的美国民族优越感从核心中动摇。我开始意识到，不仅其他社会有健全的世界观和重要智慧，而且只有特别的注意才能接受及理解这些看待世界的其他方式。

学习看清自己的民族优越感使莎拉更愿意学习其他文化，对其他人的生活方式及体验世界的方式更好奇。

刻板印象

跨文化传播的另一个障碍是刻板印象，在我们日常的思考过程中发展。为了让感觉跳出我们每天接受的海量信息，我们要分类和概括这些信息。**刻板印象**"是有关一群人的广泛接受的观点"，是一种形式的概括——一种把我们在日常生活中接受的信息分类和处理的方式。例如，汤姆和朱迪思对学生的一些概括。我们认为学生不希望学太多东西，但他们又希望知道我们的测验要考什么。这些概括，或思想捷径，帮助我们知道如何与学生互动。但是，顽固地维持这些概括，就会成为有潜在危险的刻板印象。因此，如果我们认为所有学生都懒惰或不愿意自己学习，而且以这种想法为基础和学生互动，我们就是抱有负面的刻板印象。一名韩国学生与太太购物时就遭遇了负面的刻板印象：

我与太太去一个购物商场买化妆品。比较过一些产品后，我太太决定买一个昂贵的品牌。当她去付化妆品的钱时，售货员看到我们是亚洲人面孔，可能我们看起来也像学生。她说："你们买不起这个化妆品，它的售价超过100美元。"我们买下了这个乳液，但再也不想去那个柜台买东西了。她用自己对亚洲人，尤其是对亚洲学生的固有印象交流——这非常糟糕。

刻板印象也可能是正面的。例如，一些人抱有这样的刻板印象，有吸引力的人都是聪明并有社交技巧的人。即使正面的刻板印象都可能因为固定模式导致问题。要符合他们没做某件事，但有能力做的刻板印象，有吸引力的人可能感受到极大压力。或者他们可能因为外表的偏见获得聘用，但随后又发现做不了那份工作。

为什么我们会有刻板印象？一个原因是，刻板印象帮助我们预

> **极速冲浪**
> 应该对歧视负责的人经常注意不到自己的歧视行为。我们往往认为自己是公平、好心肠的人，察觉不到基于文化教养和社会化的隐藏偏见在我们身上根深蒂固。我们的文化偏见可能涉及宗教、种族、阶级、性别、性取向、年龄、残障，甚至体型。自我测试，发现隐藏的偏见，思考你可以做什么事情反对社会中的仇恨和歧视。

测并对他人做出反应。但是,一旦熟习了刻板印象,就不容易抛弃了。事实上,人们更倾向于记住那些支撑刻板印象的信息,而记不住那些与刻板印象对立的信息。

我们以不同方式接受一些刻板印象。例如,媒体喜欢以固有模式描述文化群体——例如,老人需要帮助,亚裔美国人或非洲裔美国人是白人的追随者或背景人物,或者女性的快乐与男性相关。有时,刻板印象一直保持是因为媒体选择不把可能与刻板印象冲突的信息传递给你。想想最近有关穆斯林及他们伊斯兰教的刻板印象。西方在描述伊斯兰教时通常删掉犹太教、基督教、伊斯兰教密切关联的事实——神学家称他们为"亚伯拉罕宗教的三姐妹"。这三种宗教都是一神论及绝对论的(对比多神而且神的指令与对错密切相关的亚洲宗教)。与犹太教比较,伊斯兰教与基督教都接受耶稣是救世主,接受童贞女生子,承认耶稣在世界上的神圣使命。但是在其他方面,伊斯兰教与犹太教更接近;他们重视正义之神而不是爱神,坚持饮食戒律,要求男性接受割礼。[24]

西方媒体对穆斯林女性的刻板印象通常来自穆斯林社会的少数人,并不能代表绝大部分伊斯兰教徒。媒体忽略宣传数百万过着普通生活的穆斯林,他们热爱配偶和孩子,进行着普通(或英雄)的活动。媒体也忽略宣传,当加拿大有第一位女总理时,三个不同的伊斯兰教国家已有女总理,一个国家还有女性的反对党领袖。巴基斯坦、土耳其、马拉维、巴西、孟加拉已有女性担任国家领导,但美国、法国、俄罗斯从未有女总统。

最新研究显示,对非洲裔美国人的种族主义刻板印象依然存在——在电视真人秀中,在所有地方。对10个真人秀(包括《幸存者》《学徒》)的最新分析显示,每个节目至少有一个非洲裔参加者符合刻板印象。黑人男性的刻板印象有桑宝(逗趣的傻瓜、愚蠢但受女性欢迎的人)、汤姆叔叔(慷慨、无私、善良)、浣熊(不可靠、疯狂、懒惰);而黑人女性符合三个"新的"刻板印象:生气的黑人女性、情妇(未受过教育、社会地位低、以性为主要商品)、笨蛋(性焦虑、毫无顾忌、高风险、危险的性行为)。对电视节目真人秀的刻板印象来说,重要的一点是人们倾向于相信这些"特点"是真的——尤其是那些只看节目但极少有机会在日常生活中接触非洲裔美国人的人。[25]

相似的还有对印第安人的刻板印象,此类节目有《周六夜现场》《查普尔秀》《恶搞之家》《南方公园》。另一个研究发现,有印第安角色的所有剧集都把印第安人刻画得低白人一等,愚蠢或讲话很慢

（例如《查普尔秀》中的印第安人语言能力发展迟缓），或者"自以为有趣"，想表现幽默但事实并非如此（例如，《恶搞之家》《南方公园》中的印第安喜剧演员在赌场喜剧俱乐部的场景）。节目不断取笑印第安人的传统和思想（例如，《恶搞之家》浴室服务员的角色命名为"看着你小便"）。[26]

我们可能在家里学到刻板印象。一位年轻人说：

我跟着父亲，一个真正的种族主义者长大——除了黑人，他不太谈论其他族群。歧视黑人的 N 开头的词在我家经常出现。我知道曾经有黑人居住的城镇、有黑人社区，其他的是白人，这就是我生长的环境……但我从未亲身接触过来自黑人社区的任何人。[27]

刻板印象也可能发展成负面经历。如果我们有和某类人交往的不愉快经历，不管我们注重什么群体特点（种族、性别、性别取向），我们都可能把那个群体的所有成员归纳为令人不愉快的人。

因为刻板印象经常在非意识层面运作，而且非常固执，必须有意识才能拒绝刻板印象。这个过程包括两步：(1) 认识负面的刻板印象（我们都有负面的刻板印象；请看"流行文化聚光灯"的建议，发现印第安人的负面印象）；(2) 得到可以中和刻板印象的个人信息。对另一名学生杰妮(Jenni)来说，在露宿者收容所工作的经历帮她打破了一些刻板印象。收容所孩子的优点和适应能力让杰妮感到惊讶，然后意识到自己假设的一些负面印象。她还意识到"不管是什么种族，你都可能变得运气差或无家可归。它真正打破了我个人的刻板印象，尽管讨厌承认这一点，但过去，我总认为无家可归是因为懒惰，露宿者通常不会是白人。"

父母可以把刻板印象永久化，但他们也可以帮助打破刻板印象。《洛杉矶时报记者》阿姆斯特朗·威廉姆斯(Armstrong Williams)，讲述了父亲如何抵制刻板印象的冲击：

我父亲告诉我，烧掉我们农场的不是三个白人。他们是内心有嫉妒和仇恨的人。父亲恳求我们不要根据肤色贴标签或模式化任何人。[28]

偏见

偏见是对体验很少或没有体验的文化团体的一种负面态度。它是一种提前判断。刻板印象告诉我们一个群体是什么样，偏见告诉我们对那个群体可能有什么感觉。人为什么会有偏见？偏见发挥了某些社会功能也许是一个答案。[29]

一个是调整功能，人们抱有某种偏见是因为偏见可能导致社交回报。人们希望他们的文化群体接受并喜欢他们，如果需要排斥其他群体的成员做到这一点，偏见就起了这种功能。另一个是自我保护功能，因为不希望承认与他们有关的某些事情，所以人们抱有某种偏见。例如，一名导师如果没有当教师的成功感，他/她可能更容易责备学生，因为对学生抱有偏见比承认自身的缺点容易。最后，人们抱有偏见是因为偏见有助于强化某种信念或价值——即价值表达功能。例如，属于某些宗教团体的人可能要求对其他宗教团体的人抱有偏见。学生罗恩(Ron)的家庭属于新教福音教会。在他成长的过程中，父母对天主教都是贬低的评价。在他的家庭里，成为好的教会成员代表要对天主教有偏见。

偏见也可能产生于对自己的群体感觉正面，但对其他人感觉负面的个人需要，或来自感觉到的威胁或真正的威胁。[30]对一个群体的存在或经济/政治力量构成挑战，这些可能是真正的威胁；群体之间价值冲突和同时产生焦虑可能是象征性的威胁。例如，一位来自跨文化家庭的学生告诉我们他母亲经历的偏见。他母亲是一位中年白人妇女，父亲是拉丁族裔。在一个以拉丁族裔为主的县竞选高等法院法官时，他母亲遇到了偏见，因为拉丁族裔一般认为白人官员不会体贴少数族裔人口的需要。拉丁族裔不想把票投给一位白人法官，认为她才是他们问题的根源。另外，如果某人已有负面的跨文化交流而且担心未来的交流，尤其是如果存在不平等及感觉到的威胁，偏见似乎就会产生。在缅因州以白人为主的小社区刘易斯顿，当地居民之间的交流正是如此。数千索马里人为了经济机会，为了逃避国家致命的内战逃亡到那里。[31]2001年，约4000名索马里穆斯林进入刘易斯顿人的生活，刘易斯顿居民是讲法语、信奉天主教的加拿大后裔。索马里人带来了文化碰撞和经济挑战。一些白人居民把索马里人视为经济威胁（在一个经济已经萧条的地区工作），一些人把索马里穆斯林视为对他们天主教价值的象征性威胁。这些原因，结合白人居民以前抱有的偏见及缺乏种族多元化的经验，或许强化了对索马里人的偏见。正如一位索马里学生所说："索马里人在两方面受到关注。他们是穆斯林，他们是黑人，这在今天的美国都是对一个人最不利的身份。"[32]

考虑不同类型的偏见也有帮助。最露骨的偏见容易看到，现在已不那么常见。但更难察觉的是没有那么明显的偏见形式。例如，"表面文章"是不愿承认自己怀有偏见的人显示的一种偏见。他们非常努力地做不重要但正面的群体间行为——显示对多元化的支持，或者说"我们没有受到偏见"来说服他们自己和别人没有受到偏见。"一

> **极速冲浪**
>
> 跨文化传播有许多障碍。《美国人对日本人的常见误解》中有许多常见问题，请阅读一下。(http://www.faqs.org/faqs/japan/americanmisconceptions/#b) 你相信多少个刻板印象？刻板印象能导致偏见吗？

臂之遥"的偏见是，在公开或半正式环境中，人们用友善、正面的行为对待其他群体的成员（职场的非正式友谊，大型社交聚会或讲座中的互动），但却避免更亲密的接触（约会、参加私人的社交聚会）。³³

这些微妙但真实的偏见形式一般与**色盲法**同时出现，形成跨文化关系。我们许多人学过，改善种族关系最好的方法是不注意颜色，两位学生这样评论：

> 我从学校老师及其他人那里收到的信息是，不成为种族主义者的方法是假装看不到人们之间的区别。因此，人人都对种族有感受，但无人谈论，也没有地方谈论这些感受。你不得不把每个人当个体对待，一切就是这样。³⁴

许多专家认为这种方法达不到改善美国种族关系的预期目标，原因是多方面的。首先，这种方法不合理。在美国，我们确实注意到肤色，种族和民族通常是我们身份的重要部分。克拉伦斯·佩奇(Clarence Page)，一位非洲裔美国记者说："形成'色盲'美德的因素太多。只要肤色继续在决定生活机遇及机会方面导致不同，我就不希望美国人对我的肤色视而不见。我也不希望看到我身份如此重要的一部分拒绝被承认。"³⁵

其次，在家庭、学校、教堂、犹太教堂中，色盲法阻碍有意义的种族关系对话出现。心理学家贝弗利·塔图姆(Beverly Tatum)表示，白人在年幼时就学到：

> 一个小孩问妈妈，为什么杂货店的人那么黑。妈妈没有回答这个问题，反而让他安静，这是告诉他讨论差异是不行的。³⁶

再次，色盲法让人们忽视、否认、漠视，从而继续（主动或被动地）维持种族不平等存在的现状。³⁷ 色盲法也让指责放在少数民族经济落后于白人这个方面。如果歧视有影响，那么黑人的境况就是因为他们的文化缺陷（懒惰、缺乏良好价值观等）。³⁸

忽略种族、不讨论种族不会让问题消失；正如一位耶鲁法学院教授警告的："不注意种族会失去我们社会中权力、地位、物质福祉分配最核心的一种方法。"³⁹

与刻板印象一样，偏见一旦建立就很难消除。因为偏见在潜意识层面（我们通常无法真正意识到偏见）起作用，要改变我们的思维方式需要有非常明确的动机。但这还是能做到的。以缅因州刘易斯顿为例。据说自从十年前索马里人到达当地，该镇萧条的经济改变了。人均收入猛增，犯罪率下降。2004 年，*Inc.* 杂志指出刘易斯顿是在美国做生意的最佳地点。人们意识到移民增加了对商品及服

信息频道

最新报道显示，在歧视研究中心 (DRC) 进行的秘密配对测试中，加利福尼亚的临时雇佣机构对白人应聘者显示的偏爱远远多于非洲裔美国人。

偏爱的例子包括白人应聘者似乎更容易：

- 成功应聘临时工作或永久工作，但非洲裔美国籍测试者不成功。
- 得到面试机会，但非洲裔美国人得不到。
- 成功应聘薪水较高或聘期更长的工作。
- 成功应聘的速度比非洲裔美国籍应聘者快。
- 得到如何展示自己的培训机会，但非洲裔美国籍应聘者没有机会培训。

务的需求，为老龄化的职场带来年轻人的活力。凭借努力与动机，许多人对移民的态度完全改变。一位居民解释道，有人怂恿她同意对索马里人的偏见言论时（例如"他们不说英语。他们不工作。他们未受过良好教育"），她必须审视自己如何反应。这位居民仔细考虑这种说法，发现大多数索马里人不仅讲英语，也讲三种或四种其他语言。她感到疑惑："现在到底是谁未受过良好教育？"她也承认大多数索马里人工作非常努力；他们搬来刘易斯顿是因为希望生活比以前过得更好。这位居民的姐妹也注意到，拒绝未经思考就接受身边人表达的偏见需要精力和时间。她说"因为不了解他们的文化，我们会觉得沮丧"。"我们问了问题。你必须能和人们交谈。"[40]

歧视

由刻板印象或偏见引起的行为——排斥、避免，或让自己疏远其他群体的公开行为称为**歧视**。歧视可能建基于种族主义或与其他文化群体有关的"主义"（性别主义、年龄主义、精英主义）。思考歧视的其中一种方式是权力加偏见等于"主义"。就是说，如果一个人属于一个权力更大的群体并对其他权力小的群体抱有偏见，基于"主义"导致对那个群体的成员抱有偏见的行为就称为歧视。

歧视的方式从非常微妙的非口头行为（缺乏眼神接触、排斥和某人说话），到口头冒犯、拒绝工作或其他经济机会，到身体暴力和有系统地除去某个群体，甚至种族灭绝。

偏见和极端种族主义之间的联系比你想象的可能要近。著名心理学家高尔顿·奥尔波特(Gordon Allport)展示了无人说出来时，对一群人的偏见如何发展成将这群人视作替罪羊，转而逐步发展为有系统地除去或种族灭绝一个群体的人。[41]这种民族清洗最近在南斯拉夫、卢旺达可以看到，在20世纪三四十年代的纳粹德国也可以看到。我们看到偏见或歧视时说出来为什么很重要，他举了一个强有力的例子。**仇视言论**是可以引起（或反映）偏见和歧视的一种特殊口头传播。从法律的角度，仇视言论定义为"根据群体成员的种族、性别、年龄、民族、国籍、宗教、性取向、性别、缺陷、语言能力、道德或政治观点、社会经济等级、职业或外貌（例如，身高、体重及头发颜色）、才智及其他特质倾向，意图贬低、威胁或煽动针对个人或一群人的暴力或偏见行为"[42]。

大学及学院等机构试图禁止仇视言论。它们的假设是，这种言论是奥尔波特判断标准的第一点——衡量社会内的偏见，最终导致针对某些群体的非法行为（歧视）。其他组织如美国公民自由联盟

(ACLU)声称，不应该在校园内禁止某种说法，"所有观点都有被听到、被研究、被支持、被驳斥的权利"。他们反击："当仇恨公开的时候，人们可以看到问题。然后他们可以组织对恶劣态度的有效还击，可能会改变这些态度，形成团结反对不容忍的势力。"[43]

个人、集体及/或机构都可能有歧视。最近几年，个人的种族主义似乎更细微和间接，但仍然持续存在。[44]机构或集体的歧视（以非正式及正式途径拒绝个人的平等参与或权利）也存在。机构的歧视有时更公开。例如诺华制药公司的例子，这家公司长期被认为是母亲的最佳工作地点。诺华被发现歧视女性员工，支付给女职员的工资也比男职员少，还拒绝晋升女职员。[45]有时，歧视没有如此公开，要经过系统研究才能发现。举个例子，请阅读"信息频道"，了解针对非洲裔美国高中学生的机构歧视的系统模式。[46]

某种歧视以宗教为基础。在美国，比其他宗教群体面对更多歧视的群体是穆斯林。平等雇佣机会委员会的报告发现，2010年，职场针对穆斯林偏见的投诉有接近800宗，比2008年上升了20%，比2005年上升了60%。实际上，穆斯林虽然只占总人口的不到1%，但受宗教歧视的案例却占21%以上。[47]

另一种更常见的歧视发生在招聘过程中。例如，在最近的研究中，研究者使用雇主可能认为是白人或非洲裔美国人的名字，以书信应聘芝加哥和波士顿的招聘广告。命名为Greg Kelly或Emily Walsh的求职者比Jamal Jackson或Lakisha Washington收到面试邀请电话的概率高50%以上。研究者总结，名字听起来像白人相当于申请人多八年的工作经验。这些例子显示，与种族有关的刻板印象如何轻易导致歧视。[48]

一位年轻白人乔登(Jordon)，讲述了他十几岁时经历的一件事：
有天早上我们很饿，所以走进了一间油炸圈饼店。在餐厅里面时，一群比我们小点儿的黑人孩子走进来点早餐。那时，油炸圈饼连锁店正在举行免费油炸圈饼和咖啡的推广活动，包括你购买每样东西能获得一张刮刮卡。就餐的时候，我注意到其中一名黑人孩子很明显中了免费油炸圈饼。但柜台里的女士拒绝给黑人孩子奖品，她说孩子把奖券不应该刮的部分也刮去了。我走过去问发生了什么事。一番解释后他问我是否可以帮他兑换奖券。我虽然同意却认为那位女士并不会接受我的兑奖。但令人惊讶是，店员甚至没有问奖券的事，这让我十分震惊和生气。面对完那些店员，我把奖品给了新朋友并代店员道歉。黑人孩子说这不是什么大事，这种事情每天都发生在他和朋友身上。[49]

信息频道

根据政府对72 000所大型美国学校的研究，在这些学校，非洲裔美国学生被拘捕的频率远远高于白人：被拘捕的学生35%为非洲裔美国人，但他们只占学生总人数的24%；被拘捕的学生21%为白人，白人占学生总人数的31%；被拘捕的学生37%为西班牙裔，西班牙裔占注册学生总数的34%。另外，被停学及开除的学生也有种族的人数差异。正如一位政府官员说："即使在同一所学校里，美国的少数族裔学生也比非少数族裔学生面对更严格的纪律。这尤其重要，因为专家认为，首次拘捕令学生辍学的机会高出一倍，首次上庭令学生辍学的机会高出三倍。这是可悲的事实。"

(资料来源：St. George, S. (2012, March 5). Federal data show racial gaps in school arrest. Washingtonpost.com . Retrieved May 12, 2012, from http://www.washingtonpost.com/national/federal-datashow-racial-gaps-in-schoolarrests/2012/03/01/gIQApbjvtR_story.html)

年轻人像乔登一样，理解并积极消除偏见、种族主义、歧视尤其重要。尽管仍然普遍，但很多歧视已没有以前明显。同时，年轻白人的暴力种族行为却有所增加。最后，因为美国人口统计特征的变化，与自己的父母及祖父母比较，年轻人有更多机会与不同族群的人交流；他们对态度改变的影响似乎多于年长的几代人。[50]

小结

在本章，我们辨识并说明了跨文化传播的四个组成元素：文化、传播、背景、权力。文化可被视为习得和共有的观念，以及涉及情绪、表现成行为的价值，是动态和异质的。传播是一个符号化的过程，意义在这个过程中分享和取得。另外，虽然可能无意识，但传播是动态的，以接受者为导向。文化与传播的关系复杂，因为（1）文化影响传播；（2）传播强化文化；（3）传播是抵制主流文化的一种方式。

语境是传播发生的实质环境和社会环境，或更大的政治、社会、历史环境，语境影响传播。第四个组成元素——权力是普遍的，尽管一般隐藏，但在跨文化传播互动中起巨大作用。权力主要由社会机构和角色决定，权力影响传播。

我们还认识了跨文化传播的态度障碍和行为障碍。民族优越感是自己的文化优于其他文化的信念。刻板印象是把别人僵硬分类的过程；刻板印象可能正面或负面。偏见是根据少量经验或没有经验而对别人负面的预先判断。态度如刻板印象和偏见可能导致歧视这类行为障碍。

现在，我们已为跨文化传播的方法打好基础，下一步是分析历史在跨文化传播中扮演的角色。

培养跨文化技能

1. 更注意你所属的群体（包括自愿群体和非自愿群体）身份。什么对你最重要？也更留意你家庭的文化价值观。你父母经常向你重复的话（"仅仅因为某人做某件事并不表示你也要做！"）是什么？你的家庭强调和传递什么价值观？你认为这些价值观如何影响你看待其他文化群体的方式？这些价值观如何影响你和不同于你的人交流？

2. 更注意你在跨文化冲突中的交流。思考你发出的口头信息和非口头信息。思考你的语调、身体姿势、手势、眼神接触。发出的信息是你想发出的吗?

3. 注意到你朋友的多样性。你有不同年龄段的朋友吗?有不同民族的朋友吗?有朋友是残障人士吗?或跨性别人士?有朋友来自不同的社会经济阶层吗?谁的母语不是英语?思考一下你的朋友为什么不够多元化?透过朋友的"专用镜片"看世界,你可以学到什么。

4. 阅读本地民族的报纸,看外国电影,对不同文化了解更多。

5. 注意媒体如何描述不同的文化群体。如果描述的是有色人种或少数族裔,他们扮演什么角色?主角?背景人物?喜剧穿插?

6. 谈论其他群体时,尝试使用不反映一般性的不确定词语,例如"一般"或"几次",或者"对我来说似乎""就我的经验而言"。

7. 有人讲的笑话伤害另一个群体时,大声说出来。一句简单的"你这是什么意思?""这好笑吗?"或者"我不认为这有趣",可以让人在你身边讲种族主义或性别歧视笑话前三思。

▌实践

1. 文化价值观:寻找流行报纸和杂志上的广告。分析广告,看看你是否能辨认他们想表达的社会价值观。

2. 文化群体与传播:确认你属于哪些(自愿和非自愿的)文化群体。选择两个群体,思考每个群体及你在群体中的成员身份。然后试试描述属于那个群体对你的观点有什么影响?例如,家庭如何影响你的世界观?男性或女性身份如何影响你的世界观?亚裔美国人、白人、国际学生的身份如何影响你的世界观?最后,描述你所属的两个群体身份如何影响你与别人的交流。

▌注释

1. Kraków Jewish Culture Festival (2012). *Joobili Timely Travel.com*. Retrieved July 2, 2012 from http://joobili.com/krakow_jewish_culture_festival_cracow_11197/.
2. Grossman, D. (2012, March 30). Founder promotes Kraków Jewish festival. *The Canadian Jewish News*. Retrieved July 2, 2012 from http://www.cjnews.com/node/89645.
3. Noworól, A. & Skalski, K. (2010). *Contemporary understanding of revitalization in Poland*. Kraków Poland: Jagiellonian University (*Uniwersytet Jagielloński*), Institute of Public Affairs (*Instytut Spraw Publicznych*). Retrieved July 2, 2012 from http://149.156.173.214/pliki/e-monografie/monografia-3.pdf.
4. Singer, M. R. (1998). *Perception and identity in intercultural communication*. Yarmouth, ME: Intercultural Press.
5. Hofstede, H. (1997). *Cultures and organizations: Software of the mind* (Rev. ed.). New York: McGraw-Hill, p. 3.
6. Bennett, M. J., & Castiglioni, I. (2004). Embodied ethnocentrism and the feeling of culture. In D. Landis, J. M. Bennett, & M. J. Bennett (Eds.), *Handbook of intercultural training* (3rd ed., pp. 249–265). Thousand Oaks, CA: Sage.

7. Kristjánsdóttir, E. S. (2009). U.S. American student sojourners' lived experience in France: Phenomenological inquiry of cross-cultural adaptation. *Howard Journal of Communications*, 20(2).
8. Views of law enforcement, racial progress and news coverage of race. (2012, March 30). Pew Research Center Data Note. Retrieved May 15, 2012, from http://www.people-press.org/2012/03/30/blacks-view-of-law-enforcement-racial-progress-and-news-coverage-of-race/?src=prc-headline.
9. Singer (1998).
10. Hall, S. (1992). Cultural studies and its theoretical legacies. In L. Grossberg, C. Nelson, & P. Treichler (Eds.), *Cultural studies* (pp. 277–294). New York: Routledge.
11. Lopez, M. H., Morin, R., & Taylor, P. (2010, October 28). Illegal immigration backlash worries, divides Latinos. Pew Hispanic Center Report. Retrieved May 26, 2012, from http://www.pewhispanic.org/files/reports/128.pdf.
12. Goodnough, A. (2012, January 27). Student faces town's wrath in protest against a prayer, The *New York Times*. Retrieved May 8, 2012, from http://www.nytimes.com/2012/01/27/us/rhode-island-city-enraged-over-school-prayer-lawsuit.html?_r=1.
13. Kluckhohn, F., & Strodtbeck, F. (1961). *Variations in value orientations*. Chicago: Row, Peterson.
14. Lebozec, L. (2001, October 6). *Vietnam: the extended family*, Retrieved October 4, 2008 from http://www.suite101.com/article.cfm/vietnam/81880.
15. Hofstede (1997). Note that Hofstede's research can be criticized. He conducted his initial research only in countries where IBM subsidiaries were located, ignoring many African and Middle Eastern countries in developing his value framework. In addition, his masculine/feminine orientation has been criticized for its stereotypical definitions of masculinity and femininity.
16. Chinese Culture Connection. (1987). Chinese values and the search for culture-free dimensions of culture. *Journal of Cross-Cultural Psychology*, 18, 143–164.
17. Matsumoto, D. (2002). *The new Japan: Debunking seven cultural stereotypes*. Yarmouth, ME: Intercultural Press.
18. Katriel, T. (1990). "Griping" as a verbal ritual in some Israeli discourse. In D. Carbaugh (Ed.), *Cultural communication and intercultural contact* (pp. 99–112). Hillsdale, NJ: Erlbaum.
19. Katriel, T., & Philipsen, G. (1990). What we need is communication: "Communication" as a cultural category in some American speech. In Carbaugh, pp. 77–94.
20. Philipsen, G. (1990). Speaking like a man in "Teamsterville": Culture patterns of role enactment in an urban neighborhood. In Carbaugh, pp. 11–12.
21. Kim, H., & Papacharissi, Z. (2003). Cross cultural differences in online self-presentation: A content analysis of personal Korean and US home pages. *Asian Journal of Communication*, 13, 100–119.
22. Orbe, M. O. (1998). *Constructing co-cultural theory: An explication of culture, power, and communication*. Thousand Oaks, CA: Sage.
23. Loden, M., & Rosener, J. B. (1991). *Workforce American! Managing employee diversity as a vital resource*. Homewood, IL: Business One Irwin.
24. Muzrui, A. A. (2001). Historical struggles between Islamic and Christian worldviews: An interpretation. In V. H. Milhouse, M. K. Asante, & P. O. Nwosu (Eds.), *Transcultural realities* (pp. 109–119). Thousand Oaks, CA: Sage.
25. Tyree, T. (2011). African American stereotypes in reality television. *Howard Journal of Communications*, 22(4), 394–413.
26. Lacroix, C. C. (2011). High stakes stereotypes: The emergence of the "Casino Indian" trope in television depictions of contemporary Native Americans. *Howard Journal of Communications*, 22(1), 1–23.
27. Chesler, M. A., Peet, M., & Sevig, T. (2003). Blinded by Whiteness: The development of White college students' racial awareness. In A. W. Doane & E. Bonilla-Silva (Eds.), *White out: The continuing significance of racism* (pp. 215–230). New York: Routledge, p. 222.
28. Mazel, E. (1998). *And don't call me racist: A treasury of quotes on the past, present and future of the color line in America*. Lexington, MA: Argonaut Press, p. 81.
29. Brislin, R. (1999). *Understanding culture's influence on behavior* (2nd ed). Belmont, CA: Wadsworth.
30. Hecht, M. L. (1998). Introduction. In M. L. Hecht (Ed.), *Communicating prejudice* (pp. 3–23). Thousand Oaks, CA: Sage.
31. Taylor, S. (2002, November 26). Diverse people stand united against hatred. *Lewiston Sun Journal*. Retrieved from http://sunjournal.com/story.asp?slg=112602diversity
32. Jones, C. (2003, February 7). Newcomers give old city a look at itself. *USA Today*, p. A13.
33. Brislin (1999).
34. Chesler, Peet, & Sevig (2003), p. 223.
35. Mazel (1998), p. 127.
36. Mazel (1998), p. 130.

37. Simpson, J. L. (2008). The color-blind double bind. *Communication Theory, 18*(1), 139–159.
38. Gallagher, C. A. (2003). Playing the White ethnic card: Using ethnic identity to deny racial discrimination. In Doane & Bonilla-Silva, pp. 145–158.
39. Mazel (1998), p. 126.
40. Ellison, J. (2009, January 16). The refugees who saved Lewiston. Retrieved May 10, 2012, from http://www.thedailybeast.com/newsweek/2009/01/16/the-refugees-who-saved-lewiston.html.
41. Allport, G. (1970). *The nature of prejudice*. Reading, MA: Addison-Wesley.
42. Hate speech on campus (1994, December 31). American Civil Liberties Union website. Retrieved October 4, 2008 from http://www.aclu.org/studentsrights/expression/12808pub19941231.html.
43. Hate speech on campus. (1994).
44. Camara, S. K., & Orbe, M. P. (2010). Analyzing strategic response to discriminatory acts: A co-cultural communicative investigation. *Journal of International & Intercultural Communication, 3*(2), 83–113.
45. Friedman, E. (2012, May 18). Jury finds Novartis liable for female employee discrimination complaints. *ABC News.com*. Retrieved July 2, 2012, from http://abcnews.go.com/Business/novartis-pharmaceuticals-corp-found-guilty-gender-discrimination/story?id=10678178#.T_JArrXLyTU.
46. St. George, S. (2012, March 5). Federal data show racial gaps in school arrest. *Washingtonpost.com*. Retrieved May 12, 2012, from http://www.washingtonpost.com/national/federal-data-show-racial-gaps-in-school-arrests/2012/03/01/gIQApbjvtR_story.html.
47. Epstein, N. (2011). Anti-Muslim discrimination in post 9/11 America—A special report. *Momentmag.com*. Retrieved July 2, 2012, from http://momentmag.com/Exclusive/2011/04/special_report.html.
48. Wessel, D. (2003, September 4). Studies suggest potent race bias in hiring. *Wall Street Journal*, p. A2.
49. McKinney & Feagin (2003), p. 247.
50. McKinney & Feagin (2003).

CHAPTER 3 第三章

历史与跨文化传播

章节概要

从历史到各类历史
政治史、思想史、社会史
家族史
国家史
文化群体历史
其他历史的力量
历史与身份
以故事出现的历史
非主流历史
跨文化传播与历史
历史遗产
小结
培养跨文化技能
实践
注释

学习目标

读完本章节后，你应该能够
1. 理解历史在跨文化传播互动中的角色。描述

第三章 历史与跨文化传播

影响我们传播的一些历史。

2. 解释"非主流"历史的重要性及它们与文化身份的关系。解释为什么有必要恢复非主流历史。

3. 了解故事在理解各种历史中扮演的角色。

4. 理解历史在当代跨文化关系中的重要性。

5. 解释移民历史怎样影响跨文化互动。

6. 解释在互动中我们可以怎样跨越历史。

关键词

殖民史、文化群体历史、流散、移民史、民族史、家族史、性别史、宏大叙事、叙事人、思想史、国家史、政治史、后殖民主义、种族历史、宗教史、性取向历史、社会史、社会经济阶层历史

无论只是把杀死或抓捕奥萨马·本·拉登 (Osama Bin Laden) 的军事行动命名为杰罗尼莫 (Geronimo),还是把奥萨马·本·拉登的代号称为杰罗尼莫,都是无法容忍的侮辱和错误。从军方公布的记录可以清楚看到,军方人员在提到军事行动及奥萨马·本·拉登本人时,都使用了杰罗尼莫的名字。

杰罗尼莫是印第安历史上最著名的领袖,很明显,把杰罗尼莫和奥萨马·本·拉登对等,是对印第安人及印第安领袖不可原谅的诋毁。

用杰罗尼莫的名字称呼杀死或抓捕奥萨马·本·拉登的行动对历史有很大的破坏,这种做法也诽谤了伟大的人类精神和印第安领袖。杰罗尼莫本人恰好成为美国军方行动的焦点,这个行动让杰罗尼莫继续在美国历史和人类历史中占有一席之地。[1]

——哈尔林·杰罗尼莫 (Harlyn Geronimo),杰罗尼莫曾孙,为美国参议院印第安事务委员会准备的声明

2011年5月2日,奥萨马·本·拉登在其巴基斯坦的住所被美军杀死。军队行动时,美国国防部使用了"杰罗尼莫"的名字作为奥萨马·本·拉登及行动本身的代号。在这种情况下使用杰罗尼莫的名字引起了争议,显示出运用历史的方式也能形成不同文化群体之间的冲突。许多印第安人对使用杰罗尼莫名字的做法非常愤怒,思考我们如何把历史用于现在的需要至关重要,因为一个文化中的英雄可能是另一个文化的罪犯(反之亦然)。

历史与文化、传播或跨文化传播有什么关系并不总是显而易见。

信息频道

目前,美国多个州及城市沿用印第安人部落的名字和语言,例如马萨诸塞州、内布拉斯加州、塔拉哈西。一些车辆也使用印第安人

> 的名字，例如道奇达科塔、切诺基吉普车。当代美国使用印第安名字与词语的方式有很多。一方面，这种做法承认这片土地的历史，承认早于欧洲人在当地居住的人的历史。另一方面，这种做法又有多大程度令美国人理解这段历史、这些人及文化呢？

在本章，我们希望向你展示历史在形成文化身份和跨文化活动中的重要性。

我们知道的历史和我们对历史的感觉受自己文化的强烈影响。当不同文化背景的人遇到彼此时，这些差异可以形成传播的隐藏障碍。但是，人们经常会忽视跨文化传播中的这一系列动态。尽管我们通常认为"历史"是历史里的某些东西，但历史意识对了解跨文化互动还是重要的。

当然，历史横跨很长时间。发生在过去的许多事件创造了文化群体之间的差异，然后又保持了这些差异。回头看并应付这些事件并不总是那么容易。有些人问："我们为什么要沉湎于过去？我们不能都往前看吗？"其他一些人说，不理解他们文化群体的历史就不可能了解他们自己。不同观点肯定会影响这些人之间的跨文化传播。

我们可以从一个更大的范围，看看历史如何在不同环境中影响跨文化互动。例如，澳洲曾经用"白人澳洲"的政策指导移民限制。澳洲移民政策一直限制非欧洲人移民，直到20世纪70年代废除最后的种族限制。[2] 想象今天的"澳洲人"时，你会预计到什么？为什么澳洲人口大部分是欧洲人，这是有历史原因的。历史有助于我们了解澳洲为什么是今天的样子。白人澳洲的遗留问题，以及"多元文化澳洲"的发展尝试，为白人和少数族裔之间的文化冲突埋下伏笔，2005年12月突然恶化。这里的重要观点就是，我们不能避开历史，因为过去的决定继续影响今天的我们。

如何看待过去直接影响到我们如何看待自己，甚至如何看待在美国这里的其他人。思考一下你来自哪里？那可能意味着什么？中西部人是什么意思？南部人、加利福尼亚人、纽约人呢？我们知道人的身份植根于不同历史中，你如何知道这些其他地域身份的意义？实际上，在体验跨文化传播的过程中历史是一个重要元素，这是本章的主题。

你会看到，文化及文化身份与历史紧密相连，因为如果没有历史，文化及文化身份就没有意义。没有单一版本的历史，历史以多种方式被记录。例如，你的家庭有自己版本的历史。谁是你的祖先？他们来自哪里？明确知道答案对你很重要。我们经常觉得，即使对历史不感兴趣，仍然非常需要以正面的方式认识自己的过去。过去的故事，无论准确与否，都有助于了解我们的家庭为什么住在现在的地方，为什么他们在当地拥有土地或失去了土地，等等。历史帮我们了解我们是谁，为什么以我们的方式居住及交流。

在本章，我们讨论为传播提供语境的不同历史：政治史、思想史、社会史、家庭史、国家历史、文化群体历史。然后说说这些历史如何与我们的不同身份互相交错，这些身份建基于性别、性取向、民族、种族等因素。两种身份有深厚的历史基础——移民与殖民。我们特别注重讲述个人历史的作用。最后，我们探讨历史如何影响跨文化传播。通过本章，你应该思考历史在建立自己身份中的重要性，过去与现在之间的关系如何帮我们理解不同文化群体内别人的不同身份。

从历史到各类历史

许多不同类型的历史影响我们理解自己的身份——个人、家庭成员、文化群体的成员、国家的公民。这些历史必然重叠，互相影响。例如想想你家庭的历史。你的家庭历史如何被某些特定文化群体的家庭成员影响，而不是受其他人影响？在这个历史里，成员的国籍起了什么重要作用？你家庭的历史如何并入美国历史更宏大的故事中？辨别不同的历史背景是理解历史如何影响传播的第一步。

政治史、思想史、社会史

有些人只把历史视为已记录事件中的信息。当这些类型的历史集中于政治事件时，我们就称这些历史为**政治史**。政治史是历史课经常讲授的一种历史。在这些历史中，我们通过政治家了解过去，例如，总统图书馆的发展和美国总统研究把我们对美国历史的理解集中在国家政治史上。因为这个焦点，我们的注意力被吸引到政治史，把政治史作为了解美国如何出现的方式。当历史的重点是观念传播与发展或思考方式时，我们称这些历史为**思想史**。思想史可能追踪无意识观点或民主观点的发展。资本主义历史的重点显示为观点，观点导致看世界的这种方法。尽管为钱而进行的货物交易存在已久，但"资本主义"这个词汇，直到19世纪才出现。思想史可以紧接"资本主义"定义的讨论，这个定义的不同概念来自亚当·斯密 (Adam Smith) 的《财富论》和马克斯·韦伯 (Max Weber) 的《新教伦理与资本主义精神》。资本主义的许多关键概念，如生产、消费、市场的无形之手及其他词汇可以查到现在的用法及观点，因为人们和政府都试图纠正现在的经济环境。我们可以看看美联储主席本·伯南克 (Ben Bernanke) 与美国财长蒂莫西·盖特纳 (Tim Geithner) 对这些词汇现在的表述，因为在应对现在的经济危机时，他们也在犹豫政府到底应该干预多少。当历史的焦点放在不同群体过去的日常生活时，我们称之为**社会史**。社会史告诉我们怎样

你怎么看？

你知道阿尔伯特·爱因斯坦 (Albert Einstein) 的妻子也是一位有前途的物理学家吗？遇到爱因斯坦前，米列娃·马利奇 (Mileva Maric) 也致力成为科学家。米列娃是入读德国海德堡著名技术学院 ETH 的第 5 位女性，在那里，米列娃遇到更年轻的爱因斯坦。两人1903年结婚，爱因斯坦作为理论家最成功的岁月开始。1919年，爱因斯坦与米列娃离婚后最多产

的年代亦宣告结束。这只是巧合吗？现在，历史学家争论米列娃是否对阿尔伯特的理论有所贡献。如果知道米列娃对爱因斯坦的理论有贡献，我们对科学史的看法可能有什么不同？为什么我们必须考虑历史的性别动态？

理解过去，但关注的焦点是人们的日常生活。例如，社会历史学家可能关注 18 世纪的法国人为什么要灭猫[3]，他们为什么认为自己要这样做。

这种组织和思考历史的方式可能看起来比广义的历史更易处理，因为"一切已在现在之前发生"。但是，许多不同类型的历史影响我们的观点及对过去的认识，而且许多历史事件从不会被记录。例如，在美国禁止教奴隶阅读的严格法律妨碍了奴隶把故事记录下来。当然，缺乏书面记录不代表人们不存在，不代表他们的经验不重要或他们的历史与我们无关。考虑此类缺失的历史，要求我们以更综合的方法思考过去，思考它影响现在及未来的方式。

家族史

家族史发生的时间和其他历史相同，但发生在更个人的层面。家族史一般不会写下来，而是以口头方式代代相传。也许令人惊讶的是，一些人不知道他们的家庭从哪个国家或城市移居；他们属于哪个部落，或住在美国哪里；但有些人特别强调他们知道的历史：祖先乘五月花号到达美国，跟杨百翰一起移居犹他州，或在大屠杀中幸存。许多家庭历史与族群历史、宗教历史深深交错，但家庭历史确认家庭在这些事件中的实际参与。关键问题是，是否可能或甚至值得避开个人家庭的历史。

有时，家族史揭示一些著名人物的情况。在自传《我父亲的梦想》中，巴拉克·奥巴马 (Barack Obama) 叙述了自己家族的历史，从母亲的家庭由堪萨斯州移居夏威夷，到父亲的肯尼亚家庭及他与父亲家庭的联系。尽管自从父亲过世后，奥巴马和父亲的家人已无太多联络，但肯尼亚之旅又把奥巴马带回了家族史的那个部分。在最近的爱尔兰之旅中，奥巴马去了祖先（鞋匠）法尔茅斯·科尼尔 (Falmouth Kearney)1850 年移民美国前的住处。[4] 奥巴马的家族史就是移民及移居的历史，是美国历史的一部分。

米歇尔·奥巴马 (Michelle Obama) 的家庭体现的是另一种非常不同的家族史，与国家故事的另一部分密不可分：奴隶制度。《纽约时报》追查了她的家庭历史，发现"奥巴马太太的祖先更完整的家谱包括当奴隶的妈妈，白人爸爸及他们混血的儿子多尔法斯·希尔德 (Dolphus T. Shields)，首位非洲裔美国第一夫人与美国的奴隶历史有完整的关联，跟随他们五代人从奴隶到上层社会总统的变化过程"[5]。想想这些家族史如何告诉我们奥巴马家族的过去，以及他们在美国及世界的地位。

一位学生告诉我们,他的家庭刚好在第二次世界大战前从波兰华沙移民来美国。因为他们在波兰经历并察觉到波兰反对犹太人的情绪,他祖父母一到美国就不再讲波兰语。因为家庭历史,这位学生今天都不会讲波兰语,因为他祖父母及父母不想在家庭里保留这种语言。家庭历史对解释你是谁非常有帮助。

国家史

显然,任何国家的**国家史**(重大事件及人物)对该国人民都是重要的。美国国家历史一般从欧洲人到达北美开始。美国公民应该能辨认重大事件及所谓的伟大人物(多是具有欧洲血统的男性),这些伟大人物影响了国家的发展。因此,讲述给学生的故事,接近杜撰的人/事,为这些事件和人物注入生命。例如,学生学习开国元勋乔治·华盛顿 (George Washington)、本杰明·富兰克林 (Benjamin Franklin)、托马斯·杰弗逊 (Thomas Jefferson)、詹姆斯·麦迪逊 (James Madison) 等。他们学习帕特里克·亨利 (Patrick Henry) "不自由,毋宁死"的名言,这句话的文本由一位传记作者收集,该作者"从20年前耳闻者零散的记忆片段中拼出了这1200字的演讲词"[6]。学生学习乔治·华盛顿砍了一棵樱桃树然后承认自己的错误,学习亚伯拉罕·林肯 (Abraham Lincoln) 用激情澎湃的《葛底斯堡演说》协助国家治愈伤痛。

但你也许已经知道,传统上,美国历史课本"没留下可能反映国家恶劣性质的任何事情"[7]。历史是为美国白人而写。在对课本的审核中,詹姆斯·洛温 (James Loewen) 指出学习美国印第安人历史的重要性,因为它"矫正美国例外论导致的虔诚的民族优越感,矫正上帝选择欧洲裔美国人的观念。印第安人的历史揭露美国及其祖先英国殖民者对世界造成的巨大伤害。我们一定不要忘记这些——不沉迷于我们不道德的行为,但从中理解和学习,我们可能就不会再造成伤害"[8]。

国家历史告诉我们自己是谁的共有观念,强化我们的国家地位感。尽管我们个人不会被写进国家故事,我们还是应该知道这些美国历史的具体讲述,这样,我们才会懂得传播中使用的许多引证。例如,当人们说起"13个殖民地",我们应该知道不是指非洲或亚洲的殖民地。国家历史只代表文化讨论和文化身份的一种方法。

但是,美国学生通常不会学太多其他国家及文化的历史,除非他们学习其他国家的语言。学习另一种语言的学生知道,不仅是学习语言的语法和词汇,也要学习那种语言使用者的文化和历史。

信息频道

乔治·华盛顿并没有砍掉樱桃树,他也没有真正使用木质假牙。亚伯拉罕·林肯的声音又高又尖,有人认为《葛底斯堡演说》在林肯发表时就是一种尴尬。你认为自己知道的历史有多少真实?多少虚构?更有趣的问题是,你可以怎样确定差异?

表 3.1 显示了一些地方经历的名称改变。理解这些地方的历史可以帮助你理解为什么这些地方的名称会改变。

表 3.1 国家与地区名称的变化

现 用 名	曾 用 名
贝里斯	英属洪都拉斯
柬埔寨（Cambodia）	柬埔寨（Kampuchea Republic）
加纳	黄金海岸
印度尼西亚	荷属东印度
伊朗	波斯
马里	法属苏丹
缅甸（Myanmar）	缅甸（Burma）
斯里兰卡	锡兰

朱迪思和汤姆学过法语。因为都学过很多法国历史，所以老师教了我们法国的国家故事。法国有他们自己的国家历史，中心内容是法国大革命，从君主政治、独裁、到共和制。例如，法国人知道他们生活在第五共和国，他们知道在法国历史的宏大叙事中这代表着什么。历史帮助法国公民理解法国人的含义是什么，也帮他们理解法国与其他国家的关系。

文化群体历史

尽管人们可以共享国家历史，但一个国家内的每个文化群体都可能有它自己的历史。这个历史可能是隐藏的，但也与国家历史关联。这些**文化群体历史**帮我们理解群体身份。

例如，18世纪50年代，加拿大东部驱逐讲法语的阿卡迪亚人，阿卡迪亚人移居路易斯安那州，请思考这件事。这些文化事件是理解卡津人文化特点的关键。例如，因为这段历史，法语里有了一种流行的说法"让美好的时光流逝"（Laissez les bons temps roulez!）。1838年，切罗基族被逼离开他们的国家新埃科塔（New Echota，主要位于亚美尼亚），最终定居在俄克拉荷马州，移居导致切罗基族1/5的人口死亡。这个事件被称为"眼泪之路"，解释了切罗基族的很多事情，包括东切罗基与西切罗基的分裂。非洲裔美国人20世纪初向北移民，有助于我们理解克利夫兰、底特律、芝加哥、纽约等北部城市的定居模式及工作环境。这些文化历史一般不包括在我们的国家历史中，但对群体身份，家庭历史的发展至关重要，对这些文化群体个别成员的现代生活也很重要。

> **极速冲浪**
> 我们如何调查游行、演出、政治集会、抗议等历史事件？此外，没有实际参与这些事件我们怎样研究这些历史？"半球协会"（Hemispheric Institute），一个致力于让公众接触美国政治及社会活动的团体，正在努力回答这个问题。这个团体把中美洲、北美洲、南美洲重要事件的文件、视频、录音、照片保存为电子档案。

从这个意义上讲，历史代表我们讲述过去的许多故事，而不是在单一时间连续区不间断的一个故事。家庭、文化群体、国家的事件肯定是相连的；甚至世界事件也有关联。忽视其他群体的历史让跨文化交流更困难，也会充满潜在误解。

费城的"贝茜·罗斯故居"(Betsy Ross House)显示她对国家认同做出的重大贡献。人们一般认为她是制作第一面美国国旗的人。我们知道有关她的什么文化神话？在故居前面留影的是露丝安·曼祖珂(Roseann Mandziuk)，得克萨斯州立大学圣马科斯分校的传播学教授。

其他历史的力量

过去非常复杂，人们尝试用理解这种复杂性的方式理解历史。为了做到这一点，许多文化发展了称为**"宏大叙事"**的方式解释过去并部分地解释将来。通过讲述过去的特定故事，宏大叙事为现在与以前发生的所有事情带来联系。例如，一些基督教徒相信一个更传统的宏大叙事：过去起始于亚当和夏娃。我们与上帝的关系影响所有历史和所有事件。对启蒙运动历史学家来说，依赖人类理性及理性思考，社会将在道德、伦理、社会方面向未来前进。对马克思主义历史学家来说，经济及阶级差异解释过去。有许多其他方式了解过去。我们能通过任何一个透镜阅读过去的故事，理解发生的一切事情。

许多美国人接受的具体宏大叙事教育是，开国元勋以平等及自由等重要原则建立了一个伟大国家。这个国家的命运是不断向西推进的，扩大发展成一个伟大国家。颂扬"美国例外主义"及美国在经济、社会、地理方面不断上升的轨迹就是这个国家的宏大叙事。宏大叙事给美国人一个特定身份，这对"美国人"一词的含义至关重要。

自从那时起，许多其他故事出现对宏大叙事形成挑战。传统的宏大叙事忽略了许多未体现平等与自由价值的美国故事。但其他叙事不一定能取代宏大叙事，因为宏大叙事创造了有关过去的更复杂的图景。现在有许多关于过去的故事是相互矛盾的。[9]

代替宏大叙事的是修改和修复过的历史，那些被压缩、隐藏或清除的部分。实现变化的文化运动赋予其他文化身份权力，可以重写殖民主义、奴隶制、移民法等美国法律。恢复不同的历史有必要重新思考某些文化身份的含义。它也有助于重新思考主流文化身份"美国人"的含义。

不管是否承认我们一些差异的基础，这些不平等影响我们对其他人的看法及我们如何互动。不平等也影响我们对自己的看法，即我们的身份。这些都是跨文化传播的重要方面。面对世界的历史似乎令人畏惧，实际上，世界的历史有很多。知道得越多，你的跨文化互动成功的机会就越大。

历史与身份

在前几章，我们研究了个人身份是怎样发展的。这里，我们讨论文化身份的发展，文化身份的发展受到历史的强烈影响。

以故事出现的历史

面对这些不同程度的历史，你可能想知道我们在日常生活中如何清除这些历史的意义。尽管忽略所有历史，假装只做"我们自己"的做法诱人，但这会掩盖历史对我们身份的实质影响。

根据传播学者沃尔特·费舍尔 (Walter Fisher) 的观点，讲故事对人类体验十分重要。[10] 费舍尔更愿意称呼人类为**叙事人**，而不是智人，因为智人的称呼低估了叙事在人类生活中的重要性。历史是用来理解我们是谁及我们认为别人是谁的故事。但是，强烈的文化元素有时会推动我们尝试忘记历史，知道这一点很重要。正如法国作家让·鲍德里亚 (Jean Baudrillard) 观察到，"美国的建立正是因为希望逃避历史，希望建立乌托邦并从历史中得到庇护……那个计划已部分成功，今天仍在不断追求中"[11]。

逃避历史的想法很重要，是因为它告诉我们，我们的文化怎样协商与过去的关系，我们如何看待其他国家及文化和他们的过去的关系。忽视历史，我们有时得到对别人判断错误的结论，加强特定的刻板印象——例如"人人喜欢美国人"的刻板印象，尽管因为许

极速冲浪

访问历史频道网站(www.historychannel.com/)。历史上的今天发生了什么？

多历史原因并不是这样。所以自相矛盾的结论是，哪怕我们不能认识历史或试图压制历史，我们还是无法逃避历史。

非主流历史

对历史隐藏于主流之外的人来说，畅所欲言是建立个人身份与文化身份的重要一步。讲述我们的个人叙事让我们进入历史，有机会调解历史事件。这些故事帮助我们理解别人如何协商过去的文化态度，这种文化态度与现在相关联。这里，我们确认一些对跨文化互动最有影响的历史类型。

宗教史 不同的宗教群体对历史有非常不同的体验。**宗教史**强调宗教在了解过去中的作用。穆斯林与基督教徒之间的宗教冲突已有很长历史。尽管这个历史对一些美国人不重要，但仍然可以是引起跨文化冲突的原因。例如，当乔治•W. 布什 (George W. Bush) 准备向伊拉克宣战时，他把这场战争称为"圣战"。使用这个词在伊斯兰世界产生了强烈的负面反应，因为圣战差不多是 1000 年前的历史。即使圣战在美国历史上的作用无足轻重，但是对世界上其他文化群体来说并非如此。在穆斯林的宗教身份里，圣战是一个非常重要的历史事件。《波士顿环球报》发表以下观点："布什总统称其为'圣战'，对抗新邪恶势力的战争。有些专家警告，使用这个词，载满了宗教战争的包袱，可能会疏远美国需要的温和派穆斯林。"[12] 虽然布什总统可能并非故意把入侵伊拉克定型为对抗穆斯林的宗教战争，但圣战的历史还是会让其他人有那种感觉。

你怎么看？
你知道 1990 年以前同性恋者被法律禁止移民美国吗？ Eithne Luibhéid 的书籍《拒绝入境：边境的性取向控制》(2002) 解释道，当 1990 年修改法律时，拒绝同性恋者入境的做法仍然存在。为什么法律的历史凌驾于真实法律之上？为什么我们必须检查法律史，了解现在某些特定群体受到的对待？
(资料来源:Entry Denied: Controlling Sexuality at the Border, by Eithne Luibhéid, 2002, Minneapolis: University of Minnesota Press)

杨百翰带领摩门教徒前往犹他州，首次穿越沃萨奇山、看到盐湖山谷时，他说："就是这个地方。"今天，国家公园和纪念碑标志着"这个地方"。这个历史名胜成为摩门教徒身份的重要组成部分。

> **流行文化聚光灯**
>
> 美国有线电视频道 (AMC) 的流行电视剧《广告狂人》(Mad Man)，时间和地点设置为20世纪60年代的一家广告公司。20世纪60年代是个有巨大社会变革的时期。这个节目如何涉及种族主义、公民权利、性别角色、性、女性解放、同性恋解放等社会问题？这些形象影响你对美国那个时期的看法了吗？

对犹太人来说，铭记大屠杀是他们身份的关键。一位犹太裔同事回忆20世纪五六十年代在纽约长大时听到的纳粹暴行。幸存者警告，那种暴行可能还会发生，迫害和牺牲可能一直存在。一些历史修订者最近否认大屠杀的尝试受到强烈反对，有人重新努力记录悲剧的残酷细节。华盛顿特区的大屠杀纪念馆，对我们所有人来说都是历史的纪念。

摩门教徒也经历了动荡的历史。19世纪早期，摩门教徒在许多美国社区不受欢迎，他们从纽约搬到俄亥俄州再到伊利诺伊州，在那里建立了诺伍镇（希伯来语"美好的地方"）。但是，摩门教会领袖约瑟夫·史密斯 (Joseph Smith) 于1844年被谋杀，杨百翰 (Brigham Young) 决定带领摩门教徒继续西迁，这就是今天人们所知的"摩门教徒跋涉"。最终，穿越并进入盐湖城盆地后，杨百翰说："就是这个地方！"不了解这段历史，你可能就无法理解今天为什么如此多摩门教徒住在盐湖城及犹他州的其他地方。

宗教历史从来不是孤立的；相反，宗教历史与其他文化轨迹纵横交错。因此，我们可能觉得历史把我们置于受害者和加害者的角色中，甚至两种角色并存。例如，思考一下第二次世界大战时德国裔美国摩门教徒的状态。身为非战主义者，他们受到惩罚；但他们又被犹太裔美国人视为侵略者。历史让宗教差异更显著，看到这些不同方法常常是重要的。

性别史 女权主义学者长期认为，许多女性的历史被破坏、被边缘化或被抹去。**性别史**强调性别在了解过去中的重要性，尤其是女性的作用。性别历史对理解我们今天如何生活至关重要，但这些历史又经常被忽略。历史学家 Mei Nakano 指出：

> **信息频道**
>
> 从男性和女性的报酬可以看到性别历史的影响。2004年，大学毕业一年的男女性，女性每周的收入是男性的大约80%。根据"美国大学女性教育基金会"(American Association of University Women Education Foundation) 的资料，大学毕业10年后，这个差异扩大为69%。另外，2009年，美国女子职业篮球联

女性历史由女性讲述是最近的现象。女性历史要求对支配传统历史的假设和原则进行基本的再评估。女性历史对我们的挑战是要有更广泛的历史观，不仅仅是把过去时间载入编年史，也不是被男性的记录所主导，男性的记录随着时间向前，他们途经的路上散落着战争与政治、工业与劳动力的碎屑。[13]

尽管当代学者对女性历史非常感兴趣，但他们还是发现编写女性历史很难，因为女性使用公众论坛、公众文献、公众记录都有历史方面的限制。例如，美国女性直到1920年才获得投票权，因此，女性在国家政治历史方面的参与受到限制。而且因为性别历史与其他文化存在差异，所以女性在全世界获得选举权的模式不尽相同。例如，1893年，新西兰成为第一个给予女性投票权的国家。有些国

家在20世纪早期承认女性投票的权利,例如波兰(1918)、蒙古(1924)、土耳其(1930)、泰国(1932)、巴西(1934)、法国(1944);其他国家承认女性投票权利相对较慢,例如瑞士(1971)、约旦(1974)、伊拉克(1980)、列支敦士登(1984)、萨摩亚群岛(1990)、沙特阿拉伯(2015)。即使扭转历史不易,女性仍在历史中扮演了重要角色。

留意性别历史对当代生活的持续影响很重要。从传统上讲,许多女性得到的鼓励是以家庭为中心,考虑家庭。即使今天,双职家庭中的女性仍对做大量家务感到压力巨大,反映出过去对现在的影响。但是,许多人正在努力克服这些历史遗留问题。

性取向的历史 对性取向历史的兴趣是一个相对新的现象,开始挑战我们思考过去的方式。**性取向历史**强调性取向在了解过去及现在时的重要作用,尽管这些历史通常被忽视或压制。如果我们不去听或听不到别人的声音,我们将错过重要的历史教训,对了解自己也会有极大误解。例如,马丁·杜伯曼(Martin Duberman)指出:"直到最近,典型美国人的正式形象仍是歇斯底里的郊区人:盎格鲁-萨克逊血统、一夫一妻、异性恋的父母有两个孩子及两辆车——一个狭窄而宣传化的形象……"[14] 为了修正这种狭窄过时的观点,他写了一本美国男女同性恋者的局部历史。

已故法国同性恋哲学家居伊·奥康让(Guy Hocquenghem)悲叹被放逐的过去,因为那样很难避免历史的教训。他曾经发现:"同性恋者对过去的无知让我震惊——不,甚至比无知更甚:'忘记'对德国同性恋者的大屠杀……我们甚至连仅有的一些记得的人都没有,我们都不记得!因此,我们发现自己在每一代都是从零开始。"[15]

我们怎样思考、我们知道的过去都有助于建立和维持社区身份及文化身份。例如,第二次世界大战期间对待男女同性恋者的故事被提升为公共历史,影响了法国、德国、荷兰及其他国家男女同性恋者之间的跨文化传播。今天,阿姆斯特丹有一个纪念馆纪念那段历史,帮助我们记住男女同性恋者也是纳粹大屠杀的牺牲者。

因为这些历史与我们的身份联系如此紧密,许多美国人读到一本历史学书时都感到难过,那本书暗示亚伯拉罕·林肯可能参加过同性活动。[16] 作为美国历史上的重要人物,林肯总统可能有同性关系的观点质疑了许多美国人对他们国家身份的想法。《基督教邮报》的一位作者指责这本书,指出"通过在重要历史人物中找

赛(WNBA)选手的最高收入是99 000美元,而美国男子职业篮球联赛选手的最高收入是数百万美元。

你怎么看?
2005年7月,两名十几岁的男孩被控是同性恋,在伊朗被处死。伊朗因为这些侵犯人权的行为饱受批评。在2008年的访问中,伊朗总统马哈茂德·艾哈迈迪内贾德(Mahmoud Ahmadinejad)说,他的国家不像美国一样有同性恋。比较同性恋在你的国家受到的对待。你的国家历史怎样影响同性恋群体和其他文化群体的待遇?

同性恋者的痕迹，一群同性恋者的鼓吹劫掠了历史。他们的议题是清晰的——通过暗示某些历史上最卓越的人物实际是出柜的（或不是那么出柜），争论同性恋的正常化"[17]。相反，评论员安德鲁·苏利文（Andrew Sullivan）表示："有关林肯的事实（他不同寻常的性取向，他感到舒适的男人与男人的爱情及性爱），都是今天的共和党领袖不想听到的事实。"[18] 我们可能永远无法确切知道有关林肯性取向的全部事实，但思考他是否有同性关系会带来什么差异仍然重要。另外，记住我们现在"同性恋"和"异性恋"的死板分类在林肯的时代并不存在同样重要，所以，用这些分类来认识林肯本身就是无意义的。

种族及民族历史 非主流文化群体的人经常努力争取保留自己的历史。他们的历史不是人人在学校学习的历史，尽管这些历史在理解别人对我们的看法及原因时至关重要。主流历史既无时间也无空间包括所有**民族及种族的历史**，所有民族及种族的历史注重种族及民族在了解过去方面的重要作用。有时，这类文化群体的历史似乎质疑，甚至削弱国家历史的歌颂性质。

美国私刑的历史反映种族主义残忍与恐怖的特征。但是，这种历史现在仍继续出现，在当代历史运用私刑可能引起反对，正如2005年底特律市的市长选举一样。

当时有报纸用了一整版刊登一个广告，图中是多具黑人尸体被挂在树上，暗指科维姆·吉尔帕特里克（Kwame Kilpatrick）滥用私刑。在吉尔帕特里克竞选继任市长的过程中，这则广告在当地引发了诸多负面评论。底特律人口大约80%是黑人，竞选市长的两位候选人也都是黑人。但种族问题，以及关于底特律市应该与周边地区进行多大程度合作的问题，在市长选举过程中频频引起风波。[19]

种族历史可以一次次帮我们形成看待世界的观点。任何国家曾做过的不公义行为通常都会被掩盖。例如，张纯如在其著作《南京暴行》中试图还原1937年日军进攻中国南京时所犯暴行的历史——她将其称为"被遗忘的大屠杀"。[20] 越南战争后被杀害的数百万柬埔寨人，还有被欧洲殖民者在非洲和南非杀害的数百万非洲人，都在提醒我们这些历史的悄无声息。例如，中非皇家博物馆对比利时人在刚果的大屠杀也所提甚少。

在美国，其他历史也被忽视。为了让人关注第二次世界大战期间拘留日本裔美国人的事件，前英语教授席立石收集了一些被拘留者的故事。他在自己那本书的开始指出，该书"并非要使日本裔美国人被拘留的事件成为权威的学术历史。相反，该书试图首次从人类及个人的角度展示曾被关押在美国集中营的唯一一群美国公民"[21]。

尽管这个口述历史集不是学术历史，但它提供了有关日本裔美国人经历的珍贵见解。因为这个历史事件证明，面对蔓延的偏见时宪法体系及其保证是脆弱的。但对日本裔美国人来说，这是他们的社区发展中最明确的事件。

汤姆的父母遇到同一代日本裔美国人时经常会被问到："你们在哪个营？"这个问题在其历史背景之外意义很小。我们可以看到这个问题如何被放进理解历史的特定时刻中，一个被广泛理解的时刻。在拘留经历的余波中，用那段历史作标记对保留文化身份很重要。

移民社群的历史　在跨文化传播中，许多种族及民族群体与其他群体的国际关系经常被忽视，这些群体共享文化遗产及历史。这些国际关系可能由跨国迁移、奴隶制、宗教圣战或其他历史事件或力量创造。因为多数人不会用相反的方式思考人们与其他民族和文化的关系，所以我们认为这些历史被隐藏了。学者保罗·吉尔罗伊（Paul Gilroy）在他的书《黑色大西洋》中强调，要了解在英国及美国的非洲后裔的身份、文化及经历，我们必须查看非洲、北美洲与欧洲之间的关系。[22]

通常由战争、饥荒、奴役、迫害引发大规模移民，从而导致统一群体被分散，称为**流散**。逃离家园的文化群体（或甚至个人）似乎会把一些旧风俗及惯例带到新国家。实际上，移民社群的移居通常使人更强烈地依附他们群体的身份。但是多年之后，人们会变得某种程度地适应新国家的文化。

例如，思考一下东欧犹太人的分散，他们在第二次世界大战期间或之后移居至美国、澳大利亚、阿根廷、以色列及世界其他地方。他们带着犹太文化和东欧文化。但他们也接受了新的文化模式，因为他们成了美国人、阿根廷人、以色列人等。想象这些人之间的传播差异随时间流逝而发展。想象这些群体之间的差异和他们新国家的主导文化。

移民史有助于我们理解人们之间的重要文化联系，这些文化联系被移民社群及跨国迁移影响。但我们必须小心分辨这些联系对跨文化传播有益还是有害。例如，一些文化倾向于负面看待离开国家的人。许多日本人会看不起日本裔加拿大人、日本裔美国

> **你怎么看？**
> 大学应该要哪种历史课？你应该学习西方文化还是应该选修世界其他地区的历史？双方争论的依据是什么？

人、日本裔巴西人、日本裔墨西哥人、日本裔秘鲁人。相对的，爱尔兰人就不会看不起爱尔兰裔美国人或爱尔兰裔加拿大人。当然，我们必须也谨记许多其他中间因素可能在国际层面影响移民社群的关系。

殖民史 你可能从历史中知道，许多国家不会只局限在自己的边界内。因为人口过多，资源有限，希望扩大或其他原因，最近几个世纪，许多人离开自己的国家去其他土地开拓殖民地。承认这些**殖民史**很重要，殖民历史强调在了解过去时，殖民主义的重要作用和殖民历史对现在的作用，因此，我们可以更好地理解今天跨文化传播的动态。

让我们看看殖民主义在决定语言方面的重要作用。三个最重要的殖民国家是英国、法国、西班牙。殖民主义的结果是，加拿大、澳洲、新西兰、伯利兹、尼日利亚、南非、印度、巴基斯坦、孟加拉、津巴布韦、中国香港地区、新加坡、美国及其他地方讲英语。加拿大、塞内加尔、塔希提岛、海地、贝宁、科特迪瓦、尼日尔、卢旺达、马里、乍得、中非共和国讲法语。西半球的多数国家，从墨西哥到智利及阿根廷，包括古巴、委内瑞拉、哥伦比亚、巴拿马讲西班牙语。

许多外语教科书骄傲地展示地图，显示世界上有多少地方是使用那种语言的。但地图不会透露为什么那么多地区讲那种语言，地图也不会透露那些地区殖民主义的遗留问题。例如，英国通过英联邦与许多前殖民地保持密切关系，英联邦是一个有 54 个国家的组织，包括英国及其前殖民地。英国女王也是加拿大、澳大利亚、新西兰、巴哈马群岛的女王。

通过殖民主义传播的其他语言包括：巴西、安哥拉使用的葡萄牙语；安哥拉、苏里南、莫桑比克使用的荷兰语；南非使用的南非荷兰语，一种与荷兰语有关的语言。哈萨克斯坦、阿塞拜疆、塔吉克斯坦这些独立的共和国使用俄语。但许多国家已恢复使用自己的语言，努力抵制殖民主义的影响。例如，阿尔及利亚讲阿拉伯语，越南讲越南语；这两个国家曾经都广泛使用法语。今天，在新近独立的拉脱维亚，有能力讲拉脱维亚语是成为公民的要求。

我们不能自由选择自己讲什么语言是事实。相反，我们必须学习我们出生的社会的语言。例如，朱迪思和汤姆讲英语，尽管他们的祖先都从非英语国家来美国。我们不是从全世界的所有国家中选择了英语。我们不憎恨自己的母语，但我们察觉得到许多人为什么

> **信息频道**
> 国家宪法和独立宣言被保存在华盛顿的国家档案馆中。如果有人来拿走你的文化和历史，你对文化和历史的感觉会有什么不同？大英博物馆拿走非洲的手工艺品，你认为非洲的社会历史和社会文化发生了什么？

憎恨强加给他们的语言。想想历史压力导致你说某种（些）语言而不是其他语言。理解历史是理解我们语言世界的关键。

强加的语言只是文化侵略的一部分。许多殖民历史也是压迫和野蛮的历史。要抛开历史遗留问题，许多人审视**后殖民主义**——要求被殖民国家独立并摆脱殖民主义者思考方式的智力、政治、文化运动。后殖民主义是有许多不同重点的运动。与殖民的过去斗争，人们想出了很多面对过去的办法。因为后殖民主义从批判方法到跨文化传播，"它建立的理论不仅是殖民环境，而是那些殖民环境为什么是那样，他们可以如何撤销和再造"[23]。后殖民主义不是简单地研究殖民主义，而是研究我们可以如何对待那段过去及其后果，方式可能包括持续使用殖民时期的语言、文化、宗教。例如，许多公司把部分业务放在印度，因为印度作为英国的前殖民地广泛使用英语。印度人应该怎样对待英语的持续主导地位？既是殖民者的语言，也是商业语言。

另一个例子，西班牙裔或拉丁美洲人有被西班牙殖民的相同历史，不管家庭是否到墨西哥、波多黎各、古巴等国家追溯自己的祖先。虽然在政治上，西班牙已不再控制这些地方，但那些生活在历史遗留问题里的人应该如何对待那段历史？作为文化身份的一部分，它用什么方式保持重要性：接受殖民者的语言（西班牙语）？直面殖民者的宗教（天主教）？西班牙文化的其他方面会一次又一次复制吗？后殖民主义不仅仅是要求切断与殖民时期的过去，还是"分析殖民主义的暴力行为并消除它"[24]。在这个例子中，那种疑问甚至可能代表重新考虑"西班牙裔"的分类，西班牙裔包括共有西班牙殖民历史的群体，但这些群体却不共有构成他们文化的历史。

社会经济阶层历史 许多美国人更喜欢忽略阶级差异，但社会经济阶级在人们体验过去的方法中是重要因素。**社会经济阶层历史**关注阶级在了解这些经历中的作用。当我们经常忽略社会经济阶层作为历史因素的重要性时，社会经济阶级却有助于解释为什么如此多人移民到美国。19世纪，爱尔兰的贫穷在推动爱尔兰人移居美国方面起了很大作用，所以今天爱尔兰裔美国人比爱尔兰人还要多。

但是，移民并不总是在社会经济方面处于弱势。1917年俄国革命后，大量相对富裕的俄国人移居去巴黎。相似的还有1959年古巴革命后，大量相对富裕的古巴人逃离古巴。今天，加拿大出售加

> **你怎么看？**
> 用于决定贫穷水平的衡量方式，不同国家也有所不同，有关最佳衡量方式的争论持续不断。在美国，衡量贫穷的基础是家庭收入，换句话说，是家庭可用的经济资源。欧洲用更灵活的等级设置按物价指数变动的工资。评估贫穷水平还有其他需要考虑的因素吗？为什么贫穷水平的衡量方式引起这种争议？如果美国采用更灵活的方式，贫穷水平会有什么变化？

拿大公民资格给负担得起较高价钱的人，确保经济阶级继续刺激一些人口迁移。

我们在这里的观点是，了解历史人口迁移和全球群体的文化适应时，这些社会经济阶级特质经常被忽视。这些移民定居的地点和他们能找到的工作由两类资源影响——文化与经济，这是他们可以或不可以带走的资源。

跨文化传播与历史

到目前为止，我们分析了一些思考过去及看待历史的有趣方式。讨论过去经常让我们不舒服，因为我们不知道应该如何感觉和对待过去发生的许多丑恶事情。例如，想想美国印第安人的历史。美国多数地方的印第安人已被灭绝或迁入其他地区的定居点，许多州现在的印第安人极少，如果有保留地也非常少。现有居民对国家历史中发生的事件毫无贡献，但他们却是农场及其他土地所有权的受益者。所以，尽管当代美国人没有错，但他们对这些利益有责任。在《书写灾难》中，莫里斯·布朗肖 (Maurice Blanchot) 对错误和责任做出重要区分。[25] 面对这个过去不容易，但如果只是简单忽略过去甚至更有问题，因为忽略过去、假装我们都是一样，消除了其他文化身份。

我们的生活纠缠在历史的网络里无法逃脱，只能拒绝和静默。这应该怎样影响我们思考跨文化传播的方式？这对跨文化互动有什么作用？我们可能思考了历史和跨文化互动的不同方式。首先，我们可以认为历史有助于了解我们是谁（我们的身份），我们可能感觉到那些身份对我们的约束。其次，我们可以分析不同历史如何在跨文化互动中达成协议。

例如，想想历史如何决定你讲什么语言或不讲什么语言。许多美国人不再讲他们祖先的语言。但在跨文化互动中，语言也可能是吸引人或令人排斥的因素。例如，很多美国人喜欢去英国、澳大利亚、加拿大等讲英语的国家旅行。因为语言差异，许多人会对去非英语国家感到迟疑，而流行电影可能会强化这些恐惧。

再想想身份对你意味着什么。如果美国是你的国籍身份，你对身为"美国人"有什么感觉？基于美国人对他们或为他们做了什么的历史知识，非美国人对美国人有什么感觉？为什么有些人不喜欢美国人？对你的其他身份，你能提供相同的反身分析吗？

> **流行文化聚焦**
>
> 2012 年，虚构电影《吸血鬼猎人林肯》上映。主要角色是美国第 16 任总统，在电影中化身为吸血鬼猎人。这部电影的角色还有其他历史人物，例如玛丽·托德·林肯 (Mary Todd Lincoln)、约书亚·司必德 (Joshua Speed)、杰弗逊·戴维斯 (Jefferson Davis)，以及内战的历史标记——地下铁路及奴隶制度。尽管是虚构电影，你对重提这些历史人物并把他们写成吸血鬼猎人（或他们不是的其他身份）有什么看法？对什么是恰当有没有限制？任何对希特勒或斯大林的虚构描述是不恰当的吗？对虚构电影没有限制吗？

并非所有历史都是隐藏的。我们可以看到2008年9月11日在联合航空93号航班坠机地点举行的年度纪念活动。对美国人来说,这个纪念活动可能怎样让我们想起过去?

认识你的身份(种族或民族,国籍,社会经济阶级等的成员)很重要,对你和对文化身份不同的人不会有相同意义。如果你是"白人",你的种族身份对你来说和对不是白人的人来说有什么不同意义?相反,他们的身份对你的意义可能与对他们的意义不同。例如,"阿帕奇""印第安人"或"美国土著"对你的意义可能与对部落成员的意义不同。了解"阿帕奇战争"及杰罗尼莫的历史可能会在如何使用这些身份上形成巨大差异,在跨文化互动上发挥什么功能也有巨大差异,正如我们在本章开始看到的一样。

另外,我们如何在日常的跨文化互动中平衡过去与现在?首先,认识到我们每个人都把自己的历史(有些为人所知,有些被隐藏)带入互动很重要。我们可以试着评估历史对那些和我们互动的人起的作用。(许多旅游书会介绍其他国家的简略历史,帮助游客准备去那里的行程。)

我们也应该了解历史在我们的身份中的作用,在我们带到互动中的事物的作用。传播学者玛莎·休斯顿(Marsha Houston)说,有三件事情是想成为她朋友的白人永远不应该说的:"我没注意到你是黑人""你不像其他人"和"我知道你的感觉"。她认为,任何一种说法否认或拒绝的都是她深深植根于历史中的身份。[26]

有时,问别人他们"真正来自"哪里是不明智的。这种问题假设的是,因为种族特征或其他外貌特征,他们不是来自他们说过的地方。尽管在纽约城出生并长大,吉塔·科塔瑞(Geeta Kotari)经常被别人问她来自哪里。她写道:

"你来自哪里?"我从桌子边站起来时,酒吧伺者问。

Bloomfield Bridge Tavern 里很安静，这里有匹兹堡最好的饺子形馅饼……问我那个问题的人没有任何原因。我们没有交谈过，我不是他的朋友。出人意料，没有跟我说过其他话，他觉得对他自己这个白人来说，问我来自哪里是可以的。这个问题唯一的语境是我的皮肤颜色和他需要对我分类。我肯定他没想到我会说纽约。我看起来不同，因此认为我肯定来自其他地方——不属于这里的地方——非洲。他肯定不会问我男朋友，一个来自加拿大的白人。[27]

尽管问她来自哪里似乎无辜，但这个问题暗示，判断是"美国人"还是其他地方的人，根据的是种族特征的区别。认清一个人的历史和历史与他或她身份的联系，认清你自己历史的遮盖物和假设，是走向建立跨文化关系的第一步。

历史遗产

考虑这些不同的历史——我们已经接触的历史和仍然隐藏的历史，过去的结果是什么？历史怎样改变我们如何生活，改变我们是谁，改变我们对未来的希望？我们讨论了这些不同的历史怎样影响我们说什么语言及我们不说什么语言。

在本章开头，我们看了杰罗尼莫的名字被用作奥萨马·本·拉登军事行动的代号。历史如何形成我们对使用杰罗尼莫名字的理解？如果美国军方选择"保罗·列维尔"(Paul Revere) 或"温斯顿·丘吉尔"(Winston Churchill) 会怎样？人们对这样使用历史会怎样反应？如果代号名称只是标记一个人的方法，他们能只简单选择"乔治·华盛顿"(George Washiongton) 或"罗纳德·里根"(Ronald Reagan) 吗？你认为使用这些名字是把他们和形象负面的奥萨马·本·拉登放在一起吗？

关于杰罗尼莫的历史，你知道什么？他为什么是著名的勇士？他在美国历史中的地位应该如何？1994 年，美国邮政机构发行了一张他的邮票，作为"西部传奇"系列的一部分。他是美国英雄吗？有些人把他看作为家庭和生活方式战斗的英雄。这个代号会促使我们把奥萨马·本·拉登视为相似的为自己的家庭和生活方式战斗的勇士英雄吗？

黛比·里斯 (Debbie Reese)，美国印第安人研究的学者写道："不论你如何计划使用他的名字，历史书都从不会把一个印第安领袖的名字与恐怖主义者联系在一起，印第安小孩及家庭也不会有另一个挪用和误传的例子要靠教育系统解决。反对的理由还不足够吗？"[28]

杰罗尼莫和奥萨马·本·拉登有许多历史区别。在本·拉登行动中使用杰罗尼莫的名字，美国就此事道歉有多重要？道歉会影响我们对杰罗尼莫和过去的看法吗？这为谁的利益服务？

她认为将杰罗民莫用作本·拉登的代号，不论是过去还是现在都是错误的。

作为对杰罗民莫被用作本·拉登代号的回应，锡尔堡阿帕奇部落以及其他民众和群体，已经要求奥巴马总统道歉。假如你是总统，你会怎么做？一份致歉如何能够在未来影响我们与历史的关系呢？

我们如何对待过去的问题从来都不太遥远，尤其是当过去还未真正过去时。我们总是努力对待我们与过去的关系，因为过去塑造我们的现在和将来。在埃及，示威者导致了前总统胡斯尼·穆巴拉克 (Hosni Mubarak) 在 2011 年 2 月倒台并辞职。在他统治近 30 年后的余波里，埃及人重新处理他们与这段历史的关系。2011 年 4 月，法庭裁决穆巴拉克家族的形象和姓名"从埃及所有广场、街道、学校、协会、图书馆及所有实体"[29]移走。尽管许多人已开始这个过程，但这仍是一个大任务："根据教育部长的说法，埃及有 388 所'胡斯尼·穆巴拉克'学校，160 所以他妻子的名字苏珊娜 (Suzanne) 命名，所以他儿子（也是前总统）贾迈勒·穆巴拉克 (Gamal Mubarak) 的名字命名。每座政府大楼内都有穆巴拉克的肖像，实际上公众或私人的每个教室都有。"[30]地铁站、街道等更多场所都需重新命名。

我们如何对待过去的问题（即使这个问题非常遥远）表示我们必须决定如何记住这个时期。抹去穆巴拉克是拯救埃及人民的第一步吗？是帮助这个国家前行的关键吗？抹去穆巴拉克真的可以在埃及历史中抹去这段吗？这可以带领人民忘掉穆巴拉克吗？或创造另一个穆巴拉克出现的机会？萨娜·邦德(Sarah Bond)，一位历史讲师写道："埃及人民无须被逼遗忘，而且允许保留他们对前总统的一些记忆，这也许是最好的。抹掉过去的罪行无助于在未来避免罪行。"[31]

要理解的重点是，过去不只是结束；相反，我们应该考虑过去建构我们如何在今天生活，建构我们未来应思考什么的所有方式。这些都影响跨文化互动，影响我们如何思考自己和其他人。

小结

在本章，我们探讨了跨文化传播中的一些历史维度。多重历史对不同的文化身份的赋权至关重要。多重历史包括政治史、思想史、社会史、家庭历史、国家历史、宗教历史及文化群体历史。

历史通过叙事建构。我们对发生的事情通过我们"讲述"事件而了解。不广泛传播的历史一般认为是被隐藏的历史。这些包括以性别、性取向、种族及民族、移民、殖民主义、社会经济阶级为基础的历史。所有类型的历史对跨文化互动的成功或失败都有贡献。

我们还探讨了历史在跨文化互动中起什么作用。关键是在跨文化体验中平衡过去与现在的关系。正如美国与夏威夷关系显示的争议，历史肯定在跨文化冲突中起了核心作用。

培养跨文化技能

1. 回想你理解过去的限制，以及有哪些历史是被灌输给你的。如果要为来旅行的非美国人写一本旅游指南，你想在书里写哪些历史？不想在书里写哪些历史？为什么？你会写哪些人的历史？思考一下，历史对理解目的地、计划想看的地方有什么影响？

2. 思考这些历史对不同人如何重要？有些旅游景点市场推广的卖点是历史的重要性。假设去亚利桑那州的图姆斯通、南卡罗来纳州的木兰植物园、弗吉尼亚州的威廉斯堡，你如何把历史和期待看到的东西结合在一起？为什么有些人想参观北卡罗来纳州费耶特维尔的奴隶拍卖区？或参观德军集中营？如波兰的奥斯维辛集中营或德国的达豪集中营。

3. 反映在你的家庭历史上。家庭历史以什么方式让你与某些文化群体的成员建立关系？又以什么方式使你与其他文化群体拉开距离？家庭历史怎样决定你的文化，你讲的语言，你吃的食物，你庆祝的节日等？

4. 理解身份与历史之间的关系。历史怎样帮助你知道自己是谁？你身份中最重要的是什么历史？国家？家庭？性取向？

5. 培养对别人历史的敏感性。除了"你来自哪里？"陌生人问的哪些问题可能会刺激到一些人？思考一下，他们的历史和你的历史可能有什么交集？

实践

1. 家庭历史：与家人谈谈自己的家庭，看看他们对家庭历史有什么感觉？例如，找出家庭历史怎样影响他们对自己是谁的想法。他们希望更多地了解你的家庭吗？你的家庭还在继续做哪些祖先也可能做过的事？你们吃某些相同的食物吗？信奉同样的宗教？以相同的方式庆祝生日或婚礼？一般来说，过去与现在之间的连续不断被认为是理所当然的。

2. 文化群体历史：以个人或群体形式，选择一个你熟悉的美国的文化群体。研究这个群体的历史，回答以下问题：

a. 这个群体与其他群体（尤其是主流文化群体）之间的历史关系是什么？

b. 这个群体的历史里有什么重要事件？

c. 有任何历史歧视事件吗？

d. 有关群体的共同印象是什么？这些印象是如何产生的？

e. 群体重要的领袖和英雄是谁？

f. 群体突出的成就是什么？

g. 今天，群体历史以什么方式影响群体成员的身份？

注释

1. Geronimo, H. (2011, May 5). Prepared statement for hearing, "Stolen identities: The impact of racist stereotypes on indigenous peoples." Senate hearing 112-37. *Senate Committee on Indian Affairs*. Washington, DC: Government Printing Office, p. 64. Retrieved August 23, 2012, from http://www.gpo.gov/fdsys/pkg/CHRG-112shrg66994/html/CHRG-112shrg66994.htm.
2. Department of Immigration & Multicultural & Indigenous Affairs, Public Affairs Section, Fact Sheet No. 8, *Abolition of the "White Australia" Policy*, November 6, 2002. Retrieved from http://www.immi.gov.au/facts/08abolition.htm.
3. Darnton, R. (1985). *The Great Cat Massacre and other episodes in French cultural history*. New York: Vintage.
4. Mason, J., & Halpin, P. (2011, May 23). Obama visits family roots in Ireland. *Reuters*. Retrieved May 30, 2011, from http://www.reuters.com/article/2011/05/23/us-obama-ireland-idUSTRE74M09F20110523.
5. Swarns, R. L., & Kantor, J. (2009, October 7). In First Lady's roots, a complex path from slavery. *New York Times*. Retrieved May 30, 2011, from http://www.nytimes.com/2009/10/08/us/politics/08genealogy.html?_r=3.
6. Thonssen, L., Baird, A. C., & Braden, W. W. (1970). *Speech criticism* (2nd ed.). New York: Ronald Press, p. 335.
7. Loewen, J. W. (1995). *Lies my teacher told me: Everything your American history textbook got wrong*. New York: Touchstone, p. 13.
8. Loewen (1995), p. 136.
9. Lyotard, J.-F. (1984). *The postmodern condition: A report on knowledge* (G. Bennington & B. Massumi, Trans.). Minneapolis: University of Minnesota Press, p. 37.
10. Fisher, W. (1984). Narration as a human communication paradigm: The case of public moral argument. *Communication Monographs, 51*, 1–22; Fisher, W. (1985). The narrative paradigm: An elaboration. *Communication Monographs, 52*, 347–367.
11. Baudrillard, J. (1988). *America* (C. Turner, Trans.). New York: Verso, p. 80.
12. Buzbee, S. (2001, September 17). Muslims fret over Bush's use of term 'crusade.' *Boston Globe*. Retrieved from http://www.boston.com/news/daily/17/bush_crusade.htm.
13. Nakano, M. (1990). *Japanese American women: Three generations, 1890–1990*. Berkeley and San Francisco: Mina Press and National Japanese American Historical Society, p. xiii.
14. Duberman, M. B. (1991). Introduction to first edition (1986). *About time: Exploring the gay past*. New York: Penguin Books, p. xiii.
15. Hocquenghem, G., & Blasius, M. (1980, April). Interview. *Christopher Street, 8*(4), 40.
16. Tripp, C. A. (2005). *The intimate world of Abraham Lincoln*. New York: Free Press.
17. Mohler, R. A., Jr. (2006, February 20). Was Abraham Lincoln gay? Homosexuality and history. *The Christian Post*. Retrieved May 22, 2006, from http://dc.christianpost.com/article/editorial/43/section/was.abraham.lincoln.gay.homosexuality.and.history/1.htm.
18. Sullivan, A. (2005, January 12). *Log cabin Republican: How gay was Lincoln?* Retrieved May 22, 2006, from http://www.andrewsullivan.com/main_article.php?artnum=20050112.
19. Runk, D. (2005, October 30). "Lynching" ad roils Detroit race: Violent images used to criticize media coverage of mayor. *The Washington Post*, p. A9.
20. Chang, I. (1997). *The rape of Nanking: The forgotten holocaust of World War II*. New York: Basic Books.
21. Tateishi, J. (1984). *And justice for all: An oral history of the Japanese American detention camps*. New York: Random House, p. vii.
22. Gilroy, P. (1993). *The Black Atlantic: Modernity and double consciousness*. New York: Verso.
23. Shome, R., & Hegde, R. (2002). Postcolonial approaches to communication: Charting the terrain, engaging the intersections. *Communication Theory, 12*, 250.
24. Shome & Hegde (2002), p. 250.
25. Blanchot, M. (1986). *The writing of the disaster* (A. Smock, Trans.). Lincoln: University of Nebraska Press.
26. Houston, M. (1997). When Black women talk with White women: Why dialogues are difficult. In A. González, M. Houston, & V. Chen (Eds.), *Our voices: Essays in ethnicity, culture, and communication* (2nd ed., pp. 187–194). Los Angeles: Roxbury.
27. Kothari, G. (1995). Where are you from? In G. Hongo (Ed.), *Under Western eyes: Personal essays from Asian America* (p. 153). New York: Anchor/Doubleday.
28. Reese, D. (2011, May 4). Osama bin Laden was no Geronimo. *Wall Street Journal*. Retrieved November 18, 2012 from: http://blogs.wsj.com/speakeasy/2011/05/04/osama-bin-laden-was-no-geronimo/

29. El-Nassar, M. (2011, April 21). Egypt to end the ubiquity of Mubarak. *New York Times*. Retrieved June 11, 2011, from http://www.nytimes.com/2011/04/22/world/middleeast/22egypt.html.
30. El Dahshan, M. (2011, March 1). The "demubarakization" of Egypt. *New York Times*. Retrieved June 11, 2011, from http://opinionator.blogs.nytimes.com/2011/03/01/the-demubarakization-of-egypt/.
31. Bond, S. E. (2011, May 14). Erasing the face of history. *New York Times*. Retrieved June 11, 2011, from http://www.nytimes.com/2011/05/15/opinion/15bond.html?scp=2&sq=history&st=Search.

第四章 身份与跨文化传播

章节概要

认识身份
身份属性通过传播而建立
身份在短期内建立
身份的多重性
身份属性受社会影响
身份属性是不断变化的
不同文化中的身份以不同方式发展

社会及文化身份
性别身份
性身份
年龄身份

种族及民族身份
体能身份
宗教身份
阶层身份
国家身份
地域身份
个人身份

身份发展
少数族裔的身份发展

多数族裔的身份发展
白人属性的特征
多重文化身份
混血人口
全球流浪者
身份和适应
"在边界上"生活
后族裔
小结
培养跨文化技能
实践
注释

学习目标

读完本章节后，你应该能够
1. 解释如何通过我们与其他人的交流互动培养身份。
2. 辨识人们传播自己身份的一些方式。
3. 解释更大社会的环境对身份形成有什么贡献。
4. 辨识在传播中显示的主要社会身份及文化身份。
5. 解释美国少数族裔与多数族裔群体身份培养方式的不同。
6. 解释多种族的人身份的培养。
7. 描述身份与语言之间的关系。

关键词

年龄身份、阶层身份、建设性文化身份、文化冲击、密封性文化身份、民族身份、性别身份、全球流浪者、带连字符的美国人、身份、跨文化人格、多数族裔身份发展、少数族裔身份发展、多重文化身份、国家身份、个人身份、体能身份、种族身份、地域身份、宗教身份、自我、性身份、第三文化儿童(TCKs)、U 形曲线理论、白人属性

在今天这个历史时刻,来自全球各地的 85 个国家共同发出声音,强调人人都有人权,不论他是何种身份、有何种喜好。

美国、哥伦比亚及斯诺文尼亚号召 30 个参与方共同发表此项声明。全球有多个国家参与其中,包括从未支持此类活动的国家。

我们希望更多国家尽快参与签署此项声明，表明支持全人类的人权的立场。

签署这项声明，表明了美国通过与其他国家进行对话、讨论和交流，积极履行其在实现人权方面的承诺，即便我们与这些国家在若干问题上持不同意见。我们在日内瓦就男女同性恋、双性恋、变性人等议题与多个国家进行对话，积极促使这些问题在全球受到重视。不同性取向的问题，在一些国家是受歧视的，甚至被视为罪行。

正如我在去年6月所言，同性恋权利属于人权，人权包括同性恋权利。我们将继续在全世界为因性取向或性别身份而被边缘化和受歧视的人群争取人权。我们会一直努力，直至所有男性、女性和儿童远离任何迫害或歧视。

——美国国务卿希拉里·罗德姆·克林顿[1]

> **极速冲浪**
>
> 文化身份是什么？这是个难回答的问题，因为我们常常依赖视觉线索加强对某类人或人群的固有印象。在有关美国人形象的电视节目中，美国公共电视网(PBS)探究了文化身份这个问题。了解更多信息，请浏览 www.pbs.org/ktca/americanphotography/features/cultural.html。

身份属性，在跨文化传播中是关键因素，也是文化与传播的桥梁。正如克林顿国务卿在发言中提到的，美国在性身份及性别身份的问题上竭力说服其他国家，因为人权问题反映了重要的文化价值，尽管其他文化的人不一定认同这些价值。身份问题在不同文化中具有的价值不同，却是人与人之间交流的重要因素，因为在交流过程中我们会向别人表露或隐藏自己某些身份特质。认识自己的身份在跨文化互动中尤为重要。

当别人对我们的看法与我们对自身的看法迥异时，就会产生矛盾。克里斯·克罗克(Chris Crocker)因其互联网视频作品《别打扰布兰妮》(*Leave Brittany Alone*)而著名。他提到："经常有人问我一些愚蠢的问题例如'你现在是男人吗？'他们倒真的认为答案只有是或否那么简单。事实上，我并**不觉得自己只具有**男人属性或只具有女人属性。"[2] 克罗克欣然接受自己的双重性别身份。人们在看待一个人时，是否往往把焦点集中在他人"实际上"是什么身份这一点上？面对多重身份是否真的不容易？

本章中，我们将阐述人际交流与身份的关系，以及身份在跨文化传播中的作用。对身份进行定义后，我们将集中讨论社会及文化身份具体层面的发展，包括性别、年龄、种族或民族、行为能力、宗教、阶级及国籍。随后我们集中讨论文化冲击、文化适应，以及多重文化身份（指的是具有多重文化身份和生活在文化边缘的人）。最后，我们讨论身份、语言及传播之间的关系。

认识身份

我们如何了解自己是谁,和了解我们的"**自我**"的?我们的自我与生俱来,比如我们的性别和身体特征;我们的**身份**则是通过与外界的长期互动并通过发展"自我"(我们的自我意识)而建立起来。再者,我们所具有的并不是单一身份,而是多重身份,这些身份会受社会影响并不断变化。一个人的文化背景决定身份发展的方式。我们来详细了解一下身份属性的六个层面。

身份属性通过传播而建立

身份属性在人与人之间沟通交流过程中产生;通过传播,身份属性得到调整、共同建立、强化、改变。[3] 在某种意义上说,传播以及我们和他人的关系让我们能够认识自己。心理学家肯尼斯·J.格根(Kenneth J. Gergen)认为:"我们通过与他人的联系形成自我。"[4] 即是说,我们进行身份定位的过程并不是一个简单的过程。他人对我们的看法和我们对自己的看法会是一模一样吗?大概不会。来自加拿大的同学珍妮丝,为自己身为加拿大人的身份而自豪,也因为经常有美国同学认为她是美国人而烦恼。她与这些美国同学的互动一定程度上影响了她看待自己的方式;在不断与同学谈论加拿大人的背景和生活的过程中,珍妮丝培养了强烈的国家认同感。

对应不同的交流对象和对话内容,会凸显不同的身份属性。在与吸引我们的人交流时,我们的性别身份或性取向身份可能比民族身份或种族身份更起作用。当交流对象对我们认为最重要的身份予以确认时,交流最有成效。例如,如果你在与教授讨论研究项目,需要确定的身份是教授和学生而不是其他(如以性别、宗教、民族为基础的身份),这时互动会最成功。

格根强调现在的手机通信技术影响了人与人之间的关系,进而影响我们的认同感。他认为人们如今倾向于发信息和使用即时通信,逃避面对面的接触。他们可能人在现场心却在其他地方,这会造成社交隔离;如果一个人身处一地而注意力总是在别处的话,则会削弱身份认知。[5]

身份在短期内建立

身份属性不是在平稳、有序的过程中建立的,而是短期的过程。尽管我们或许并未过多地思考自己或我们的身份,但我们所经历的事情经过长时间作用,会使我们深入了解自己。因此,有时我们可

> **你怎么看？**
> 雪莉·透克（Sherry Turkle）在科技对传播影响的分析中发现，现在我们比以往更容易与人联系，但却比以前孤独。尽管我们随时可以发信息或电邮，许多人却偏好使用社交媒体或发信息定位身份，避免使用电话，因为他们觉得用信息和社交媒体更容易管理关系和隐私。科技如何影响我们在各种媒体表现自己？（资料来源：Turkle, S. (2011). *Alone Together: Why We Expect More from Technology and Less from Each Other*. New York: Basic Books）

能觉得完全了解自己和自己在这个世界的地位；有时却感到迷惑。

传播对身份的形成至关重要。例如，我们的学生阿曼达，在嫁给信奉其他宗教的丈夫以前对自己的宗教身份毫不动摇。但在与对方家庭讨论了有关圣灵的问题后，她开始怀疑自己的宗教身份。这个例子告诉我们，我们或许需要一些时间来思考自己的身份。在生活中面临困难时，我们在处理问题过程中或许会对身份属性问题有负面认知。例如：因为觉得尴尬，朱迪思没跟任何高中朋友讲过自己是阿们派教徒，她觉得如果朋友们知道这个会瞧不起她。直至成年，她才透露自己的宗教背景。同样的，我们的学生肖娜不想让朋友们知道她的妈妈是白人，爸爸是黑人，她怕别人因此而对她有看法。

身份的多重性

讨论多重身份，比讨论单一的身份更有意义。我们会因不同环境而接触多个不同群体，因而在不同阶段，起作用的身份属性也不同。比如，在教堂或庙宇需要突出宗教身份，到俱乐部或酒吧则需要突出性取向身份。女性参加属于女性的社交群体，或男性参加属于男性的社区活动，则突出了他们的性别身份。

身份属性受社会影响

我们的身份是在人际交往中形成，并很大程度上受历史、经济、政治的社会力量影响。理解这一点后，请思考一下人为什么对特定群体有身份认同感而对其他群体却没有。人们是如何选择的？事实上，我们甚至在出生以前就被归入某种身份类别或环境当中。许多父母在小孩出生前就绞尽脑汁取名字，孩子与父母之间的联系，使孩子在出生之前就已成为社会的一部分。有些孩子在出生之前就有预设好的环境等着他们，如犹太人或墨西哥裔美国人。要改变民族、性别、行为能力等无法自愿选择的身份属性非常难，所以我们在讨论身份属性的问题时，不能忽略民族、社会经济或种族地位等因素。

假设两个小孩坐同一辆火车停在同一个站。他们望出窗外识别自己身处何地。一个孩子说她在女洗手间门前；另一个孩子说他在男洗手间门前。他俩都用座位附近的标签描述他们的位置。虽然他们在同一辆火车上，但描述却不一样。就像这两个小孩一样，我们所处的位置（背景和社会），会影响我们看待周围的方式和所看到的内容，最重要的是如何看待这些内容所代表的意义。[6]

在被问到作为美国人意味着什么时,许多白人学生会谈及有关自由的经验。但少数族裔及国际游客未必有同样的经验。一位荷兰同学说道:"我觉得美国人认为自己有很多自由,但我不同意这点。我觉得美国人跟我们比起来一点都不自由,他们有许多我不理解的规则。"她所说的是指美国人觉得正常但欧洲人看来却感到惊讶的规则——例如,法定饮酒年龄、拴狗法,以及严禁在海滩裸露上身的法令和禁烟法令。

别人对我们的身份属性认知,由社会和政治因素决定。流行文化如何影响身份属性呢?例如:"异性恋"是较新的词(这个词出现至今不足百年)。7 起初,这个词指接受与任一性别发生性关系的人,不久前则演变为与异性有性行为的人。这个词多年来在社会角度和政治角度有不同理解。过去,规范异性性行为的社会规则强调生育以及女性的顺从被动,甚至规定什么时候才能有性行为;男性太频繁地"亲近"妻子被认为是罪恶。第二次世界大战期间,军队里设置了一系列测试检测男人的性能力,不通过测试不能参军。这时,性就像种族一样成为固定的身份标签,带有政治意味。

考虑社会或其他人如何产生对我们身份属性的认知时,我们可能对于那些试图把我们归类和贴上特定身份标签的人有抵触情绪。我们有位波兰同学亚谷莎很抵触"波兰笑话",她会告诉讲这些笑话的人"波兰佬"这个词的本来意思是"波兰人"。"波兰佬"(Polack)这个词是在美国敌视来自欧洲南部和西部移民的时期产生了负面含义。通过向他人讲解波兰的移民历史,亚古莎是在"抵制"社会加在她身上的负面、有成见的身份认知。

同样,残障人士常有被视为"没用"的经历。许多残障人士认为自己是对大众有教育作用的人——他们希望改变人们对残障人士的看法,从而瓦解大众对这个群体的固有印象。例如:他们有时幽默地说非残障人士是"暂时身体强壮"(TABs),借以提醒人们其实每个人都有自己的缺陷;他们还会把拐杖这一辅助工具称作"便携式栏杆"。8

这种宣扬观念的方式一定程度上能帮助非残障人士了解应该在什么时候帮残障人士,如怎样帮残障人士开门,帮助他们捡起够不着的物品,或者搬东西等。非残障人士并不是总能确定何时需要出手相助;有些帮助会让残障人士感到尴尬或者产生过度依赖。需要了解的是,和任何文化群体一样,残障人士群体对此并没有统一的认知。在一项相关研究中,参与研究的一半残障人士表示他们愿意接受帮助;另一半则坚决认为非残障人士应该等他们提出请求

流行文化聚焦

2008年的电影《女人至上》(The Women),梅格·瑞恩饰演的玛丽·海恩斯(Mary Haines)是位母亲和家庭主妇,过着上流社会的生活。发现丈夫有外遇后,玛丽开始思考自己真正想要什么生活。多芬赞助的"全球真美"活动(Dove Campaign for Real Beauty),推广的"美"就是友好和独立,而非仅是外表的美。

才帮忙。在另一项研究中，残障人士为非残障人士列出五条指导原则：[9]

1. 提出的问题要笼统，如："我可以帮你吗？"或"你需要什么吗？"

2. 提供帮助时要自然随意，就像帮助任何人其他人一样——无论是不是残障人士，不要强调"依赖性"。如："我去再拿一杯饮品，你也要吗？"

3. 行动前先问一下，不要看到轮椅便推。

4. 当残障人士拒绝帮助时不要感到难过。有位残障人士提到："我认为最理想的是所有健全人都受过提问训练，比如'我可以帮你或我能做什么吗？'"有位残障人士说："我觉得提供帮助是可以的，但我们也要确认说'不'时不会伤害到别人的感情……对事不对人。提供帮助可能会被拒绝，但不要认为这是对你的侮辱。"[10]

5. 最好是按照残障人士的建议来做，尤其是将轮椅折起放进车内时，或者在他们跌倒时帮上一把。忽略指示可能会浪费时间，或让他们沮丧，或伤害残障人士的身体，甚至损坏昂贵的设备。

社会影响和跨文化传播有何关系？总的来说，社会因素是形成人际互动的基础。华裔学生维克·萨姆偶尔会被问到来自哪里或是不是中国人。这问题让他感到尴尬，他既没中国国籍也没在中国生活过。然而，提问的人大概不会意识到这一点。萨姆有时会觉得，问他这个问题的人是在挑衅他身为美国人的身份权力。如果从这个角度来看，问问题的人似乎在暗示萨姆的身份带有某些负面含义。

身份属性是不断变化的

对特定身份造成影响的社会力量总是在变化。例如，"女性"身份近年来在美国发生了很大变化。历史上，女性的不同身份包括外出工作为家庭收入做贡献，或在男性打仗时助国家一臂之力，或留在家里相夫教子。现在，人们对于何为女性身份则有多种不同观点——女性可以是妻子、母亲、女权主义者和职场人士。特定的政治力量可以影响身份的表达。例如，最近一项研究发现，"9·11"事件后某些阿拉伯裔女性的身份表达有所改变。在2001年9月11日以前，她们对群体身份的表达主要是"阿拉伯人""巴勒斯坦人"或"阿拉伯裔美国人"。"9·11"事件以后她们则会强调自己的国家身份。[11]同样，欧盟的出现为"欧洲人"的概念增加了新含义。有些欧洲人接受这个身份，有些则反对；这些观念都是动态的和不断变化的。有些欧洲人更喜欢"法国人""意大利人"或"德国人"的身份，而不是"欧洲人"，因为"欧洲人"不能表达他们最强烈的身份感。你认为在未来，欧洲人这一身份的受重视程度是否会超过某个国家身份？

不同文化中的身份以不同方式发展

在美国，我们经常鼓励年轻人发展强烈的认同感，去"了解自己是谁"，并变得独立自主。这源自美国人的个人主义价值观（我们在第二章讨论过这个问题）。然而，并不是所有国家或社会都认同这种强调个人主义的身份发展。在许多非洲人、亚洲人及拉丁美洲人的社会，童年和青春期的经历都是以家庭为中心。在这些社会中，家庭成员在学业、工作甚至婚姻选择上都受大环境主导。墨西哥裔美国人安德里亚说："家庭是形成拉丁美洲人这个身份的唯一来源。父母在我们生活中扮演的角色会永远持续下去，且不会终止。这跟美国完全相反。在美国，孩子们到 18 岁便不再受限制和管束。对我们而言家庭是首要的，是未来生活中一切的基础。"因此，在不同社会中，人们的身份发展方式并不相同。大部分非洲人、亚洲人、拉丁美洲人社会强调家庭成员之间的依赖和相互依靠。在某些文化环境中，以家庭或亲人为中心的自我身份认同，比以个人为中心的自我身份认同更有意义。[12]

然而，由于社会中对个人身份发展的主流观点已经存在并固定，这也许会让美国社会中某些文化群体的人感到自己比不上别人，甚至质疑自己的心理健康。例如，马诺杰 (Manoj) 是纽约的一位医科学生，有一次他参加一位著名学者关于青春期发展的讲座。教授在讲座上说，只有在青春期经历反叛期，才可能获得健康的身份。马诺杰回想自己的成长经历，却发现自己在印度长大的成长过程中对父母或长辈并没有过任何反叛，他因此而认为自己不正常。[13]

社会及文化身份

人们根据性别、年龄、民族，以及职业兴趣、运动爱好（作为观众还是参与者也有区别）、休闲活动及特殊才能来区分不同的群体。我们的一位朋友是一家特殊的汽车俱乐部的成员，该俱乐部集中了 20 世纪六七十年代"美式暴力跑车"的车主。参与类似的这些组织，会影响我们的身份塑造，在某种程度上也影响我们的人际交往模式。本节中，我们将讨论最能影响文化认知和跨文化交流的身份属性。

你怎么看？

很多人在社交网站 Facebook 开设了假专页。他们有时使用宠物的名字建立这些 Facebook 网页，那么他们的狗或猫也会有自己的专页。有些人建虚假专页的动机更恶劣，是欺凌骚扰他人等。如果你朋友的猫或狗邀请你"成为朋友"，你会怎么回应？你在这个 Facebook 专页的交流和在宠物主人专页的交流有什么不同？你会如何处理这些不同的身份？

流行文化聚焦

不同文化的电影都突出显示了性别身份和性身份的复杂性。《我是女生，也是男生》(XXY) 是一部阿根廷电影，讲述一个家庭有双性特征的小孩，他们如何通过身份问题寻找自己的路。《Bol》是一部巴基斯坦电影，讨论许多有关性别身份和性身份的问题。在这部电影里，男主角扎纳布(Zainab)被判处绞刑。相反,美国电影《穿越美国》(*Transamerica*)的主角布里(Bree)在电影结束前和儿子重归于好。这些都是处理性别身份和性身份的不同故事。对性别/性的文化态度决定电影的差异程度。在电影传统中的差异又是如何形成的?

性别身份

一般来说,我们的生命随着性别身份开始。新生儿一出生,迎接他们的就是蓝色或红色的衣服或毯子。访客或许会问婴儿是男孩还是女孩,为婴儿建立**性别身份**。但性别身份并不等同于生物学性别。认识这两者的区别,对于我们理解生物学上的性别如何影响性别身份很重要。

人们会在生活中表达自己的性别身份,而流行文化则会使我们了解身为男性或女性的含义。例如,有些活动被视为适合男性或女性。同样,人们收看的电视节目、肥皂剧、足球赛等会影响他们与周围人的交往模式,并因此了解身为男性或女性的含义。

随着文化环境的改变,人们对男性或女性的看法也会改变。例如,人们对于"完美男性身材"的认知也在不断改变。19世纪60年代,中产阶级群体认为理想的男性身材是清瘦结实的;但到19世纪90年代,理想的男性体型是高大且肌肉线条清晰的。[14]这些有关男性(或女性)理想身材的流行看法主要受商业利益、广告和其他文化力量等因素的影响。这对于女性来说尤其如此。杂志广告和电视广告总是宣传着各种美丽女性的形象和要花多少钱才能成为那样。一位学生说:"我不得不和我的美国同学比美。在美国社会,人们总是期望你按社会的审美来展现美丽的外表,不管在人生的哪个阶段都如此——比如给小女孩玩的漂亮娃娃,或时尚杂志总是展现外表完美的超级模特。社会所期待的理想形象,都是随处可见的。"我们对自己性别身份的表达,不仅反映了我们对自己的认识,也帮助我们了解自己想要成为怎样的人。人们从自己所属的文化中认识到男性身份与女性身份的含义,并不断调整自己向他人表达性别身份的方式。

例如,想一想如今人们对男性体毛的态度。现今,人们认为完美的男性身体应是光滑且少体毛的。很多男人按照这种审美标准来相应地改变自己。然而,体毛多曾一度被视为具有阳刚气息。

再比如,某些女演员,例如妮可·里奇(Nicole Richie)曾因为太瘦而引起争议。如今杂志广告和电视广告中展现的女模特都非常瘦,这让年轻女孩对身上的任何一点肥肉都非常慌张。但这种现象并不是由来如此。在18世纪中期,健壮的女性身体才会被视为性感诱人。一位日本学生告诉我们,虽然美国人认为丰满的嘴唇比较性感,但这种唇形在日本却不受欢迎。如今在中东及非洲很多社会中,人们往往认为身材丰满的女性比瘦削的女性更为性感。这说明了对于性别身份的认知是动态变化的,并且与社会文化紧密联系。社会生活中随处可见各种各样的男性形象和女性的形象,因此人们不会一致认同或一致追求某一种单一的理想形象。同时,我们也会设法表达自己的性别身份,这也是我们自我认知的一部分。

性别身份对跨文化传播也有特定的作用。性别身份在不同文化中有不同意义。美国同学到国外旅行时,常常发现会遇到更多的行为限制。例如,在大多数伊斯兰国家女性不能单独旅行,女性的活动和权利范围主要是在家庭里,而不是在公共场所。

性身份

我们不应该将**性身份**与性别身份混为一谈。性身份很复杂,尤其是不同文化以不同方式对性属性进行分类。尽管很多文化对男/女和男性/女性这些属性有相似的分类,但也有很多文化对性有不同的定义。例如,在今天的美国,人们常想到的性属性有异性恋、男同性恋、女同性恋及双性恋;但这些分类在19世纪晚期才形成。[15]

对于研究跨文化性身份的研究人员而言,难点在于理清不同文化中对于性属性的认知和分类方式。鲁迪·布莱斯(Rudi Bleys)试图在自己的研究中表明西方的研究人员已经在尝试理解不同文化中的性属性,以及人们的认知如何随时间而变化。现在美国人对性属性的分类与其他文化在其他时期对此的分类也许不同,理解这点很重要。[16]

然而,我们对性属性的分类是发展性身份的核心。如果没有人确定自己是"同性恋",就不会有"同性恋权利"运动。如果没有人确定自己是"异性恋",就不会有"任何人都只会被异性吸引"的假设。

我们用来识别自我身份的语言也会使性身份这一现象变得复杂。例如,从未与任何人有任何性行为的人可能确认自己是"同性恋",但另一些人可能既确认自己是"异性恋"但偶尔也会与同性发生性关系。这些现象会给性身份的分类带来哪些困难?

当然,性吸引这一因素,使性身份更难以分类。这不仅是因为性欲本身相当复杂,还因为人们所喜欢的对象可能还是具有不同文化、不同种族/民族背景、不同年龄、不同文化身份的。有些人喜欢与自己十分不同的人,我们的语言中有很多描述这种人的词汇。这些词语如何表达有关性身份的含义?他们如何表达有关其他性身份的价值判断?

由于我们会接触到来自世界各地的人,我们不应该认为性身份的分类结构是通用的,也不应该认为人们对待性身份的方式与你所属群体对待性身份的方式是一样的。比如,美国人可能会毫不隐瞒

你怎么看?

2012年秋天,美国的全国广播公司(NBC)播放新节目《另类家庭》(*The New Normal*),主要讲述洛杉矶的一对同性伴侣雇人为他们生小孩的故事。2012年秋季节目表列出这个电视节目后,犹他州盐湖城的KSL-TV决定不播出。节目的哪个方面可能最令美国观众反感?表现片中的同性伴侣?显示同性恋者当父母?代孕母亲?对电视内容有分歧时,解决矛盾最好的方法是什么?电视台应该决定吗?电视节目上的广告呢?观众是否能选择收看或不收看某类节目?

地跟陌生人谈及自己的第二段婚姻，但其他国家的人或许会对此感到惊讶。

年龄身份

随着年龄渐长，我们会形成关于同龄人的行为、外表和举止应该如何的文化概念；也就是建立**年龄身份**。美国是个注意年龄的社会。我们首先教小孩的事情就包括说出自己的年龄。小孩会很自豪地告诉别人自己多大了，直到二十几岁才很少提及年龄。相反，超过70岁的人经常会夸耀自己的年龄。思考年龄的另一种方式是考虑某人属于什么年龄层。不同年龄层的人有不同的哲学、价值观和说话方式。例如，最近的数据显示千禧世代（或称Y世代，生于1982—2001年的人）更多元化、更面向全球，电脑和科技知识比以前任何一代都好；他们也更乐观，更愿意服务社会，比X世代（生于1961—1981年的人）更注重工作与娱乐之间的生活平衡。[17]

思考年龄的另一种方法是考虑文化如何塑造不同的年龄群。例如，"青春期"这一类别的发展就相对较新。除此以外，学者杰佛里·阿内特(Jeffrey Arnett)最近探讨将"成人初显期"（Emerging Adulthood）作为描述20多岁人的另一个类别。因为美国的文化环境不断变化，人们需要接受更多教育，在学校生活的时间更长，在结婚方面的压力减小等，使更多年轻成年人住在家里的时间更长，换工作的次数更多，在30岁前对身份的探索更多。[18]

在某些文化中，特定年龄具有特别重要的意义。拉丁美洲人的家庭有时会为15岁的女儿举办成人派对（Quinceañera party），标志女孩步入成年。有些犹太人家庭会在女儿、儿子13岁生日时举行成人礼（Bat Mitzvah or Bar Mitzvah）。[19] 即使是对于如何向别人表达对我们年龄的看法这一点，我们还是会受到媒体各种资讯的影响，媒体会用各种方式告诉我们应该如何看待年龄。因此，年龄越来越大时，我们有时觉得某种"外形"对自己来说太年轻或太老。这种感觉源于对年龄含义的理解，以及我们如何定义某个年龄。

有些人30岁觉得老，有些人40岁觉得年轻。岁数本身并不代表我们年轻还是年老。我们对年龄和青春的看法都以文化传统为基础，我们的文化传统或许也认为与自己年纪差距大的人发展感情不合适。

随着年龄的增长，我们对年龄的看法往往会改变。当我们很年幼时，觉得大学生似乎都属于年老，但当我们读大学时又觉得大学生不那么老。年龄是相对的,这只是年龄身份发展过程的一部分;年龄的社会建构是另一部分。社会对不同年龄赋予的含义,对年龄身份的影响相当大。性别与年龄在我们变老的过程中相互作用。例如,人们经常用"熟女"描述这样一类女性,也就是与年龄比自己小很多的男性约会的女性,但是,与比自己年轻许多的女性交往的男性用什么词描述好呢?人际交往会如何影响性别因素与年龄因素的相互作用?

然而,年龄身份不单是我们对自己年龄的主观感受,也包括他人如何根据年龄来看待我们。鉴于年老员工受到歧视这一社会现象,美国政府颁布了《1967反就业年龄歧视法》(Age Discrimination in Employment Act of 1967),保障40岁或以上的人士免受就业歧视。除了就业,社会上还有其他领域是根据年龄来对不同人区别对待的吗?[20]

美国社会的长者地位不高,但其他社会则相反。东非就是这样的例子,在东非,长者这个词用来指社会上受尊敬的人。这些对于年龄的不同观念对跨文化传播有不同影响。

种族及民族身份

种族身份 对于今天的美国,种族问题似乎是个突出的社会问题。种族问题是公众经常讨论的话题,从电视访谈到电台访谈节目都随处可见,尽管也有很多人并不喜欢讨论这个。我们来看看种族观念在美国历史上是如何发展的,这或许能帮助我们更好地理解当代社会的问题。

如今有关种族的争论,根源始于15世纪;当时欧洲的探险家们在探险过程中遇到了外貌不同于本族人的人群。当时矛盾的核心,是争论是否"天下人皆为一家"的宗教问题。如果是,那么不同人种的权利是什么?当时关于哪个群体是"人",哪个群体是"动物"的争论随处可见于民众的谈话和法庭辩论当中,甚至成为形成奴隶制的依据。后来,科学界在18、19世纪尝试根据遗传学和大脑的大小建立种族的分类系统。但这些尝试大多未成功。

现在,大多数科学家认同种族之间相似的特征比差异多,也摒弃了据以为种族群体进行严格分类的生物基础。

近代学者们更注重研究人类的基因组成,得出结论认为种族内部的基因变化多于种族之间的基因变化,这使传统的种族分类变得毫无意义。现在,专家们用社会科学的方法去研究种族,并指出对

> **你怎么看?**
> 你喜欢自己有怎样的民族标签?在《我们的声音》(*Our Voices*)文集里,德洛丽丝·丹奴(Dolores Tanno)描述"西班牙人""美籍墨西哥人""拉丁美洲人后裔""墨西哥裔美国女孩或妇女"这些标签对她的意义。她总结道,每种说法都有独一无二的含义,描述她的某个方面。你喜欢的说法

于白人、黑人的种族分类是建立在社会历史背景之上的。[21]

有人提出几个论点驳斥用来进行种族分类的生物根据。第一，种族分类在世界各地区别很大。一般来说，美国人对于白人与黑人之间的区分相当死板，许多人在无法对别人进行分类时感到不安。相反，巴西人则意识到除了区分白人和黑人之外，还有其他多种不同的种族类别。这表示种族分类的基础是文化基础，而不是生物学基础。

> 描述了自己的哪个方面？（资料来源："Names, Narratives, and the Evolution of Ethnic Identity," by Dolores Tanno, in Our Voices (pp. 38–41) by A. González, M. Houston, and V. Chen (Eds.), 2004, Los Angeles: Roxbury)

宽扎节（Kwanzaa）一类的文化传统往往能增强群体的民族及／或宗教身份感。许多美国黑人把宽扎节视为 12 月的假日，以加强群体的凝聚力、合作、团结，以及与自然的和谐。

第二，美国法律使用了不同的定义来确定种族分类。1982 年苏西·菲普斯(Susie Phipps) 在路易斯安那州的案件掀起了一轮有关种族的争论，认为种族是社会创造的，而非生物学决定。申请护照时，苏西·菲普斯发现，根据路易斯安那州的法律她是黑人，因为自己有 1/32 的非洲人血统（她的曾祖母是奴隶）。她提起了将自己重新认定为白人的诉讼。不仅她认为自己是白人，她还与白人一起成长并读白人学校，而且她还嫁给了白人。苏西的孩子有 1/64 的非洲人血统，但在法律上是白人。尽管苏西诉讼失败，但诉讼引起的政治讨论及公众讨论使路易斯安那州的立法者改变了该州对人们种族的划分。然而这种法律状况并不能阻碍种族社会定义继续存在的事实。[22]

第三，就如其易变的性质所表明的，种族分类属于社会建构。19 世纪，由于越来越多南欧人移民至美国，已被接受的英裔及德裔美国人社群起初试图把其中一部分人（希腊人、意大人、犹太人）

分类为非白人。但是，这个群体的成员意识到，根据更狭窄的定义，他们可能也不再属于大多数，因此也会失去一些权力。所以，"谁是白人"的概念扩大至包括所有欧洲人，而非欧洲人则被定义为非白人。²³

种族身份在某种程度上以身体特征为依据，但也是建立在变化的社会环境里。重点是谨记人们建立这些身份的方式，以及思考种族如何影响人们的交流。

民族身份　一个人的**民族身份**反映这个人对自己民族群体身份的一整套观点。通常包括几方面：自我认同——有关民族文化的知识（传统、风俗、价值观、行为）和属于这个特定民族的感受。民族身份通常涉及出身与历史的常识，出身与历史把民族群体成员和亚洲、欧洲、拉丁美洲或其他更远地方的文化联系在一起。²⁴

因此，民族身份指有自己属于某个特定群体的意识，知道群体成员的一些共同经历。例如，朱迪思在一个民族社区里长大；她的父母和亲戚说德语，祖父母回过几次德国，经常谈起他们的根在德国。这些经历让朱迪思的民族身份增加。

对某些美国人而言，民族是具体和相关的概念。这些人在一定程度上定义自己的根在美国之外，称作"带**连字符的美国人**"（如墨西哥裔—美国人、日裔—美国人、威尔士裔—美国人，尽管连字符号经常省略）；或认为自己首先属于某些区域，然后才属于美国（纳瓦霍人、霍皮人、切罗基人）。对其他人而言，民族是个模糊的概念；他们视自己为"美国人"，不接受"连字符号美国人"的概念。（我们将在本章后段讨论白人的民族这个问题。）

问题还没解决。"美国人"有何含义？由谁下定义？对坚持所有美国人都仅是"美国人"的人而言，决定使用什么定义是重要的。如果一个人的身份"只是美国人"，这种身份是怎么形成的？这会如何影响与自认为是"带有连字符号的美国人"的人交流？

种族身份与民族身份　学者讨论种族身份与民族身份是相似还是不同。一些学者强调民族身份，避免任何以种族为中心的方法带有种族主义；其他学者拒绝这种解释。要解释差异的复杂性，即使在美国，种族及民族分类也是随时间而变化的。"西班牙裔"的分类1980年才出现在美国的人口普查中，此后列入种族类别。在2000年的人口普查中，"西班牙裔"被分类为民族，人们可以选择这一项作为种族身份的附加选项。因此，一个人可以是"亚洲人"及"西班牙裔"，或"白人"及"西班牙裔"。同样，来自印度的人曾被标

> **信息频道**
> 民族（Ethnicity）这个英文单词源自希腊词 ethnos 与 ethne，指种族背景和文化背景。这些词描述人们的民族，把人与人的发源地连在一起，同时也指不信上帝的人、异教徒或其他非基督教徒。因此，即使从最初开始，民族就是一个做判断、引起分裂的词。

签为"非白种高加索人",但如今在美国人口普查中分类为"亚裔美国人"。[25] 这些分类是重要的,因为根据这些分类,人们在历史上获得的待遇相当不同。尽管种族限制不复存在,但种族限制过去存在的影响仍与我们同在。例如:尽管奴隶制150年前已废止,第一章中描述的许多美国机构如教堂、学校及其他社会机构仍有种族之间的隔离。一方面,有关民族的讨论倾向于呈现美国社会"熔炉"的景象;另一方面,美国历史形成的有关种族的讨论却允许有种族主义。如果仅谈民族不提种族,我们无法全面考虑种族主义的结果和影响。

大多数白人很容易理解对民族群体的归属感。例如,身为阿们派明确意味着遵守"社区规则"(Ordnung)。在德裔美国人家庭长大的朱迪思,其身份有严肃及不善表达的特征。这个身份不同于她大学的意大利裔美国朋友,比她善于表达得多。

然而,作为主流族裔代表的意义,白人文化令人更难捉摸。找到把白人联系在一起的文化事件很难。例如,我们应该想到感恩节和美国独立纪念日是主要的白人节日。一些白人把失落感作为他们民族身份的一部分。为了"加入"白种人获得白人特权,许多南欧和东欧移民不得不放弃自己的名字及文化传统。尽管得到了许多种族特权,但他们放弃了民族身份中的某些方面。我们的学生这样描述他对这种失去的感受:

我姓梅斯 (Metz),和我父亲一样。但我父亲并不是终身用这个姓氏。他出生证上的姓名是格里·梅塞杰科 (Gerry Maceijczyk)。梅塞杰科是波兰姓氏,发音是 Ma-chey-zyk。使用这个名字拼写和发音都很棘手,所以父亲出生后不久,祖父母就决定把父亲的姓氏从梅塞杰科改为梅斯。这跟身份有什么关系呢?现在我有机会真正思考这个问题,从我这里拿走的是我的文化传统。我无法把自己的姓名与祖先的姓名连在一起,尽管血缘并未失去,但文化传统的联系却通过姓名失去了。不能说我对这个改变有任何失望,因为我喜欢自己的姓氏,同时改名也让我和我的家庭有机会以梅斯这个姓氏开启新篇章。

我们的种族身份或民族身份随时间、按阶段、通过和别人交流而发展。这些阶段似乎反映我们自我认识的各个发展时期。这在某种程度上也取决于我们属于哪种群体。例如,许多民族或种族群体体验到共同的压力,因此采取努力的态度和行为发展强烈的自我身份及群体认同感。对许多群体来说,这些强烈的身份用于确保他们的生存。

体能身份

我们都有**体能身份**，因为我们都有不同程度的体能。我们在这个或那个方面有缺陷（身高、体重、性或年龄），需要克服这些状况。我们的体能和年龄一样，在一生中不停变化。例如，一些人经历暂时的残障如骨折，或在手术后活动能力受到限制。另外一些人一出生便有残障，或残障不断加深，或残障突如其来（醒来变成四肢瘫痪）。

根据最新的报告，20 岁左右的年轻美国人中有 1/4 将在退休前变成残障人士，世界人口的约 15%（或超过 10 亿人）是残障人士。[26] 实际上，残障人士视他们自己为一个文化群体，有许多共同的观念和传播模式。这种身份的一部分涉及改变他们看待自己的方式和别人看待他们的方式。变成残障的人面对这个新身份时会经历几个预想中的阶段。第一阶段的重点是康复和身体变化。第二阶段，适应残障和残障对关系的影响；有些友谊因残障而消失。最后阶段是"接纳羞耻感"，个人开始把残障融入他（她）的自我定义中。正如一位女性所言："我发现自己对别人说，那是我遇到的最糟糕的事，也是最好的事之一。它迫使我反思对自己的感觉……信心建立在我自己的身上，不是建立在别人身上。"[27]

非残障人士与残障人士之间，与身份问题有关的传播一般很难。非残障人士可能不作眼神接触，从而限制他们与残障人士的交流。残障人士这一方则努力传递正面的身份，表达他们的体能（对每个人来说都是如此）只是他们多个身份的其中一个。正如一位年轻人说："我们需要的朋友，不会当我们是古怪无性别的次等小孩或当我们是'残障英雄'……我们希望能以自己的方式得到接纳。"[28]

宗教身份

宗教身份是许多人身份的一个重要层面，也是跨文化冲突的普遍原因。宗教身份经常容易跟种族/民族身份混淆，这表示仅从属于特定宗教的角度审视宗教身份可能会有问题。例如，某人说"我是犹太人"，这表示这个人信奉犹太教吗？或视犹太人为民族身份？当有人说，"那个人使用犹太人的姓氏"，这是犹太人的宗教身份吗？历史上，犹太人被视为一个种族群体、民族群体及宗教群体。分出种族、民族、宗教、阶级、国籍、地区身份之间的明确界限会导致刻板印象。例如，人们一般认为意大利人和爱尔兰人是天主教徒，而圣公会教徒经常属于较高的阶级。

你怎么看？

在伊莱·克莱尔（Eli Chare, 2001）的文章《盗走与夺回的身体》(*Stolen Bodies, Reclaimed Bodies*) 中作者提出，人们对残障人士大致有四种看法。第一种是医疗模式，认为残障是出现毛病需要处理或治疗。第二种是慈善模式，认为残障是我们需要慷慨付出、洗清个人罪孽的事物。第三种用瘸子超人的逻辑模式看待残障，认为有残障的人只要生存就是英雄。最后一种通过道德模式看待残障，认为残障是一种道德缺陷。克莱尔指出，这些表达"框架"将身体残障塑造成糟糕、有缺损的人，从而影响身体有残障的人感受他们的身体与身份。你在有关身体能力的流行说法中注意到这些语言表达了吗？作为身体没有被偷走、可以每天感觉自己身体的人，我们可以怎样用他们的方式思考和讨论能力？

（资料来源："Stolen Bodies, Reclaimed Bodies: Disability and Queerness," by Eli Clare, 2001, Public Culture, 13, 359–365）

也许考虑宗教身份的不同界限在这里会有帮助。成为特定宗教成员的标准是什么？某些宗教用国界定义，各种东正教教会（例如，俄罗斯、保加利亚或希腊的东正教教会）正是如此。有些宗教则用生物学界定，宗教成员按基因属性划分（例如，犹太教是母系宗教，按母系关系传承；或是通过特殊的"重生"仪式入教）。其他宗教按世系界定成员身份，这些宗教的老师、大师或师傅可以指导新加入的信徒沿着启发教化的路进入"神圣"行列（如印度教和佛教）。最近，宗教在互联网上可能有了实质定义。这里的界限是非常模糊的，一个人的国籍、民族、性别都是可以讨论的。越来越多人，尤其是移民用网络寻求宗教表达及支持。[29] 然而，大多数宗教由"文化"定义，只要接受信仰便可以加入（例如，天主教徒和新教徒）。但是，有些界限比另一些强或弱。在北爱尔兰，成为天主教徒或新教徒几乎如同成为民族（另一种说法是国家）宗教的一员。越过宗教界限讨论宗教身份是极具挑战的事。[30]

当一种宗教在公共场合得到的承认超过其他宗教，争议就会产生。传统上，宗教被视为私事，更有政教分离的说法。然而，在某些国家大家都知道，宗教和政治无法分开，宗教是群体行为。

宗教群体之间的跨文化传播也可能产生问题。中东、北爱尔兰、印度/巴基斯坦、波斯尼亚及黑塞哥维那的冲突根源都是宗教差异。美国也有同样的问题，宗教冲突迫使摩门教徒从纽约迁移到俄亥俄州、伊利诺伊州、犹他州。传统观念是，人人都应该自由信奉他们想信奉的宗教，但把自己的宗教信仰强加给没有共同信仰的人可能导致冲突。

有些宗教群体通过服饰变现和标记宗教身份。例如，穆斯林女性头戴头巾表达对宗教信仰的信奉。

宗教身份在政治上的作用也是一个问题。2012 年 7 月的一项皮尤调查发现，60% 的美国选民注意到共和党候选人米特·罗姆尼 (Mitt Romney) 是摩门教徒，但只有 49% 的候选人知道奥巴马总统是基督教徒。总体而言，共和党并不担心罗姆尼的宗教身份。稍多于 1/3 的保守派共和党人认为奥巴马总统是穆斯林，但这并不是他的宗教身份。这项研究指出："沿着宗教的分界线，一边是白人福音新教徒和黑人新教徒，另一边是无神论者和不可知论者，最可能说罗姆尼的信仰让他们不舒服。"[31]

在匈牙利，乔纳德·塞盖迪 (Csanad Xzegedi) 发表了强烈的反犹太主义言论，在极右翼的"尤比克党"内很受欢迎。然而，当发现他的祖先是犹太人时，他的政治生涯完全被毁掉。他的祖母是奥斯维辛集中营和达豪集中营的幸存者。[32] 在这个例子中，塞盖迪先生长老派成员的宗教身份因为他的犹太基因和反犹太主义受到质疑。

一些宗教社群通过服饰和其他消费者行为表现并突出他们的宗教差异。例如，哈西德派犹太教和穆斯林女性戴的头巾，犹太教男性同样会带圆形小帽展示宗教信仰。阿们派信徒，男性的帽子、衬衫、裤子的形状、颜色甚至尺寸，女性的衣服风格及帽子都与其他群体有细微差别。选择食物也能显示宗教信仰（例如，传统的天主教徒星期五不吃肉；穆斯林和正统派犹太教徒不吃猪肉）。其他的宗教表达方式包括服饰风格和装束（例如，基督教徒可能佩戴有十字架的首饰）或购买蜡烛之类的家庭装饰和物品，以及体现宗教节日的装饰。[33] 为了辅助交流，显示对宗教群体的尊敬，人们需要不同身份表达的信息。但一些宗教对身份的表达不明显，日常互动可能无法予以显示。

尽管宗教信念（或缺乏宗教信念）在美国被视作私事，但宗教信念对跨文化传播还是有影响。我们的一名学生描述了在一个讨论群组里的经历，这个群组由有宗教信仰的人和认为自己崇尚精神力量但没有特定宗教信仰的人组成：

很明显，许多宗教信仰都是很坚定的信仰。就好像两种不同文化相遇一样。这两个群体的行为非常不同，经营自己生活的方式也非常不同。我了解到自己用来标签宗教人士的一些刻板印象是错误的，我也希望这个群组消除宗教人士可能用来标签像我一样的人的刻板印象。

阶层身份

我们很少把社会经济阶层当作我们身份的重要组成部分——尤

其是中产阶级的人。如同种族,这种主导或标准的**阶层身份**有隐藏的关联。尽管中产阶级的人很少考虑阶级,劳动阶级的人却经常提醒他们自己不属于中产阶级。在形成我们对文化的反映和对文化的诠释中,阶层起着重要作用。

在我们的日常语言中,"拖车公园垃圾"和"白人垃圾"一类的表达方式标示了这些阶层差异。因为对劳动阶级的负面联想,许多美国人毫不意外地认为自己是"中产阶级"。但许多人不喜欢讨论阶层差异,因为这些对话可能会危险地接近讨论金钱的范围——这是在"文明社会"中避免涉及的话题。

在美国,阶层身份仍然是我们身份的一个重要层面,甚至在其他社会更加是如此。因为直接问别人可能被视为不礼貌,也可能出现不准确的信息,人们使用不同策略在阶级分层中确定个人的阶级。例如,某些食物被视为是"富人"的食物:羊肉、白芦笋、法国布里白乳酪、洋蓟、鹅、鱼子酱。对这些食物不熟悉可能会透露一个人的阶级背景。问你在哪里上大学也可能是人们了解你阶级背景的线索。你阶层背景的其他符号包括你使用的词语、看的杂志、喝的饮料。[34]

语言与传播风格也反映阶级状态。一位传播学者描述了他以劳动阶级学生身份读大学时经历的语言挑战:"我清晰记得在大学说过例如'我发现'(I Seen that)'我不担心'(I aint't worried about that)和'那对我毫无意义'(that don't mean nothing to me)。我很高兴教授和朋友帮我学会了在主流美国社会取得成功的语言。"课堂上要求他使用的抽象哲学对话与他习惯的劳动阶级交流非常不同,劳动阶层的对话更注重日常生活和完成事情。[35]

"占领华尔街"运动凭借其口号"我们占99%"重新唤起美国收入差距的关注。[36] 由于大萧条的发生,收入不平等或社会中收入与财富的分化在公众范围引起了更多关注。如果贫富差距继续扩大,最富裕群体的收入会继续比其他群体都高很多。例如,"从1980年开始,考虑通货膨胀因素后,收入最高的1‰的临界家庭(2010年的收入大约是150万美元),收入增长了超过100%。中等收入的家庭,考虑通货膨胀因素后的收入增长只有11%"[37]。美国国会预算办公室报道,过去差不多30年,20%收入最低的美国人,收入增长少于20%;而20%收入最高的美国人,收入增长了65%;但1%的收入最高的美国人,收入增长了275%。[38]

尽管有这些对比鲜明的数据,大众仍然相信"向上流动的神话"——任何人都可以通过努力工作及坚持改善他(或她)的状况。

这个神话的结果是，当贫穷继续时，穷人会受到指责。也就是说，贫穷是因为他们做了某些事或没做某些事，或者因为懒惰，或者因为努力不够，或不够幸运——这是"指责受害者"的典型例子。媒体经常强化这些观念。

在电视剧（《甜心波波来啦》《辛普森一家》）和电影中，不能向上层流动的劳动阶级被刻画成快乐但不聪明的人，或是不愿做应该做的事来改善生活的人。真实劳动阶层的人，在脱口秀如杰里·斯普林格 (Jerry Springer) 节目中以嘉宾身份出现得越来越多，被怂恿去争论——口头争论，有时甚至是互相的身体冲撞。因此，劳动阶级的人，在大众眼里的形象很难是正面的。[39]

种族与阶级，有时与性别、身份是互相联系的。例如，出生在非洲的美国人，贫穷而且是女性的话，一直贫穷的概率会增加。但同时，种族与阶级不是同义词；也有许多贫穷的白人和越来越多富裕的非洲裔美国人。看到这些多重身份互相关联但又不完全一样很重要。在任何情况下，缺乏对阶级差异的理解，以及刻板印象在媒体的继续存在，经常使阶级之间有意义的传播出现困难。

国家身份

国家身份是我们众多身份的其中一个，不应该与种族身份或民族身份混为一谈。国家身份或国籍，指一个人与国家有关的法定身份。许多美国公民的家庭历史可追溯到拉丁美洲、亚洲、欧洲、非洲，但他们的国籍或公民身份是美国。

身为美国人有什么意义？我们问学生这个问题时，他们的回答多种多样。有些学生只提正面的事情：自由、可以做想做的事情（在合理范围内）、经济机会、娱乐、运动。其他人提到了不健康的饮食习惯、沉迷于节食、赚大钱的压力、媒体决定什么是有魅力或可以接受的、花在监狱和体育设施上的税收比花在教育上的多，以及在公路、社区和学校随机发生的暴力事件。但是，几乎每一位学生都为他（或她）的国家身份而骄傲。

我们的国家身份肯定影响我们怎样看待这个世界并和其他国家的人交流。正如我们的一位学生观察到的：

我的文化眼界扩大得越多，我以美国人身份看待生活的方式就越让自己惊讶。有很多东西我们想当然地认为是做事或思考的唯一方式。就像个人主义的事情和与之相关的所有行为及价值。还有很多我以前从未想过的各种人及性格。

一个国家在世界舞台上如何被感知通常影响国家身份。例如，

你怎么看？

本尼迪克特·安德森 (Benedict Anderson) 写了一本书《想象的共同体》，在书中他认为国家是虚构的。换句话说，国家是想象的结构体，与承载国家的土地没有直接关系。因此，我们的部分身份建立在虚构的结构体上。你的哪些身份建立在虚构上？

中国 2008 年奥运会的巨大成功提升了民族自豪感，加强了中国人的集体身份。中国政府也全力向世界展示自己的正面形象。[40]

当国家状态有问题时，国家身份可能会尤其复杂。例如，19 世纪中期，当美利坚邦联试图从美国分裂出去时爆发了内战。更近一些，厄立特里亚试图脱离埃塞俄比亚，车臣试图脱离俄罗斯都导致了流血冲突。一些涉及独立国家地位的非流血冲突，也导致斯洛伐克和捷克共和国分离。

当代争取独立国家的斗争在持续上演，魁北克试图脱离加拿大、科西嘉和塔希提岛试图脱离法国、苏格兰试图脱离英国、瓦哈卡试图脱离墨西哥。有时，国家从政治版图消失，但一直存在于社会想象中，稍后还会重新出现；例子包括朝鲜、波兰、乌克兰、挪威。在所有这些例子中，人们从不同方式思考着国家问题并定义身份。

地域身份

与国家身份紧密相关的概念是**地域身份**。世界上许多地域有独立但至关重要的文化身份。例如，苏格兰北部的苏格兰高地和南部的低地是截然不同的，高地保留了强烈的地域身份。

在美国这里，地域身份也很重要。例如，南方人经常自己认为和被别人认为是不同的文化群体。得克萨斯宣扬自己是"完全不同的州"，提升其地域身份。而纽约人的刻板印象一般是傲慢和进取。这些基于地域身份的刻板印象通常导致跨文化互动的困难。

一些地域身份可以导致民族独立运动，但地域身份更多的肯定是有特色的美食、着装、风俗，有时是语言。这些身份可能在跨文化传播的情景中变得重要。

个人身份

许多身份问题与一个人的自我观念有密切关联。我们每个人都有**个人身份**，但个人身份可能不是统一或一致的。当我们是自己认为的人时，我们也是别人认为的那种人。换句话说，如果你认为自己有惊人的吸引力，但别人不这样认为，那么你有吸引力吗？有时，我们的个人身份很大程度由外部力量定义。

其他时候，我们对别人的行为和交流有助于建立我们的个人身份。如果你是值得信赖和可靠的，别人可能也认为你值得信赖和可靠，

第四章　身份与跨文化传播　　**109**

地域身份可能很重要。提到 UFO 你就会想到新墨西哥州的罗斯韦尔 (Roswell)，而罗斯韦尔人对地区乳制品之都的身份感到自豪。广告、明信片及其他形式可以提升身份。谁能定义身份的含义？

从而加强你的个人身份。

但是有时，我们的个人身份可以会与其他身份形成冲突。例如，并非所有男同性恋者都是衣着光鲜且了解美食的人，但他们通常觉得自己应该是那样的人。《粉雄救兵》(*Queer Eye for the Straight Guy*) 之类的电视剧经常加强这些刻板印象。还有其他例子，一些在宗教氛围浓厚的家庭中长大的人，对自己宗教身份的感觉可能不相似。他们可能觉得困在家庭传统的宗教信仰和自己的个人身份中。他们可能觉得有责任维持家族的传统方式，但对这些信仰却没有舒适感。在亚利桑那州和犹他州边界，一些家庭属于耶稣基督后期圣徒教会，当成员的个人身份与宗教身份不一致时，经常产生冲突：

19 岁的大卫·贝特曼 (David Bateman) 说，自从两年前不再去教堂后，他与教会的关系非常差。有闲言闲语说他在圣乔治附近看电影，还在家里听像 Creed 那样的摇滚乐队的歌。"如果你与他们的思考方式不一样，他们对你的方式真的很糟，"贝特曼说。"人们开车经过你的房子，让人抓狂。其他人瞪着你，给你白眼。有两个孩子在街上骑自行车经过我身边。其中一个朝我喊：'嗨，同性恋，你在这里干什么呢？'另一个叫我混蛋。"[41]

解决方法经常是被迫作出选择。

我们认为自己是谁，对我们自己，对与我们关系密切的人有关联，我们试图将此传播给他人。传播是否成功，取决于别人如何回

你怎么看？
英国文化研究学者斯图亚特·霍尔 (Stuart Hall)，解释他对自己身份和人生之路的看法。他说："我们应该考虑人的发展道路，而不是问他们的祖籍。这是人们之所以不同的要点，在某种意义上，这也是差异的全部。"你和你的家庭经历了怎样的路径，以解释自己的身份呢？（资料来源："A Conversation with Stuart Hall," Fall 1999, *Journal of the International Institute*, 7(1). Retrieved October 24, 2006, from http://www.umich.edu/~iinet/journal/vol7no1/Hall.htm）

应我们。有时，那些回应可能是残酷的。我们使用建立身份的不同方式描述自己，因为我们想让其他人看到我们。

身份发展

少数族裔的身份发展

之前提过，美国少数族裔的成员容易比多数族裔成员发展出更强烈的种族及民族身份感。白人倾向于认为自己的文化理所当然；尽管也可能发展出强烈的民族身份，但他们一般不会真正思考自己的种族身份。

在以下四个阶段，**少数族裔身份的发展**集中于种族及民族身份，但可能也适用其他身份例如阶级、性别或性取向。[42] 重点是要记住，用任何例子，都只代表许多人的经历，但不是人人都用完全一样的方式经过这些步骤。有人可能在某一阶段花的时间更多，可能在一个阶段体验了不同方式，或卡在了早期的某个阶段。

阶段一：未经验证的身份 这一阶段的特点是缺乏对民族的研究。少数族裔成员最初可能接受多数族裔文化的价值观和态度，包括对他们自己群体的负面印象。他们可能有融入主流文化的强烈愿望，他们可能表达对主流群体的正面态度。在这一阶段，他们对于身份的观念可能来源于父母或朋友——如果他们对民族有任何兴趣的话。

阶段二：遵从 在本阶段，个人可能有融入主流文化的强烈愿望，所以吸收主流群体的价值和准则。这些个人对自己可能有负面、自我反对的态度，对自己的群体来说总体也是这样。批评自己群体的其他人可能会被贴上负面标签，例如非洲裔美国人是"汤姆叔叔"或"讨好白人的黑人"，亚裔美国人是"香蕉"，印第安人是"苹果"，墨西哥裔美国人是"玉米饼"。这种标签谴责支持主流白人文化的态度和行为。这一阶段通常持续到这个人遇到一个情境，导致他（或她）质疑主导的文化态度，然后开始进入下一阶段：寻找民族身份。

阶段三：反抗与分离主义 许多事情可以触发向第三阶段的移动，包括负面事件，例如遭遇歧视或辱骂。有时，越来越多地意识到，并非主流群体的所有价值观都令少数族裔受益，可能会

极速冲浪

当人们称赞奥巴马总统是美国第一位非洲裔总统时，有人质疑为什么不能认为奥巴马是混血人种，因为他母亲是白人。听听一群美国混血人种讨论奥巴马总统身份的重要性：www.npr.org/templates/story/story.php?storyId=91375775。

导致进入这一阶段。例如，假设一直否认自己种族问题的某人遇到种族群体中展现强烈文化身份的另一个人。我们的一位学生阿马丽娅叙述了她的经历，读大学时她第一次遇到其他有强烈民族身份、对身为墨西哥裔美国人自豪的其他墨西哥学生。她从未在那样的高度思考过自己的文化传统，因此这对她是重要的体验。她对学习墨西哥裔美国人的历史变得有兴趣，对自己的身份培养了强烈的意识。

这一阶段可能以群体以及所有归属于该群体的价值和态度对个人全面的支持为特征。同时，这个人可能拒绝与主流群体有关的价值和准则。例如，在这个阶段，个人可能发现加入阿兹特克主义活动 (Movimiento Estudiante de Chicanos d'Aztlan)、黑人学生联盟等民族社团很重要，或加入其他可以讨论共同兴趣和经验的社团并寻找支持。

群体身份经常通过交流表现和加强。这些大学女生联谊会的姐妹表现和肯定的是什么身份？

阶段四：融合 根据这个模型，少数族裔身份发展过程的理想结果是最后一个阶段，一个获得的身份。达到这一阶段的人对自己的群体身份（以性别、种族、民族、性取向等为基础）有强烈的意识，也欣赏其他的文化群体。在这一阶段，个人意识到种族主义及其他形式的压迫出现，但会以更正面的方式改变对前一阶段的愤怒。一位拉丁美洲裔作家这样描述自己进入这一阶段。这发生在他和一位中国台湾学生共住同一间大学宿舍时——台湾学生对美国及美国的偏见完全陌生，而且对他的背景感兴趣。"当我

信息频道
墨西哥裔美国人曾经被认为是一个贬义词，指移民的农场劳工。但因为凯撒·查维斯等人及农场劳工运动其他成员的努力，这个词被重新定义。现在，墨西哥裔美国人用这个词来定义他们完全参与其中的美国社会的政治斗争。

对他们讲拉丁美洲的历史时（这是我一直熟悉但以前却从未思考过的东西），我开始重新内化那段历史。感觉他们的好奇激发了我的好奇。从此以后，我不会再否认，不会再在意。"[43] 对希望消除所有形式的不公，而非仅仅只是对自己群体不公的人来说，最终的结果是信心与安全感。

多数族裔的身份发展

两个有影响力的教育家或学者描述了主流群体成员的**多数族裔身份发展**。以下模式与少数族裔的身份模式稍微有些不同，这个模式更加约定俗成。换一种说法就是，它不是确切代表把人的身份如何发展，而是他们可能怎样开始忘记我们在成长过程中无意识发展出的种族主义（及其他"主义"）。[44]

第一阶段：未经验证的身份 这里的第一阶段与少数族裔的个人身份认知发展的第一阶段相仿。人们可能意识到一些表面差异和文化差异，但不会惧怕其他种族或民族，对自己的身份也不会有优越感。正如珍妮同学所说："我记得上幼儿园时，我最好的朋友是一位非裔美国人。我们在学校里几乎形影不离，也从来不会认为俩人是属于不同种族的。"在这个阶段，人际交流（和人际关系）并不是基于种族差异的。

第二阶段：接受 在第二阶段，人们对社会中既有的种族不平等现象开始有主观认知并开始接受。这种接受很大程度上是无意识的，而且个体本身尚不会有意识地辨别白人文化的主导地位。然而，由于对社会中种族不平等现象的无意识接受，这时人们会有很多隐含了种族主义观念的假设（比如：认为少数种族受教育程度不高，白人需要教化和同化他们；认为白人文化——白人的音乐、艺术和文学等，属于"高雅文化"，而有色人种的文化产物属于民间艺术或"手工艺品"）。在这一阶段还有一种假设，就是认为有色人种群体之间是有文化差异的，而白人群体的成员间不存在共同的群体身份意识、族群文化或对于种族特权的共同体验。正如一位白人同学所说："我在一个纯白人的环境中长大，人们有种很明确的意识，觉得我们跟'其他人种'不一样。是的，我们的生活更为优越，但那也是因为我们非常努力——而其他（有色人种）不够努力。那都是我们应得的。"[45]

在这个阶段，白人或者回避与少数种族的交流，或者以高人一等的姿态进行交流,或两者兼有。正如一位白人同学柯特尼所说:"我之前很少思考这个问题,直到我上了这门课,才意识到我的朋友全都是白人。我在一个小城镇长大,我确实一直不太喜欢跟白人以外的人群交往。"

有些人会一直停留在这一阶段而没有突破。若有所突破,则往往是在他们经历一系列事件后累积作用的结果。比如,他们也许和有色人种成为了好朋友,或者他们学了一门关于白人种族优势地位/研究种族主义的课程或研习班。而珍妮同学学习的是关于种族关系的本科课程:"教授布置我们阅读很多有意思的作品,作者写了他们作为有色人种在美国的成长经历。那时我才意识到,自己以前对有色人种的遭遇几乎一无所知。"她认为那是一次开阔眼界、发人深省的经历,这也促使她进入了下一阶段。

第三阶段:抗拒 这一阶段可谓重大转折,也就是不再反感少数种族的现状,而开始认识到社会制度是种族问题和民族问题产生的根源。抗拒行为可能是消极抗拒,也就是自身行为上几乎没有改变;也可能是积极抗拒——即对种族主义的积极意识。在这个阶段,个人很可能会感觉到尴尬或羞耻,会避免或尽量减少与其他白人的接触,并尽量多地与有色人种接触。其他白人可能会对这一部分白人颇有微词,并称他们为"种族叛徒"或"讨好黑人的白人"。他们也可能开玩笑地警告其他白人,不要跟非裔美国人约会,因为"一试黑人,一世黑人"(once you go black, you never go back)(注:意思是,如果你跟黑人交往过,就不会再想跟白人交往);这其实是在谴责那种抵抗主流白人文化的态度和行为。

第四阶段:重新定义和重新整合 与少数族裔身份发展的过程相仿,在第四阶段,人们开始重新关注并以非种族主义的视角重新定义自己的白人属性,并最终能够将自己的白人属性整合到身份发展的各个层面。至于为什么有些白人能达到这个阶段而另一部分则不能,原因尚未清楚。处于这个阶段的白人,会意识到他们不需要接受社会赋予他们的"白人"定义;他们会跳出种族主义的桎梏,而看到自身作为欧裔美国人的积极意义,对于自己的白人身份也感到更自在。他们不仅对自己的白人身份有清醒认识,同时也能够理解和欣赏其他族群。有趣的是,处于这个阶段的人并不会为种族主义辩护;这一阶段的人不会说"我没有偏见",相反,他们会认识到偏见和种族主义观念确实存在,如果仅仅是指责、内疚或否认,并不能解决任何问题。他们也会意识到理解白人属性和白人身份的重要性。然而,定义什么是"白人身份"也不是件容易的事,这是因为:首先,在美国社会,人们对"白人"这一概念已经习以为常,很难有意识地将它当成某种属性;其次,在美国社会,白人身份所代表的意义也在不断变化。由于美国的人口组成日益多样化,白人群体也日渐意识到自己的种族属性,并通过多种方式表达这种意识——有的支持白人至上主义,有的变成"白人黑鬼"(Wiggers)(即假扮黑人或靠拢黑人文化的白人青年),也有的人排斥白人特权。这种多样性的变化,说明了并不存在单一的白人身份发展的发展模式,也侧面反映了美国社会白人群体所面临的挑战。[46]

白人属性的特征

在美国,白人身份意味着什么?白人身份的特征有哪些?是否可以像定义其他种族身份一样,通过归纳一些特征来定义白人?对于大多数美国白人来说,他们对于自己的白人身份很少有意识甚至从未有意识。我们其中一位白人同学也被问到"身为白人意味着什么"这个问题,他是这样回答的:

对我来说,身为白人就意味着不需要去思考作为白人是怎么回事……在大多数场合我都不需要留意自身的这一点……提不提白人身份,我的人生经历也不会有任何不同。[47]

大多数白人并不了解,对于有色人种来说完全不是这么回事。

大多数白人可能很难说清楚到底哪些类型的文化属于专门的白人文化。**白人属性**研究专家(研究各种族之间不平等现象的学者)认为,美国社会的大多数白人至少有以下三个共同特征:(1)享有种族特权;(2)看待白人自身的群体、其他种族群体和整个社会的共同立场;(3)一整套的文化实践,大部分白人意识不到。[48]

种族特权的好处

美国社会的大部分白人都享有种族特权带来的好处。有些是经济上的,包括:

- 2010年,美国非裔人口和西班牙裔人口的贫困率分别为27.4%和26.6%;相比之下白人的人口贫困率为9.9%,亚裔人口的贫困率为12.1%。[49]
- 有38.2%非裔儿童和35%西班牙裔儿童生活在贫困中;相比之下,生活贫困的白人儿童有12.4%,亚裔儿童有13.6%。[50]

- 2011年，美国住房拥有率最高的仍然是非西班牙裔白人，比率为73.8%。相比之下，亚裔人口的住房拥有率为58%，非裔人口的住房拥有率为44.9%，西班牙裔人口的住房拥有率为46.9%。[51]

种族特权的好处也表现在健康保障方面：

- 白人成年人口和亚裔成年人口中拥有良好健康状况的比率最高（分别为63%和64%）；而非裔美国人和美洲印第安人/阿拉斯加原住民的良好健康状况比率要低得多（分别为49%和42%）。[52]
- 与美国的非裔儿童和白人儿童相比，西班牙裔儿童拥有良好健康保险的比率要低一半（分别为14%，6%，和6%）。[53]

种族特权的其他好处更多表现在社会层面：

- 白人可以随意逛商场，而完全不用担心工作人员监控他们的举动；
- 白人很少需要为他们所属的整个种族发声争取权利；
- 白人所到之处，见到的大部分是跟自己一样的白人。[54]

一位白人学生修读了少数种族/少数族裔相关的课程后，意识到自己作为白人享有诸多特权，她描述道：

> 这门课开阔了我的视野，使我意识到不同种族之间存在不平等现象。意识到这种不平等现象，会影响到我现在做的所有事情，而我也只是刚刚开始意识到这种现象的存在……对我一直以来享有的种族特权而言意味着什么。我每天早上一醒来听到的就是白人做的广播，报道着白人如何如何成功，一直到晚上睡前听到收音机里播放的也多数是白人的音乐……生活在一个白人主导的国家，使得我无论走到哪里，都能遇到很多和自己同一种族的人。所以，我不管去到哪里，一般来说都会觉得很亲切、很舒服……一直以来，我对这种情况都没有进行过有意识的思考，直到我最近意识到了这些都跟种族特权有关。[55]

大部分白人很少思考这些种族特权。最近有一项研究调查了700名学生，询问他们对一些关于白人属性的说法是否认同。结果显示，非白人学生更倾向于认同以下说法，而白人学生倾向于不认同：

- "在美国社会，白人拥有很多特权。"
- "当人们提到'美国人'，脑海里出现的通常是白人的形象。"
- "白人往往被看作是比其他人种优越的族群。"[56]

这项研究表明，尽管白人通常意识不到自己享有种族特权，但

流行文化聚焦

对于埃米纳姆（Eminem，美国白人说唱歌手）和摇滚小子（Kid Rock，白人说唱歌手和作曲家）这样的说唱音乐人，他们的民族身份认同是什么呢？他们会不会对此感到迷惑？或者如一些批评家所说，他们只不过是继帕特·布恩（Pat Boone）、猫王、后街男孩之后，模仿非洲后裔民族音乐风格和舞蹈的音乐人？如果民族风格与种族属性不能一概而论，我们又应该如何定义这些音乐人的类别？

在其他种族的人来看,这却是显而易见的。

但同时需要注意的是,在美国社会,作为白人与享有种族特权有关,但两者并不是完全等同的。并不是所有的白人都享有这样的权力,并且白人之间享有这种权力的程度也各不相同。在美国历史上,某些白人群体不仅没法享有特权,甚至被认为是次等群体——比如,在20世纪初,爱尔兰人被认为是次等群体;在"二战"期间,德裔美国人被认为是次等群体。在20世纪早期,美国社会对意大利人后裔(尤其是来自意大利南部的后裔)也普遍有着强烈的敌意——当时的作家们以不同方式将这一群体描写得极为负面:

"他们冲动而易怒;宁愿呆坐着唱上一整天,也不愿去干活、去改变生活……"

"……他们拥挤在条件恶劣的房子里,蜗居在社会最底层,我们只能指望他们生出的一大堆孩子能得到更好的教化……"

"……他们从不把家里打扫干净……住在哪儿都能变着法子把那一带的名声搞坏。"[57]

对意大利后裔的歧视和暴力行为并不鲜见。比如拒绝雇佣意大利人,甚至将他们私刑处死。然而,尽管对意大利后裔的这些敌对行为确实糟糕,却远远比不上以非裔美国人为对象的数不清的充满暴力、有组织和残酷的敌对行为。由于意大利后裔至少被认为是白人,所以不会被禁止拥有土地,不会被禁止自由通婚,不会被禁止加入社会团体,不会被禁止参军,也不会被剥夺白人所能享有的其他一些特权。[58] 另外,当今美国社会也有一部分穷困的白人,无法享有经济方面的优势。

有种日渐普遍的观点认为,作为白人和享有特权并不挂钩,尤其是因为美国的人口结构不断变化,有些白人认为自己反而属于少数族裔。比如,芝加哥的一位大学教授提到,她的学生认为学校所在区有65%的人口属于非裔美国人——学生们的这种认知,是通过自己观察和间接听闻而作出的估计。当她告诉学生们事实并非如此时,学生们都很震惊。实际上,根据2010年美国人口普查统计结果,芝加哥的非裔人口只有32.9%。但学生们为什么会有这种错觉?其中一个原因可能是,美国白人当中有种日渐普遍的认知,认为其他种族和少数族裔人口正在急速增长,白人很快会变为新的少数族裔。他们认为白人本族的人口正在不断减少,有时甚至处于劣势。这种认知引起一部分白人特别意识到自己的白人属性,有时甚至将其视为一种负担:他们认为,人们都会先入为主地默认白人是种族主义者,要为并非由他们造成的某些情况负责，而且由于如今有很多机会向少数种族倾斜，导致白人失去很多机会。[59]

此外，由于美国企业不断裁员，将本土职位输出海外，越来越多的中年白人无法在经济上或专业领域取得自己预期的成就。他们有时将自己的失意归咎于愿意多劳少得的移民人口，或者归咎于进入职场的女性人口或少数种族人口增加。在类似的这些情况下，白人属性就变成没法忽视的特征，而成为白人阶层个人身份发展的重要方面。事实上，还可能存在一种对非白人移民人口不断增加的担忧，担心这种人口数量的优势会逐渐发展为政治、经济和文化上的力量；若果真如此，会发生什么呢？

很多白人担心，事态发展的结果并不是形成一个更公平的体制，而是形成一个令白人变成少数种族的体制，从而变成白人与非白人种族地位互换的情况。这也许是白人群体内心深处最深切的忧虑……即是，如果非白人群体翻身做了主人，是否会像白人曾经对待他们那样，粗暴地对待白人呢？[60]

问题并不在于类似的这些认知是否正确——事实上，大部分这种认知未必准确。从现状来看，美国社会的大部分财富、政权和权力仍然牢牢掌握在白人手中。而是，如果身份发展是可以通过沟通来不断质疑和调整的，且如果人们的行为是基于自己的认知而非基于外部事实，那么，这些关于种族身份的认知将会导致白人群体与黑人群体之间的有效沟通变得更加困难。

看待社会的立场　有些观点是大多数白人共有的，通过民意调查，往往能反映出白人群体和黑人群体对某些问题截然不同的看法。根据最新的民意调查，有77%白人认为非裔美国人的社会地位近年来有所改善，而仅有56%非裔人口认同这一点。此外，有63%的白人认为非裔人口的生活状况无法改善的主要原因应该归咎于非裔群体自身，相比之下仅有42%非裔人口认同这一点。在类似问题上两个群体的看法差异，在过去10年来一直存在。[61]为什么白人群体和黑人群体对于种族关系的看法会如此相异？白人群体的某些特质，以及非裔美国人的某些特质，都影响了他们看待世界的方式，并最终影响两个群体彼此间的沟通。

有人做过一项研究，调查白人女性对自己的白人属性以及对白人文化的一些看法。部分受访者看待白人文化的观点较为负面——认为与非白人的文化相比，白人文化是人为炮制的，占主导地位，但乏味而没有营养，且千篇一律，远不如非白人文化那么有意思。

但另一部分人看待白人文化则较为正面——认为白人文化代表着"高雅文明",比如古典音乐和西洋美术。[62] 白人对自身的身份认同,往往包含某种矛盾情绪。正如这些女性受访者所指出的,白人文化中有些东西值得她们骄傲,但同时也存在很多问题。

关于文化实践 是否存在一种特定的、独一的"白人"世界观?前文曾提到,白人群体所共有的某些观念,其他群体未必认同。白人群体主张的某些文化行为和价值观(如对个人主义的奉行),在其他少数种族群体中则往往不那么受欢迎。白人群体的一些文化行为在非白人群体,和一些并不享有白人种族特权的群体看来,很可能变得刺眼。[63] 比如,颂扬白雪公主的美貌——强调她的无瑕雪肌——这一点在很多有色人种看来,就很成问题。或许只有身为有色人种时,才更容易理解为什么"白雪公主"这一形象也可能让人觉得受冒犯。

多重文化身份

如今,拥有多重文化身份的人口日渐增多——指的是在两种或多种文化之间"游走"的人。这部分人常常需要努力切换和调整两套截然不同的价值观、行为方式、世界观和生活方式。有些人之所以拥有**多重文化身份**,是因为他们的父母分别来自两个不同种族、民族、宗教或国家,或者收养他们的家庭与他们原生家庭不是同一种族;有些人之所以拥有多重文化身份,是因为父母移居海外生活,因此他们成长的环境与出生地分别属于两种不同文化;或者,可能由于他们成年后,在另一种文化中度过的时间更长,或者与另一文化背景的人结婚。我们首先讨论混血儿(或出生于多种族家族的人)。

混血人口

根据美国人口普查局的调查,在 2010 年美国有约 900 万混血人口——继承了两个或多个种族血统的人口——这个数字还在不断增加。[64] 表 4.1 列出了美国混血人口比例最高的州。为什么这些州混血人口的比例最高?哪些州的混血人口比例可能是最低的?混血儿童自身种族身份认同的发展过程,看起来与多数族裔和少数族裔的发展都不尽相同。[65] 这部分儿童在幼年时期就认识到自己与其他人不同,因而不会自动站队到某一个种族类别当中——这称为"差异认知阶段"(awareness-of-differentness stage)。[66] 以莫琳同学为例:她的母亲是韩国人,父亲是非裔美国人。当莫琳五岁时,全家人搬到新墨西哥州北部的一个小镇,镇上绝大部分是白人。她回忆道:

1. 夏威夷(18.6%)	6. 加利福尼亚州(2.5%)
2. 阿拉斯加州(4.7%)	7. 俄勒冈州(2.4%)
3. 俄克拉荷马州(4.0%)	8. 科罗拉多州(1.9%)
4. 华盛顿州(3.0%)	9. 堪萨斯州(1.8%)
5. 内华达州(2.6%)	10. 新墨西哥州(1.7%)

表 4.1 混血人种:自我身份认同超过一种民族身份的人口所占比例最高的州

资料来源:美国人口普查局 http://www.census.gov/compendia/statab/2008/ranks/rank10.html。

很快我就意识到我并不是唯一特例,因为镇上有许许多多的西班牙裔和印第安人。但我同时也意识到自己还是不同于其他孩子。在学校里,大家都分成一个一个小团体,基本上西班牙裔的孩子跟西班牙裔的孩子一起玩,印第安人孩子和印第安人孩子在一起,亚裔孩子和亚裔孩子一起。但是没有黑人孩子,更没有黑人和亚洲人混血的孩子。这种小团体让我认识到,我和学校里的所有孩子都不一样,这种认知让我既困惑又沮丧。

莫琳的经历是典型的混血儿童身份认知发展的第一阶段。

第二阶段涉及对接受认可的争取,在这一阶段,混血儿童体验并探索两种文化,他们可能会感觉自己好像生活在文化边缘,和两套文化的现实环境做斗争,有些时候人们会要求他们选择一个种族身份,莫琳就是如此。在学校填表格的时候,她就特别沮丧,因为要求填写种族的时候,往往没有多民族这个选项。她回忆说:"我被告知必须做出选择。我问他们,我能不能代表两个种族,但是他们明确答复我说,两种文化身份会给我将来的生活造成麻烦。"于是,就像这一阶段其他混血儿童一样,她不得不做出选择:"就在那一天,我正式成为了一个非裔美国人。"

然而单一种族身份的发展通常会向指向一个终极状态——要么解决身份问题,要么不解决身份问题。混血青少年可能会用多种方式来解决他们的身份问题:认同一个种群、双方种群或是一个新的种群(如混血人群)。在最后阶段,自我接受阶段,这些孩子会找到一个更加安全的自我感知。接受不同文化规范和价值观洗礼,往往会给混血儿童带来麻烦:他们会发现两个种族都在排斥他们(不够黑，或者不够白）。但是，大多数混血儿童都想要融入父母双方的种族群体。一个混血儿童就表示："我既是白人也是黑人，我应该说自己属于两个种族，否则就是在撒谎。"[67]

家庭和邻居在混血儿童身份发展当中扮演了十分重要的角色，强有力的家庭榜样和善意的邻居会让混血儿童更容易适应自己的多重文化身份。在帮助混血儿童发展健康混血身份的过程中，父母发挥着非常重要的作用。他们可以通过鼓励孩子融入双方种族，来提供正面积极的交流沟通。贝丝就向我们描述了她妈妈对她的鼓励：

> 我妈妈是一个白人，她告诉我："我爱你，但这个世界会把你当成黑人看，因为你继承了爸爸的肤色。不要让这种称呼妨碍到你，你是黑人没错，但你身上也流着妈妈的血。"

父母也可以帮助孩子处理他们可能面对的歧视和偏见，贝丝的妈妈就给了她建议：

> 她说："如果有人用带有种族歧视的语言称呼你，你就告诉他们，他们的谈吐正显示出他们的无知和浅薄。"她希望我能成为我自己，而我把自己看成黑人，但我的一部分也来自于我的妈妈，而她恰恰是白人。[68]

可以想见，混血儿的身份也不是完全没有好处的。最近研究表明，大多数混血儿童因为接受了父母双方的文化背景，因而融入双方的种群并不特别困难，也未必会被边缘化。[69] 表 4.2 概述了少数民族、多数民族和混血种群的发展阶段。[70]

表 4.2 少数民族、多数民族和混血种群的身份发展阶段

阶　　段		
少数族裔	多数族裔	混血种群
未经验证的身份认知	未经验证的身份认知	意识到不同
遵从	接受	争取接受
反抗和分离主义	反抗	自我接受和坚持主张
融合	再定义和重新整合	

全球流浪者

多重文化身份的形成也有其他原因。打个比方，**全球流浪者**和**第三文化儿童**。他们的父母通常或者是传教士，或者从事国际贸易，又或者是军人，因此在世界各地搬来搬去，于是，这些孩子也在许多不同的文化环境中长大。最近一项研究表明，这些孩子拥有独特

的挑战和机遇。他们搬家的频率是一般人的八倍，体验不同的文化规则，有时候可能受到限制（例如在有的文化当中，孩子的自由度可能会受限制），还要忍受长时间的家庭分离。但同时，他们也拥有大多数人得不到的机遇——旅居全球各地。及至年长，他们安定下来，通常还会认为有和其他全球流浪者重新取得联系的必要。（通过互联网等现代科技，这种联系变得更加容易。）[71]

美国前总统奥巴马就是一个很好的例子，他既是一个"全球流浪者"，同时也是混血个体。他的父亲是一名非洲交换生，而他的母亲则是一名美国大学生。他整个童年时期首先住在夏威夷，后来他的母亲和他的印度尼西亚继父去了印度尼西亚，他也跟着搬去那里。和很多第三文化儿童一样，中学时期奥巴马离开家，回到夏威夷和外祖父母住在一起。他同母异父的妹妹把他对不同文化背景人群的理解能力归因于他孩提时期和青少年时期诸多的跨文化经验。和许多全球流浪者一样，这些经历"让他有能力去……理解不同文化背景的人。人们可以在他身上看到自己的影子……因为他自己就包含了太多"。[72]

和混血儿童一样，第三文化儿童和全球流浪者往往适应性和忍耐力都更强，也更加谙于世故，这些都是在日益多元化和全球化的经济世界获得成功的重要素质。[73]

身份和适应

与来自其他种族或其他种族文化的人保持长期恋爱关系的人，以及外国出生的移民儿童，也可能发展多元文化身份。多重文化身份往往是因为长期滞留他国，这时候个体会尝试适应新的生活方式。让我们看看文化适应的过程。

在适应新文化方面，似乎有一些常见的模式，我们称为 **U 形曲线理论**。在这个模型当中，移民在适应新的文化环境过程中会经历三个可预见的阶段。第一阶段，他们会经历激动和希望，尤其是主动搬去新的文化环境的人（出国留学的学生，传教士）。

第二阶段，文化冲击（U 形曲线的最底端），几乎每个人在跨文化过渡中都会有这个阶段。**文化冲击**指的是相对短期的困惑感，由于周围事物的陌生和新环境中熟悉线索的缺乏，人们会感觉不适。但是，那些和新文化环境隔绝开的人可能很少会经历文化冲击。打个比方，美国军事人员和外交人员在海外往往会住在大院里，主要跟美国人接触，很少会和当地文化发生交集。同样地，留学生的配偶在美国几乎也很少和美国人产生交流。

与之相比，企业人员的配偶可能会体验更多的文化冲击，因为他们往往更多接触当地文化：接送孩子，维持家庭供需，购物等。在文化冲击阶段，个体会迷失方向，还可能会经历身份危机。因为我们的身份是由我们的文化环境形成和维持的，在新文化环境中的经历往往会产生有关身份的问题。在墨西哥的一个留学生就描述了她经历的文化冲击：

我想要回家——没有什么比家更熟悉了——我想在公交车上，在剧院里，在大街上，在房子里，或者打电话，**哪儿都行，只要我能听懂**周围人说的话。我爱我的家人，想念我的朋友。我在这儿很孤独——我已经不再是我了——我无法和人交谈，开口说话反倒觉得自己像三岁小孩似的。没有了擅长的语言，我变得完全不同了……我想要的非常简单——**我想说话——我想做我**自己。但是，我现在想想，就在我写这段话的时候，我意识到这不仅仅是语言的问题，这关乎历史，关乎我们熟悉的事物，关于人的一生，我的一生，我的家乡，但是现在我在这里，如此之遥远。[74]

语言是文化冲击的重要组成部分。问题在于一个人说着另外一种语言很难做真正的自己，这在文化适应中是一种身份危机。

第三阶段是适应。在这个过程中，个体逐渐学习新的文化语境中的规则和风俗。他们可能会学习语言，搞清楚自己为了适应新的语境需要改变多少，并且决定改变他们的某些行为。但是，他们可能还想要维持一些先前的文化身份，每一个身在异乡的人都得决定他到底愿意适应到什么程度。讲述文化冲击的这位同学之后写道："也许是因为雨——先前的倾盆大雨和雷雨。我现在觉得墨西哥没什么问题了。雨后的街道，torta Cubana[一种点心]，在漆黑的夜里大风中的公交车。这是一种宁静的美丽，我又重新找回了自我感和空间感。"

尽管很多短期的异乡人的经历都符合这个 U 形曲线，但是这也未免太过简单了。[75] 应当将长期的文化适应看作一系列的 U 形曲线，在这个过程中个体会不断更新其文化冲击的体验，并不断调整自己的感觉。随着时间的流逝，文化冲击的感觉便逐渐消失。

每个跨越文化边界的人都会主动或被动地遭遇文化冲击。很多人之后便会多多少少经历一段很长时间的适应新的文化的过程。然而，对于很多人来说，长期的适应并非易事。有些人会在短期内十分抗拒同化，很多移民便是如此。还有些人长期抗拒同化，比如宗

信息频道

"大英帝国太阳永不落"，因为这个帝国曾经有太多殖民地，任何时候总有一块领土是白天。你觉得国家身份对你来说重要吗？你爱国吗？如果你的国家不是国家，而是另一个国家的殖民地，你的答案会有变化吗？

教组织孟诺派和哈特派教徒。有些人想要融入但是新文化却并不欢迎他们，比如美国的很多拉丁美洲移民便是如此。还有些人只想要适应新的文化中的其中一部分。总而言之，很多人适应新文化语境的人同时也形成了多文化身份。

"在边界上"生活

多文化个体指的是同时拥有多种文化实际经历的人，或许是成长在一个多民族的家庭中，或者是适应过一种新的文化。这种多文化身份不是被归属感所定义，而是被一种新的自我感觉而定义。[76] 我们的一个学生香农是这样描述她融入拉丁美洲的语言和文化的过程的：

> 我是一个美国白人，是在中产阶级家庭长大的女孩子。这些都造就了现在的我。但是，我有很多特别的机会能够和很多不同种族和民族的人亲密接触。我和一个墨西哥美国人订婚快五年了，所以我也参加了传统的拉丁裔妇女联合会。我的所有好朋友都是拉丁美洲人。所以，我的很多感觉、态度及身份都改变了。尤其是我所用的语言。我现在经常蹦出西班牙语单词，因为我身边的人都这样。比如，我说胃的时候会说 panza。这种语言已经成为了我的一部分，尽管它并不一定能代表我的民族身份。

多文化个体可能成为推动跨文化互动的"文化中介人"。但是，要明白多文化身份总是伴随着紧张和压力的。多文化身份的人可能会弄不清楚事情的重要性，分不清轻重缓急，感觉有些分裂，或者不够可靠。[77] 一个雅基族大学生露西娅描述了在雅基族和大学同学两个群体的"边界上"生活的挑战：

> 我被卡在中间了。是这样的：我是一名美洲原住民，我的信仰是追随我的造物主，走过一条条红色的道路，了解身边大自然中的所有一切。然后我再看看另一面：上学。上学让我走上了一条快速路，学校里都是渴望有成就的人……当我回到村庄时，我感觉我不一样了。换句话说，我变得太聪明了。他们仍然爱我，但是我发现我和他们已经不一样了。我很伤心，于是不再和他们沟通。他们也不和我说话。他们会想："现在她太有智慧了。"

有些人会陷入自己的多文化身份中，成为"密封性"的人。而那些生活在边界上但生活得很好的人则被称为"建设性的"。[78] **密封性文化身份**的人在不同的文化身份之间挣扎，十分痛苦。他们苦于

你怎么看？

格洛莉亚·安扎尔朵（Gloria Anzaldúa）从两种文化中间地带的角度发表了自己的观点。作为混血女性，她还将其与种族问题相关联，很多拉丁美洲人都是如此。其他理论学家抓住了混血这一概念，认为这点值得人骄傲自豪；这还推翻了多年来对于混血人种的抗拒态度。你是否有生活在文化中间地带的感受？（资料来源：*Borderlands / La frontera: The New Mestiza*, Gloria Anzaldua, 1987, San Francisco: Aunt Lute Books）

做决定，觉得各种模棱两可，总是感受到来自两种群体的压力。他们试图同化但是从来不会感到舒适或者"像在家里一样"。有一名多种族的学生这样说道：

> 高中时候，我是唯一一名黑人学生，总是被忽视，当我上大学的时候，我很开心我不再是唯一一名黑人女孩，但我始终跟大家不一样。我不能理解为什么他们不愿意跟我一起。大学比小学、初中或高中更加让我迷惑。不管怎样，我经常被忽视，我不知道我还是否能理解自己的文化。

相比之下，**建设性文化身份**的人在两种文化的边缘活得很好。他们认为自己比别人面临更多的选择。他们会认识到自己"处于中间地带"的重要性，很多多文化身份的人都会认识到这点。一名韩裔美国学生阿普丽尔解释道：

> 我仍然认为，我是一个"带着连字符的"美国人，好像没有更好的词来描述这种身份，因为我是一名在美国长大的韩国人。我并不是韩国人，也不是美国人。我处在两者中间。我不能否认两种文化中都有我的根深蒂固的信仰。我心中有很多韩国人的观念。但是我也是地道的美国人。

和建设性文化身份相关的一个概念是传播学者 Young Yun Kim 提出的"**跨文化人格**"。Kim 认为越来越多的像阿普尔这样生活在文化边界的人经历了一个跨文化进化的过程。这个过程中，该个体可以将自己和他人看作独特的个体（而不是成见化的分类），同时，也将自己看作是更大的共同群体的一部分。不仅如此，她还发现这些跨文化群体是文化中介人，可以"帮助其他成员发现他们的集体'盲点'，并能展示这个世界上的一种存在方式"，这对于现在不断一体化和全球化的世界来说是亟需的。79

即便如此，这种身份面临很多争论和探索，这个过程也相当不容易。阿普尔还说，"美国的自私的我和韩国的无私的我会做斗争，喧闹的天性和我安静的内在会做斗争，我的自由观念和恭顺观念也会做斗争。我必须要想办法将我生命中这两种不一样的文化结合起来"。

后族裔

近期，一种叫作"后族裔"的新的种族/民族身份出现了。在后族裔时代的美国，身份非常不固定，主要由个人对身份的偏

你怎么看？
美利坚邦联国旗是否应该在南卡罗来纳州议会大厦门口飞扬？关于这个问题已经争论多年。支持者认为，这是地域身份的象征，是南方叛乱精神的象征。对于非裔美国人来说，这是奴隶制的象征，这面旗帜就代表着南方支持这种制度。你认为呢？

好决定。就像两名《华盛顿邮报》撰稿人最近注意到的那样,"后族裔"不仅反映出不断增长的跨文化的意愿和能力,还是一个国家的演变——个人身份更多由文化偏好形成,而非肤色或种族。[80] 跨越文化的自由是一种相对近期的现象。正如第三章中提到的,在美国,后族裔时代的发展有着巨大的社会和法律障碍,这种障碍已经是美国日常生活的一部分。但是,就像这两个撰稿人指出的那样,"我们现在并没有达到后族裔社会"[81]。这究竟是哪些原因造成的呢?

小结

在本章,我们探讨了在跨文化交流中身份的各个方面及其重要性。身份的发展过程并非一蹴而就,是在与他人的交流中逐渐形成的。同时,身份有多重性,在不同的文化,以不同的方式发展而来。它们是动态的,其形成可能是由目前的社会环境和社会结构所决定,当然,和种群成员也有一定关系。当这些外界施加的身份和我们对自己的认知发生冲突时,我们需要产生怀疑,需要抗争,对这些身份进行重新调整。

我们还调查了身份的多样性,以及身份如何反映性别、年龄、种族、民族、体能、宗教、阶级、国籍以及我们社会和文化的其他方面。身份的发展有几个阶段,且少数民族和优势种群的发展阶段有所不同。

最后,我们讨论了多重文化身份,强调了生活在两个或更多文化现实边缘的好处和挑战。在跨文化交流中,要试图尽量避免对他人身份的错误假设,这一点非常重要。我们需要记住,身份是复杂的,常常需要调整。

培养跨文化技能

1. 更加注意自己的身份,知道这些身份和你的跨文化交流之间的关系。怎样的环境和怎样的关系会让你感觉最舒适?你的身份当中哪些部分是你最认可的?你最抗拒哪些身份?尝试抗拒那些人们强加于你,而你并不喜欢的身份。练习交流策略,技巧性地告诉人们哪些身份对你而言很重要,而哪些恰恰相反。

2. 认定他人身份的时候更加谨慎注意。你对他人身份会做怎样的假设？穷人？老人？白人？残疾人？这种假设会怎样影响你们的交流？注意，你和他们之间的交流都基于你的假设。

3. 练习交流方式，做到通过交流确认他人身份。

4. 和你的朋友们谈论身份这个话题。对他们而言什么身份最重要？哪些身份是他们所抗拒的？哪些身份是他们认可的？

实践

1. 刻板印象：列出一些外国人对自己国家的人的刻板印象。
   a. 你认为这些刻板印象从何而来？
   b. 这些刻板印象如何发展起来？
   c. 这些刻板印象如何影响着本国人与外国人的交流？

2. 刻板印象与黄金时段电视节目：接下来一周观看 4 小时电视，最好是在广告更多的晚间时段。看广告时，记录不同身份（种族、民族、性别、年龄、阶层等）的代表出现的次数以及他们扮演的角色。向全班报告这次作业，回答以下问题：
   a. 出现了哪些不同群体的代表？
   b. 哪个群体被表现得最多？你为什么这么认为？
   c. 哪个群体被表现得最少？你为什么这么认为？
   d. 不同文化群体成员所扮演的角色有何不同？是否有一个群体的角色比其他群体更有魅力更光鲜？
   e. 有多少案例是按刻板印象来描述人们的？比如，非裔美国人当运动员，女性当家庭主妇？
   f. 哪些刻板印象被广告强化了？
   g. 在媒介及其效果对身份形成和跨文化传播的力量上，你的研究表明了什么？

注释

1. Clinton, H. R. (2011, March 22). Human Rights Council Statement on Ending Violence Based on Sexual Orientation and Gender Identity. U.S. Department of State. Retrieved August 22, 2012, from http://www.state.gov/secretary/rm/2011/03/158846.htm.
2. Crocker, C., & Michelson, N. (2012, January 10). Chris Crocker discusses his new look, gender, porn, Britney Spears, his documentary, "Me At The Zoo," and more. *The Huffington Post*. Retrieved August 28, 2012, from http://www.huffingtonpost.com/2012/01/09/chris-crocker-new-look-porn-britney-spears_n_1194548.html.

3. Harwood, J. (2006). Communication as social identity. In G. J. Shepherd, J. St. John, & T. Striphas (Eds.), *Communication as . . . : Perspectives on theory* (pp. 84–90). Thousand Oaks, CA: Sage; Hecht, M. L. (1993). 2002—A research odyssey. *Communication Monographs, 60*, 76–82; Hecht, M L., Warren, J. R., Jung, E., & Krieger, J. L. (2005). A communication theory of identity: Development, theoretical perspective and future directions. In W. B. Gudykunst (Ed.), *Theorizing about intercultural communication* (pp. 257–278). Thousand Oaks, CA: Sage.
4. Gergen, K. J. (1985). The social construction movement in modern psychology. *American Psychologist, 40*(3), 266–275; Gergen, K. J. (2003). Self and community in the new floating worlds. In K. Nyíri (Ed.) *Mobile democracy: Essays on society, self and politics* (pp. 103–114). Vienna: Passagen Verlag.
5. Gergen, K. J. (2002). The challenge of absent-presence. In J. Katz & M. Aakhus (Eds.), *Perpetual contact: Mobile communication, private talk, public performance* (pp. 223–227). Cambridge, UK: Cambridge University Press.
6. Lacan, J. (1977). The agency of the letter in the unconscious or reason since Freud. In *Ecrits: A selection* (A. Sheridan, Trans.) (pp. 146–178). New York: Norton. (Original work published 1957).
7. Collier, M. J. (2005). Theorizing cultural identification: Critical updates and continuing evolution. In Gudykunst, pp. 235–256; Katz, J. (1995). *The invention of heterosexuality*. New York: Dutton.
8. Braithwaite, D. O., & Braithwaite, C. A. (2000). Understanding communication of persons with disabilities as cultural communication. In L. A. Samovar & R. E. Porter (Eds.), *Intercultural communication: A reader* (pp. 136–145). Belmont, CA: Wadsworth.
9. Braithwaite, D. O., & Eckstein, N. J. (2003). How people with disabilities communicatively manage assistance: Helping as instrumental social support. *Journal of Applied Communication Research, 31*, 1–26.
10. Braithwaite & Eckstein (2003), p.14.
11. Witteborn, S. (2004). Of being an Arab woman before and after September 11: The enactment of communal identities in talk. *Howard Journal of Communications, 15*, 83–98.
12. Roland, A. (2003). Identity, self, and individualism in a multicultural perspective. In E. P. Salett & D. R. Koslow (Eds.), *Race, ethnicity and self: Identity in multicultural perspective* (2nd ed., pp. 3–16). Washington, DC: National MultiCultural Institute.
13. Roland (2003), p. 8. Retrieved from http://www.vindy.com/print/296810619099445.shtml.
14. Bederman, G. (1995). *Manliness and civilization: A cultural history of gender and race in the United States, 1880–1917*. Chicago: University of Chicago Press.
15. Miller, N. (1995). *Out of the past: Gay and lesbian history from 1869 to the present*. New York: Vintage.
16. Bleys, R. (1996). *The geography of perversion: Male-to-male sexual behavior outside the West and the ethnographic imagination, 1750–1918*. New York: New York University Press.
17. Strauss, W., & Howe, N. (2006). *Millennials and the pop culture*. Great Falls, VA: LifeCourse Associates.
18. Henig, R. M. (2010, August 18). What is it about 20-somethings? Why are so many people in their 20s taking so long to grow up? *New York Times*. Retrieved September 12, 2012, from http://www.nytimes.com/2010/08/22/magazine/22Adulthood-t.html?_r=1&pagewanted=all.
19. Allen, B. J. (2004). *Difference matters: Communicating social identity*. Long Grove, IL: Waveland Press.
20. U.S. Equal Employment Opportunity Commission. (1997, January 15). Facts about age discrimination. Retrieved from http://www.eeoc.gov/facts/age.html
21. Wells, S. (2002). *The journey of man: A genetic odyssey*. Princeton, NJ: Princeton University Press; Allen (2004).
22. Hasian, M., Jr., & Nakayama, T. K. (1999). Racial fictions and cultural identity. In J. Sloop & J. McDaniels (Eds.), *Treading judgment*. Boulder, CO: Westview Press.
23. Roediger, D. R. (2005). *Working toward Whiteness: How America's immigrants became White*. New York: Basic Books.
24. Bernal, M. E., & Knight, G. (Eds.). (1993). *Ethnic identity*. Albany: State University of New York Press; Spindler, G., & Spindler, L. (1990). *The American cultural dialogue*. London: Falmer Press.
25. Koshy, S. (2004). *Sexual naturalization: Asian Americans and miscegenation*. Stanford, CA: Stanford University Press.
26. Social Security Administration. (2012, July 30). Social Security Basic Facts. Retrieved September 11, 2012, from http://www.ssa.gov/pressoffice/basicfact.htm; World Health Organization. (2011, June). Disability and health. Retrieved from http://www.who.int/mediacentre/factsheets/fs352/en/index.html.

27. Braithwaite, D. O., & Braithwaite, C. A. (2003). "Which is my good leg?: Cultural communication of persons with disabilities. In L. A. Samovar & R. Porter (Eds.), *Intercultural communication: A reader*, 10th ed. (pp. 165–176). Belmont, CA: Wadsworth; Braithwaite & Braithewaite (2000), p. 141.
28. Pogrebin, L. C. (1992). The same and different: Crossing boundaries of color, culture, sexual preference, disability and age. In W. B. Gudykunst & Y. Y. Kim (Eds.), *Readings on communicating with strangers* (pp. 318–332). New York: McGraw-Hill.
29. Cheong, P. H., & Poon, J. (2009). Weaving webs of faith: Examining Internet use and religious communication among Chinese Protestant transmigrants. *Journal of International and Intercultural Communication, 2*(3), 189–207.
30. Barker, E. (2006). We've got to draw the boundaries somewhere: Exploration of boundaries that define locations of religious identity. *Social Compass, 53*(2), 201–213.
31. Pew Forum on Religion and Public Life. (2012, July 26). Little Voter Discomfort with Romney's Mormon Religion. Retrieved September 14, 2012, from http://www.pewforum.org/Politics-and-Elections/2012-romney-mormonism-obamas-religion.aspx.
32. Paterson, T. (2012, August 17). Csanad Szegedi, poster boy of Hungary's fascist right, quits after Jewish roots revealed. *The Independent*. Retrieved September 16, 2012, from http://www.independent.co.uk/news/world/europe/csanad-szegedi-poster-boy-of-hungarys-fascist-right-quits-after-jewish-roots-revealed-8054031.html.
33. Cosgel, M. M., & Minkler, L. (2004). Religious identity and consumption. *Review of Social Economy, 60*(3), 339–350.
34. Fussell, P. (1992). *Class: A guide through the American status system*. New York: Touchstone Books. (Original work published 1983)
35. Engen, D. (2004). Invisible identities: Notes on class and race. In A. González, M. Houston, & V. Chen (Eds.), *Our voices: Essays in culture, ethnicity and communication* (pp. 250–255). Los Angeles: Roxbury, p. 253.
36. Taylor, M. (2012, September 16). Occupy Wall Street Kicks Off One-Year Anniversary With Discussions, March, and Arrests. *New York Magazine*. Retrieved from: http://nymag.com/daily/intel/2012/09/ows-begins-one-year-anniversary-demonstrations.html
37. Leonhardt, D. (2012, August 6). A Slowdown in Growth, an Increase in Income Inequality. *New York Times*. Retrieved September 15, 2012 from: http://economix.blogs.nytimes.com/2012/08/06/a-slowdown-in-growth-an-increase-in-income-inequality/
38. Eichler, A., & McAuliff, M. (2011, October 26). Income Inequality Reaches Gilded Age Levels, Congressional Report Finds. *The Huffington Post*. Retrieved September 15, 2012 from: http://www.huffingtonpost.com/2011/10/26/income-inequality_n_1032632.html
39. Moon, D. G., & Rolison, G. L. (1998). Communication of classism. In M. L. Hecht (Ed.), *Communication of prejudice* (pp. 122–135). Thousand Oaks, CA: Sage.
40. Shim, Y-j., Kim, M-S, & Martin, J. N. (2008) *Changing Korea: Understanding culture and communication*. New York: Peter Lang.
41. Shaffer, M., & Reeves, J. A. (2003, September 28). "Foreigners in their own country." *The Arizona Republic*. Retrieved from http://www.azcentral.com/news/articles/0928polygmales28.html
42. Ferguson, R. (1990). Introduction: Invisible center. In R. Ferguson, M. Gever, T. M. Trinh, & C. West (Eds.), *Out there: Marginalization and contemporary cultures* (pp. 9–14). New York and Cambridge, MA: New Museum of Contemporary Art and MIT Press.
43. Manjarrez (1991), p. 61.
44. Hardiman, R. (2003). White racial identity development in the United States. In Salett & Koslow, pp. 117–136; Helms J. G. (1995). An update of the Helms White and people of color racial identity models. In J. G. Ponterotto, J. M. Casas, L. A. Suzuki & C. M. Alexander (Eds.), *Handbook of multicultural counseling* (pp. 181–198). Thousand Oaks, CA: Sage.
45. Chesler, M. A., Peet, M., & Sevig, T. (2003). Blinded by Whiteness: The development of White college students' racial awareness. In A. W. Doane & E. Bonilla-Silva (Eds.), *White out: The continuing significance of racism* (pp. 215–230). New York: Routledge, p. 223.
46. Hardiman (2003).
47. McKinney, K., Feagin, J. R. (2003). Diverse perspectives on doing antiracism: The younger generation. In Doane & Bonilla-Silva (pp. 233–252).
48. Frankenburg, R. (1993). *White women, race matters: The social construction of Whiteness*. Minneapolis: University of Minnesota Press.
49. National Poverty Center. (n.d.) Poverty in the United States: Frequently asked questions. Retrieved September 14, 2012, from http://www.npc.umich.edu/poverty/#2.
50. National Poverty Center.

51. U.S. Census Bureau Housing and Household Economic Statistics Division. (n.d.). Annual Statistics: 2011 (Including Historical Data by State and MSA), Table 22. Homeownership Rates by Race and Ethnicity of Householder: 1994 to 2011. Available at http://www.census.gov/hhes/www/housing/hvs/annual11/ann11ind.html.
52. Centers for Disease Control and Prevention. (2012, January). *Summary Health Statistics for U.S. Adults: National Health Interview Survey, 2010, 10*(252): 9. Available at http://www.cdc.gov/nchs/data/series/sr_10/sr10_252.pdf.
53. Centers for Disease Control and Prevention. (2011, December). *Summary Health Statistics for U.S. Children: National Health Interview Survey, 2010, 10*(250): 6. Available at http://www.cdc.gov/nchs/data/series/sr_10/sr10_250.pdf.
54. For lists of White privileges, see McIntosh, P. (1995). White privilege and male privilege: A personal account of coming to see correspondences through work in Women's Studies. In M. L. Andersen & P. H. Collins (Eds.), *Race, class, and gender: An anthology* (2nd ed., pp. 76–87). Belmont, CA: Wadsworth; Kivel, P. (1996). White benefits, middle class privilege. In *Uprooting racism: How White people can work for racial justice* (pp. 28–35). Gabriola Island, BC: New Society.
55. McKinney & Feagin (2003), p. 242.
56. Bahk, C. M., & Jandt, F. E. (2004). Being White in America: Development of a scale. *Howard Journal of Communications, 15*, 57–68.
57. Guglielmo, T. A. (2003). Rethinking Whiteness historiography: The case of Italians in Chicago 1890–1945. In Doane & Bonilla-Silva, pp. 49–61.
58. Guglielmo (2003).
59. Myers, K. (2003). White fright: Reproducing white supremacy through casual discourse. In Doane & Bonilla-Silva, pp. 129–144; U.S. Census. (n.d.). State and County Quick Facts: Chicago (city), Illinois. Available at http://quickfacts.census.gov/qfd/states/17/1714000.html.
60. Jensen, R. (2005). *The heart of Whiteness: Confronting race, racism and White privilege*. San Francisco: City Lights, p. 5.
61. Allen (2004).
62. Frankenburg (1993).
63. Helms, J. (1994). *A race is a nice thing to have: A guide to being a White person*. Topeka, KS: Content Communication.
64. Humes, K. R., Jones, N. A., & Ramirez, R. R. (2011, March). *Overview of Race and Hispanic Origin: 2010*. U.S. Census Bureau., p. 4. Available at http://www.census.gov/prod/cen2010/briefs/c2010br-02.pdf.
65. See Miller, R. L., Watling, J. R., Staggs, S. L., & Rotheram-Borus, M. J. (2003). Growing up biracial in the United States. In Salett & Koslow, pp. 139–167.
66. Kich, G. K. (1992). The developmental process of asserting a biracial, bicultural identity. In M. P. P. Root (Ed.), *Racially mixed people in America* (pp. 304–317). Newbury Park, CA: Sage.
67. Newsome, C. (2001). Multiple identities: The case of biracial children. In V. H. Milhouse, M. K. Asante, & P. O. Nwosu (Ed.), *Transcultural realities: Interdisciplinary perspectives on cross-cultural relations* (pp. 145–169). Thousand Oaks, CA: Sage, p. 153.
68. Newsome (2001), p. 155.
69. Miller, R. L., Watling, J. R., Staggs, S. L., & Rotheram-Borus, M. J. (2003). Growing up biracial in the United States. In Salett & Koslow, pp. 139–168; Newsome (2001).
70. Miller, Watling, Staggs, & Rotheram-Borus (2003).
71. Ender, M. G. (2002). Beyond adolescence: The experiences of adult children of military parents. In M. G. Ender (Ed.) *Military brats and other global nomads* (pp. 83–100). Westport, CT: Praeger.
72. Obama's sister talks about his childhood. (2008, February 14). CBSNews.com. Retrieved May 1, 2008 from http://www.cbsnews.com/stories/2008/02/14/politics/main3831108.shtml
73. Ender, M. D. (1996). Recognizing healthy conflict: The postmodern self. *Global Nomad Perspectives Newsletter, 4*(1), 12–14.
74. From a student journal compiled by Jackson, R. M. (1992). *In Mexico: The autobiography of a program abroad*. Queretaro, Mexico: Comcen Ediciones, p. 49.
75. Berry, J. W. (1992). Psychology of acculturation: Understanding individuals moving between two cultures. In R. W. Brislin (Ed.), *Applied cross cultural psychology* (pp. 232–253). Newbury Park, CA: Sage.

76. Bennett, M. J. (1993). Towards ethnorelativism: A developmental model of intercultural sensitivity. In M. Paige (Ed.), *Education for the intercultural experience* (pp. 21–72). Yarmouth, ME: Intercultural Press. See also Kim, Y. Y. (2001). *Becoming intercultural*. Thousand Oaks, CA: Sage.
77. Adler, P. (1974). Beyond cultural identity: Reflections on cultural and multicultural man. *Topics in Culture Learning, 2*, 23–40.
78. Bennett, J. M. (1993). Cultural marginality: Identity issues in intercultural training. In Paige, pp. 109–136.
79. Kim, Y. Y. (2008). Intercultural personhood: Globalization and a way of being. *International Journal of Intercultural Relations, 32*, 359–368.
80. Kotkin, J., & Tseng, T. (2003, June 16–22). All mixed up: For young Americans, old ethnic labels no longer apply. *The Washington Post National Weekly Edition*, pp. 22–23.
81. Kotkin & Tseng (2003), p. 23.

第二部分
跨文化传播的过程

PART TWO

第五章 跨文化传播中的语言问题

章节概要

语言的研究
 语言的组成
 语言和认知
语言的文化差异
 对说话、写作和沉默的态度
 交流风格的差异
 新媒介的使用对交流风格的影响
 俚语和幽默的变迁
语境规则的差异
在差异中交流
语言和权力
语言和社会地位
 同化策略
 适应策略
 分离策略
在语言中游走
 多语言现象
 笔译和口译
 语言政治和政策
小结
培养跨文化技能

실践
注释

学习目标

读完本章节后应能够：
1. 了解并明确语言的组成。
2. 讨论语言在不同文化中担任的角色。
3. 描述人们处理语言和交流风格差异的方式。
4. 解释语言和权力之间的关系。
5. 讨论多语言现象以及在语言之间转换的过程。
6. 讨论语言政策的复杂性。

关键词

行话、回译、双语人才、共文化群体、语码转换、交流风格、对等性、强语境交流、即兴表演、语际语、口译、语言、语言习得、语言政策、弱语境交流、多语言人才、语音学、语用学、语义学、社会地位、源文本、语法学、目标文本、第三文化风格、笔译、反读

我和来自全世界的朋友交流的主要方式是通过网络。比如说我和我的德国以及委内瑞拉的朋友就是用邮件、Facebook 交流的，有时候也用 Skype。很多时候，我觉得英语如此之强大，因为很多人都会说英语，至少会说一些。所以，当我和我的朋友用邮件和 Facebook 交流的时候，他们可以懂我在说什么。但是还有很多时候，和他们交谈时，我必须得用一些简单的英语，因为他们听不懂一些单词，尤其是俚语。还有一件事儿就是我的委内瑞拉的朋友们比我们早 3 个小时，而德国的朋友比我们要早 8 个小时，所以他们经常只有在结束了一天工作或晚餐之后的晚上在线（以他们的时间为准）——而对我来说那都是半夜了。在美国，似乎每个人都无时无刻不在线。

——莫妮卡

正如我们的学生莫妮卡发现的一样，无论是在在线还是面对面的情况下，语言都是跨文化交流中的中心元素。这个过程中总是有很多挑战，比如对于俚语的理解，并且还一直存在关于语言是否强大的问题——为什么莫妮卡用英语和朋友交流，而不是德语

或西班牙语呢？在在线交流时，时机和时区也是一个挑战。在线交流以及其他新型通信科技也显现了语言面临的另一大挑战——它无时无刻不在变化。想想那些最近变为英语（或其他语言）的新词：hashtag（标签）、tweet（发推文，法语是 le tweet）、retweet（转发推文）、sexting（色情短信），以及 cyberbullying（网上欺凌）。此外，社会媒体，比如推特，让我们认真思考语言效率：如何用少于 140 个字来表达我们的想法？

除了这些挑战之外，有时候一个非常简单的声音或词语所造成的误解就会改变跨文化交流中的句意。我们的学生帕特卖摩托车的经历就是很好的例子。有一天他接到一个日本人的电话，说是想要买摩托车的零部件。

他告诉了我车的牌子，是本田，还告诉了我型号。他问我我们是否有"改变"（changes）。于是我就说起这款摩托车的改变。我滔滔不绝地说了整整一分钟，他也没有打断我，之后他非常礼貌地说："是链条（chains）。"我问他："摩托车的链条么？"他礼貌地回答："是的。"我觉得十分尴尬，赶紧向他道歉。他接受了我的道歉。我觉得既然自己不确定就应该再问清楚的。我们继续交谈，之后我帮他找到了他所需要的零件。

极速冲浪
在 www.maec.org/cross/table1.html. 快速测试一下你的跨文化能力吧。20 道题检验你关于文化、传播和语言之间的关系的理解。

语言是跨文化交流的重要方面，尤其是进行跨国旅行时。跨越国界后，人们有时会依赖统一的符号或意义。

我们如何理解**语言**在跨文化传播中的重要角色呢？现如今，世界上约有 7000 种语言，这个数字十分惊人。使用排在前 10 位的语

第五章 跨文化传播中的语言问题

言（汉语—普通话、西班牙语、英语、印地语—乌尔都语、阿拉伯语、孟加拉语、葡萄牙语、俄语、日语和德语）的总人数约为全球总人口的一半[1]（参照表 5.1）。语言学家估计仅仅在纽约就有 800 种语言。既然如此，人们到底都是怎么交流的呢？在笔译和口译的过程中有哪些难点呢？我们如何利用语言成为更棒的跨文化交际者？跨文化交流是在线进行更容易还是面对面更容易？当我们在线交流时是否用词会不一样？若两个人不说同一种语言，是否还能有效交流？是不是每个人都应该学习第二门语言或第三门语言？这些问题就是我们在本章要探讨的问题。

表 5.1 世界上最常使用的 10 种语言

1. 汉语—普通话	6. 孟加拉语
2. 西班牙语	7. 葡萄牙语
3. 英语	8. 俄语
4. 印地语—乌尔都语	9. 日语
5. 阿拉伯语	10. 德语

资料来源：http://www.toptenz.net/top-10-most-spoken-languages.php。

首先，我们来看下语言的组成并探讨语言、语义和认知。其次，我们会探讨语言文化差异以及在这些差异下人们是如何顺利沟通的。在第四部分，我们讨论语言和权力之间的关系。最后，我们会研究多语言使用问题。

你怎么看？

- 全世界大约有 175 种语言的使用者不超过 10 人。
- 和英语最接近的语言就是弗里西语（用于德国和荷兰）。
- 在德国要小心标为"礼物"（gift）的瓶子。在德国，礼物（gift）意思是毒药（poison）。
- 印度有 17 种官方语言。
- 世界上有多少种语言？
- 哪一门语言最难学？
- 哪些语言濒临灭亡？

正如一些大学生所面临的，学习另外一种语言从来都不容易，但是确实是有好处的。人们学习一种语言的原因有多种，包括想要适应一个新的文化语境，想找工作，以及想要出国旅游。

语言的研究

语言的组成

所有的语言是否有共同的地方？同一个概念是否在所有的语言中都有相应的表达？或者，是否某种概念只能有某一种语言表达？为了找寻这些问题的答案，我们需要借助语言学的知识。语言学一般将对语言的研究分为四个部分：语音学、语义学、语法学和语用学。让我们依次看一下这四个部分。

语音学 语音学是对语言声音系统的研究——单词如何发音的，哪些语音单位（音素）对于某种语言是有意义的，以及哪些语音是共有的。因为不同的语言使用的语音不同，非母语国家的人在学习发某些音的时候经常会遇到困难。

例如，在法语中，没有英语中的浊音"th"（比如 mother，母亲），也没有清音"th"（比如 think，想）这两个音。法国人在说英语时往往会找其他类似的音来代替这个"th"音。同样，英语为母语的人就很难发出法语中的"r"音（比如 la fourrure, 皮革），这个音的发音比英文发音要靠后很多。类似地，很多英语为母语的人也很难"卷得好"西班牙语中的"r"音，在读类似 carro（汽车）或 perro（狗）这样的单词时甚是困难。他们还很难发好日语中介于"r"和"l"之间的那个音，比如 ramen(拉面) 和 Karaoke（卡拉OK）。此外，因为英语为母语的人对于非洲语言中的"mba"和"njo"不熟悉，也很难发好。

像越南语那样有声调的语言对于别国的人来说也十分有难度。越南语有六个声调（平声、锐声、玄声、跌声、问声、重声）。这样一来，同一个单词（ma）在不同的音调下就有六种不同的含义：鬼、检查、但是、墓地、马和稻秧。²

Tones
1. level (không dấu) a ă â e ê i o ô ơ u ư y ma [ma] = ghost
2. high rising (dấu sắc) á ắ ấ é ế í ó ố ớ ú ứ ý má [má] = cheek
3. low/falling (dấu huyền) à ằ ầ è ề ì ò ồ ờ ù ừ ỳ mà [mà] = but
4. dipping-rising (dấu hỏi) ả ẳ ẩ ẻ ể ỉ ỏ ổ ở ủ ử ỷ mả [mả] = tomb
5. high rising glottalized (dấu ngã) ã ẵ ẫ ẽ ễ ĩ õ ỗ ỡ ũ ữ ỹ mã [má'] = horse
6. low glottalized (dạu nạng) ạ ặ ậ ẹ ệ ị ọ ộ ợ ụ ự ỵ mạ [mà'] = rice seedling

语义学 语义学是对意义的研究，也就是说单词是如何表达我们在沟通中想要表达的意图的。例如，一个国际学生在一家快餐店点了一份芝士汉堡，柜台之后的服务员问他："请问是在这儿吃还是打包？"(for here or to go?) 这位国际生听懂了"在这儿吃还是打包"

极速冲浪

世界上存在人造语言。想想精灵语、儿童黑话、克林贡语等。浏览 www.wikihow.com/Create-a-Language，创造你自己的语言，设计字母表和属于你自己的语法规则。

的每一个字，但是却不明白整体是什么意思。

有时候语义学注重的是单个单词的意义。例如：椅子是什么？我们是靠形状来判断某物是否是椅子吗？王座是否算椅子？还是靠功能来判断是否是椅子？如果我坐在桌子上，是否桌子就变成椅子了？不同的语言中对于同一物品会有不同的表达。因此，在英语中称为 chair 的东西，在法语中是 une chaise，在西班牙语中是 la silla。即使是在使用同种语言的不同文化下，比如在大不列颠和美国，很多不同的词表达的都是同一个东西。下表展现了美国英语和英国英语之间的一些差异。³

英国	美国	
jersey	sweater	毛衣
pants	underwear	内衣物
pumps	tennis shoes	网球鞋
trousers	pants	裤子
biscuit	cookie, cracker	饼干
chips	french fries	炸薯条
crisps	potato chips	炸马铃薯片
twigs	pretzels	椒盐脆饼干
cooker	stove	火炉
rubber	eraser	橡皮
loo	toilet	厕所
carrier bag	grocery sack	购物袋

类似地，在墨西哥，游泳池叫作 alberca，但是西班牙语中叫作 piscina。就算在美国之内也会有语义上的差异。例如，在罗德岛人们口中的 cabinet 在别处被称为 milkshake（奶昔），匹兹堡的 gumband（橡皮筋）在凤凰城则是 rubber band。

语法学　**语法学**是对于语言结构的研究——也就是研究将词语组成有意义的句子的规则。考虑这个问题的其中一个角度就是句子中的词语是按照一定的顺序表达出某种特定的含义的。例如，在"红色的车撞了蓝色的车"这个句子中，词语的顺序就十分重要。如果说"蓝色的车撞了红色的车"，那意义就完全不同了。

在法语中，"Qu'est-ce que c'est?""Qu'est-ce que c'est que ça?" 和 "C'est quoi, ça?"这三句话的意思都是"那是什么？"但是三个问题却各有侧重点。（简单来说,它们分别表达的是"**那**是什么？""那**是**什么？"和"那是**什么**？"）这说明，在法语中，意义更多依赖于语法，而不是单个的词语。在英语当中也是如此。

每种语言都有特殊的结构，用于表达复数形式、性别、主谓宾排列等。例如，为了表达所有格，在英语中我们会加上 's，（John's hat 约翰的帽子或 the man's hat 那个人的帽子）。其他语种，比如西班牙语，是用词语的顺序来表达所有格（"the hat of John"或"the hat of the man"）。在英语中，主语或者动作所有者一般是置于句首的（The girl ran 那个女孩跑步）。相比之下，西班牙语中，主语有时候放在句末（ran the girl）。因此，学习一门新的语言不仅涉及学习新的词语及其含义，还涉及掌控着这门语言的特殊规则。我们在接下来的部分会给出更多不同的语义学的例子。

语用学 语用学研究语言是如何在某种语境下使用的，关注的是使用语言的具体目的。知道一种语言的语法和发音是远远不够的。我们还需要知道如何使用该语言。例如，在美国，我们可能会问一个人："你知道现在几点了么？"母语为英语的人以及了解美国文化的人就会知道，正确的回答绝不仅仅只是一个简单的"知道"。

还有一个例子就是阿拉伯文化下常用的"inshallah"（天命，顺阿拉的旨意）一词。过去这个词表达的是对真主的意愿的信仰，认为万事万物皆有天命，但现在已用于多种语境。就像一个最近去埃及的游客解释的那样，有时候 inshallah 都是"你叫什么名字？"的答语。你可以回答："穆罕默德，inshallah。"或者是在电梯里，当有人问你："是下楼么？"可以回答"inshallah"。仅仅知道这个单词的含义和翻译是不够的，作为旅客需要熟悉当地文化才能准确地使用相应的词语。[4]

我们可以将同样一个词语用于不同的目的。例如，如果某人说"这个套装真好看"，你可能会根据说话者说这句话的方式、你与说话者的关系等因素来理解这句话。说话者可能是在嘲笑你的外套，和你开玩笑，也可能就是简单地赞美你。所以具体的意义不仅仅来源于词语本身或者是语序，而是取决于其他因素，比如非语言线索（表情，声调），在下一章我们会进一步探讨。

语言和认知

认知是通过语言形成的。在某种程度上，我们通过语言来交流或绘画，因而语言会极大地影响我们看待他人、自我以及重要概念的方式。语言给了我们各种各样的画面，并赋予了不同的态度，许多我们认为是正确的，事实上却大错特错。比方说，我们可能会使用"古怪"这个词来形容和描述瑞士人们的生活方式。但是，如果

你怎么看？

语言的一大功用就是表达我们的情感。想想那些你质疑你的语言是否充分表达了你的情感的时刻。这是否告诉你语言是有局限性的？会说多种语言能够让你表达更多的情感吗？

你到访过伯尔尼或是苏黎世（瑞士城市），可能就会惊讶地看到玻璃幕墙的办公大楼，人手一部手机，都市热闹繁华。这种事情并不少见，当我们遇见来自另一文明的人，得知该文明的优秀之处，总是会大吃一惊。当人们被问及："你真正认识多少这样的人？"回答通常是："那个……我曾听说……"这一点恰恰显示了，我们可能仅仅基于对某事某物道听途说的语言描述，就对其产生先入为主的概念。

称呼的"力量" 另一个能解释清楚语言和认知相互交织的方法，就是想一想我们现在对自己和他人的称呼是怎样影响认知的。例如，在20世纪60年代黑人民权运动时期，"Black"代替"Negro"成为"黑人"这个词的英语说法。因为"Black"代表着种族自豪、力量和对黑人现状的颠覆。这一时期，"黑即是美""黑人力量"开始成为口号。20世纪80年代末，黑人领袖提出将Black（黑人）替换成African American（非裔美国人），称这个称呼融合了他们的籍贯和传统，会给美国黑人带来文化认同感。[5] 称呼的变化，也影响了听到和使用这些术语的人，他们致力于强化群体归属感，为种族平等而奋斗不息。现如今，Black（黑人）和African American（非裔美国人）这两种叫法都被广泛使用，年轻人更喜欢用黑人这个词，一位黑人大学生表示："非洲已经是上一代的事情了，为什么总把我们跟非洲绑在一起呢？从精神上来说，我们是美国人。如果战争爆发，我一定会为美国而战。"而来自拉丁美洲加勒比海地区的人，比如牙买加、巴巴多斯黑人，则更喜欢用黑人或加勒比黑人来称呼自己。[6]

但是有时候，当他人使用了我们不喜欢的称呼，或是我们感觉有的称呼对我们描述有误时，会感觉压抑，认为受到曲解。你可以设身处地想一想，当有人用你不喜欢的词来描述你时，你会作何感想？很多时候，人们在称呼他人时，对这些称呼的意义、起源甚至是隐喻都并不知情，无意中就带上了偏见[7]。例如，美国有许多西班牙人后裔很反感"Hispanic"（拉丁裔美国人）这个称呼，他们认为这个称呼是美国政府强行施加给他们的，他们从来不用这个词称呼自己。（参照本页"你怎么看？"）事实上，在最近一次调查当中，71%的人认为，在美国"拉丁裔美国人"这个词包含了多种文化。因为这种观念，51%的人表示，更愿意用家庭起源国来作为民族标签，比如墨西哥人或古巴人。21%的人表示，最常用"American"（美国人）[8]这个词。同样，"Oriental"（东方人）这个词也被许多亚洲人和亚裔美国人所排斥。"同性恋"（homosexual）这个词，因为传

你怎么看？

你对某事某物的称呼，具有重要的文化意义。

考虑一下这样一个事实，在大部分政府文件的表格上，拉丁美洲出身的人必须填写"拉丁裔"，通过政府机构对称呼的使用，大家看出了什么权力差异呢？

当这些人在政府表格上填写"拉美裔女性、奇卡诺女性、古巴美国人、多米尼加美国人、墨西哥裔美国人"等时，会唤起何种个人力量呢？

> **极速冲浪**
> 想一想政治和社会事件是怎样形成我们的认知以及相关术语的。
> 2011年，美国方言协会投票选出"occupy"（占领）作为年度热词（大家还记得"占领华尔街运动"吗？）。
> 2012年，美国命名协会投票选出"Arab Spring"（阿拉伯春天）作为这一年的名称，指的是那一年中东国家流行的政治动乱。你能在近期国内外大事中找到其他迅速蹿红的热词吗？

达了说话人一种负面情绪，会疏远说话人和听话人之间的距离。许多原住民都反感"Native American"（美洲原住民）这个词，认为这个词只有白种人才会用。因此大家宁愿用具体部落名称来称呼自己，或者是"American Indian"（美洲印第安人）或是"Indian"（印第安人）这两个词。还有很多人喜欢"First Nations"（第一民族）这个称呼，用以强调部落是美国政府承认的民族。

有人被称作是"恐怖分子"，有人叫作"自由斗士"，又有人被推崇为"爱国者"。这几个称呼有什么区别？政府乃至百姓，遇到"恐怖分子"和"爱国者"时，分别会作何反应？回顾历史，被称为爱国者的塞缪尔·亚当斯，能不能算作恐怖分子？如何称呼取决于我们看问题的角度吗？

语言使用和社会结构密切相关，因而称呼所传达的信息在很大程度上取决于说话者的社会地位。如果说话人和听话人关系亲密，某些称呼的使用可能不会让对方感觉冒犯，也不会伤害彼此感情。但如果双方是陌生人，那么同样的称呼可能就会引起对方的不悦，乃至不欢而散。

萨丕尔-沃尔夫假说 我们的认知有多少是由特定的语言结构决定的？英语母语人士看待世界，和阿拉伯母语人士有何不同吗？就像一位《国家地理》杂志作者所说的那样："语言不只是一组单词、一套语法规则，语言是人类精神的反映，通过语言，文化的灵魂才能够进入到物质世界。"[9]萨丕尔-沃尔夫假说很好地描述了一个观点：我们使用的特定的语言，决定了我们对现实的认知。该假说是由爱德华·萨丕尔和本杰明·沃尔夫基于二人对美国原住民语言的研究提出的。他们提出，语言不仅能够表达思想，还能够形成思想，构成我们对世界的认知。[10]

根据萨丕尔-沃尔夫假说，语言表明了我们的经验特征。比方说，美国最大的印第安部落纳瓦霍语言当中没有所有格（他的/她的/我们的/你们的），因此我们可以推断，纳瓦霍人对于财产占有的思想可能和英语母语人士有所不同，纳瓦霍人可能认为私人占有并不那么重要，更多是财产共有。婆罗洲普南族他/她/它只用一个词代替，却有六个不同的单词来表示"我们"，这可能暗示了社会合作和集体主义对于普南族而言非常重要。[11]

最后一个例子论证的是不同的语言在表达正式方面的差异。英语母语人士说"你"的时候，没有正式非正式之分。而在德语里，"您"用Sie，"你"用du，西班牙语里，"您"用usted，"你"用tu。这可能意味着英语母语人士对正式和非正式的看法，和德语人士、西班牙语人士是不同的。事实上，其他国家的人经常批评美国人不拘礼节，无论在社会生活还是教育、商务方面。来自西班牙的交换生热拉尔多就注意到："这里所有人都太不拘礼节了，简直让我震惊。他们对家里来的客人说一句'请自便'，还就真是让你自便。并且每个人都会称呼对方的名字，对老师也是如此，我们国家永远不会发生这种事情。"

那么语言和认知之间的关系究竟有多密切呢？可能并没有萨丕尔-沃尔夫假说那样夸张。打个比方，尽管不同的文化群体对应不同的颜色有不同的词语，但大多数人被问到某个特定颜色的时候，都能够识别。这就意味着，尽管描述的词语不同，但我们都能"看见"同样的颜色。最近一项研究对巴西农村地区蒙杜鲁库人进行了试验。蒙杜鲁库人都没有受过正规学校教育，语言当中也几乎没有描述几何和空间概念的词语，并且他们没有尺子、圆规或是地图。研究者给他们看了一些图片，图片上有各种不同形状的容器，然后又给他们看了按照同样顺序排列的真实容器。研究者发现，蒙杜鲁库人能够轻易地将图片上的几何信息和实际中的几何关系联系起来。由此可见，和萨丕尔-沃尔夫假说恰恰相反，语言不需要以特定方式对世界进行思考和感知。[12] 因此，换一种稍微温和的观点可能更为准确：语言是交流的工具，而非认知的镜子。但正如这些范例所示，我们所说的语言，对我们每一天如何交流、交流什么有巨大的影响。[13] 这对于跨文化交流具有重要意义，或许不仅仅是语言具有差异，不同文化群体的人对现实世界的体验也有很大差异，在某种意义上，他们生活在截然不同的感性世界。

语言的文化差异

成为好的发言者还是好的倾听者，哪个更重要？语言沟通和非语言沟通，哪个更有效更可取？交流当中是开门见山的好，还是循序渐进的好呢？是说真话重要呢，还是善意的谎言更好呢？我们会看到，不同文化群体人，会有不同的回答。在语言的使用方面，存在着很大的文化差异；对于发言还是沉默，态度也有差异；在语言沟通和非语言沟通的重要性上，看法有差异；交流方式同样也有差异。让我们一一来看。

对说话、写作和沉默的态度

在某些文化群体当中，包括许多美语社区，高度重视说话。在许多情况下，比如人际沟通、小组演讲和公开讲话当中，发音清晰、口齿伶俐也非常重要。打个比方，作为一个出色的政治家、商人或者是宗教领袖，往往靠的就是舌绽莲花、见招拆招的能力。在这些文化群体当中，副手，或是不太重要的角色，主要交际方式就是倾听。沉默有时候被视为消极的表示，举个例子，如果谈话中出现太多停顿或是沉默，人们就会感觉很糟糕，很尴尬，可能还会感觉双方根本不在一个频道上。沉默也可以被解读成敌意或是拒绝的标志，交谈中对方突然沉默下来，我们甚至可以猜测对方是否因为知识水平或语言运用能力不足，因而无言以对。

相比之下，很多文化群体主要强调沉默和谐，言语倒在其次。这些文化群体可能不信任讲话，尤其是公开讲话。比如阿米什人有时候就被称为"宁静之乡"，因为他们喜爱沉默，公共场合尤甚。朱迪思记得曾在宾夕法尼亚州兰开斯特一家购物中心看到一群非阿米什人青少年，他们在购物中心信步闲逛，自由自在，叽叽喳喳，再对比下身边的阿米什人朋友，她简直被打击坏了。事实上，在一些本土印第安人文化当中，"深度沉默交流"是他们比较偏爱的交流方式，而言语交流就要屈居其次了。他们甚至会认为言语交流有点危险，因为它会破坏公共"默契"。一个美洲印第安人大学生就描述了与一位朋友被困在一场突如其来的暴风雪里，在车上坐了整整5个小时一言不发的事情。他表示："我不认为除了印第安人以外，还有谁能够撑得住这种沉默……"他接着又说，如果是白人的话，可能会给司机提一点建议，或者表达一下在这种天气下的恐惧和挫败感，他认为这样至少可以分散一下司机的注意力，总比沉默要好得多。另一个印第安人学生也描述了一位白人老师在课堂上的一番讲话："我会用一切办法考察你们，考试也好，论文也好，但不会是考勤。我明白你们不得不随波逐流，但在我的文化里，这没有意义，就是自吹自擂。我尊重我现在所在的这个地方。我们要真实地对待自己，知道自己是谁。"这番话，给这位学生造成了很大的压力。[15]

许多东亚人不仅不信任讲话，还把沉默的技巧性使用视为一种谈话能力，沉默才能看出人们察言观色的能力，沉默是金，甚至可能反而是把控谈话的有力方式。这种对沉默的强调，部分是基于宗教教义，比如孔子就反对滔滔不绝地讲话，认为君子讷于言。也有部分是基于其他文化信仰。

从古到今，日本人都相信言灵，字面意思来说就是"话语中的神灵"，这种民间信仰认为话语之中住着神灵，因而语言是有神力的，任何事情只要说出来，都有可能发生。即便在现代日本，人们都反对胡言乱语，或是说些没有意义的话。[16]

其他亚洲文化当中，也有对讲话的不信任。我的一个中国台湾地区的学生就曾告诉我："在美国，有时候学生讨论时间占到了课堂时间的一半左右；而在台湾地区，如果一个学生问太多问题，或者太过于表达自己的观点看法，就会被大家认为是炫耀卖弄或是虚情假意。我来美国之后遇到过的最大的困难之一，就是这种文化上的差异。"

因此，很明显，在跨文化交流中，对沉默的不同看法可能引起误会，甚至可能引发冲突，因此沉默应当被视为一种合理的会话策略。因为对于许多文化群体而言，沉默就是说"不"，所以在某种特定的文化当中，知道什么时候不要说话，弄明白沉默的含义，和知道何时说话、怎样说话一样重要。比方说，如果一个欧裔美国人试图和印第安人交朋友，一方面他们认为语言交流是人际沟通的主要方式，而印第安人用沉默作为"了解他人"的方式，认为彼此缄默方显情谊更深，那么双方就可能产生误会。表5.2列举了一些国家对于讲话和沉默的态度，下一章我们将讨论更多关于沉默的问题，探讨非语言沟通。

> 在日益多样化的世界里，一个地区可能汇集许多不同的语言，这标志着来自不同文化背景的人们走到了一起，在同一个地方生活、工作、购物。

表 5.2　对待讲话和沉默的态度

俗语通常会揭示不同文化对于讲话和沉默的不同态度。注意下面的例子：
祸从口出。（日本）
嗓门越大，脑袋越空。（A loud voice shows an empty head.）（芬兰）
希言自然。（道教名言）
知者不言，言者不知。（道教名言）
不叫唤的猫抓老鼠。（日本）

资料来源：Min-Sun Kim (2002): Non-Western perspectives on human communication: Implications for theory and practice. Thousand Oaks, CA: Sage, pp.135, 137。

不同文化中，写作和说话之间的关系也不相同。在美国（以及其他西方文化），我们常常更强调写作。书面的东西，比如说合同，远比口头承诺有力得多。遇到任何重要的协议，我们经常都会问："你们书面约定了吗？"在这些文化背景下，书面文字显然比说话来得重要。但在有些文化里，口头沟通比书面交流价值更高。当中许下的诺言要比一纸文书更加贵重。在美国，也有这种文化的残留——在婚礼上说出的那句"我愿意"，比签署结婚证书要珍贵得多。

交流风格的差异

交流风格要结合语言和非语言因素来看，它指的是人们使用语言的方式，会帮助听话人理解语言信息。识别不同的交流风格能够帮助我们理解语言之外的文化差异。不同维度的交流风格至少有三种：强语境/弱语境、直接/间接、华丽/朴素。

强语境/弱语境风格　不同文化群体交流风格的不同主要在于对**强语境**或**弱语境**交流的偏爱。强语境交流风格中，"人们在交际时大多数信息量或者蕴含在社会文化环境和情境中，或者内化于交际者心中，交际中的大部分信息都是由身体语言、环境语言，或该人的内在素质来传递，相对来说，明显的语言代码则负载较少的信息量"[17]。这种风格的交流强调意会，而非言传。长期相处的人经常采用这种交流风格，因为双方默认彼此能够体会当中意思。

相比之下，弱语境交流把大部分的意思和信息都放到了话语当中，这种交流风格强调清楚表达。在很多文化当中，人们都认为最好直截了当、直言不讳，而不是隐晦含蓄，这时候弱语境交流就显得尤为重要。请看下列对话：

罗伯特：晚饭吃什么？

帕特里夏：有一部很棒的电影，而且芭芭拉告诉我说斯科茨代尔（注：亚利桑那州中南部城市）24-plex 影院旁边有家新开的泰国餐厅。

罗伯特：我们可以尝试一下前两天晚上在智利餐厅吃过的墨西哥卷。

帕特里夏：随便，都行。

帕特里夏用的是强语境交流风格，在这种相当迂回的风格里，大多数信息都不在语言当中，而是在语境中，或是内化于交际者心中。[18] 这种风格强调无须直接语言交流就能明白对方传递的信息，通常长期相处的人才会采用这种交流风格。举个例子，派对上夫妻一方从房间那头递来一个眼神，另一方立刻就明白是时候回家了。

相比之下，罗伯特的风格就是弱语境交流了，大多数意思都包含于口头语言当中。弱语境交流强调明确的口头陈述（"晚饭吃什么？""我们可以尝试一下……墨西哥卷。"）在美国，大多数情况下都高度重视这种风格的交流。打个比方，在商务场合，人们被鼓励重视口头交流，说话要能让人明白，人际交流的教材里经常会强调我们不该依赖非语言的语境交流，最好直截了当，不要含糊其辞。

与之相比，世界各地的文化群体都重视强语境交流，在这些群

你怎么看？

我们常常根据口音来判断一个人来自美国何地，波士顿人和纽约州人尤其好辨别，因为口音很重。你认为你有口音吗？你认为一个人可能没有口音吗？做个小测试，看看你有哪种口音。http://www.gotoquiz.com/what_american_accent_do_you_have。

体当中，人们都鼓励孩子和青少年在交谈中密切关注语境线索（肢体语言、环境），而不仅仅就是听别人说话。举个例子，一个日本学生就曾告诉我，有一次，一位邻居过来说他们全家要离开一段时间。这位同学的妈妈就鼓励他试图理解这位邻居的言下之意。[19] 据这位学生回忆，他最终弄明白了邻居事实上是在委婉地求助，希望不在的时候，他家能够帮忙照顾院子。这层意思并没有直接用语言表达出来，但是有语境的。两家做了那么久的邻居，关系亲近，互相了解，一切尽在不言中。

直接/间接风格 间接/直接的维度和高弱语境交流息息相关，直接交流风格就像罗伯特一样，语言信息本身就能揭示说话人的真正意图和需求，重点在弱语境交流上。而间接风格，就像帕特里夏，语言信息当中模糊并弱化了说话人的真正意图和需求，重点在强语境交流上。打比方说，帕特里夏并没有直接告诉罗伯特她更想要出去吃饭，但言外之意是显而易见的。

在美国，许多英语为母语的人认为，在大多数情况下，直接交流是最合适的。尽管"善意的谎言"在某种特定情况下并不为过，但大家更喜欢开诚布公，商务场合尤甚：

男性白人高管在口头交流中往往明确、具体并直接，即便事实并不愉快也会如此。他们常常喜欢说："别兜圈子了，咱们摊牌可行？""别拐弯抹角了，直奔主题可好？"他们通常不太重视迂回的模棱两可的话，最起码不像亚裔美国人那么重视。在私人聊天中况且如此，更不用说客观性很强的商务会谈了。大家更喜欢坦白直率，而不会纤细敏感。[20]

相比之下，某些文化群体更喜欢间接风格，强调强语境交流。保持和谐的人际关系比坦诚相待还要重要。说话人会寻找一种更为"柔和"的方式来交流彼此之间出现的问题，或许会提供一些语境线索。打个比方，三个在美国求学的印度尼西亚学生被导师邀请参加一场跨文化培训研讨会，但因为难以抽空，他们不想参加。但他们又十分敬重教授，不想冒犯他。于是他们并没有告诉教授不能参加，只是没有回教授的电话，也没有出席那场研讨会。

我们有一位来自突尼斯的学生，叫作费里，他表示来了美国几个月之后才知道，如果一个人被问路，但这个人自己也不认识路的时候，得坦言相告，不能胡乱猜测一个方向。他解释说，他一直都被教导在谈话中不能说不知道，这样对方会失望，哪怕编也得编个答案给人家。

男性和女性之间、不同民族的人之间出现的问题，有很多都是

极速冲浪

英语源远流长，使用广泛。

不妨浏览www.wordorigins.org/index.php/site/comments/a_very_brief_history_of_the_english_language3/一睹英语演化史，并领略英国语言的多样化。

信息频道

跨文化语言交流经常会产生误会，但非语言交际也并非没有潜在的误解。在德国餐厅点喝的东西时，要一瓶得伸出大拇指，因为在德国很多城市里，食指代表2。

不同的交流风格造成的。在人际交往中，对真理、诚实、和谐、避免冲突这几方面重要性的不同看法，会引发很多问题。可能你会想到有很多次你试图用间接交流的方式来保护某人的感情，但对方更喜欢直接的风格。或者可能你往往比较直接，即便忠言逆耳也要坦诚相告。举个例子，我有个学生叫贾内尔，她有两个室友，这俩都偏爱间接交流方式。一旦三个人之间起了冲突，贾内尔都会"实话实说"，即便大实话可能有点伤人。花了好长一段时间她才意识到，她直接的、弱语境的交流方式冒犯到了两个室友。当然，两人并没有告诉贾内尔她们感觉受到了冒犯，因为表达这个意思需要更为直接的交流方式，己所不欲，勿施于人。她们最终解决了交流问题，因为双方都开始向对方靠拢。贾内尔开始学着委婉，哪里不对劲立刻询问对方，而两个室友也开始学会直接。我们稍后将讨论跨文化交流中灵活应变的重要性。

复杂/朴素风格　这个维度指的是人们所看重的谈话部分的复杂程度，与对讲话和沉默的态度相关。复杂风格是在日常谈话中大量运用丰富的、富有表现力的语言。举个例子，阿拉伯母语人士会在日常谈话中使用大量隐喻表达。在这种风格当中，简单的肯定，会被当成否定，听者会理解相左。因此，我在做客时，如果主人问我是否吃饱了，我仅仅回答"是"，主人可能不相信我，我需要详细分说。

相比之下，在朴素风格里，简单的肯定和沉默都是可取的，阿米什人就经常使用这种交流方式。一种常见的说法是："不会说就别说。"人家不提倡信口开河，在模棱两可的情况下，最好什么都别说。也就是说，如果一个人对某件事情并不确定，最好保持沉默。

在国际政治背景下，语言风格上的明显差异可以突出文化差异。关于 2011 年春天利比亚冲突，有两个演讲，一个来自美国总统奥巴马；一个来自当时利比亚最高领导人穆阿迈尔·卡扎菲。这两个演讲就揭示了显著的不同。2011 年 2 月，许多利比亚民众揭竿而起，反对卡扎菲政权。卡扎菲的回应是采取武装镇压。奥巴马决定派遣美国军队和其他北约部队阻止卡扎菲的武装行动，2011 年 3 月 28 日，奥巴马在一场演讲中解释了美国采取的行动计划，讲话风格直接而朴素：

让这种情况（班加西屠杀）发生不符合我们的国家利益，我不会允许这种情况发生。9 天前，在咨询国会两党领袖意见后，我授权采取军事行动，制止屠杀并执行联合国安理会 1973 号决议，我们攻击了那些封锁城市和城镇的坦克和军事力量，切断了他们

你怎么看？

在过去几年里，出现了一种新型的书面英语：短信。这种形式有着不同的语法标准，缩写很多。在许多情况下，会忽视单词拼写和动词使用规则。比如经常会用单个字母或单词来代替某个单词，"8"就指代"吃"。为了少敲几次键盘，还会省略单词元音字母，比如说"between"（在……之间）会打成"btwn"。你认为短信会伤害甚至是摧毁英语这门语言吗？（资料来源：http://www.helium.com/items/1614824-will-text-messaging-destroy-the-english-language）

大部分的供应线。今晚，我可以向大家报告，我们已经制止了卡扎菲的致命攻势。（资料来源：http://www.newstatesman.com/north-america/2011/03/gaddafi-libyan-military-united）

卡扎菲则给利比亚人民带来了长达75分钟的一场演讲，当中充满了隐喻，引经据典，用的是复杂风格：

我比你们的导弹更强大，比你们的飞机更强大，我是一名战士，一名从帐篷里走出来的革命者，我会给世世代代带来胜利。我不怕这群耗子闹的所谓革命，我就站在这里，1911年，我的祖父阿卜杜勒·萨拉姆·伯曼亚（Abdus Salam Bomanyar）就在这里殉道。我还没有下令使用武力，仍未下令哪怕只开一枪，但当我真正下令的时候，一切都将摧毁。热爱卡扎菲的男男女女们，请从家里走出来，从明天起，不，是从今晚起，利比亚城里镇上的所有人！出来吧！抓住那些示威者，把他们带到安全的地方（军队）去！没有心智健全的成人参加这场动乱，他们都是孩子，把你们的孩子带回去！他们在蛊惑你们的孩子，让你们的孩子昏了头脑，要把你们的孩子送去地狱！你们的孩子会死的！我不会离开这个国家，我宁可像个烈士一样死去！（资料来源：http://news.nationalpost.com/2011/02/22/gaddafis-speech-decoding-a-tyrant%E2%80%99s-words)

尽管一些分析人士很快就指出卡扎菲倾向于极端语言，许多阿拉伯领导人并不重视这种语言表达，但其他专家也指出了现代阿拉伯语的特殊性。古阿拉伯语（基于古兰经）言辞华丽，诗意盎然，但并没有哪个国家将其当作母语，每一个阿拉伯国家或地区都有自己的方言。一位前英国驻利比亚大使注意到，卡扎菲个人的说话风格非常独特，不懂利比亚方言的人听起来会非常吃力，这很明显地反映出卡扎菲的贝多因人背景——在贝多因，冗长的讲话是司空见惯的，人们一打开话头，几个小时都停不下来。卡扎菲基本上每次都能一口气不带休息地讲上三四个小时。[21] 面对不同文化背景的听众，对语言不同的使用表达的意义都是不同的。

有其他研究对比了两个不同群体的语言交流风格，比如不同的年龄组。你们可能已经注意到，你们和父母的交流与跟祖父母的是不同的，尤其是网络交流或者短信交流时。〔你的父母和祖父母知道 TTYL8R（tell you later，过会儿跟你说）、ROTFL（rolling on floor laughing my ass off，笑得在地上打滚把屁股都笑掉了）、TTFN（ta-ta for now，回头见）、IMHO（in mu humble opinion，恕我直言）还有 CWYL（chat with you later，过会儿再聊）这些词的意思吗？〕（这种新"语言"的含义，请参见上一页"你怎么看？"板块。）这些年龄差导致的交流差异还延伸到了职场上，事实证明，千禧一代

（1982—2001年出生的一代）偏爱用IMS和短信以及其他电子通信手段（如Facebook）交流工作，而不擅于面对面交流。失落的一代（1961—1981年）和婴儿潮一代（1943—1960年）年龄就要大一点，感觉直接的、非正式的交流更为舒服，他们喜欢通过电话和电子邮件交流谈话，这些文本和即时通信非常偷懒省事，对业务有潜在的危害。相比之下，最老的一代，就是传统主义者（1900—1945年），喜欢严谨的语法、合规的礼仪，会用正式语言，交流内容都会写标题，偏好书面交流或面对面直接交流。特别要说的是，在职场上，每一个群体都需要理解并尊重其他群体的交流偏好。[22]

新媒介的使用对交流风格的影响

一些专家想知道新通信技术对交流风格的影响。通常，电子邮件、短信，尤其是推特，都强调弱语境、直接、朴素的交流。在所有这些媒介中，准确、高效，保证语言清晰传达意思才是最重要的。这些通信技术在全球范围内的流行导致一些人猜测，交流风格上的差异可能很快被淘汰，无论文化背景如何，我们将都会开始使用弱语境、直接、朴素的风格交流。虽然使用这些媒介可能会导致一些文化变革，但是非常明确的证据表明，交流风格的剧变不是一时半刻就能发生的。并不是每个人都会接纳或使用所有新技术，人们都在采用更适合自己偏爱方式的交流工具。打个比方，为了体现更多的语境信息，强语境和/或间接交流人士会使用Skype语音软件或者电话会议来代替电子邮件和短信。我们将在第十一章进一步解决这个问题，看看不同国家的企业是怎样使用通信技术和虚拟交流的。

俚语和幽默的变迁

语言使用当中的另一个文化差异就是俚语，就像我们在章节序言中提到的学生莫妮卡发现的那样，俚语通常比标准语言更具有创造性，也更加诙谐有趣，同时它还有一个重要的功能：在使用者当中建立起社群认同感。对于青年文化而言，俚语尤为重要。几乎每一代都会发明属于自己的俚语，这些俚语在父辈或是其他成年人看来，根本不知所云。举个例子，黑人的嘻哈文化和饶舌音乐就统治了所有阶层的青年人，甚至是成年人的语言使用。[23]

留学生努力学习俚语，那些弄不明白自己的孩子在说些什么的

你怎么看？
当下美国，手机短信这样的个人通信技术正在普及和流行。这类科技是怎样改变或拓宽你对不同交流风格的理解的呢？

信息频道
了解另一种语言，并不足以很好地用这门语言交流。每一门语言都要考虑到俚语的使用。以下是给学习英语的留学生举一些例子，你知道它们都是什么意思吗？
In hot water　遇到麻烦
Put your money where your mouth is　别说

父辈和祖父母辈也在努力学习，但学习难度很大，因为俚语是有活力的，且层出不穷，转瞬即逝。外地人适量学一点俚语就好了，过多使用俚语，或者俚语使用不当，在本地人听来会很奇怪。就像你的父母试着学你们一辈的俚语，或者一个外国学生说太多俚语，出发点很好，但语法发音都有问题。

幽默可能是语言文化差异带来的另一个挑战。尝试用外语来幽默难度实在太大，因为幽默通常会和特殊的文化经历（或历史）紧密结合。

线上交流和书面上的幽默就更具挑战了，因为幽默往往依赖语调（比如嘲笑）、表情和其他非语言暗示，这些必须面对面看到才能分辨。外地人或语言学习者可能的话，最好少使用幽默和俚语，尤其是线上交流时。

语境规则的差异

虽然已经认识到了交流风格各有差异，我们还是需要避免对某些具体群体（比如日本人或英语为母语的人）的交流风格的刻板印象。没有一个群体会总是使用同样的交流风格。我们必须得意识到我们的具体风格会随着语境而变化，这点十分重要。想想一天下来你进行交流的各种语境——教室、家庭、工作，等等，再想想你是如何改变你的交流风格来适应这些语境的。例如，在家庭语境下你可能会更直截了当，而在教室中，会不那么直接。

让我们再仔细看看交流风格是如何根据语境的变化而变化的，以及是如何反映文化群体的价值观的。举个例子，你在与朋友互动时可能会使用强语境、非正式的交流方式，而在与你的教授交流时会采用弱语境、正式的语言。一个我们的学生是这样解释她是如何根据语境改变交流风格的：

我和不同的人进行交流，比如父母、姐妹、朋友、老师、祖父母和一些商人。我注意到，和每组不同的人我都会根据具体的人和情况改变交流方法。比如，和老师说话时，我要确保自己的语法正确,谈吐专业。但当我和朋友在线聊天时,我们的交流就不正式多了，会使用很多俚语、简写，甚至偷懒有语法错误也无所谓，毕竟只是跟朋友，所以没关系。当我给父母写邮件时，我的措辞和用语就会比跟朋友聊天时更加正式，但是比谈正事时又要好些。如果我给经

大话，拿出行动来
That takes the cake
坏到极点
Not playing with a full deck　失魂落魄，神志不清
Put a lid on it　闭嘴
Paint the town red　大肆狂欢
还有一些最新俚语（这是只是字母A、B开头的）：
Awesome（牛逼）
Baby Mama（代孕妈妈）
Booty（赃物）
Bling（很闪）
Bogus（冒牌货）
to be broke（没有钱）
bubbly（香槟）
（资料来源：American Slang, http://www.schandlbooks.com/AmericanSlangIdiom.html;Cool American English, http://www.coolamericanenglish.com/american-english-slang.php）

理写一封重要的邮件，为了补偿像穿正装这样的非语言线索，我可能会比当面汇报时用词更正式以显得更加专业。

很多研究都检验了社交场合具体语境中的使用规则。他们试图确定语境，然后为这个语言共同体"发现"可以用于相应语境的规则。例如，有些研究考察了印度男性和女性关于短信的人际交流"规则"的性别差异。结果发现印度女性表示若在父母、亲戚、丈夫或男性朋友面前发短信或者看短信的话，回应都是负面的，大多数时候还是在家呢。

此外，她们还表示有"夏娃的挑逗"，即在公共场合观察她们发短信的男性对她们造成的一种人际骚扰。同时，女性也谈了她们处理这种情况的创造性策略。她们会以女生的名字存下男性朋友的电话号码，有些人会每天清空短信，还有些人通过SNS（社交网络服务）交流（如Facebook），这样的话，他们的父母和兄弟就不知道他们在和谁发信息。在公共场合，女性可以上报骚扰，或者干脆不要在公共场合发短信。研究结论表明针对印度男女的各种"发短信礼节"（发短信规则）反映了印度的男性和女性在权力关系上的不平等，似乎女性发短信会对男性的权威形象造成一定威胁。[24]

正如我们所看见的，人们在不同的文化群体中用不同的方式进行交流。所以，交流所发生的语境对于所表达的意义非常重要。我们在某种文化中可能用一种方式来交流，在另一种文化中就会改变我们的交流风格。一些住在两种文化"交界处"可以非常轻松地进行转换着叫作**语码转换**。我们有个同事总是可以判断出她的女儿夏崎娜是在和她的非裔美国朋友打电话，还是在和白人朋友打电话，因为她使用的语言代码会不同。很多西班牙语为母语的学生也是一样，互相交流时说"西班牙英语"，当和班上的教授说话的时候就会转换语码变成标准英语了。美洲原住民在国内和校园内也会进行语码转换，在校园语境下会更加直接和个人化，而在家会较为不直接，根据环境调整。理解不同语言共同体的动态可以帮助我们理解交流方式的范围。

▎在差异中交流

既然已经了解了语言使用和交流方式的这些差异，我们如何才能和来自不同文化的人顺利交流呢？有的时候我们会觉得恐惧。我们的一个学生艾米丽，是这样描述她试图用法语交流的紧张的：

在我前往法国之前，我认为我已经对我的未来做好了充分的准备。在那个时候，我已经学了四年法语。当我和寄宿家庭的姐姐一起出去吃饭时，有个朋友用法语问我："你叫什么名字？"我太紧张了，非常努力地去听懂她的当地口音，但是我还是听不明白她说的是什么。在非常慢地问了我几遍之后，他最终用英语问我了。不用说，当时十分尴尬，因为那是一句最基本的话但是我却没有听懂！

即使当人们说同一种语言的时候，交流风格和语言使用也会有所不同。在这种情况下，应该以哪种交流方式为主呢？这可能主要取决于语境。在艾米丽的情况下，一般一个外国人应该适应所在国家的语言和交流方式。两个人往往都会去适应一下对方的语言和风格，这样一来有时就共同创造出了一种**第三文化风格**。也就是说，当两个人去适应彼此的时候，他们会最终建构成一种和本身具有的两种风格都不完全一样的新风格！

还有一个思考跨文化互动的角度就是两个人在共同进行"**即兴表演**"。在跨文化互动中，我们不会有写好的对话剧本（在我们所熟悉的文化语境中就会有），而且我们可能会觉得我们在根据情况的发展进行一个表演。当我们在跨文化交流中越来越熟练的时候，我们能更好地"感受"接下来对方可能会怎样，然后尝试去跟上他的节奏并适应，就像跳舞和即兴表演一样。正如我们前面所提到的，这种即兴需要灵活地适应当时的情况。

著名的人类学家玛丽·凯瑟琳·贝特森（Mary Catherine Bateson）举过一个关于跨文化即兴的例子。她第一次见她美国丈夫的大家庭时，她不确定问候的时候该亲吻谁，不该亲吻谁。她想着应该要亲吻一下母亲、哥哥和姐姐，所以她就这么做了。但是应不应该亲吻姐姐的丈夫呢？还有姐姐丈夫的兄弟？她不确定。她是这么描述她的即兴的：

所以我亲吻了姐姐的丈夫，然后通过他肩膀肌肉的反应我知道我做错了，但好在我知道错了，没有继续亲吻他的哥哥。对于这次的即兴，我只是有一点点小错，但是我的本意是好的。[25]

我们在言语上也会有相似的即兴。例如，如果我们和母语不是英语的人说话，我们就会跟着他的节奏走，说慢一点，并少用一点俚语。我们还会去适应说话者使用的手势和眼神交流（也许会没有手势和眼神交流），不一定会完全按照我们自己的文化规则来。

语言和权力

所有的语言都具有社交性并具有权力性，会使跨文化互动作为第三种文化构建或即兴式表演的观点更为复杂。所使用的语言，所

> **信息频道**
> 给一个人或一个团体**命名**或**贴标签**会有重要的结果。想想那些异性恋的夫妻，他们在婚后创造性地将两个人的姓结合在一起，或者是加上连字符的概率。

表达的词语和含义，不仅仅取决于语境，还取决于组成这种互动的社会关系。例如，老板和员工可能会使用相同的词语，但是所要表达的意义却不尽相同。老板和员工可能都会将公司人员称为"家人"。对于这个老板来说，这样说的意思是"一个开心的大家庭"，而对于心中存在不满的员工来说，这样说的意思是"不健全的家庭"。从某种程度上来说，这种差异是老板与员工之间的权力差异所导致的。

语言是强有力的，可以对人们的生活产生巨大影响。例如，说一句"我愿意"可能就会完全改变你的生活。虽然有一句谚语是这么说的："棍棒和石头会打断我的骨头，但是言语却不会伤我分毫"，但是被人骂依然会觉得很受伤。在这个部分，我们会告诉你语言和社会地位的关系，以及语言如何用于**共文化群体**——那些在社会结构中不占主导地位的群体。

▍语言和社会地位

就像一个组织会有特定的结构和具体的岗位，社会也会有相应的结构，因此每个人都有各自的**社会地位**——与性别、种族、级别、年龄等相关的社会建构。社会地位的差异对于沟通十分重要。比如，社会中不是所有的地位都是等同的；每个人都是不一样的。所以，举个例子，当一个女人走过的时候一个男人吹口哨，和一个男人走过的时候一个女人吹口哨的含义和效果都是不同的。

拓展一下，权力是社会地位差异中的关键因素。当法庭的法官谈论他认为什么是言论自由时，他的言论所蕴含的力量比你的某位不是法官的邻居谈论这个问题的时候要大得多。当我们交流时，总会无意识地去注意别人的身份和地位。

群体在社会中也有着不同的权力地位。最具权力的群体（白人、男人、异性恋者）——无论有意或无意地——都会用与他们世界观相符的传播系统。这说明共文化群体（少数民族、女性、同性恋）必须在不能代表他们的生活经验的交流系统中才能正常运行。这些非主导群体十分纠结：他们是否要尝试适应主导群体的交流方式，抑或是坚持他们自己的交流方式？

关于共文化群体与权力更大的（主导）群体之间的关系的问题，一般来说有三种说法。他们的态度可以是：非果断的，果断的，或者是激进的。每种交流姿态中，共文化个体可以强调同化——试图与主导群体更像——或者他们可以去适应主导群体。他们还可以尽

> **流行文化聚焦**
>
> 在美国，最激烈的讨论的关键点在于对于词语的解释。同性恋权利问题的核心是对婚姻的定义。想想同性恋婚姻反对者经常引用《圣经》中对婚姻的解释，就是一个男人和一个女人的结合。同性恋婚姻支持者则争辩说宗教组织和公民联盟中的婚姻是不一样的。反对者还关注哪些问题并对我们的现在造成了影响呢？

量让自己与主导群体区分开来。[26] 这里的问题就是，无论这些共文化群体的成员选择哪种策略，都有相应的代价与好处。因为语言不是以他们的经验来结构的，所以他们必须要采取相应的措施来应对语言框架。例如，如果尼克想要描述他和詹姆斯之间的关系，他应该用"男朋友""朋友""室友""丈夫""伙伴"，还是其他词语？如果尼克和詹姆斯是在合法的地区结婚的，在那些明确表示不认可外地同性婚姻的地方，他们是否应该互相称为"丈夫"呢？工作的时候又该怎样呢？在聚会的时候呢？在酒吧的时候呢？这些情况下的后果又会如何？让我们看看这些策略会有怎样的效果，以及会造成怎样的代价，或者带来怎样的好处吧。

基于这三种倾向，我们有九种交流策略。具体选择哪种策略需要考虑各种因素，包括期望得到的结果、认知成本及回报，以及语境。让我们逐一来看下这三种倾向。表 5.3 对此作出了总结。

表 5.3　共文化传播取向

	同化	适应	分离
非果断	发展积极面	增加可见性	躲避
		消除刻板印象	保持人际障碍
			离开现场
果断	自我审查		
	避免争议		
	过度补偿	自我交流	列举优点
	操纵刻板印象	群体内交流	拥抱刻板印象
	讨价还价	联络	
		报告事件	
		教育他人	
激进	保持距离	对质	攻击
	自嘲	获取利益	

资料来源：Camara, S.K. & Orbe, M.P. (2010). Analysing strategic response to discriminatory acts; A co-cultural communicative investigation. *Journal of International & Intercultural Communication*, 3(2), 83-113。

同化策略

一些共文化个体可能会使用非果断的同化策略。这种交流策略强调试图融入主导群体并使其接受。这样的策略可能会导致自我审查（"在这个组织里我得说话小心点，以确保我没有冒犯那些有权力之人"），并且，最重要的是，需要避免争议（"遇到这种情况我得道歉"）。

使用这种策略对共文化成员有利有弊。举个例子，如果女性以及少数民族成员发现在工作中想要取得成功，"制造风波"绝无益处，他们就会采取该种策略，毕竟好处是他们可以保住这份工作。这样一来，他们在听到冒犯性或者不包容的评论时就会选择闭口不言，比如老板会称女性员工为"女孩子们"。然而这样做对于共文化成员和主导群体双方都会造成一定影响。共文化群体成员可能会因为不能表达真实感受而觉得自尊受到伤害。并且，这种交流策略会形成一种不健康的氛围，进一步巩固主导群体的社会和政治权力。再举个例子，很多非裔美国人对于主要由白人运行的医疗机构缺乏信任。他们总是感觉这些白人做主的机构不是很在意他们非裔美国人的健康或感受。

果断的同化策略也需要弱化共文化差异，并主张融入已有的结构。但是他们的行为较非果断策略更加强有力，不会一切都以他人的需要为准（"我会努力融入，但是我也需要不时地让大家知道我的感受"）。然而，这样的策略会导致一种"我们"对"他们"的心态，很多人都觉得不能长久维持这种状态。最终，共文化成员会筋疲力尽。

激进同化策略强调融入；使用该策略的共文化成员费尽心思证明他们和主导群体是相似的。这种策略是一种自嘲（"我幽默点，说点自己的不好的地方，他最终就不会说什么了"）。这种策略的好处就是主导群体不会觉得共文化群体"特别"，但是代价就是自嘲的时候可能会涉及其他共文化成员（"她拼了命的想要变成一个白人"，或"男人"或"异性恋"）。所以这些个体总是在和主导群体争论他们的地位，与此同时还被他们自己的共文化群体孤立。

适应策略

非果断适应策略强调融入主导群体，但是同时巧妙地对主导结构构成挑战以使其认可共文化惯例。策略包括增加可见性和消除刻板印象。举个例子，一个非裔美国经理可能会说她和另外一位非裔美国同事并不是好朋友；虽然两个人都是少数群体的，但是这并不意味着他们的关系好。这样对主导群体和共文化群体的益处是显而易见的。共文化成员在潜移默化影响她的同事，并且会帮助改变对于共文化群体的刻板印象。

不仅如此，使用此种策略的话，共文化成员将能够在忠于整体组织目标的前提下影响群体决策。例如，一名女企业主管作为母亲，应当首先考虑家庭，但她表示愿意加班、参加领导委员会并且愿意出差，这对决策就会造成影响。但是，也要付出代价。有人会批判这种倾向的个体，因为他们没有采取更加激进的方式改变主导结构。同时，这种交流策略并没有真正意义上地让组织做出较大改变已使其更加包容。

果断适应策略是最常用的方法，涉及在共文化群体和主导群体之间寻求平衡。这种策略要求自我表达、群体内交流、进行联络以及教育他人。比如，使用这种策略的话，非裔美国人会和他们的同事分享关于他们自己的信息并告诉他们哪些说法是具有冒犯意味的，比如"像奴隶一样地工作"这样的表达。再比如，同性恋同事会告诉他的同事，当大多数谈话都在围绕异性关系，以及人们认为所有人都是异性恋的时候，他们会感觉受到了排挤。

激进适应策略意思是成为主导结构的一部分，并从内部下手，在不计个人得失的前提下实现重大改变。使用这种交流策略的共文化成员往往是对抗性且自我推崇的。然而，他们也体现了想要和主导群体成员共事而非作对的强烈意愿。例如，我们有一个墨西哥裔的同事，她总是不断提醒我们部门平权行动的目标必须和部门的使命相结合，而不应该单独看待。在将这个目标单独看待时，人们会将他们的行动区分开来，只是有时候参与平权行动。类似地，一名残疾的同事会不断提醒办公室里其他人身边的设施应当更加方便才对，说起那些够不着的邮箱，不能自动打开的门，轮椅进不了的浴室，等等。

有这种倾向的共文化成员会周期性地采用果断以及激进适应策略，人们往往会认为他们是真心为了全局考虑。这样一来，主导群体就会积极地看待他们，他们也会影响所在组织。然而，总是使用激进适应策略的共文化成员可能会出现因为太过于针锋相对而既受到本身共文化群体的孤立、又不能融入主导群体的情况。

分离策略

有些人认为在美国，种族隔离十分常见。这些人会使用非果断分离策略。一般来说，人们总是会和相似的人共同生活、工作、学习、玩耍和祈祷。对于主导群体来说，做到这点比共文化群体要简单得多。有些共文化个体将种族分离看作正常现象，但是也会微妙地在沟通交流中将自己和主导群体分离开来。也许最常见的策略就是简单粗暴地避免和主导群体成员进行互动。因此，有这种倾向的同性恋人群就会和其他同为同性恋的群体进行社交。或者，女性会更希望有专业的针对女性的服务（让女医生看病,雇用女牙医或女律师），并与其他女性交朋友。

> **你怎么看？**
> 庆典和节日为保留文化多样性提供了可能，同时在某种程度上加强了分离，弱化了同化。你参加过哪些文化节日？有没有独特的文化元素，比如食物、舞蹈或其他文化活动？

相比非果断分离策略，共文化成员较少使用果断分离策略。果断分离策略中，共文化成员与主导群体会有意识地保持距离。这样做与非果断策略有一个共同的好处，就是能够促进共文化成员的团结以及加强自我决定。节日和其他庆典等文化活动（参照"你怎么看？"）就有这样的效果。然而，个体可能只能在未获得主导群体所控制的资源的情况下使用该策略。

那些将共文化隔离优先看待的人会采取激进分离策略。这种策略涉及攻击他人。使用此种策略的个人经常批判那些采取同化或适应策略的人。虽然共文化成员没有主导群体所拥有的权力基础，这样的策略的确让共文化成员直面无处不在的差别对待结构。然而，他们还是会对主导群体冒险采取报复行为。

因为这些策略都各有各的利弊，所以在使用的时候要考虑怎样才能最有效。举个例子，假设路易斯是唯一一名少数民族成员，他认为他在工作时总是会被刻意"排除在圈外"。他刚刚发现有一场会影响他手上项目的会议，但他却毫不知情。这种情况下，他有几种应对方式。他可以采取激进同化的策略，尽可能地融入这个圈子。但是这样的结果并非他所期望，因为别人会因此认为他没有强烈的民族认同感。他可以采用果断适应策略，提醒他的同事他需要知情并明确说明相关事件。这样的话，组织就会更加了解他的需求，他便可融入进来，达到理想的结果。或者，他可以采用激进适应策略，直接昂首阔步走进主任办公室，要求自己应有的权益。

在语言中游走

多语言现象

会说两种语言的人被称为**双语人才**；会说两种以上语言的人被称为**多语言人才**。但是，极少双语人才能把两种语言说得同样流利。普遍情况是，他们会倾向于其中一种语言，这取决于具体语境和话题。

有时，一个国家的官方语言都会有两种甚至更多。比如比利时就有三种语言：荷兰语、德语和法语。加拿大认可英语和法语。瑞典是一个多语种国家，有四种官方语言：法语、德语、意大利语和罗曼什语。在美国也出现了越来越多的双语和多语言人才。据近期报告显示，在过去的30年间，说不止英语一门语言的人数至少翻番。（参照表5.4中列出的美国最常见的非英语语种）。一个叫劳拉的大学生是这样描述双语的：

流行文化聚焦

在电影《喜宴》中，一位亚裔美国人想找到一个方法，告诉他的父母他是同性恋，与此同时，他的白人爱人在学习普通话。有一个场景很有趣，那位白人给了他爱人的妈妈一些美容霜，但是他的普通话太差了，他说那个霜是专给"老妇女"用的。我们能做些什么来为这些不可避免的错误做准备呢？

在学校里面，我主要学英语，其次是西班牙语。成长过程中，在学校和老师同学们说英语是很正常的，但是在家里，我的祖母一家说西班牙语，所以我跟他们说话也说西班牙语。因为我是祖母带大的，所以西班牙语是我最先听到和开始学的语言。我觉得说西班牙语不难，也很喜欢说。很多西班牙词语都是脱口而出的。

作为双语人才我很骄傲。我会谈论到我是谁——一个混血儿，我的血液和语言都是混合的。还有很多人都跟我一样，会说两种语言。我们说话的时候会经常把英语和西班牙语混在一起。所谓西班牙英语，这并不是一种语种，而是指两种语言的混合。我们的生活亦是如此。我可以用西班牙语和我的家人朋友说话。我还可以把西语和英语混在一起，他们还是能听懂我在说什么。

1. 西班牙语	5. 塔加拉族语
2. 汉语	6. 越南语
3. 法语	7. 韩语
4. 德语	

表 5.4 美国最常见的非英语语种

资料来源：http://www.census.gov/newsroom/releases/archives/american_community_survey_acs/cb10-cn58.html。

无论是从个人还是从国家的角度，多语言人才一定会面临语言协商。也就是说，他们得弄清楚到底在某个特定的情况下应该使用哪种语言。如何做决定很明显跟权力相关。例如，在18世纪的俄国，法语是凯瑟琳大帝统治时期的法庭语言。人们认为法语是代表文化的语言，是精英的语言，而俄语则是粗俗的语言，是无知的人才用的语言。

有时，选择某种语言是出于对他人的礼貌。当朱迪思和她的会说两种语言的朋友（英语—西班牙语）在一起的时候，他们大多数时候说英语，因为朱迪思的西语水平不高。汤姆在某年巴士底日（巴士底日是法国国庆日，为7月14日，纪念攻占巴士底狱及法国革命的开端）加入了一个去埃菲尔铁塔看烟花的群体。其中一个人问："Alors, on parle français ou anglais?"（"我们是说法语还是英语？"）因为有一个成员英语水平不好，所以那天晚上大家选择说法语。

为什么有些人选择学一门外语，而有些人则没有这么做呢？很多人学习外语的目的和我们在第一章中所讨论的学习跨文化交流的目的相同。中东为了解决冲突实现和平需要大量翻译和口译——需要能够流利使用阿拉伯语、波斯语、乌尔都语、旁遮普语、帕施图语和达里语的人。这也和人口学和经济学紧密相关，尤其是在美国

> **你怎么看？**
>
> 一些英国教育专家说年轻人用了太多俚语，然而他们并不知道俚语的使用是否合适，这让他们无力应对大千世界。很显然，年轻人中出现了一种取代伦敦腔的新的方言——"多重文化英语"，它是伦敦腔、印第安人、东非孟加拉国以及科威特的大杂烩。你认为这会对标准语言造成伤害吗？这种新语言可以推动英国各群体间的跨文化传播吗？
>
> 这里列出一些常见词及其含义：
>
> nang/nanging:excellent（非常好）
>
> what's good: hello（你好）
>
> I'm ghost:goodbye（再见）
>
> chung, peng: attractive（真迷人）
>
> bare: lots of, very（很多，非常）
>
> sik: cool（很酷）
>
> （资料来源：Barford, V. 2011,12月9日. 注意你的俚语. BBC新闻，2011年6月2日. http://news.bbc.co.uk/2/hi/uk_news/magazine/8388545.stm。）

领土内，民族和语言多样化愈演愈烈。我们的学生劳拉最近从密歇根州搬到了亚利桑那州，当地很多居民都是从墨西哥来的。她说："有时候觉得很辛苦，因为你想要交流，但是却总是词语匮乏。我不太会说西班牙语，所以想要和他们交谈很困难。但是，有志者事竟成。我的朋友和我努力表达我们的意思，我还遇上了非常棒的人。"学习另外一种语言绝非易事，但是学会了一门外语的好处也是丰厚的。很多人学习语言是因为个人需求。杜克大学的一名法国教授艾丽丝·卡普兰（Alice Kaplan）说道："对于我和我的学生来说，说一门外语是成长，是自由，是一种从我们一直以来接受的想法和观念中解放出来的自由。"[27] 很多人都用外语来逃离他们母语中一直以来压迫的东西。

也许把语言看作是"牢房"会更容易一些。因为所有的语义、语法、语用和语音系统均受社会系统的束缚，无处可避，除非你使用另外一种语言。看看萨姆·苏的例子，他是一名华裔美国人，在密西西比出生和长大，他说他需要改变说话的方式，与像谜一般、像烙印一般的、充满着刻板印象的社会系统做斗争：

> 不管你的真实情况是怎样的，北方人一听到南方口音，就认为说话人是种族主义者，或者比较蠢，或者是乡巴佬。所以我的应对方式就是改变我说话的方式。如果你和我哥哥聊天的话，你一定会听出来他是南方人。但是我的话，我记得有客人跟我爸爸说："你的儿子听起来像个美国佬。"[28]

在美国的多种英语中，南方口音总是会带来种种负面的刻板印象。想要逃离这种刻板印象，很多人只有改变自己的口音。当你听到不同的口音时，这些口音会让你想起来什么？

除了口音之外，共文化群体还会有一种单独的交流方法：**行话**。行话是行内人创造出来的行外人听不懂的表达方法。行内人能够理解说的是什么，但是行外人就不行。很多时候，这跟学习另一种语言类似。在法语中，有一种行话叫作**反读**。反读指的是将单词倒过来读，行外人难以听懂。经常会将音节倒过来创造出不同的词，这样一来，"les pourris"（大坏蛋）就变成了"les ripoux"。这种词语使用的频率高到一定程度，就变成了大家熟悉的术语，很多说法语的人在说这种词的时候甚至意识不到这是反读，比如"beur"（阿拉伯人）这个词是"arabe"的反读。尽管反读在法语出现时就存在，它是在法国郊外的穷青年口中流行起来的。

全球力量有时会改变语言的使用，比如造就了一种新的方言——在大不列颠的年轻人中出现的取代伦敦腔的新型多重文化英语（参照"你怎么看？"）。

语言习得指的是学习另一种语言的过程。语言习得研究表明想学习憎恶之人所说的语言几乎是不可能的。学习一门语言会涉及另外一种文化。我们的学生卡拉说到这样一段经历：

我上七年级的时候就开始学西班牙语。这很难的。在说了几年西语之后，我对那些双语人才充满了敬佩。（实际上，我小时候经常想着是不是墨西哥人比美国人聪明，因为他们当中很多人都同时会说英语和西班牙语！）当我进一步学习西班牙语时，我更深层次地学到了墨西哥和西班牙的不同文化。我有个老师意识到了只是在书中读到别人是很难与他们共鸣的。她筹备了一个课后小组，聚集了一群第二语言为英文的年轻人。因为是同一个班的，我经常和他们一起交谈。这样一来，我就有机会和他们成为朋友，而本来我想认识他们都难。

一个非常有意思的语言现象叫作**语际语**，会影响对语言的教授和学习。语际语指的是某一种语言使用者说另外一种语言时出现的一个交流形式。说话者经常会将本族语言的结构融入第二语言，这样就产生了第三种表达方式。例如，很多英语为母语的人在将"I am an American"（我是美国人）翻译成法语时，会写出"Je suis Américain"这样的句子。虽然我们写"American"的时候大写，但是在法语中却不用大写。而且，这句话的翻译也是根据英语的结构和语法来的，正确的法语应该是"Je suis américain"。相反地，一个澳大利亚的记者莎拉·特恩布尔（Sarah Turnbull）说，她第一次遇到她的法国丈夫弗雷德里克（Frédéric）时，他说的英语"总是夹杂着各种神奇的表达，比如他会说'foot finger'（脚的手指），而不是'toe'（脚趾）来表达'脚趾'之意。"[29] 法语中对脚趾的表达是"doigts de pied"，或者书面来说就是"fingers of the foot"或"foot fingers"（即，脚上的手指）。弗雷德里克受语际语的影响，造成他把法语的结构用在了英语之中，形成了第三种表达方式，既不是英语，当然也不是法语。

有了这个选择之后，有些人，尤其是美国人，就觉得没有必要学习第二语言了（参考"你怎么看？"）。他们认为无论是在国内还是国外，遇到的大多数人都会说英语。或者他们觉得，直到今天为止，他们没有学习第二语言，但依然获得了成功，所以为什么要现在学呢？尤其是必要的话，在一些专业的场合雇用个口译员就行了。

因为本身说英语，美国人在出国旅行的时候会方便很多，但这

你怎么看？

随着全球化的发展，英语作为全球语言的地位越来越显著，英语为母语的人以及他们在这个日益多样化的世界上的地位会受到怎样的影响？克里斯托弗·德蒙特-海因里希（Christorf Demont-Heinrich）对此进行了研究，询问了来自美国的英语为母语的学生以及来自丹麦大学的非英语为母语的学生一个问题：学习第二语言是否重要？他发现：

1. 大多数丹麦学生认为他们应该学英语，而大多数美国学生认为他们可以学第二外语，但却不是十分必要。还有些人十分坚定地认为美国人都不需要学习第二外语的，因为英语已成为国际语。他们和丹麦的学生观点一致，认为母语非英语的人应当学习英语。

2. 但是，有些人认为"总是希望别人会

> 说英语并不愿意学其他语言"是非常没有礼貌的。"非常不幸，英语变得如此全球化，因为这让美国人懒惰，并让他们相当地享受特权。""如果我们继续这么认为的话，这个世界就会越来越不多元化，并变得更加无聊。"似乎总有"不满"和"遗憾"。
>
> 德蒙特-海因里希总结：英语的主导地位有利有弊。
>
> 全球语言秩序缺乏平等性带来了不同的结果——为有些人提供了强制性的"多语言的机会"，但是却没有给另一些人提供这样的机会。你是怎么看的呢？
>
> （资料来源：Demont-Heinrich,C.2010. 语言优势还是语言诅咒？美国大学生和全球英语主导权。世界英语，29（2），281~298）

样也有不好的地方。可能是因为只会说一种语言，美国人给人感觉不那么世界主义，而是更加地方主义——尤其是在当前全球经济形势下进行比较。事实上，如果一个人只会一种语言，并且这种语言是一种常见的第二语言（比如英语），那别人听懂他说什么是没什么问题的，但是当别人说自己母语的时候，他就不可能听懂了。这个时候就得靠翻译，并且很容易造成误解。更重要的是，他们错过了学习一种文化的机会。正如我们所描述的，语言和文化总是不可避免地交织在一起，学习一门新的语言必然会了解另一个世界，另一种文化。

人们生活在多文化的世界，反应各不相同。有些人努力工作学习外语以及交流方法，不怕过程中犯错。其他人却躲在自己所熟悉的语言和风俗中。不同语言和意义系统带来的紧张感在全世界到处都有。这种紧张感永远不会消失不见，并且会一直对跨文化传播提出新的挑战。

笔译和口译

跨文化传播学者总是非常关心笔译和口译的作用——也就是，当人们说不同的语言的时候如何互相理解的。因为想要学世界上所有的语言是不可能的，所以我们必须靠笔译和口译这两种不同但是重要的方式来进行不同语言之间的传播。例如，欧盟（EU）对其成员国的所有语言就有严格的认可政策。因此，欧盟雇用大量笔译和口译作为这些有差异的语言之间的桥梁。

笔译指的是以书面的形式翻译用另一种语言说出来或写出来的话。需要翻译的最初的文本被称为**源文本**；翻译之后的文本被称为**目标文本**。所以，当把《飘》翻译成匈牙利语时，作者写的原始文本就是源文本。翻译的结果，也就是匈牙利语版本，就是目标文本。

口译指的以口头的形式翻译用另一种语言说出来或写出来的话。口译的种类可以是同声传译，也就是口译员和发言者同时说话，也可以是交替传译，也就是口译员在发言人发言的间隙进行口译。

语言是一个意义和意识的整体系统，绝不可能简单地字对字进行翻译。我们之前提到过，不同语言表达世界观的方式不尽相同。还记得关于颜色的困境吗？法语中的很多词都可以翻译成英文中的 brown（棕色），比如 roux,brun,bistre,bis,marron,jaune 和 gris[30],

具体要看这个词是怎么用的。例如，brun 用来描述棕色的头发，bis 用来描述棕色的铅笔。我们第一章中提到过，有的时候因为不正确的广告标语的翻译，所谈之事就会遇到麻烦（参考本页的"信息频道"）。

对等性和准确性问题 有些语言在表达上十分灵活，还有一些语言则词汇有限。反之亦然，当然，只是对某些话题而言。语言之间的差异对于笔译和口译来说是可怕但是让人兴奋的。翻译研究的传统倾向于强调准确性和**对等性**的问题，所谓对等性问题就是指在意义、价值、数目等方面相同的情况。所以，从语言的角度来说，重点是比较翻译之后和之前的意义。一般来说，字对字的翻译是不可以表达等同的含义的，而且这样翻出来的译文也会很好笑。以下是在全球各地旅游景点出现的字对字翻译标识：[31]

- 敬请偷宾馆毛巾是禁止的。如果你不是一个人做这件事请不要读告示。（东京宾馆）
- 电梯正在修明天。在那个时候我们抱歉你将是不能忍受的。（罗马尼亚布加勒斯特的电梯）
- 请在前台留下你的价值。（巴黎宾馆）
- 由于在卧室娱乐异性客人是不合适的，建议在大堂里做这件事。（苏黎世宾馆）
- 这里禁止女性进入，即使是外国人，如果穿得像个男人。（曼谷庙）
- 女人和其他疾病的专家。（罗马医生办公室）
- 经理自己将所有服务用水搬来这里。（阿卡普尔科宾馆）

在某些情况下（比如翻译研究问卷），意义对等十分重要。一种特殊的**回译**技巧可以提高翻译的准确性。[32] 例如朱迪思和汤姆的同事做了一个研究，比较日本和美国学生的冲突处理方式，并使用了回译方法。他先做了一份英文的调查问卷，将其翻译成日语，然后由另外一个不知道英文原文的翻译将翻译之后的日语翻译回英文。多语言专家组比较了英文原版和回译之后的版本之间的所有不同。如果问卷的翻译版本始终不被接受，那么这个过程（正向翻译，回译，双语专家组讨论，等等）就在必要的情况下反复进行，直到最终有一个令人满意的版本。[33]

有一些"地缘政治"的翻译失败实例非常有名，也导致了问题。1963 年 6 月，美国总统肯尼迪在柏林墙宣告，"Ich bin ein Berliner"（我是柏林人），结果给翻译成了"我是个奶油面包"。1977 年 12 月，

信息频道

翻译是一个复杂的过程。因此，有很多大公司也犯过很多翻译错误。例如，康胜啤酒公司的西班牙语广告语"打开它"（"Turn it loose"），被翻成了"忍受腹泻之苦"。福特公司在墨西哥宣传福特卡莲特（Caliente）车型的时候发现"Caliente"是"妓女"的俚语表达，之后更名为 S-22。（资料来源：http://ezinearticles.com/?International-Marketing-and-Advertising-Translation-The-Top-20-Blunders,-Mistakes-and-Failures&id=3999831）

美国总统吉米·卡特在波兰演讲，说了一句话："我想了解波兰人民。"（I want to know Polish people）当翻译成波兰语的时候，翻译对"了解"(know)这个词产生了误解，结果最后大家以为他说的是："我想和波兰人民发生性关系。"

对于那些对跨文化交际过程感兴趣的人，他们关注的并不是对等，而是人们为了在两种语言之间"穿越"所建立的桥梁。

有一次汤姆在法国北部诺曼底的时候，一个法国警官让他告诉一位说英语的妇女从一个比道路高很多的墙上下来。汤姆大声告诉她警官想让她下来。她拒绝了。警官很生气，说话越来越大声也越来越快，一直重复着这个请求。汤姆也说话越来越大声，越来越快，用英文重复着同样的请求。整个状况愈发激烈，直到那个妇女大喊道："让他下地狱！"这时汤姆觉得很尴尬，所以他转过身告诉那位警官，"Je ne comprends pas. Je ne parle pas français"（"我听不懂。我不会说法语"）。

汤姆试图道歉然后离开现场。但是警官立马打断了他并反驳道，"Mais oui, tu peux parler français!"（"哦，我知道，你会说法语！"）他继续愤怒地朝那个妇女喊着。在整个过程中，汤姆没有真正表达双方说话的细微差别。除非那个警官本身会英语只是没有说，否则他不会知道对方说出的污秽之语。而那个妇女也不会知道那个警官所用的同样有失身份的语言形式，也不会理解他作为警官所发出的指令的重要性。在法国，警官所代表的权威比在美国要大得多。

笔译和口译的角色　我们经常觉得笔译和口译是"无形的"，他们就是可以把他们所听到的译成目的语。然而，他们作为中间人的角色会影响他们如何翻译。再回头看下之前的例子。考虑到法国警官的地位，汤姆不可能把那个妇女说的话告诉他——就算语言和翻译上没有困难也不行。

如果你遇到那种情况的话，就明白口译员角色的重要性。汤姆最近遇到了一群中国记者，还有一位随行的中英口译。汤姆得知有翻译随行后，为了方便她更好地翻译，他提前询问译员自己说话的时候应该如何停顿、何时停顿。他还告诉译员有不明白或者不确定的地方时随时提问。这样一来，口译员在口译过程中的灵活性和权威性都提高了，对口译过程大有助益。

我们经常认为一个人只要会两种语言就可以做笔译或者口译。但是，研究表明即使能流利地说两种语言也不一定就能成为优秀的笔译或口译。要完成这个任务，必须得会两种语言。但是仅仅如此是不够的。想想那些英语是母语的人。为什么他们当中也只有一部分成为比较厉害的作家呢？懂英语是会用英语写作的必要条件，但是懂英语不一定代表能成为一个好作家。因为人与人之间的关系非常复杂，尤其是在跨文化的场合，笔译和口译绝不仅仅只是传统意义上的语言的对等。

语言政治和政策

有些国家有多种官方语言。在美国，没有官方的、法定的国家语言，尽管实际上英语就是国家语言。在编写宪法时，曾经有过关于语言政策的讨论，因为当时在美国欧洲人还说几种语言，包括英语、法语、德语和西班牙语。但是，最终开国元老们决定在宪法中关于语言只字不提。即便如此，美国有些地方还是宣布有两种官方语言，比如关岛（查莫落语和英语）、夏威夷（英语和夏威夷语）、新墨西哥（英语和西班牙语）和萨摩亚（英语和萨摩亚语）。最近，美国议会要求将英语作为美国的国家语言。此次编写，提案会发生怎样的变化尚不知晓。但是将英语作为国家语言的提议"并没有夸张到要求将英语设定为国家官方语言，且要求所有政府出版物和正式文件都使用英语"。34 因此，若英语成为美国的国家语言，实际上和将英语作为美国的官方语言概念是不一样的。

语言政策指的是决定应该说哪种语言以及相应的地点和时间的法律和风俗。这些政策往往源于语言使用的政治。举个例子，从历史的角度来看，欧洲贵族说法语。想象一下在俄国凯瑟琳大帝的法庭之上，大家听到的和说的都是法语，而不是俄语。根据当时的语言政策，说俄语是粗俗的，或者像他们说的，declassé（下流的、粗俗的）。在那样的语言政策下，法语和社会以及经济层面的政治息息相关。形象一点，这就好比你在美国说英语别人认为"粗俗"，反而说法语却是地位高的象征。

再想想欧盟，有23种官方语言和大概60种本土语言（比如，南部的撒丁语、西部的巴斯克语）。官方的欧盟政策是保护语言多样性并鼓励大家学语言，希望在欧洲每个人除了自己的母语之外还可以说至少两种语言。35

当然，实施这项政策非常具有挑战性，因为历史、地理、政治以及权力关系都涉及其中。该学哪两种，或者说哪三种语言？最有可能的似乎是英语、法语和德语——前殖民地语言和国际商务、科

信息频道

想想看，每14天世界上7000种语言的一种就会"灭绝"。当一种语言消失的时候，我们丢失了什么？语言学家说每一种语言都是一个独特的窗口，一种独特的看待世界的视角。比如，在图瓦，说"过去"经常说成在某人前面的，而"未来"则是在某人身后的。你若是站在图瓦的角度来看，这样的表达是非常有道理的。如果未来在你的前面的话，那你不是看得一清二楚了？当语言消失的时候，文化多样性的重要部分也会消失。"语言的消失就仿佛某一个物种消失的时候，随之一起消失的会是未来的某种神奇魔药。小语种比大语种更能解开自然的秘密，因为小语种的使用者更多地住在离动植物更近的地方，他们所说的话能够反映他们所观察到的不同。"（资料来源：Rymer, R.(2012, July). Vanishing Languages. National Geographic）

技、全球知识、信息和娱乐的语言。在这三种语言中,英语似乎胜出了。欧盟该如何保护欧洲的小语种?如果小语种消失了,有何损失?(参考"信息频道")

语言政策的建立决定了某地不同语言的地位,在它的背后是有不同的动机的。有时候,国家之所以决定某种国家语言是为了让其人民能够融入民族文化。如果那个国家想要促进同化过程,语言政策就应该鼓励所有人说官方语言并用该官方语言办事。

有时候国家建立语言政策是为了保护小语种不让其消失。威尔士的威尔士语就是一个例子,但是爱尔兰的爱尔兰语、德国和荷兰的弗里西亚语是受到法律保护的语言。有些语言政策认可其公民在国家范围内任何地方的语言权利。比如,加拿大(英语和法语),还有肯尼亚(斯瓦希里语和英语)。全国范围内政府服务都是用两种语言均可的。

其他语言政策是根据地点制定的。在比利时,荷兰语(佛兰芒语)是北部佛兰德斯的官方语言。法语是南部瓦龙的官方语言。而德语是与德国接壤的坎顿市东部的官方语言。因此,如果你坐上了一辆从安特卫普(Antwerp,比利时北部港市)到图尔奈(Tournai,比利时西南部城市)的火车,你就得在安特卫普火车站找下"Doornik"(图尔内)。当你到了图尔奈的火车站准备回去时,你得找前往"Anvers"(安特卫)的火车。这些标志不会用两种语言表示,除了在布鲁塞尔首都地区(那是全国唯一一个双语的区域)。

语言是意义和意识的整体系统,将其翻译成另外一种语言绝非易事。手语和口语也是如此。

语言政策似乎是以语言平等为基础的,但在实际运用时并非如此。打个比方,在西非国家喀麦隆,尽管有247种本土语言,但英语和法语才是官方语言。德国是喀麦隆最初的殖民统治者,1916年英法接管了这一地区,法国割据了喀麦隆大片领土。这些"新殖民统治者很快试图在这块新的领土上强制推行本国语言"[36]。1960年独立时,法属喀麦隆将法语定为喀麦隆的官方语言。1961年英属喀麦隆并入喀麦隆,其官方语言英语和法语共同成为了喀麦隆的官方语言。因为说法语的人远比说英语的人多,"法语实际上统治了行政、教育和媒体领域"。事实上,毫不夸张地说,在语言、文化和政治政策等几乎所有领域都盛行法语。因此,尽管喀麦隆官方语言有两种,但大多数人说的都是法语,法语在几乎所有领域都占统治地位。"尽管交流需求促使喀麦隆拥有了两种官方语言,地方语言也受到了保护,但一个国家的语言政策究竟是什么,很难明确界定。"[38] 欧洲殖民主义在这个非洲国家留下了印记,而其语言政策和语言现状仍有待进一步研究。

我们可以把语言政策的发展看作是对国家历史和未来之间、不同语言群体之间、国内外经济和政治关系之间紧张关系的反映。在今天的加拿大,很多人都怀疑国家双语的未来。最近,法国杂志 *L'Express* 发问道:"加拿大的双语现象会一直持续下去么?"加拿大法语杂志 *L'actualité* 回答道:"双语者的数量正在攀升。1951年仅占总人口的12%,50年后,就占到了18%。"[39] 尽管我们不能预知未来,但是语言在加拿大的重要性短时间内不太可能消失。

> **你怎么看?**
> 你的朋友或家人有多少是双语或多语种人士呢?
> 你是在双语或多语种家庭中长大的吗?如果是,你可能习惯了语言转换。语言转换这种概念描述的是人们在口语表达或书写两种或两种以上语言时的融会贯通。人们在教堂、公司、学习小组或女学生联谊会这些地方进行语言转换时,会发生什么?
> 语言转换会揭示这些组织之间的差异吗?

小结

本章当中,我们探索了许多跨文化交流方面的语言维度,语言学家在研究语言工作方式时,会考虑四项基本内容:(1)语音学,语音系统的研究;(2)语义学,语言意义的研究;(3)语法学,结构的研究;(4)语用学,语言使用的目的和语境的研究。我们还讨论了萨丕尔-沃尔夫假说,以及我们的母语怎样影响我们的认知。语言是强大的,但它不能完全决定我们的认知。语言的权力可以通过标签的使用显示出来,社会中权力越大的民族反而会给自己贴上没有权力的标签。个人的社会地位越高,就越不认为他们的地位在交流过程中有所展示。在交流风格和语境规则上,语言表现出许多文化差异。有的文化群体强调讲话，有的喜欢沉默，有的重视语言交流（弱语境），有的强调非语言交流（强语境）。我们还论述了两种交流类型：直接/间接交流，复杂/朴素交流。我们还探究了新通信技术对各个文化群体交流风格可能的影响。语境是语义理解的重要部分，在跨文化交流中，人们共同创造了一种"第三文化风格"，作为联结不同的交流风格的桥梁，并进行了即兴的交流表演。

我们还调查了权力在语言当中扮演的角色。主导群体总会有意或无意地形成一些不适合非主导群体生活经验的通信系统。我们整理出了和主导群体成员交流的九大策略，共文化群体成员可以酌情采纳。

接下来，我们讨论了多语言现象。个人学习语言的原因各不相同，学习的过程通常非常有意义。通过笔译和口译，我们能够推动复杂的双语交流，在这个过程中对等性和准确性至关重要。想要成为一名优秀的口译员或笔译，仅仅能够流畅表达两种语言是不够的。

最后，我们看了比利时、喀麦隆以及加拿大的现状，来探索一些围绕语言政策和跨文化交流的问题。什么时候该说什么语言，该对谁说，为什么这样说，这些问题非常复杂。

培养跨文化技能

1. 提高对语言使用方式的认知。你发送的信息是你想要发送的吗？通过检验人们是否理解了你的意图，以此提高自己的语言运用技能。检验方式可以是询问对方对信息的理解。如果对方没有弄清楚你的意思，尝试释义。

2. 在跨文化接触中，多留意别人的语言信息，对他人的语言技能多做假设。打个比方，如果你听到了带口音的英语，会做何种假设？南方口音呢？复杂交流方式呢？朴素交流方式呢？要多练习语言转换技能，看看你理解的跟人家表达的是不是一回事。检验方式就是直接问对方。

但是，要记得不是每一个人都习惯直来直去的问答。因此，我们需要掌握其他的检验方式，比如观察或旁敲侧击。

3. 在跨文化环境中磨炼自己的语言技能。如果你说的不是对方的母语，你要尝试放慢速度，用浅显易懂的单词和简单的句式，避免使用俚语。如果你说的不是自己的母语，就要学会不懂就问，并试着改变自己的语言模式，也就是说如果你喜欢表达，那么请试着聆听，如果你习惯沉默，那么请尝试开口。

4. 在跨文化接触中，要灵活去适应对方的语言风格。在正式场合，要多使用正规语言，对方如果使用间接交流风格，你也要跟着使用间接风格。

5. 使用对方能够接受的称呼。Gay 还是 homosexual（同性恋）？African American（非裔美国人）还是 Black（黑人）？ White（白人）还是 Caucasian（高加索人）？如果你不确定，先调查清楚，不要信口开河。

实践

1. 区域语言变体：和其他班级成员组成小组，讨论美国不同地区语言使用的变化（口音、词汇等），并确定和这些变化相关联的认知。

2. 对"外国人"的称呼：和其他班级成员组成小组，想一想我们通常是怎么称呼那些来到本国的外国人的，做出一个称呼列表（比如 immigrants、aliens 或者 foreigners 等）。给出每一个称呼隐含的意义（积极的、消极的还是复杂的）。探讨一下，这些词的内涵是怎样影响我们对其他国家人的认知的。如果我们称呼他们为客人或是游客，会有什么不同吗？

注释

1. Say what (2011, September 10). *The Economist*, *400*(8750), p. 93.
2. Omniglot, Writing Systems and Languages of the World. Retrieved January 29, 2009 from http://www.omniglot.com/writing/vietnamese.htm.
3. Genzer, D. *The disorientation manual 1987–1988*. (A guide for American students studying at the University of St. Andrews, Scotland). St. Andrews, Scotland: University of St. Andrews.
4. Slackman, M. (2008, June 20). With a word, Egyptians leave it all to fate. *The New York Times*, A9.
5. Smith, T. W. (1992). Changing racial labels: From "Colored" to "Negro" to "Black" to "African American." *The Public Opinion Quarterly*, *56*(4), 496–514.
6. Washington, J. (2012, February 3). Some Blacks insist, "I'm not African-American." *Foxnews.com*. Retrieved May 12, 2012, from http://nation.foxnews.com/african-american-community/2012/02/05/ap-some-blacks-insist-i-m-not-african-american.
7. Cruz-Janzen, M. (2002). Lives on the crossfire: The struggle of multiethnic and multiracial Latinos for identity in a dichotomous and racialized world. *Race, Gender & Class*, *9*(2), 47–62.

8. Taylor, P., Lopez, M. H., Martinez, J. H., & Velasco, G. (2012). When labels don't fit: Hispanics and their views of identity. Pew Hispanic Center. Retrieved May 12, 2012, from http://www.pewhispanic.org/files/2012/04/PHC-Hispanic-Identity.pdf
9. Davis, W. (1999). Vanishing cultures. *National Geographic, 196*, p. 65.
10. Hoijer, H. (1994). The Sapir-Whorf hypothesis. In L. Samovar & R. E. Porter (Eds.), *Intercultural communication: A reader* (pp. 194–200). Belmont, CA: Wadsworth.
11. Davis (1999), pp. 62–89.
12. Dehaene, S., Izard, V., Pica, P., & Spelke, E. (2006). Core knowledge of geometry in an Amazonian indigene group. *Science*, 311, 381–384; Kenneally, C. (2008, April 22). When language can hold the answer. *The New York Times*, p. F1.
13. Deutscher, G. (2010). *Through the language glass: Why the world looks different in other languages*. New York: Metropolitan Books.
14. Giles, H., Coupland, N., & Wiemann, J. (1992). Talk is cheap . . . but "My word is my bond": Beliefs about talk. In K. Bolton & H. Kwok (Eds.), *Sociolinguistics today* (pp. 218–243). New York: Routledge.
15. Covarrubias, P. O., & Windchief, S. R. (2009). Silences in stewardship: Some American Indian college students examples. *Howard Journal of Communications, 20*, 343.
16. Kim, M.-S. (2002). *Non-Western perspectives on human communication*. Thousand Oaks, CA: Sage, p. 135.
17. Hall, E. T. (1976). *Beyond culture*. Garden City, NY: Doubleday, p. 79.
18. Hall (1976), p. 79.
19. Gudykunst, W. B., & Ting-Toomey, S. (1988). *Culture and interpersonal communication*. Newbury Park, CA: Sage.
20. Kikoski, J. F., & Kikoski, C. K. (1999). *Reflexive communication in the culturally diverse workplace*. Westport, CT: Praeger, p. 67.
21. Miles, O. (2011, February 24). How Gaddafi's words get lost in translation. *BBC News Africa*. Retrieved May 24, 2012, from http://www.bbc.co.uk/news/world-africa-12566277?print=true.
22. Generational differences chart. (n.d.) Retrieved May 24, 2012, from http://www.wmfc.org/GenerationalDifferencesChart.pdf.
23. Dazell, T. (2005). Sez who? The power of slang. *PBS.org*. Retrieved May 24, 2012, from http://www.pbs.org/speak/words/sezwho/slang/.
24. Shuter, R. (2012). When Indian women text message: Culture, identity and emerging interpersonal norms of new media. In P. H. Cheong, J. N. Martin, & L. P. Macfadyen (Eds.), *New media and intercultural communication* (pp. 209–222). New York: Peter Lang; Shuter, R., & Chattopadhyay, S. (2010). Emerging interpersonal norms of text messaging in India and the United States. *Journal of Intercultural Communication Research, 39*(2), 121–145.
25. Bateson, M. C. (1993). Joint performance across cultures: Improvisation in a Persian garden. *Text and Performance Quarterly, 13*, 119.
26. Camara, S. K., & Orbe, M. P. (2010). Analyzing strategic response to discriminatory acts: A co-cultural communicative investigation. *Journal of International & Intercultural communication, 3*(2), 83–113.
27. Kaplan, A. (1993). *French lessons: A memoir*. Chicago: University of Chicago Press, p. 211.
28. Sue, S. (1992). Growing up in Mississippi. In J. F. J. Lee (Ed.), *Asian Americans* (pp. 3–9). New York: New Press.
29. Turnbull, S. (2002). *Almost French: Love and a new life in Paris*. New York: Penguin, p. vii.
30. Vinay, J. P., & Darbelnet, J. (1977). *Stylistique comparée du français et de l'anglais: Méthode de traduction*. Paris: Marcel Didier, p. 261.
31. Lost in Translation. Retrieved May 24, 2012, from http://www.jnweb.com/funny/translation.html.
32. Brislin, R. (1986). The wording and translation of research instruments. In W. J. Lonner & J. W. Berry (Eds). *Field methods in cross cultural research* (pp. 137–164). Newbury Park, CA: Sage.
33. Shigenobu, T. (2007). Evaluation and usability of back translation for intercultural communication. In N. Aykin (ed.), *Usability and internationalization: Global and local user interfaces* (pp. 259–265). Berlin: Springer.
34. Hulse, C. (2006, May 19). Senate votes to set English as national language. *The New York Times*, p. A19.
35. EU Languages and Language Policy (2012, February 7). European Commission. Retrieved May 14, 2012, from http://ec.europa.eu/languages/languages-of-europe/index_en.htm.
36. Echu, G. (2003). Coping with multilingualism: Trends in the evolution of language policy in Cameroon. *PhiN, 25*, 34. Retrieved from http://web.fuberlin.de/phin/phin25/p25t2.htm#ech99b.
37. Echu (2003), p. 39.

38. Echu (2003), p. 44.
39. Demetz, J.-M. (2006, February 23). Is Canada always bilingual? *L'Express*, pp. 42–45; Chartrand, L. (2006, May 1). Who defends bilingualism? *L'actualité*, p. 75. [Le nombre des bilingues s'accroît. Ceux-ci formaient 12% de la population canadienne en 1951. Cinquante ans plus tard, ils étaient 18%.]

CHAPTER 6 第六章

非语言传播问题

章节概要

非语言传播的定义
比较语言传播和非语言传播
非语言行为所传达的意义
非语言行为的文化差异
非语言代码
文化差异还是成见?
文化空间的定义
文化身份和文化空间
变换文化空间
文化空间的动态特性
小结
培养跨文化技能
实践
注释

学习目标

读完本章节后应能够：
1. 了解非语言传播的定义。

2. 理解语言传播和非语言传播的区别。
3. 描述非语言行为所表达的含义。
4. 辨别非语言行为中的文化差异。
5. 理解非语言传播如何强化文化成见。
6. 知道什么是文化空间并能举例。
7. 描述文化身份和文化空间的关系。
8. 描述文化空间的动态特性。

关键词

适应性动作、接触文化、文化空间、网络空间、欺骗、象征性动作、眼神接触、面部表情、手势、家庭、阐释性动作、移民、多人在线角色扮演游戏、单一性、社区、非接触文化、非语言传播、辅助语言学、私人空间、外形特征、多重性、区域主义、调控性动作、关系信息、沉默、地位、旅行

非语言传播，就和语言一样，在不同的文化中有着巨大的差别。这些差别有时候会导致误解。例如，一位从墨西哥来的新同事习惯了较近的空间距离，他站得离你很近，让你觉得很不舒服，所以你往后退了几步。这个动作向你的同事传达了什么呢？尽管这样的情景有点尴尬，在有些时候，理解非语言交流可是生存的关键。举个例子，执法人员及安全官员经常根据人们的非语言行为作出生死攸关的决定。警察也会接受训练，观察犯罪活动中的非语言标志。运输安全管理局（TSA）工作人员则接受过训练，可以评估航班乘客的"微表情"——只出现0.04秒的面部表情，这些表情往往隐藏着某种情感，比如眼睛的轻微转动、喉结的运动什么的，还有很多都是机密信息呢！[1]

在这些例子中，非语言信号是个大问题。另外，有时候非语言交流可以在我们不懂外语的时候帮助我们传达信息。举个例子，我们的学生亚迪拉和朋友在希腊野营，想要在当地农民的草原上搭帐篷，需要征得其同意，但是她不会说希腊语。她画了一个帐篷并比画了半天，最终获得了同意。

你有可能一辈子都遇不上执法人员或者运输安全管理局官员，也不会去希腊游玩，但是你肯定还是会遇到很多跨文化交流的情况（例如，在多种文化并存的工作场合）（参照本页"极速冲浪"）。在

极速冲浪

在你自己的文化中不具有冒犯意义的非语言行为在别的文化中可能十分粗鲁。浏览网站www.cba.uni.edu/Buscomm/nonverbal/Culture.htm，了解更多的非语言行为的文化差异。

本章中，我们会讨论跨文化传播中的非语言部分的重要性和意义。我们还探讨跨文化语境下非语言交流的具体代码（个人空间、手势、面部表情等）以及权力的表达。最后，我们研究文化空间的概念、文化空间（家乡、邻里等）是如何塑造人们的文化身份的，以及新兴的虚拟网络空间。我们还会讨论在线交流或者短信交流这样没有非语言行为的交流方式对沟通的影响。传播是否会因为没有非语言线索而更艰难？抑或是更简单？

非语言传播的定义

未说出的话往往和说出来的话一样重要。**非语言传播**指的是通过除了语言之外的方式进行的交流——比如，面部表情、个人空间、眼神接触、所用时间以及会话沉默。² 非语言传播一般都会涉及文化空间的概念。**文化空间**就是组成我们身份的语境——我们成长和居住的环境（不一定是物理意义上的房子或者邻里，也包括网络环境下产生的文化意义）。

理解非语言交流在某些跨文化语境下是关乎存亡的，比如伊拉克人在通过军事关卡时。有没有注意到，这个士兵的非语言交流是通过前面非常引人注目的标语以及国际指示牌展现出来的。

比较语言传播和非语言传播

语言传播和非语言传播都具有象征性，既可以传达意义，又有相应的形式——也就是说，它们都是由特定的语境和情况决定的。就像不同的群体说不同的语言，所以他们的非语言表达也不尽相同。

第六章 非语言传播问题

但是，所有文化中的语言传播和非语言传播都有一些非常重要的差异。我们来看一些案例。

当朱迪思教一群日本的英语老师如何进行公众演说时，她说了该如何写一份演讲，并且说了做演讲的一些要点。老师们仿佛聚精会神地在听着，微笑着，偶尔还点点头。但是等到真正做演讲的时候，她才意识到他们对于如何准备演讲还是有很多问题，压根没能真正理解她之前说的是什么。通过这个她了解到，日本的学生一般在课堂上不会主动说话，除非被要求发言。在日本，点头代表在听你说话——但不一定代表听懂了。这个例子告诉我们，非语言传播的规则在不同的文化和语境中是不同的。

让我们来看另一个例子。两个在法国上学的美国学生在上学的第一天搭便车去格勒诺布尔的大学。一个开车旅行的法国人捎上了他们，并且张口就跟他们说英语。他们很好奇司机是怎么知道他们是说英语的。之后，他们一起坐火车到德国。售票员走到他们的车厢，用英语斥责他们不应该把脚放在对面的座位上。这一次，他们依然奇怪那个售票员是怎么知道他们是说英语的呢。这些例子告诉我们，非语言传播不仅仅包含手势。我们的相貌也仿佛会说话似的。实际上，那些学生的相貌无疑就是他们的国籍线索。这些例子还告诉我们，非语言行为是无意识地发挥着作用的。我们几乎从来不会想我们的站姿如何、我们使用了怎样的手势、有怎样的面部表情，等等。只有偶尔有些人指出我们的某些行为时，我们才会意识到。

每当产生误解时，我们总是在语言交流中找问题，而忽视了非语言交流。我们可以用不同的词语表达我们的感受，或者可以查字典，还可以让别人解释你不熟悉的词。但是想要辨别并改正非语言层面的交流失误或误解就不那么容易了。

了解非语言行为 学语

> **极速冲浪**
>
> 约翰·布尔沃（John Bulwer）是早在1640年就开始研究非语言传播的前辈之一。有人说他的观点是，理解面部表情非常重要，因为"表情是最能反映一个人内心深处的冲动和情感的"。浏览 http://mambo.ucsc.edu/psl/bulwer.html，看看布尔沃早期对非语言传播的研究。你同意非语言传播反映了内心感受的观点吗？他的观点是否适用于跨文化场合？

纹身和身体穿洞对于不同的人来说表达的意义不同。有人认为，这些非语言标志代表了社会地位。比如，如果总统有纹身或者穿洞的话，大多数人都会大吃一惊。

> **你怎么看?**
>
> 如果你给你喜欢的人发短信,你该如何让他知道你的感觉呢?
>
> 由于发短信的时候无法传达视觉线索,我们创造了非语言代码,代表不同的表情,比如,亲亲等其他表示喜欢的符号。很多人都知道,":-)"代表"我在微笑",":-X"代表"给你一个飞吻"。那你知道"~~8-0"(不如意的一天),"☺^<"(大男孩),和"H-)"(斗鸡眼)是什么意思么?你会不会使用这些符号或标记呢?这些符号是否真实表达了你想表达的感情呢?或者说,我们是否过度使用了其中一些符号(比如"LOL"和"哈哈")呢?你还会用什么其他的方式表达感情呢(其他符号、标点,或者大写字母)?你所使用的符号和代号是否会因为你发短信的对象不同而有所改变呢?如何改变?

言的时候,我们会学习语法、拼写等了解其规则和含义,但是对于非语言意义及行为的学习往往是无意识的。没有人会说:"当你和你喜欢的人说话时,请身体前倾、保持微笑、时常身体接触,因为这样的话你就能让对方感受到你真的很在意他。"在美国,这些行为表达的都是正面的意义[3]。如果某人没有做这些行为的话,我们的反应可能就会很不一样了。

有时候我们会学习非语言交流的策略。比如,我想有人教过你和别人会面握手要有力,握手时软弱无力代表你个性软弱。同样,很多年轻女孩坐下来的时候会在脚踝处交叉双腿。从这个角度来说,我们知道了非语言行为是为了在社交中呈现出合适的行为举止。

协调非语言和语言行为 非语言行为会强化、替代语言行为,也会与之矛盾。当我们摇头说"不"的时候,我们就在强化语言行为。当我们指向某个方向,而没有说"那儿"的时候,我们就在用非语言行为替代语言交流。亚迪拉搭帐篷的例子中,亚迪拉画画和做手势就是代替了语言交流。当我们跟朋友说"我迫不及待想要见到你",但是却好几天不去拜访,这时非语言行为和语言行为就相互矛盾了。

因为非语言交流往往更加无意识,我们可以认为人们较难控制自己的非语言行为。因此,我们一般认为非语言行为蕴含了"真正的"信息。你是否曾经受到过称赞但你却觉得不够真诚?你之所以觉得称赞你的人不够真诚就是因为他的非语言行为与说出来的话相矛盾。也许他说话时不够坚定,也许他没有保持微笑,也许他暴露了其他非语言线索,让你认为他并非真心诚意。

非语言行为所传达的意义

非语言行为发出关系信息,并传达出地位与欺骗。[4]尽管语言是传达具体信息的有效方式,非语言交流却会传达包含我们对于一个人的真实感受的**关系信息**。比如,当你第一次见到一个人的时候,他会说"见到你真高兴",但是他的非语言行为会告诉你他对你的感觉。他可能会微笑,或者和你直接眼神接触,或者模仿你的肢体语言——这些在美国的文化里都是非常积极的反应。他也可能没有和你直接眼神接触,没有微笑,也没有展示出任何热情的非语言线索。要知道,理解非语言线索并非易事,而我们也不能想当然地认为一个人不笑或者不和我们眼神接触就代表他没兴趣。很有可能是因为他受了之前发生的事情的影响，他所传达的非语言信息并非你所想的那样。如果说没有非语言线索的话，比如说发短信的时候，我们又该如何理解他人的感觉呢？当然，表情符合（笑脸或皱眉）或者简写 LOL 都会帮助我们理解他人的语言信息。（参照"你怎么看？"）

为了不对非语言行为的含义妄做判断，我们有三条原则。第一，看看当时的语境。当时的情况下具体发生了什么是否对你理解非语言信息有帮助？例如，如果一个人双臂交叉并且见你之后便和你不再有眼神交会，可能说明她见到你并没有很激动。但是，也有可能是因为房间里有点冷，或者是她正在关注别的什么事情。所以，请时刻注意语境。

第二条原则是注意其他的非语言行为。不要把非语言行为分割理解。如果一个人双臂交叉，但是也在微笑、和你进行直接的眼神接触、并且身体向你前倾，那么她很有可能传递的是积极的信息。每个信息都包含一些关系意义，我们绝不能仓促地下结论。

第三条原则是要将语言信息和非语言信息结合起来看待问题。如果一个人说话声音很愉快，虽然双臂交叉，总体来说要传达的信息应该是积极的。但如果一个人在说一些负面的信息，站在那里，双臂交叉，并躲避眼神接触，那么总体来说要传达的信息应该是较为消极的。因此，你必须要整体理解信息，而不能只看其中一部分。[5]

非语言行为还传达了**地位**——一个人在一个组织或团体中的相对地位。例如，上司是能够碰下属的，但是下属碰上司似乎就不太让人接受。豪放的手势以及对空间的控制往往代表着较高的地位。相反，身体紧张、不舒展则代表了较低的地位。举个例子，美国的大多数商务环境中，手势最豪放、占据空间最大的人往往地位最高。这也是为什么女性喜欢把书紧紧抱着，坐下来的时候会保持腿脚并拢，而男性则会把书夹在腋下，坐下来的时候双腿伸展。

非语言行为还传达了**欺骗**。早期的研究者认为某些非语言行为——如躲避眼神或身体接触，或摩擦脸颊——代表了说谎。但是近期，学者进行了数以百计的研究，结果显示即使是对于警察审讯官这样的专业测谎高手，识别谎言的成功率还是跟碰运气差不多。尽管说谎者普遍说话时音调会提高，解释的时候会丢

信息频道

罗杰·E. 阿克斯特尔（Roger E. Axtell）在他的《手势：世界身体语言的"可"与"不可"》一书中，列出了不同文化中可以做和不可以做的非语言行为。你知道吗？在澳大利亚，吃饭的时候把手放在大腿上是非常没有礼貌的。在土耳其，和别人说话时，把手放在口袋里是非常粗鲁的。在伊朗，人们几乎从来不在公共场合表达喜爱之情。在巴基斯坦，你只可以用右手吃饭，因为左手是用于身体卫生的，不干净。思考非语言行为在跨文化沟通中的重要角色以及学习不同文化中的非语言意义和相应语言的重要性。

失细节，手势减少，但并没有一种独一无二的非语言线索与欺骗直接相关。的确，一个人紧张的时候会很明显地避免眼神接触并且坐立不安，但这与说谎并没有关系。每个个体在说谎的时候都会有其独特的方式，所以运输安全管理局检查的时候要判断哪些乘客在说谎是非常困难的！[6]你得记住，非语言交流中的关系信息、地位和欺骗大都是在无意识的情况下表达的。也正是因为如此，它在跨文化互动中尤为重要。我们甚至可能表达了一些信息，但我们自己都不知道——就像这个部分开始时我们分享的例子中那样。

非语言行为的文化差异

文化、种族和性别是怎样影响非语言交流模式的？大多数非语言交流通用性如何？大多数国家非语言交流方式相同吗？在本节中，我们将探寻非语言行为的文化差异，将其作为初步指南，帮助我们更好地与他人交流。

在我们的非语言行为当中，有一些非常基础，也非常通用，尤其是我们的**面部表情**所传达的情感和态度。打个比方，微笑和大笑是人际关系的黏合剂，可以感染他人，让对方可以感受到一种积极和肯定的态度。研究人员指出，不论文化背景如何，几乎所有人都会用这些非语言行为来影响他人，随着时间的推移，那些有助于积极关系的行为受到青睐，最终成为无意识或是潜意识的行为。[7]研究人员对动物行为，尤其是黑猩猩和大猩猩这些灵长类动物的行为了解得越多，就会发现和人类越多的相似之处。不过动物的交流看上去并没有人类那么复杂。[8]也就是说，人类的手势和面部表情要比动物丰富得多。很显然，有一些非语言行为是与生俱来的，不必学就会。打个比方，一些盲人儿童和视力健全儿童的面部表达是一样的，尽管他们从没看过别人的表情，根本无从学起。[9]

有许多面部表情都是通用的，包括挑眉（抬眉传达肯定和赞赏），皱鼻子（轻微暗示安全距离），还有"厌恶脸"（传达强烈的排斥信号）。事实上，在大多数群体中，至少有六种基本情绪——开心、悲伤、厌恶、恐惧、生气和惊讶的表情传达方式都是一样的。这些情绪对应的面部表情，在大多数文化群体中都具有同样的意义，这种通用行为似乎是先天的。

> **极速冲浪**
> 请浏览自动表情分析网站：www.cs.cmu.edu/face/home.htm。
> 你认为这些面部表情在不同文化中是否有相似之处？它们可以被电脑准确破译吗？

但是，非语言交流在许多方面也因文化而各异。文化不同，导致非语言行为的刺激物可能就不同。比如说，微笑是通用的。但什么会让人微笑，可能就因文化而异了。在某些文化当中，人们看到小婴儿会忍不住微笑，而在另一些文化当中，人们则不该老对小宝宝微笑。朱迪思的纳瓦霍人朋友就告诉她，在纳瓦霍族保护地，第一个逗笑宝宝的人必须为宝宝及其全家举办一场派对。所以人们总是不愿逗小宝宝笑。

非语言交流的方式，及其发生的情况，规则各异。打个比方，大多数文化当中，人们都会亲吻。但谁亲谁，什么情况下亲，那就各不相同了。法国朋友互相问候的时候，经常会亲吻对方的脸颊，但不会亲吻嘴唇。在美国，朋友之间只有在久别重逢时才会互相亲吻问候，并且通常伴随着一个拥抱。性别不同，亲吻的规则也不同。在本节中，我们将研究不同文化之间的非语言交流有何区别。

非语言代码

辅助语言学 **辅助语言学**指的是对辅助语言的研究，表达方式包括语速、音量、音调和重读等。同样一句话，扯着嗓门噼里啪啦地说和放低音量柔缓诉说，表达出来的意思会有所不同。在别人大声说外语的时候，你该如何应对？有两种类型的声音行为——音质和发声。[10]

音质，或者是非专业术语"语调"，包括语速、音高、节奏、音域和发音清晰度。这些特质共同谱成了人声的"乐章"。那些公认音质好的人，总会被人们津津乐道。打个比方，曾主演情景喜剧《天才保姆》的演员法兰·卓雪（Fran Drescher），她的声音就经常被人提到。她标志性的怪声嚷嚷和极重的鼻音，让她无论在哪分分钟都能被辨认出来。说话人发音清晰度也各有不同，所谓发音清晰度就是单个单词发音的清晰程度，我们往往不会注意发音清晰度这种副语言特征，除非某个人发音特别清晰或特别模糊。在跨文化交际情况下，副语言学经常会让人们对某个说话人产生负面评价，哪怕人们压根不懂这门语言。打个比方，相较于英语，汉语更加悦耳，鼻音更重；相较于法语，英语更刺耳，喉音更重。

发声就是我们发出的声音，但没有语言的结构。人猿泰山的叫声就是一个典型的例子。发声包括大笑、哭泣、嘀咕、呻吟以及讲话的音量和力度等声音线索，还包括"嗯哼""嗯啊""啊""呃"这些不能作为实际单词，但是可以作连接润滑用的声音。在演讲当中，副语言可以提供各种各样的交际功能。它们可以揭示情绪和情感，还能让我们强调某个词语或某种概念，彰显自己的特色，并且可以和手势一起，起到调节谈话的作用。在跨文化交流当中，副语言可能是令人困惑的因素。打个比方，欧洲人把美国人的大嗓门解释为攻击行为，而美国人则认为英国人都太神秘了，因为说话都悄悄的。不同文化之间，交谈中沉默的频率和语速都会有所不同。举个例子，芬兰人和日本人交谈当中都会不时停顿，但大多数美国人说话都很快，一旦冷场就会非常不适应。

私人空间 **私人空间**是围绕在我们每一个人周围的"透明圆罩"，在我们自己和他人之间隔开了一个安全距离。你的透明圆罩有多大取决于你的文化背景。在某些文化当中，人们说话时站得很近，但有些文化里，人们觉得说话的时候需要保持一定距离。在跨文化交流中，这种私人空间规则的差异可能会导致误会和不快。打个比方，有个学校报道过阿拉伯学生和美国学生互相误解的消息。阿拉伯学生认为，美国学生很疏远也很粗鲁，而美国学生表示阿拉伯学生爱出风头、嚣张自大且粗鲁无礼。这个问题就在于两个人群关于私人空间有着不同的规则。阿拉伯学生说话的时候习惯站得很近，但美国学生恰恰相反。

事实上，一些文化群体被认为是接触文化，而另一些则是非接触文化。**接触文化**指的是人们说话时站得比较近，会有更直接的眼神接触和身体接触，说话声音也比较大。南美和欧洲南部的群体被认为是接触文化。相比之下，那些北欧、北美、东亚以及远东地区则是**非接触文化**，在这些地区人们交谈时往往站得比较远，眼神接触较少，也很少身体接触。[11]我们一个波兰学生叫约兰塔的，就谈及了她在国外第一次到一户意大利人家做客的经历，这个家庭当中亲密的身体接触和密切的非语言行为让她大呼吃不消："这个家庭方方面面的互动都让我焦虑不安，包括极度亲密的私人距离，亲密接触，还有很大声的说话，这一切压得我喘不过气来。"

当然了，除了文化之外，还有很多因素决定了人们站位的远近。性别、年龄、种族、交流环境以及话题都对私人空间的范围有所影响。打个比方，在肯尼亚，性别是决定私人空间的重要因素。我们的肯尼亚学生 Mwikali 告诉我们说，在肯尼亚，接触异性被认为是不好的行为，公开场合接触异性更不可取。她就跟我们说了一个小插曲，说一个年轻姑娘送她的欧洲男友去机场，男友舍不得离开她，于是拥吻着姑娘哭泣起来。结果这一行为却引发路人围观，大家都认为这种行为太不可思议了。但是，在肯尼亚，同性之间手拉手是很正常的，这是友谊的标志，无关情爱。在中国也是一样，中国也是非接触文化，但是姑娘们互相拉着手或是挽着胳膊却再正常不过了。我们的一个中国学生这样描述道：

> 这是感情好的标志。在国内的时候，我跟女性好友一直都这么腻歪的。等我来了美国之后，总觉得这里同性之间不会这么亲密，除非两人是一对。于是，我再也不敢挽姑娘的手了，哪怕那姑娘跟我一样也是中国人。更有意思的是，等我放假回到中国，也不习惯挽着女性好友手了。

外形特征 外形特征是一个很重要的非语言代码，包括身高、体重、体型这些物理特性、个人仪表（包括体毛、衣服品味，甚至是香水味道，详见"信息频道"）以及珠宝、眼镜、背包、公文包、钱包这些个人饰品。当然了，外貌是动态的，非常多变。在某种程度上，美丽与否，各花入各眼。有什么共同的衡量标准吗？事实证明，有两个共性：（1）相较于男性，人们更强调女性的魅力；（2）相较于女性，男性始终更加在意伴侣的魅力。[12]

同时，不同文化当中，对女性魅力的认知也有所不同。比如说和英国人不同，日本认为小巧玲珑的女性更有魅力，并且一般来说，更偏爱脑袋偏小的长腿女性。我们的日本学生告诉我们说，通常，日本人认为薄嘴唇更有魅力，这一点跟美国人不一样。同样的，葡萄牙人似乎更喜欢传统，跟丹麦人不同，葡萄牙人更喜欢身材有曲线的女性和V体型的男性。丹麦人喜欢瘦身材（臀部要小），无论男女，瘦削为美。那么什么样的男性被认为是有魅力的呢？在一项研究中，比起英国女性，希腊女性表现出对小男人的偏爱，喜欢体重轻的男性。[13]

衣服选择和钱包、背包这一类的饰品怎么就算进来了呢？人们可能认为这些个人选择能够少许反映出一个人的性格及其所属的特定社会团体。正如我们在第四章所讨论的，有些衣服可能反映了宗教信仰，还能够表达宗教身份。打个比方，一些正统的犹太女性任何时候都会用围巾或是帽子遮住头脸。朱迪思的一些亲戚穿着祈祷帽遮住头部，还会穿披肩裙（这种仿男式的裙子非常端庄，特意多加了一层材料，用以掩盖女性曲线）；很多国家的穆斯林妇女都会戴头巾，或是穿罩袍（就是那种床单一样的，裹住整个身体，只露出

信息频道

在美国，我们关心的是气味。你可以想想，你能买到的一切都是有气味的：化妆品、古龙香水、蜡烛、肥皂，甚至是书签。根据世界观察研究所调查，美国和欧洲每年会花费120亿美元在香水上面，同时还会花费60亿美元（除了当前支出）为发展中国家所有人民提供基础教育。你的消费习惯反映的文化价值是什么？你认为我们对世界上其他人有责任吗？（Source:http://www.worldwatch.org/node/764）

信息频道

传播学者史蒂芬·M.克劳彻（Steven M. Croucher）采访了法国穆斯林女性她们为什么要穿戴hijab（伊斯兰面纱/头巾）。你认为这对于她们与那些禁止穿戴hijab的群体进行跨文化交流的时候有何影响？

> 1. 女性认为穿戴 hijab 能够帮助她们整合她们的多文化身份。她们的身份既是法国人，也是原国家的人（比如，阿尔及利亚、突尼斯、摩洛哥等），并且她们还是穆斯林女性。其中有一个女性如是说：在法国，从小到大一直穿戴 hijab 教会了她伊斯兰和阿尔及利亚的价值观。
> 2. 在阿拉伯语中，hijab 的意思是"盾牌"。很多女性都认为 hijab 给她们提供"保护罩"，可以让男性不要盯着她们的身体看，这样人们就能看到她们的"真实"身份——一个有宗教信仰的人。
> 3. 女性还谈到穿戴 hijab 让她们觉得离穆罕默德更近了——近乎婚姻关系（就像戴了婚戒一样）。它"让我遵守道德规范，为我所在的群体做榜样"（p.207）。

两只眼睛的袍子）。如你所料，也如同下面"信息频道"所示，女性选择衣服会有各种各样的理由，有时候这些选择（穿罩袍）会和世俗社会产生冲突。一些欧洲国家已经禁止穆斯林女性的穿戴。但大多数美国人并不赞同，认为应当尊重宗教自由，只应当在非常有限的场合禁止穆斯林穿着，比如学校或者法庭，因为这些地方必须露出脸部。

眼神接触 眼神接触一般是个人空间的元素，因为它调控人与人之间的距离。直接的眼神接触会缩短两个人之间的距离，而不进行眼神接触则会增加距离感。眼神接触与尊重和地位相关，往往是会话中的转折点所在。

眼神接触的模式在不同的文化中不尽相同。在很多群体中，避免眼神接触表达的是尊重和顺从，当然具体还是要看语境。对于很多美国人来说，保持眼神接触表示有在注意或者表示尊重。但是，朱迪思来纳瓦霍部落的朋友告诉她，自己离开部落到亚利桑那州上学的时候觉得最困难的就是说话的时候要看着教授的眼睛。从小到大，大人们都教他避开眼神接触是表示尊重。一名肯尼亚的学生和我们分享了一样的认知——直接的眼神接触，尤其是和长者之间的，是十分不礼貌的。

面部表情 正如先前所提到的，有些表情所表达的情感在全世界都是统一的。然而，我们必须要知道面部表情在各方面还是有差异的。的确，全世界范围内，微笑都表示愉快和开心，皱眉表示难过，但是具体为什么微笑，为什么皱眉，那差异可就大了。例如，在美国，和别人第一次见面的时候需要微笑，但是在别的文化中，可能得保持严肃。相比之下，蛇在某些文化语境下会让人觉得恶心，但是在一些别的文化中，代表的则是美味的佳肴。

控制面部表情的规则也是不一样的。因此，某些文化中，问候的时候需要有灿烂的笑容，但是在另一些文化中，需要的则是含蓄一点的、不那么具有表现力的微笑。欧洲人经常批评美国人笑太多。有些亚洲人也是这么认为的。对他们来说，没事傻笑从某种程度上来说是"不成熟"的象征。实际上，一个人如果笑太多就有点傻，而且看起来不真诚。我们有一个学生是这么说的：

> 我的美国同事和朋友总是表情特生动。但是，在中国，人们表情没有那么丰富。不仅如此，如果你喜怒不形于色，看起来似乎就会成熟和老练一些（尤其是男人！）。然而，我想换作美国人，一定会认为那是张"扑克脸"。

手势 手势指的是具有表达意义的胳膊和手的非语言行为。手势至少有四种分类：**象征性动作、阐释性动作、调控性动作和适应性动作**。¹⁴ **象征性动作**指的是那些有具体的语言表达对应的手势。比如，当一个人要离开时，你挥手，意思就是"再见"。或者当你竖起中指的时候，就是表达侮辱和"瞧不上"。在我们的文化中，至少有一百种一样的手势。当然，别的文化中也有专属的象征性动作。比如，在印度，慢慢摇头表示"是"（不是"不"）。你可能会认为有些手势全世界都是一样的，或者至少有一些种类的手势是全世界统一的（比如，每个文化中都必然会有一个不雅手势），但是事实并非如此。有一些群体（比如，荷兰、挪威、瑞典）就是没有不雅手势的。¹⁵ 从某种程度来说，象征性动作在跨文化场合中是最容易理解的一种了，因为它们易于复制。如果跨文化场合中，象征性动作表达的意思是相同的，那就不是问题了。当人们在国外不会说当地语言时，他们往往会求助于象征性动作。举个例子，我们的学生戴夫和几个朋友去了墨西哥，他们都不太会说西班牙语。他们想要找一家旅馆。"我们想告诉别人我们需要一个落脚的地方，对方听不懂，而且越来越烦躁。于是我们开始用非语言手势，做出了睡觉的姿势，他就明白了并告诉我们在哪儿可以休息。一切似乎都没问题了。"

然而，如果某个象征性动作在不同的文化中有细微的差别，就会导致误解了。例如，在德国和其他很多欧洲文化中，表示"愚蠢"的手势是在额头上放一根手指；而在美国，表示"聪明"的手势几乎一模一样，只不过手指要往旁边移一寸，放在太阳穴位置。¹⁶

在手势中比较难理解的两种是**阐释性动作**和**调控性动作**。**阐释性动作**指我们说话的同时做的手势。你是否注意到人们的语言表达似乎是"流动"的——说话的时候，手势通常都十分同步？例如，当通过摆动手指来强调某一个要点时，说话人在一句话说完的时候动作也会停止。而且一切看起来非常自然。实际上，人们的手势有时候会暴露精神疾病的症状。精神病患者的手势会"不稳定"，而且和他们的言语也搭不上。

当然，不同文化群体使用的阐释性动作的类型和数量都不同。意大利人往往被冠上"说话的时候用太多手势"这样的名声，其实就是用了太多的阐释性动作。有位名叫马乔里的学生去意大利旅行，他说："看着大街上的人，就感觉他们好像必须对彼此发脾气似的——满满的都是各种挥手和手势。"其实，使用大量阐释性动作只不过是他们的习惯而已。其他文化群体，比如中国人，就较少使用阐释性动作。当然，阐释性动作的数量也跟一个人的家庭背景和个人偏好相关。有一点很重要，那就是一个人说话的时候用了很多

> 4. 对法国的禁令，很多女性穿戴 hijab，沉默地抗议，和其他穆斯林女性团结在一起。实际上，有些人表示在禁令之前，她们只认为自己是法国的穆斯林，但是现在她们对穆斯林的身份的感受更加强烈了，并且对 hijab 的尊敬也增加了。
>
> （资料来源：Croucher, S.M.(2008) 法国人-穆斯林和 hijab：法国关于身份和伊斯兰纱巾的分析。跨文化传播研究杂志, 37（3），199—213。）

阐释性动作并不代表他生气了，如果几乎没有使用阐释性动作，也并不代表他没有认真跟你说话。

我们很少思考这个问题，但是我们的会话是由非语言手势调控的，这些非语言手势我们称为**调控性动作**。因此，当有人打断我们说话的时候，我们会伸手示意，告诉他们我们还没说完。问候和告别的时候也有相应的调控性手势。举个例子，我们和别人打招呼的时候，我们会握手或者拥抱。当我们准备离开的时候，我们会把东西收拾收拾。每一种语言都有一套独特的调控性动作。例如，在日本，话题轮换的时候一般会暂停，而不是用手势。如果会话中一方停下来了，说明轮到另外一个人说话了。实际上，日本人觉得和美国人说话时很难插上话，因为他们一直在等那个调控性的"暂停"，但是这样的"暂停"却从来没有出现过。

最后一种手势是**适应性动作**，它跟情感管理有关。例如，我们紧张的时候会轻轻跺脚或者轻敲手指，想哭的时候会揉眼睛，生气的时候会握紧拳头。那么，从文化的角度来说，我们要认识到适应性动作是我们特有的文化所养成的，别的文化下成长的人可能会使用不一样的适应性动作来管理或者反映他们的情感。

一个研究者在研究了手势的各种差异之后表示，他对于非语言行为中"文化差异的权力、细微差别和不可预见性"感到震惊。为了实际交流不出问题，他敦促旅途中的人们了解"手势谦卑性"：（1）要知道我们自己的文化中被大家熟知的手势在国外不一定表达同一种意思；（2）不要想当然地认为我们可以看得懂别的文化中那些我们不熟悉的手势。[17]

时间导向 关于人们如何理解和使用时间，有很多文化差异。理解这些差异的其中一种方法就是了解单一时间导向和多元时间导向之间的不同。[18] 做一做"极速冲浪"里的测试，看看你倾向于哪种方式。对时间持有**单一性**概念的人认为时间是一种商品，大多数美国人都是这样：时间可以得到、失去、花费、浪费或节省。在这种导向中，时间是线性的，事情是一件接着一件发生的。一般来说，单一导向中十分重视准时、完成任务和遵守时间表。举个例子，美国大学里的工作人员和教职员工大多倾向于时间的多元导向。课程、会议和办公室的预约都会根据时间表来进行。除非有紧急情况发生，否则教职人员会按时上课、开会、赴约。无论是学生还是老师都不应该拿"家里有事"这种烂借口来推脱学业或工作上的任务。

相比之下，有**多重性**导向的人认为时间是一个整体概念，或者说是环形的：很多事情可以同一时间发生。美国的商人经常抱怨中

> **极速冲浪**
>
> 做一个测试，检验下你是属于单一时间导向还是多元时间导向吧。网址：www.innovint.com/downloads/monopoly-test.php，思考一下当你和别人交流的时候，你对于时间的观点是否对沟通过程造成了困难。

> **极速冲浪**
>
> 上"手语网"（Handspeak）（www.handspeak.com）看看。浏览网站，看看如何用美国手语（ASL）说"你好""再见"和"朋友"。手语和其他形式的非语言交流有何相似和不同之处？和其他语言相比呢？手语"手势"能否归类为象征性动作？或者说是手势的其他形式？

东的会议总是不能"按时"举行,或者人们会在会议上寒暄,或者会议会因为个人原因取消。很多时候,个人关系会影响任务的完成与否,完全没有"避嫌"这一说。

在多元时间导向文化中,个人原因比时间表更为重要。桑德拉是在印度读书的时候发现的这点。她没有电脑,必须要借用大学电脑房。所以,她早上8点前就到了,但是电脑房还没开放。一个助理让她9点再来。于是她就9点再来了,但是门还是没有开。她又问了同一个人,那个人让她中午12点再来——然而12点的时候门还是没有开。之后她发现电脑房的开放时间是根据电脑实验室主任的时间表和各种不同的任务安排来定的。有的时候下午3点才开门,有的时候甚至得等到第二天。这似乎对单一导向的人来说有些不便,但是多元导向的人对此事的处理会更加灵活,他们觉得生活中最重要的事情并不是遵循一份严格的时间计划表。

很多国际商务谈判、技术援助项目和团队项目之所以失败就是因为不同的时间导向。国际学生和商人总是抱怨美国人太过忙碌,而且太过拘泥于他们的时间表。他们认为,美国人不是很注重个人生活。我们有一个国际学生抱怨道:"想适应这边大学里的快节奏真的太难了。大家都好忙,都没空去好好对待他人,好好享受人与人之间的关系,每天都在焦虑地赶时间和完成任务。"

当代科技让人们随时随地可以"通电"进入工作状态,所以时间导向的不同对于现当代的工作生活影响巨大。不同时区的同事、客户总是希望能随时随地联系上对应的工作人员,即便他们已经下班了。[19]这对很多人来说是一大挑战——如何平衡工作和私人时间。在第十一章中,我们会更多地讨论时间导向在商业语境下的重要作用,尤其是在国际谈判中。

美国的一些少数民族也会有多元的时间倾向。一位奇卡诺人(指墨西哥裔美国人或在美国的讲西班牙语的拉丁美洲人后裔)大学生发现那些在家中十分重要的家庭和社会责任在大学里面似乎没有那么重要。就像露西亚说的:"很难保证我既能照顾到家中的每一个人,又能同时把学校的任务完成。有时候,我得把我的奶奶送去医院、和妈妈去杂货店买东西、帮婶婶处理医疗保险的事儿,同时还得抽

节日里总是充满了非语言代号,并且传递着非常重要的意义。这个拉丁美洲的家庭祭坛上的物品是他们在"Dia de los Muertos"(万灵节)帮助他们铭记已故的亲人的。你的家中是如何纪念已故的亲人的?

信息频道

你知道在墨西哥很少会有人把手放在臀部吗?你知道在法国,亲吻脸颊应该从右边开始吗?你知道在英国和泰国,人们用头指方向吗?你知道在波兰,陌生人是可以在饭店里和你共桌吃晚餐的吗?你知道在日本眨眼睛没有任何含义吗?你知道在阿根廷打哈欠是非常不礼貌的吗?(资料来源:《The Complete Idiot's Guide to Cultural Etiquette》)

时间去上课并完成作业。"

有不同时间导向的人之间的跨文化误解意义重大。比如，在海外技术援助项目中，不同时间导向的同事之间的相处会十分令人抓狂。在本章的小结部分，我们会提到单一导向的西方人和多元导向的马达加斯加（非洲）人是如何看待对方的。[20]

单一导向人眼中的多元导向人	多元导向人眼中的单一导向人
他们从来不计划将来。	他们总是匆匆忙忙。
他们在浪费时间和金钱。	他们没有将生活的艺术放在首位。
他们不做计划，所以出现很多问题。	他们执念于金钱。
	他们没有以人为本。

在这种情况下，需要极大的耐心和极强的跨文化理解能力，彼此才能共事。

沉默 正如我们在第五章中提到的，有些文化群体注重说话，有些则注重**沉默**。在大多数美国语境下，沉默的价值并不高。尤其是在一段关系的发展过程中，沉默代表了尴尬，让人觉得很不舒服。之所以从一开始就用语言交流就是为了减少不确定性。在美国语境下，人们采用积极的策略减少不确定性，比如问问题。但是，在很多其他文化语境下，人们减少不确定性的策略会更加被动，比如保持沉默、观察以及向第三方询问某人的行为。沉默可以和语言一样有意义。对于沉默的早期研究并没有肯定沉默在不同文化中的重要沟通意义，包括在美国的。我们有必要重新思考一下我们看待沉默的方式，"不要将它看成一种缺失，而是将其看成一次存在和学习的好机会"[21]，尤其是理解人们在沉默中所创造出来的世界。沉默在你的生活中扮演着怎样的角色？你（或者你朋友或家人）沉默的时候是什么意思？

传播学者克里斯·艾奇逊（Kris Acheson）认为，在美国，沉默一般与负面的、不健康的关系或者权力丧失相关，比如女性和/或少数人觉得他们的心声没有被听到那种感觉。但是，她还告诉我们，美国正不断增加沉默在某些语境下的积极影响力。例如，美国鼓励护士和医生夸奖沉默的病人，并将沉默用于伦理关怀；美国还建议年轻人在生活中寻求沉默，以求健康和心智健全，甚至将家里弄成防噪音的，从而促进健康。

在商业语境下，有时候保持安静是最佳策略，说得太多反而会成为"交易杀手"。在教育界，老师可以在讲解和演练之后要求静思，给学生提供理解的空间，而不是与学生进行争辩。最后，她承认，在一些美国语境下，比如政治或者法律，沉默的含义还是完全负面的。

法律上的沉默就相当于认罪，政客的沉默代表隐藏了太多秘密。[22] 然而，在很多文化语境下，沉默表达的意义是很积极的。举个例子，在日本，沉默不仅仅是简简单单的没有声音，或者是会话中的停顿。沉默可以表达对说话者的尊敬，或者是一种团结人们的好方法。在日本，人们把沉默比作毛笔画中或书法作品中的留白："如果这些空白不再是空白，这幅画就不会如此丰富、准确和完整。如果填满了空白，我们将被蒙蔽双眼，看不明白这幅画到底是什么。"[23]

芬兰人在某些语境下也认为沉默很重要。例如，研究者认为Asaillinen(就事论事，不带情感)是芬兰人的非语言风格。这种风格包含了一种固定的、呆板的表情，并且认为爱说话是不可靠的象征。而且对于芬兰人来说，沉默代表了体贴、合理的思考和智慧——尤其是在公众演讲或教学场合，比如在教室。[24]

有些专家认为沉默较为流行的文化是有潜在情景共性的。一种情形是当参与者认为关系或情形模糊不定时，沉默是合适的（比如，刚刚认识的时候）。另一种常见情形是当有权力差异的时候，需要沉默（比如，老板与员工之间的互动）。[25] 在这两种情形中，纳瓦霍人或日本人都会选择沉默，而一位美国白人则可能会选择"说话"以减少不确定性。

沉默在跨文化场合会很棘手。判断跨文化互动中的不确定性存在于何处的过程十分有用，因为这个过程让人认真思考原因。沉默不仅仅是会话中的一个功能，还是对文化和身份的一种表达。然而，在跨文化语境中，如果缺乏沟通能力的话，很容易产生误解。日本学生在澳大利亚的大学求学时就会遇到这种情况。日本学生为了面子（避免说英语的时候犯错）或礼貌（不和教授或同学当面对质）选择沉默，但是，澳大利亚的老师对此评价十分不好，他们认为学生沉默是不积极参与的表现，也是对教授认真教学的不尊重。[26]

类似的研究证明，在美国的课堂上，中国学生的沉默已经成为了文化身份的象征（表示礼貌和尊重）。但是研究也发现了，学生可以在教授的支持和鼓励下重建身份，提高跨文化能力，从某种程度上适应美国课堂语境下的跨文化交流。[27]

文化差异还是成见？

正如之前所说，辨别非语言代码的文化差异的其中一个问题是试图将这些差异过度笼统概括，对某些群体形成成见。表6.1列出了一些非语言行为的文化差异，但我们必须明白，这并不代表这类文化群体的所有人都会有一模一样的非语言行为，也不代表我们不

信息频道

我们有多喜欢一个人很大程度上得看我们的非语言交流。你知道如果一个人天生和我们体味不同，我们会被其吸引吗？每个人都有MHC（也叫作"主要相容性复合体"），一组决定我们体味的密集基因。为了后代的基因考虑，我们会被拥有不一样的MHC的人吸引。我们在跨文化场合总是强调文化差异而忽略了生物学差异。气味差异其实非常重要！浏览http://dsc.discoveery.com/videos/science-of-sex-appeal/，观看关于异性吸引与非语言交流方面的视频。

用考虑使用这些非语言行为的语境。

表 6.1 有趣的非语言行为

巴西:	巴西人认为美国的表示 OK 的手势（用大拇指和食指做出的）十分不雅。
中国:	中国人在送礼物或传递食物时一般用双手。
肯尼亚:	用食指指着某物代表侮辱。
萨摩亚:	说话的时候不断摇晃是非常没有礼貌的。
斐济:	说话时双臂交叉代表尊重。
意大利:	美国代表 1 的手势（竖起一根食指）在意大利代表 2。
希腊和土耳其:	说"不"的时候会轻微点头。
日本:	有的时候，笑是因为尴尬，而不是愉悦。
泰国:	泰国人相信房屋门槛处住有神灵，所以他们绝不在门槛处停留。

资料来源: Mancini. Selling Destinations, 5E. © 2010 Delmar Cearning, a part of Cengage Learning, Inc. 获得准许后引用。www.cengage.com/permissions。

举个例子，我们在比较日本人和西方人对于沉默的态度的时候得仔细点。熟悉日本生活的人会发现，在日本人家中，电视可能从来没关过，那些禅宗花园里提供关于美的录音带。所以，尽管沉默是他们的文化所推崇的理想状态，实际情况却略有不同。在具体情况中，比如母女关系中，与美国相比，日本人的确更注重沉默。但是，我们仍然非常严肃地提醒大家，切勿过度笼统概括。[28]

在跨文化互动中，我们尝试着将文化差异作为指导。这些差异能够帮助我们理解多种多样的非语言行为。即便我们不能预知别人的行为会和我们有怎样的不同，但当我们真正遇到差异时可以灵活对待，比如说，对方是如何定位自己的，如何使用眼神接触，或者如何定义时间。

偏见往往基于非语言行为。也就是说，负面的偏见大多是由外貌特征或行为表现导致的。甚至连大学生对教授教学的评价都会微妙地受到教授的外貌的影响。例如，很多人对穿戴头巾的穆斯林女性，或者是对戴头巾的中东或南亚男性，甚至是对那些只是看起来像少数民族一员的人就存在偏见。近期研究表明，大学生总是认为外貌上吸引力不够的教授在教学上也略逊一筹。更有意思的是，学生们普遍给白人男性老师打分很高，而对女性及少数民族老师打分较低。一位心理学家解释道："这正说明在学生眼中的正常的教授形象就是英语为母语的白人。"[29]

教师也会受到学生的外貌的影响。教育工作者提议为非裔美国学生单独设班，一部分原因就是管理者对他们的形态和走路姿势存在偏见。当非裔美国高中生走路的时候不是"典型的白人姿势"（身体直立，脚步稳健），而是故意大摇大摆，歪扭着，斜着头，拖着脚，

你怎么看？

研究表明，和那些不好看或者没有魅力的人相比，人们对待他们眼里有魅力或者漂亮的人要好得多。不同文化对美的定义有很大差别，但是也有证据显示无论何种文化中，无论种族或文化标志如何，对称的脸都被认为是美丽的。是否人人都在意着美丽呢？

不同文化中的非语言标志系统有着很大的差异。图中的女子眉心有泪滴形状的装饰物。人们还会使用很多不同的非语言标志来表明自己的文化身份，如着装、发型、珠宝、文身等。

白人老师就会认为他们具有攻击性，很难有大成就，应该去参加特殊教育。实际上，尽管非裔美国学生仅占美国公立学校学生总数的16.8%，其中有21%就在接受特殊教育。[30] 类似地，一些亚洲移民学生或者亚裔美国学生遵循本国文化在课堂上习惯保持安静以表达对老师的尊敬，但是也因此会遭到负面评价或歧视[31]。

近期新闻报道在旧金山两名墨西哥人因为其肤色被暴力攻击，这再次告诉我们外貌在偏见中的重要性。攻击者在对其中一名受害者实施暴力行为的时候还大喊"白人力量"。那个时候，他

> 被五个人围住，他们把他按住，对他拳打脚踢，靴子直接踢上脸——一直打到他失去意识。另外一个上前帮他的人也经历了同样的暴打。[32]

在很多其他仇恨犯罪中，受害者的外貌都比其具体的文化传承要重要得多。经历了这些偏见之后，人们心中逐渐有了一份"地图"，明白了自己属于哪儿，不该去哪儿。受害者总是能异常精准地识别那些有偏见的人以及偏见行为。有个研究十分有意思：黑人仅通过20秒的观察就能够识别出哪些人心中有偏见（事先已使用客观调查及测试判断出偏见人群），准确率比白人要高得多。[33] 因此，少数民族成员会尽量避免去到他们不被欢迎的地区或卷入类似的场合。

除了会导致偏见，非语言信息还可以以一种非常微妙的方式将这种偏见表达出来，比如，避免对视、不愿微笑或身体远离。因为偏见是不能用明确的语言表达出来的，对于这些非语言行为的理解

就足以让人了解别人对自己是否有偏见了。

社会学家艾伦·约翰逊（Allan Johnson）总结了以下具有偏见意味的非语言行为：

- 说话时不看着对方；
- 不认可对方的存在，让他们等着，仿佛他们不在那儿一样；
- 瞪着对方，仿佛在说"你在这干嘛呢？"或者迅速结束谈话，十分勉强和不乐意，只想尽快完事儿；
- 不听对方说话也不做出回应，走神；
- 拒绝身体接触或物品传递；
- 仔细盯着他们的一举一动，看看他们想干什么；
- 避免在路上正面交会，给其让出很宽的路让其通过，甚至会干脆去到另外一边。[34]

文化空间的定义

什么是文化空间？文化空间与跨文化传播有何关系？文化空间涉及在不同地区的传播过程中建立意义的过程。例如，在本书的开头，我们提供了我们的背景信息以及我们所成长的文化空间。这些特殊的文化空间对于理解我们的文化身份十分重要。从生物学的角度来说，说到朱迪思和汤姆的身份，没有什么比特拉华和宾夕法尼亚绵延的山丘或佐治亚的红土更具有代表性了。但是，从某种程度上来说，我们的身份和观念是和文化场所有关的——朱迪思在大西洋中部，而汤姆在大西洋南部。每个区域都有自己的历史和生活方式，这些都可以让我们更深刻地认识自己的身份。我们和你分享我们所成长的文化空间，就是想要告诉你我们眼中的自己是怎样的。

文化空间的意义是动态的、不断变化的。因此，朱迪思和汤姆离开后，特拉华和佐治亚无疑都发生了变化。此外，文化空间和身份之间的关系十分复杂。因此，一个人来自印度并不代表他的身份和传播习惯就只有"印度色彩"。让我们来看一些具体的文化空间的例子并进行辨别——包括我们自己和邻国。

文化身份和文化空间

家庭 文化空间对我们看待自己和他人有重要的影响，我们最早经历的文化空间就是我们的**家庭**，是形成教养最直接的文化环境。如前所述，非语言交流涉及地位的问题，而提到地位，就免不了要提到家庭。打个比方，一个美国家庭的社会阶层经常会用非语言方

你怎么看？

我们的穿着决定了别人如何看待和认知我们。别人通过你的穿着能看出来些什么？例如，你的外貌能否说明你的国籍？别的文化的人会如何看待你的外貌呢？

式传达出来：从草坪的照料到私家车道上车辆的种类，再到电视机的放置以及家具的种类。这些社会阶层的标志有时候并不那么明显，但是它们总能提供重要线索。[35]

即便我们家庭的社会阶层并不如意，但我们经常会对它产生强烈的认同感。我们常常怀念孩提时候的家园，想要模仿童年生活的方方面面。对于大多数人而言，家都是安全的港湾。非裔美国作家贝尔·胡克斯（Bell Hooks）记得：

> 小的时候有一次我穿越城镇去祖母家，这算是我最有趣的一次经历了……我对此记忆深不仅仅因为听到了很多故事，还因为这一次旅途让我走出种族隔离的黑人社区，来到一个贫穷的白人社区。我们不得不通过这片令人恐惧的苍白国度，一张张煞白的脸就在廊下，仇恨的目光盯得我们不敢直视。当我们最终走到祖母家院落的边缘，那种安全感，那种终于到家了的感觉，让我们难以自已。[36]

当然，"家"并不能和某个地理位置画等号，也不是那个地理位置上的某个建筑物（如房子），家有着不同的定义：国家、地区、州、城市、具体地址等。尽管我们可能和某个特定地方有过历史联系，但并不是所有人都能感到同样的联系。

一些人会很喜欢自己长大的国家或地区，一个作家就谈到了他和故乡美国南卡罗来纳州的联系：

> 现在我已经不住在那了，我经常怀念我的家乡查尔斯顿，无论何时只要听到有人提到我的故乡，我的心跳就会加速，气血上涌。我会弯下腰来倾听这个名字，听到这个名字我就会着魔，眼前会出现幻象，我仿佛看到了家乡，那一条条街道，那一片郁郁葱葱。[37]

很多社区都以种族和宗教划分，在过去可能是法律创造了这些社区，但在今天维持这些社区的优缺点分别是什么呢？

但是其他人对自己的出身的态度可能就没那么正面了。一位在得克萨斯州长大的作家表达了他对这个州模糊的感受："如果问我从加利福尼亚州飞回得克萨斯州的感觉，肯定是从国外回家的感觉。得克萨斯州是我的家，但我情愿放弃该州公民的身份。"[38] 得克萨斯州的意义已经不再"匹配"这个作家对于我是谁、我想成为什么的感觉了。

不同地方和我们的身份之间的关系是复杂的。这三个作家对于"家"有着不同的感觉，这也强调了身份和位置之间存在的复杂性。你来自哪里和你在哪里长大促成你看待自己的方式，也关系到你当前的身份。很多人对于自己成长的地方都有着矛盾的心理。他们可能会有美好的回忆，但是也可能以一种新的方式看待这个地区——乡下地方、守旧或者隔离。

社区 社区是美国文化空间的一个重要类型，根据文化认同，尤其是种族进行划分。城市通常会发展成隔离的各个**社区**，这反映了普遍的歧视和偏见，以及人们和同类生活在一起的渴望。在马尔科姆 X 的自传中，谈到了自家房屋烧毁之后，搬到其他地方住时遇到的严苛的法律："父亲央求一些朋友暂时收容了我们，然后我们搬到了东兰辛郊区的另一个房子里，在那些日子，黑人晚上是不准出现在东兰辛的……那是密歇根州立大学的所在地。"[39]

在美国历史上，"白人领域"这一现象曾经非常普遍。这一类社区就是很好的例子，体现了权力对跨文化接触的影响。对非裔美国人的种族隔离并不是偶然事件，从 1890 年开始，直到 20 世纪 60 年代末（公平住房法），白人在美国创建了成千上万个仅供白人居住的城镇，俗称"日落城镇"，这个称呼来自这些城镇市区范围内经常张贴的一种警告，20 世纪 30 年代加利福尼亚州霍桑就张贴过这样一则警告："黑鬼，不要让霍桑的夕阳洒在你们的身上。"事实上，长达 70 年当中，美国大多数聚居区都禁止非裔美国人进入。[40] 在这些被隔离的社区里，特定的文化群体来决定谁该住哪儿，其他群体想要生存下去，就要遵守他们制定的规则。这些规则会通过合法手段以及骚扰恐吓来执行下去。对于马尔科姆 X 和贝尔·胡克斯而言，这些种族隔离的框框条条再清晰明显不过。我们的一个年长些的学生也向我们回忆了那段时间：

在我人生的前 12 年里，有 9 年我都住在佛罗里达州迈阿密，在这个地方，种族隔离和歧视就是生活的一部分。学校也好，住所也要，都是隔离开的，有色人种只能坐在公交车后面……在我大约七八岁的时候，曾看见一个男人过马路的时候被小汽车撞倒了，他们叫了救护车，但是当救护车来了之后，却没有把男人送去医院，因为他们派出的救护车颜色不对。我不记得那个男人是白人还是黑人了，我只记得我当时非常气愤……后来，我搬去了加利福尼亚州，在这个地方黑人和白人之间的种族隔离通过"白人迁徙"的方式秘密进行着——当非裔美国人搬进了一个社区，大多数白人就会搬走。

在旧金山，不同的种族政治创造并孤立了唐人街。直到1947年种族隔离被取消之前，华裔美国人都被迫生活在唐人街。边界会有很清楚的标志，说明这是华裔可以住的地方，并且会有人暴力看守边界。

那种被禁锢在唐人街里的感觉有时候非常强烈，一些移民从码头来到华盛顿或是企李街的时候，会频繁遭到石块攻击。攻击者都是些白人恶棍，他们就住在毗邻的北滩地区和联合广场附近的市区，他们以殴打进入这些地区的中国人为乐。Wei Bat Liu 告诉我们："在那段日子里，边界是从卡尼镇到鲍威尔，然后从加利福尼亚州到百老汇。如果你过了界，白人孩子就会向你扔石头。"[41]

和马尔科姆 X 一家不准住在东兰辛形成强烈对比的是，旧金山的中国人被强迫住在一个标记好的区域内。然而1900年前后，另一种种族隔离制度在佐治亚州萨凡纳发展起来。在那里，中国移民会互相告诫彼此住远一点，不要聚集在一起，因为他们在旧金山和纽约的唐人街的这段消极经历，他们认为创建一个唐人街会增加反华情绪，同时会使他们更容易成为反华歧视的目标。[42]

历史原因和权力关系导致美国土地上的其他文化群体形成了不同的民族聚居区，美国中西部很多小镇都属于特定的欧洲群体，打个比方，在爱荷华州，德国人聚居在阿马纳（Amana），荷兰人在派拉（Pella），捷克人和斯洛伐克人住在锡达拉皮兹市。每个城市也会根据不同的聚落形态，形成不同的社区。例如，南费城主要是意大利裔美国人，南波士顿主要是爱尔兰裔美国人，迈阿密的上城主要是非裔美国人。尽管已经没有法律来强制这些人根据种族和民族背景住在特定的地区或社区，但是这些社区还是持续存在着，彰显着历史影响的持久性和重要性。

区域主义　不间断的地区冲突、民族主义诉求、民族复兴和宗教冲突表明人们为争夺主权而斗争不歇。这种冲突并不新鲜，事实上，一些文化空间，如耶路撒冷，已经持续斗争了许多个世纪。同样的，20世纪期间，德国和法国争夺阿尔萨斯，德国和捷克抢夺苏台德区。有些地区即便被其他大国吞并，也会保持自己的区域认同感。比如说英国的苏格兰和威尔士，西班牙北部和法国南部的巴斯

> **你怎么看？**
>
> 当下博客以及 Facebook 这种类似博客的社交媒体空间非常流行，成为当红的文化空间类型。在这些空间里，人们记录自己的经历，分享生活的点点滴滴。这些空间已经模糊了公共空间和私人空间的差别，尽管 Facebook 的博文可以设置为特定人群可见，但大多数博客的受众都是不可控的，通常我们根本不知道多少人会来看我们的博文。你怎样才能用这些空间来表达你的身份和文化呢？你在发表信息的时候，会有意识地区别公共信息和私人信息吗？你想要很多人来读你的文章吗？你怎样才能够阅读他人的文章，了解其他文化群体和本群体文化的不同呢？访问关于跨文化交流的有趣博客，看看 culturespan.blogspot.com 和 englishandculture.com/blog 吧。

克地区，西班牙加泰罗尼亚，法国的布列塔尼和科西嘉岛，以及土耳其和伊拉克的库尔德自治区。尽管有些地区在世界地图上已经不复存在，但是当地人对这个地区还是有着强烈的认同感。

区域主义，也就是对某个地区的忠诚，保留文化传统，其实现形式有很多种，如身份的象征性表达、武装冲突等。在美国，人们把自己划分为南方人和中西部人。加拿大东南部蒙特利尔的人对其省份魁北克的认同感更为强烈，反而更少认为自己是加拿大人。同样的，一些科西嘉人可能也感觉有必要跟法国谈谈他们的身份问题。有时候人们会挥舞地方旗帜，穿着当地特色的服装，庆祝地域节日，或参加其他文化活动来交流区域标识。但地方主义的表达并不仅仅是庆祝，如科索沃、车臣、厄立特里亚和东帝汶的暴力冲突。国界这个概念可能足够简单，但是这个概念经常会忽视或掩盖相冲突的地域认同。想了解国界会怎样影响跨文化交流，我们必须考虑到历史、权力、身份、文化和语境在当中发挥的作用。

网络空间 另一种后现代空间是人们非常熟悉的，存在于**网络空间**的那些新媒体当中。有《魔兽世界》《星球大战：旧共和国》以及《安特罗皮亚世界》之类的**多人在线角色扮演游戏**，人们为了娱乐，会虚拟一个身份，在游戏当中实时会面和互动。还有其他新的媒体空间，比如说博客，在这里人们为了消遣聚集在一起，获取想要的信息，同时博客还给支持某种理念的群体提供了聚集地（打个比方，为心脏病人[43]、癌症患者[44]开设的在线博客，或男女同性恋者和变性人提供支持、交流有用信息的博客）。关于博客作为文化空间，详见"你怎么看？"中的有趣的问题。

当然，几乎所有人都在使用社交网站，比方说 Facebook。当下，新媒体空间为经常性联系提供了可能性。而学者们怀疑，这种经常性的联系会怎样影响我们的人际关系。[45]尽管这些文化空间可以创建交流、学习和支持的空间[46]，但也默许了排外的、不公正的空间存在。就像因为数字鸿沟，一些文化群体就被这些空间排斥在外。[47]它们还可能成为敌对的文化空间，在网络当中肆意恃强凌弱和骚扰他人。网上欺凌通常针对那些在某些方面"不一样"的人。打个比方，就像我们在第一章提到的，比起直男直女，男女同性恋者更容易成为攻击对象。

早期研究者认为，花费大量时间在网上的人，用网络交流代替了"真正的"面对面的交流，会导致社交技能的削弱。而事实证明，社交网站用户平均拥有更多密友，感到社交障碍的人数也要少一半左右。此外，使用手机和即时通信工具的人，平均会拥有更多朋友。

进一步研究表明，MySpace 和 Twitter 用户的种族多样性，远超其他主流社交网络。⁴⁸ 重要的是要记住，网络和移动通信本身没有好坏，它们只是向人们提供文化空间的媒体，可以用来促进或阻碍有效的跨文化交流。我们将在第九章进一步探索新媒体人际关系。

变换文化空间

旅行 当人们变换文化空间时会发生什么？旅行经常被视为简单的休闲活动，但事实上并非仅仅而已。在跨文化传播当中，**旅行**变换了文化空间，在某种程度上也改变了旅行者。变换文化空间意味着改变你的身份，以及你与他人的互动方式。如今我们比以往更频繁地跨越文化空间，有一句老话"入乡随俗"就非常适用了。但是想做到入乡随俗并不那么轻松。我们的学生杰西卡在去摩洛哥旅行之后，向我们描述了同行的一些美国学生的非语言行为：

旅行之前我们就被告知，在摩洛哥女性的穿着和我们有所不同，她们几乎会遮住身体上每一块皮肤，裹得严严实实。我们都不愿那么做，于是对方告诉我们至少得穿着恰当，遮住胳膊和腿，牛仔裤或者长袖衬衫也是可以的。但是有两个姑娘的穿着就像一记巴掌打在我们脸上，她们在旅途中就穿着牛仔短裤，紧身短背心，腰部都露在外面。她们甚至有勇气问导游，为什么摩洛哥妇女会用厌恶的眼神看着她们，还对她们大喊"不要脸"。

人们遇到不属于当地传统文化空间的外地游客时，应当改变自己的交流风格吗？他们认为游客应当遵从当地风俗规定吗？这些是旅行中出现的一些问题，我们会在第十章处理这些问题。

移民 通过迁移也会变换文化空间，从原先的文化环境迁移到一个新的环境中去。当然，比起旅游，**移民**在文化空间方面的改变要多得多。旅行造成的文化空间变换是短暂的，也是人们旅行的目的之一，人们满足于这种变换。但相比之下，迁移的人往往根本不想要这种改变。打个比方，很多人被迫离开他们的祖国苏丹和波斯尼亚，到其他地方定居。很多移民背井离乡仅仅是为了生存。但他们往往很难适应这种改变，尤其当这个新文化空间的语言和习俗都完全陌生的时候。也就是说，他们很可能遭受文化冲击，就像第四章描述的那样。一个最近移民到美国的人这样描述道："来到美国之后，我亲身体验了这种冲击。人们的语言和举止首先就让我没有安全感，让我失去了判断力。这种压力导致了我的失眠，我有种迷失在这里的感觉。"

即便是美国本地人，在迁移到一个新的环境中时，都会感觉很

信息频道

一份报道显示了少数民族和白人在使用新媒体文化空间时一些有趣的异同：

1. 在过去 10 年里，在线群体已经越来越多样化，但仍然有一些不同。非裔美国人在互联网访问方面取得了巨大进展；英语为母语的拉丁裔和白人在访问和使用网络方面几乎没有什么差别；西班牙母语人士不太喜欢上网。

2. 手机访问人次上升，尤其是有色人种。少数民族和白人在笔记本电脑的拥有方面是差不多的，但是黑人和英语为母语的拉丁裔比白人更喜欢用手机，他们对手机功能有广泛的需求（例如：短信、访问社交网站、录音录像以及看视频）。

3. 少数民族和白人对社交媒体看法不同。少数民族访问 Facebook 和 Twitter 的频率比白人要高，

难适应。汤姆记得北方人迁徙到南方之后，往往不适应银行周三很早就关门的惯例，也不习惯南方传统的新年食物。而讥笑或是忽视新文化空间的习俗，只会进一步导致跨文化传播障碍。

文化空间的动态特性

文化空间的动态特性和传统的西方空间观念形成鲜明对比。传统概念促进了土地所有权、土地勘测、边界、殖民地和区域划分。而在当下的动态文化空间里，人们不需要护照就能够四处旅行，因为根本没有边界守卫。当前文化空间的动态特性凸显出其和不断变化的文化需求的关系。在现有形式下只要有需求，这个空间就会存在。

打个比方，美国亚利桑那州菲尼克斯几十年前才刚刚成为城市，没有唐人街，也没有日本街、韩国街，没有爱尔兰社区，没有波兰人社区，也没有意大利人社区。相反，波兰血统的人可能会住在城市的任何地方，只有在特殊时刻或者为了特别原因才会聚集到一起。每个周日，波兰天主教弥撒会吸引整个菲尼克斯的波兰人前来。人们想要购买波兰面包和糕点时，可以去波兰的面包店，在那里会说波兰语。对于这些人来说，种族身份只是多重身份的一个组成部分，当他们需要强调波兰血统时，这重身份可以满足他们的需要。当他们寻求其他身份认同时，可以去他们想去的任何地方，比如说菲尼克斯太阳队球迷，或者艺术爱好者。在他们人的生命中，种族认同既不是唯一的因素也不是最重要的因素。在菲尼克斯，种族生活的标志就是城市本身，人们需要取得民族文化联系时可以聚集在这里。而在其他时候，他们可能频繁地去其他地方，以其他的身份游走各地。从这层意义上来说，当代城市空间是动态的，允许人们以新的方式和身份参与交流。[49]

先前也提到过，互联网的兴起创造了一个文化空间的新维度。我们现在可以（虚拟地）进入一些空间，用不同的方式表达我们的文化身份。物理空间或位置已经不再是最重要的交流障碍，因为我们可以在网络空间交流，不再受物理因素的限制。我们可以"声称"自己是先生或是女士，说自己有某种宗教信仰，或者说自己是某个少数群体的成员，有着某种政治观点或者某种性取向。通过虚拟旅行，我们"穿越"到外国感受异域风情，而可能在现实生活中，我们永远不可能去得成。[50]尽管要用一门我们不会说的外语沟通很困难，但是网络上也有一些基本的翻译网站。当然，很多人对扮演另一种文化身份完全没有兴趣。比如说，如果你觉得汽车才代表了你的身份，为什么要花费时间去谈论曲棍球呢？虚拟空间让文化空间

> 他们更多地认为政府应当在社交网站上和民众互动（打个比方，政府应当在社交网站上发布信息和警报），同时他们更可能通过社交媒体来获取社区活动和新闻。（资料来源：Technology trends among people of color (2010, September 17). Pew Research Center's Internet & American Life Project. www.pewinternet.org/Commentary/2010/September/Technology-Trends-Among-People-of-Color.aspx）

的边界变模糊了。文化空间到底可以转变得多快？我们对于自己是谁、在哪儿这个问题到底具有怎样的控制力？是不是随心所欲想怎样就怎样随意转换？⁵¹

小结

本章中，我们讨论了非语言交流的原则和文化空间。非语言交流是无意识进行和习得的，并可以对语言行为进行强化、替代或与其相矛盾。

非语言行为可以表达关系意义、地位和欺骗。非语言交流受文化的影响，即便如此，很多文化还是有共通的非语言行为。非语言交流的方式包括眼神接触、面部表情、手势、时间导向和沉默。有时，非语言行为的文化差异会导致对其他文化形成成见。

文化空间影响文化身份。文化空间与权力问题和跨文化传播相关。家庭、社区、地域、国家和网络空间均是具体的文化空间。变换文化空间的两种方式是旅游和移民。当前文化空间是动态的，可以让人们适应与其共存的不同文化身份。

培养跨文化技能

1. 有意识地注意跨文化沟通中你的非语言行为。练习你的编码技巧。你可以观察别人的非语言行为——面部表情、手势、眼神接触等。看看他们的非语言交流行为，判断他们是否理解了你，抑或是误解了你。

2. 更有意识地关注别人的非语言交流。他们在传递怎样的信息？你对这样的信息如何做出回应？想想那些你觉得不舒服的跨文化场合，你之所以不舒服是否是因为别人所表达的非语言信息？他们是否违反了你一直以来遵守的规定？站得太近了？或者太远了？肢体接触太多？说话太大声？或者太温柔？

3. 练习解码技巧。看看你是否能理解别人的非语言行为。你的判断是否准确？你是否误解了他们的非语言线索？会不会出现他们实际上没有理解但你以为他们理解了的情况？有没有出现过他们实际上很开心但你认为他们不开心的情况？

4. 扩大你的非语言交流数据库。练习新的非语言行为。尝试不同的姿势、表情或眼神接触。

5. 非语言交流中保持灵活，随机应变。试着将你的行为和他人

> **极速冲浪**
>
> 登录www.kent.ac.uk/careers/interviews/nvc.htm，学习在面试时如何管理你的非语言交流。思考一下哪些建议只适用于本国语境。如果你申请跨国公司的境外职位，你应当如何管理自己面试中的非语言行为？

同步，这一般代表你对这段关系比较认可。如果别人双臂交叉地站着，那么你也这么做。如果他们离你比你的习惯距离要近，请不要走开。如果他们想要有更多的眼神接触，尽量和他们互动。

6. 认识到你的非语言行为表现出来的偏见。当你和别人的互动不愉快时，检查一下是否自己有偏见。是不是仅仅因为别人的外貌而有偏见？再给他们一次机会吧。

实践

非语言规则：选择一个你感兴趣的文化空间进行研究。找寻该文化空间中的四个不同场合，观察人们如何互动。关注非语言交流的其中一个方面，比如延伸空间或个人空间。列出控制该方面的规则。例如，如果你关注个人空间，你可以描述人们在说话时的距离。根据你的观察，列出在该文化空间的合适的（预期的）非语言行为规则。和同学们分享你的结论。同学们对你的结论怎么看？我们是否可以对文化空间的非语言规则统一概括？影响个体遵守这些规则的因素有哪些？

注释

1. Khan, A. (2011, August 18). Boston airport tests "Chat Downs" to detect suspicious activity, *PBS Frontline Report*. Retrieved May 14, 2012, from http://www.pbs.org/wgbh/pages/frontline/foreign-affairs-defense/boston-airport-tests-chat-downs-to-detect-suspicious-activity/.
2. Knapp, M. L., & Hall, J. A. (2010). *Nonverbal communication in human interaction*. (7th ed.). Belmont, CA: Wadsworth/Cengage Learning.
3. Knapp & Hall (2010).
4. Knapp & Hall (2010).
5. Jones, S. E., & LeBaron, C. D. (2002). Research on the relationship between verbal and nonverbal communication: Emerging integration. *Journal of Communication*, 52, 499–521.
6. Vrij, A., Granhag, P. A., & Mann, S. (2010). Good liars. *Journal of Psychiatry & Law*, 38(1/2), 77–98.
7. Montepare, J. M. (2003). Evolution and nonverbal behavior: Adaptive social interaction strategies. *Journal of Nonverbal Behavior*, 27, 141–143; Patterson, M. L. (2003). Commentary: Evolution and nonverbal behavior: Functions and mediating processes. *Journal of Behavior*, 27, 201–207.
8. Ekman, P. (2004, October 2). Happy, sad, angry, disgusted: Secrets of the face. *New Scientist*, 184(2467), 4–5. See also Galati, D., Sini, B., Schmidt, S., & Tinti, C. (2003, July). Spontaneous facial expressions in congenitally blind and sighted children aged 8–11. *Journal of Visual Impairment and Blindness*, 97, 418–428.
9. Montepare, J. M. (2003). Evolution and nonverbal behavior: Adaptive social interaction strategies. *Journal of Nonverbal Behavior*, 27, 141–143; Patterson, M. L. (2003). Commentary: Evolution and nonverbal behavior: Functions and mediating processes. *Journal of Nonverbal Behavior*, 27, 201–207.
10. Alberts, J., Nakayama, T. K., & Martin, J. N. (2007). *Human Communication in society*. Boston: Allyn-Bacon.
11. Andersen, P. A., Hecht, M. L., Hoobler, G. D., & Smallwood, M. (2002). Nonverbal communication across cultures. In W. B. Gudykunst & B. Mody (Eds.), *Handbook of international and intercultural communication* (2nd ed., pp. 89–106). Thousand Oaks, CA: Sage.

12. Gottschall, J. (2008). The "beauty myth" is no myth. *Human Nature, 19*(2), 174–188; Swami, V., Furnham, A., Chamorro-Premuzic, T., Akbar, K., Gordon, N., Harris, T., Finch, J., & Tovée, M. J. (2010). More than just skin deep? Personality information influences men's ratings of the attractiveness of women's body sizes. *Journal of Social Psychology, 150*(6), 628–647.
13. Swami, V., Caprario, C., & Tovée, M. J. (2006). Female physical attractiveness in Britain and Japan: A cross-cultural study. *European Journal of Personality, 20,* 69–81; Swami, V., Smith, J., Tsiokris, A., Georgiades, C., Sangareau, Y., Tovée, M. J., & Furnham, A. (2007). Male physical attractiveness in Britain and Greece: A cross-cultural study. *Journal of Social Psychology, 147*(1), 15–26.
14. Knapp & Hall (2010).
15. Archer, D. (1997). Unspoken diversity: Cultural differences in gestures. *Qualitative Sociology, 20,* 79–105.
16. Axtell, R. E. (2007). *Essential do's and taboos: Complete guide to international business and leisure travel.* Hoboken, NJ: John Wiley & Sons, p. 20.
17. Archer (1997), p. 87.
18. Hall, E. T. (1959). *The silent language.* New York: Doubleday; Hall, E. T. (1976). *Beyond culture.* New York: Doubleday.
19. Macduff, I. (2006). Your pace or mine? Culture, time, and negotiation. *Negotiation Journal, 22*(1), 31–45.
20. Dahl, O. (1993). *Malagasy meanings: An interpretive approach to intercultural communication in Madagascar.* Stavanger, Norway: Center for Intercultural Communication, p. 66.
21. Covarrubias, P. (2007). (Un)Biased in Western theory: Generative silence in American Indian communication. *Communication Monographs, 74*(2), p. 270.
22. Acheson, C. (2007). Silence in dispute. In C. S. Beck (Ed.), *Communication Yearbook 31* (pp. 2–59), New York: Lawrence Erlbaum Associates.
23. Condon, J. (1984). *With respect to the Japanese.* Yarmouth, ME: Intercultural Press, p. 41.
24. Carbaugh, D., & Berry, M. (2001). Communicating history, Finnish and American discourses: An ethnographic contribution to intercultural communication inquiry. *Communication Theory, 11,* 352–366; Sajavaara, K., & Lehtonen, J. (1997). The silent Finn revisited. In Jaworski (Ed.), *Silence: Interdisciplinary perspectives* (pp. 263–283). New York: Mouton de Gruyter.
25. Braithwaite, C. A. (1990). Communicative silence: A cross-cultural study of Basso's hypothesis. In D. Carbaugh (Ed.), *Cultural communication and intercultural contact* (pp. 321–327). Hillsdale, NJ: Erlbaum.
26. Nakane, I. (2006). Silence and politeness in intercultural communication in university seminars. *Journal of Pragmatics 38,* 1811–1835.
27. Liu, J. (2002). Negotiating silence in American classrooms: Three Chinese cases. *Language and Intercultural Communication, 2*(1), 37–54.
28. Mosbach, H. (1988). The importance of silence and stillness in Japanese nonverbal communication: A cross cultural approach. In F. Poyatos (Ed.), *Cross cultural perspectives in nonverbal communication* (pp. 201–215). Lewiston, NY: Hogrefe.
29. Montell, G. (2003, October 15). Do good looks equal good evaluations? *Chronicle of Higher Education.* Retrieved from chronicle.com/jobs/2003/10/2003101501c.htm.
30. Neal, L. V. I., McCray, A. D., & Webb-Johnson, G. (2001). Teachers' reactions to African American students' movement styles. *Intervention in School and Clinic, 36,* 168–174.
31. Matthews, R. (2000). Culture patterns of South Asian and S.E. Asian Americans. *Interventions in School and Clinic, 36,* 101–105.
32. Burack, A. (2011, March 18). District Attorney George Gascón says hate crimes on the rise in San Francisco. *San Francisco Examiner online.* Retrieved August 30, 2011, from www.sfexaminer.com/local/crime/2011/03/district-attorney-gasc-n-says-hate-crimes-rise-san-francisco.
33. Richeson, J., & Shelton, J. N. (2005). Brief report: Thin slices of racial bias. *Journal of Nonverbal Behavior, 29,* 75–86.
34. Johnson, A. G. (2006). *Privilege, power and difference,* 2nd ed. New York: Academic Internet Publishers.
35. Fussell, P. (1983). *Class.* New York: Summit Books.
36. hooks, b. (1990). *Yearning: Race, gender, and cultural politics.* Boston: South End Press, p. 41.
37. Greene, H. (1991). Charleston, South Carolina. In J. Preston (Ed.), *Hometowns: Gay men write about where they belong* (pp. 55–67). New York: Dutton.
38. Saylor, S. (1991). Amethyst, Texas. In J. Preston (Ed.), *Hometowns: Gay men write about where they belong* (pp. 119–135). New York: Dutton.
39. X, Malcolm, & Haley, A. (1964). *The autobiography of Malcolm X.* New York: Grove Press, pp. 3–4.
40. Loewen, J. (2005). *Sundown towns: A hidden dimension of American racism.* New York: New Press.
41. Nee, V. G., Nee, B. D. B. (1974). *Longtime Californ': A documentary study of an American Chinatown.* Boston: Houghton Mifflin, p. 60.

42. Pruden, G. B., Jr. (1990). History of the Chinese in Savannah, Georgia. In J. Goldstein (Ed.), *Georgia's East Asian connection: Into the twenty-first century: Vol. 27. West Georgia College studies in the social sciences* (pp. 17–34). Carrollton: West Georgia College.
43. Rodan, D., Uridge, L., & Green, L. (2012). Negotiating a new identity online and of-line: The HeartNET experience. In P. H. Cheong, J. N. Martin & L. Macfadyen (Eds.), *New media and intercultural communication: Identity, community and politics* (pp. 139–154). New York: Peter Lang.
44. Sun W., & Critchfield, A. J. (2012). Inoculating against invisibility: The Friendly Circle of Cancer Patients' Chinese blog. In P. H. Cheong, J. N. Martin & L. Macfadyen (Eds.), *New media and intercultural communication: Identity, community and politics* (pp. 155–169). New York: Peter Lang.
45. Turkle, S. (2011). *Alone together: Why we expect more from technology and less from each other*. New York: Basic Books.
46. Ng, K. (2012). Asian American new media communication as cultural engagement: E-mail, vlog/blogs, mobile applications, social networks and YouTube. In P. H. Cheong, J. N. Martin, & L. Macfadyen (Eds.), *New media and intercultural communication: Identity, community and politics* (pp. 255–274). New York: Peter Lang.
47. Chen, G. M., & Dai, X. (2012). New media and asymmetry in cultural identity negotiation. In P. H. Cheong, J. N. Martin, & L. Macfadyen (Eds.), *New media and intercultural communication: Identity, community and politics* (pp. 123–138). New York: Peter Lang; Olaniran, B. A. (2012). Exploring cultural challenges in E-Learning. In P. H. Cheong, J. N. Martin, & L. Macfadyen (Eds.), *New media and intercultural communication: Identity, community and politics* (pp. 61–74). New York: Peter Lang.
48. Hampton, K. N., Goulet, L. S., Rainie, L., & Purcell, K. (2011). Social networking sites and our lives. Pew Internet & American Life Project. Retrieved July 22, 2011, from http://www.pewinternet.org/Reports/2011/Technology-and-social-networks.aspx.
49. Drzewiecka, J. A., & Nakayama, T. K. (1998). City sites: Postmodern urban space and the communication of identity. *Southern Communication Journal, 64*, 20–31.
50. Huang, Y-C. (2011). Virtual tourism: Identifying the factors that affect a tourist's experience and behavioral intentions in a 3D virtual world. Doctoral Dissertation. Retrieved July 3, 2012, from http://udini.proquest.com/view/virtual-tourism-identifying-the-pqid:2463907101/.
51. Strate, L., Jacobson, R. L., & Gibson, S. L. (Eds.), (2003). *Communication and cyberspace: Social interaction in an electronic environment*. Cresskill, NJ: Hampton Press.

第三部分

日常生活中的跨文化传播

PART THREE

CHAPTER 7 第七章

流行文化与跨文化传播

章节概要

流行文化和跨文化传播
什么是"流行文化"？
美国流行文化与权力
形象／商品的全球流通
其他文化群体的流行文化
文化帝国主义
对流行文化的消费和抵抗
消费流行文化
抵抗流行文化
文化群体的呈现方式
移民群体对主流文化的认知
流行文化和形象刻板化
小结
培养跨文化技能
实践
注释

学习目标

阅读本章后，你应能做到：
1. 给流行文化下定义。
2. 辨别几种类型的流行文化。

3. 描述流行文化的特征。
4. 解释为何了解流行文化对跨文化传播而言很重要。
5. 讨论为何人们消费或抗拒某些特定类型的文化语境/产品。
6. 理解文化语境如何影响人们的文化身份认同。
7. 讨论不同文化群体在流行文化中的呈现形式会如何影响跨文化传播。
8. 分析美国流行文化在世界的主导地位会带来哪些影响。

关键词

文化身份、民俗文化、文化帝国主义、媒介帝国主义、文化语境、流行文化、文化工业、读者概要、电子殖民主义

我曾听说美国有很好的大学，所以很想去那里上学。以前收看关于美国大学生活的电视节目和电影，主要展现的是希腊式生活、派对、喝酒、恋爱关系和找乐子。看起来学生都不需要学习似的，一点也不负责任。那时我不知如何将这些形象与美国大学的声望联系起来，但现在我身临其境，才发现美国学生学习和工作都非常刻苦。

——卢卡斯

卢卡斯发现，流行形象未必总能准确反映美国社会或世界其他地方的日常生活。流行文化可能是影响我们对世界其他文化和其他地区看法的因素之一，但这些形象也需要与我们自身的经历相结合。这种复杂的关系提醒我们，在思考跨文化传播时，考虑此类文化因素也很重要。

对跨文化传播而言，文化因素极为关键，但我们常常忽略日常生活中文化因素的某些含义。跨文化传播学者时常忽略的一种文化因素就是流行文化，然而流行文化对于帮助我们了解世界、强化对自身的认识和巩固世界观方面有着至关重要的作用。

汤姆和朱迪思都不曾去过古巴、肯尼亚、尼日利亚、印度、俄罗斯或中国，然而对这些地区（以至世界其他地区）"真实生活"形象的印象依然形成了，这些地区形象的形成主要来源于新闻、电影、电视节目、广告和其他类型的流行文化。我们收看旅游频道时，有时还会觉得仿佛已经去了某个地方旅游；当人们亲身前往巴黎、檀香山或东京等这些地方时，可能会惊呼："就跟在电视上看到的一样！"显然，流行文化所传递的"信息"并非全都是最新的或准确

流行文化聚焦
美国流行文化在世界范围内广泛传播，但近来也出现了一些其他国家文化影响美国本土流行文化的例子。你是否知道《美国偶像》（译

的。流行文化中的部分形象加强了人们对其他文化群体的刻板印象，而另一部分形象则会瓦解这种刻板印象。在本章中，我们将探讨流行文化在跨文化传播中的桥梁作用，同时研究流行文化如何制造障碍。

流行文化和跨文化传播

我们可以借由旅行和移民来体验其他地方的崭新生活，但这世上总会有我们从未去过或生活过的地方。大多数人甚至从来没有涉足世界其他地方。

而对于我们从未去过的地方，我们的"认知"从哪里来？我们对这些地方的了解很可能来自流行文化——媒体输出的为大众熟知的电视节目、音乐、影像和杂志。而这些仅通过流行文化进行的"旅游体验"是如何影响跨文化传播的呢？

流行文化的复杂性往往被社会大众忽视。有人表达过对流行文化社会效应的担忧——例如，电视节目中暴力成分对儿童的不良影响，色情内容的传播与暴力侵犯女性的行为之间有何关系？然而仍有许多人对于研究流行文化不屑一顾，仿佛探讨流行文化并无甚用处。这种态度使我们难以研究和讨论流行文化。

身为美国人，我们在流行文化关系中有着独特地位。美国的流行文化产品在世界范围内广受欢迎并广泛传播。大量美国电影、音乐和演艺明星，如碧昂斯（Beyoncé）、布拉德·皮特（Brad Pitt）、安吉丽娜·朱莉（Angelina Jolie）、瑞恩·高斯林（Ryan Gosling）和詹尼佛·洛佩兹等，在美国之外也很受追捧，造成美国与其他国家之间的一种非平等对流的**文化语境**——一种传递规范、价值观和信仰的文化产物。学者伊莱休·卡茨（Elihu Katz）和泰玛·利贝斯（Tamar Liebes）指出了"美国电视节目的跨文化传播和语言传播先驱者们的轻松姿态。的确，这种现象已让人习以为常，以至于鲜有人系统研究过为何这些节目如此大获成功"[1]。

与此相反，美国人则很少接触其他国家传播过来的流行文化。在这种流行文化单向流动的大趋势下也有例外情况，其中包括一些演唱英文歌曲的艺人如 ABBA 乐队、避谣客乐队（Bjork）、夏奇拉、金耳环乐队（Golden Earring）和席琳·迪翁（Celine Dion）。然而，在美国大部分地区，我们仍然很见到外国电影或电视节目的踪影。这种全球范围内明显不平衡的文化语境不仅使美国人更依赖本国出品的流行文化，同时也导致出现文化帝国主义现象，我们将在本章中讨论这个话题。

在传播学领域，研究流行文化的重要性日渐凸显。尽管跨文化传播学者一贯不重视流行文化，但我们相信这类文化形式是跨文化互动中的重大影响因素。本章中，我们将探究其带来的某些方面的影响。

什么是"流行文化"？

流行文化的构成元素包括哪些、不包括哪些，乍看起来似乎很明显。比如，我们往往认为肥皂剧、电视真人秀和爱情小说属于流行文化，而交响乐、歌剧和芭蕾舞则不属于。流行文化往往被认为是平民化的，于是应该包括因广泛迎合大众或因大众广泛消费某些文化产品而相应变得流行的某些当代文化形式。传播艺术学教授约翰·菲斯克（John Fiske）观察到：

一种文化商品必须承载人们的青睐，才得以进入流行文化领域。流行文化不是一种纯消费产品，而是一种文化——即在一个社会系统内整合并传播"意义"和"愉悦"的活动过程：即使是经过产业化的文化产品，也不能简单地从买卖商品的角度予以解读。²

民族研究领域教授乔治·利普希茨（George Lipsitz）在他对洛杉矶地区美国墨西哥风格流行音乐（popular Mexican American music）的研究中，重点指出了社会边缘群体进行自我表达的几种创意性、非主流的方式。他在这项研究中展示了文化产品是怎样融合和借助其他群体的文化而"流行"起来，并提出"音乐人（如摇滚歌手）在其音乐中借鉴其他文化，是他们成功的关键"³。此处的"流行"概念同样指向了——大众，也与大众息息相关，只不过是通过声音文化向大众传递。利普希茨教授继续指出：

奇卡诺人（注：指墨西哥裔美国人或生活在美国的讲西班牙语的拉丁美洲人后裔）摇滚歌手的边缘身份同时也是他们的持续灵感来源，并促使他们不断创新，从而吸引主流观众的眼球。但这种边缘身份的敏感性不仅仅出于制造新奇感或纯属个人癖好，更大程度上是作为具有正当性和影响力的文化载体，代表一个真实存在的社会群体反抗文化压制的历史……正如奇卡诺人歌手评论他们自己的音乐作品时所言，他们的在音乐中有意识地反映文化政治现象，试图寻求改造美国主流文化来获得主流文化的接纳。⁴

人口大爆发"这样的媒体观点有怎样的支持效果或颠覆效果？在例如克里斯蒂娜·阿奎莱拉（Christina Aguilera）、马克安东尼（Marc Anthony）、珍妮佛·洛佩兹（Jennifer Lopez）和夏奇拉（Shakira）等个别艺人的作品中，有哪些较为显著的拉丁文化或其他文化特征？是什么让他们的音乐、风格和/或特点显得很"拉丁"或很有其他文化的味道？（资料来源：美国人口普查局人口司《美国年度人口普查——按性别、种族及西班牙裔/拉丁裔分类：2000年4月1日至2005年7月1日》(Annual Estimates of the Population by Sex, Race and Hispanic or Latino Origin for the United States: April 1, 2000 to July 1, 2005)。发布日期：2006年5月1日）

流行歌手蕾哈娜（Rihanna）在世界各国都颇有人气。她虽在巴巴多斯出生，但后来移居美国，而美国流行文化的普及也使众多艺人获得事业上的成功。这一点无论对于个人还是世界各国的文化群体来说都有重要意义。

跨文化联系和跨文化传播在建立和维护流行文化方面发挥着重要作用。不过，利普希茨教授也指出，这种流行性在令人愉悦的同时也是具有政治属性的，也使我们对流行文化的看法变得复杂。

因此，可以认为流行文化具有四大主要特征：（1）它产生于文化工业；（2）它有别于**民俗文化**；（3）它无处不在；（4）它具有社会功能。正如菲斯克教授所认为，流行文化基本上几乎都是在资本主义系统内由"**文化工业**"所产生，这种系统将流行文化产品作为商品进行出售以获利。在文化工业界值得一提的是迪斯尼公司，旗下经营了游乐园、电影、卡通和不计其数的分公司。如表7.1所示，文化产品可以从其他国家进口。

表 7.1 美国从其他国家引进的电视节目

美国的许多电视节目在其他国家广受欢迎，与此同时美国也从其他国家的电视节目借取灵感。例如：
《百万富翁》（*Who Wants to be a Millionaire*）——英国
《美国偶像》（*American Idol*）——英国
《丑女贝蒂》（*Ugly Betty*）——哥伦比亚
《老大哥》（*Big Brother*）——荷兰

民俗文化是指使文化群体身份认同得以维持的传统礼节和传统习俗。与流行文化不同，民俗文化通常并不受任何产业控制，也不由盈利动机推动。举例而言，北美盛行的"帕瓦"（pow-wows）仪式（一种美国原住民祈祷仪式）就是对传统习俗的传承。联合国教科文组织正逐步通过《人类非物质文化遗产代表作名录》对重要的民俗文化进行认证。在这些民俗文化可能对外部人士开放的同时，它们也表达和确认了文化身份和群体归属。

第七章　流行文化与跨文化传播

传播学者约书亚·古恩（Joshua Gunn）和巴瑞·布鲁梅特（Barry Brummett）不久前对认为民俗文化与流行文化之间具有重大差别这一观点提出了质疑。他们提出，学者们"论述中似乎认为大批量生产和大批量出售的文化与更具原真性的'民俗'文化或亚文化之间有着重大差别。这种二元论正在逐步渗透入全球性市场化的文化。一些小规模现存民俗文化仍可见于世界各地：海岛群、阿米什乡村或英语学系。其余的民俗文化如今则放在沃尔玛超市半价销售"[5]。在全球化的新背景下，民俗文化传统和民俗文化产品将发生哪些变化？它们是否会不可避免地被投入大批量生产和全球化销售？

流行文化也是无处不在的。我们无论何时何地都在被流行文化"轰炸"着。美国人平均每周看电视超过 40 个小时。电影院线连番上映斥资数百万美元打造的名目繁多的影片，几乎全是美国制造。广播电台和音乐电视台不断播放最热门乐团的最新作品和演出。而我们每天也"淹没"在不计其数的媒体宣传和商业广告中，目不暇接。

我们很难避开流行文化。不仅因为它见缝插针，还因为流行文化发挥着重要的社会作用。还记得你的朋友和家人问过你多少次对新上映的电影和电视节目的看法吗？如果你回答"我不看电视"，他们将会有什么反应呢？传播学者霍勒斯·纽科姆（Horace Newcomb）和保罗·赫希（Paul Hirsch）认为，电视承担了文化论坛的角色，供人们就各种话题（包括由电视节目引发的话题）进行讨论和出主意。[6] 从中我们可以了解到不同人对不同问题的态度——从同性恋婚姻到移民问题，乃至校园枪击案——并且借观看电视中的讨论了解我们自己对有关问题的态度。这些论坛包括日间和深夜的脱口秀节目、新闻节目和情景喜剧，以及许多其他节目。因此，电视节目拥有强大的社会功能：它作为社会问题的论坛而发挥作用。

传播学者德瑞玛·穆恩（Dreama Moon）和汤姆·中山（Tom Nakayama）在一项对平面新闻报道的研究中分析了西弗吉尼亚州的亚瑟·J.R. 沃伦（Arthur "J.R." Warren）谋杀事件的报道数量。[7] 尽管受害者被谋杀的小镇并不发行本地报纸，然而他们发现，相关媒体报道情况的确明显体现了非裔美国人、同性恋者以及异性恋白人居民对西弗吉尼亚州小镇日常生活的体验和认知存在重大差异。通过媒体，非裔美国人和同性恋者能够以一种不同的视角来看待小镇生活，有别于将小镇生活理想化的主流观点。同样地，新闻报纸作

> **信息频道**
> 学者雷蒙·威廉斯（Raymond Williams）提出，研究流行文化很重要，因为如今我们一星期内通过媒体接触到的故事作品和戏剧，甚至比一千年前欧洲人一辈子接触到的还多。

为讨论这个惨剧的论坛而发挥着作用。

与此相反，并非所有的流行文化都能作为公共讨论的平台。迈克尔·巴特沃斯（Michael Butterworth）研究 2001 年"9·11 事件"后棒球场赛事的献礼仪式发现，这些仪式倾向于抑制任何爱国主义情怀之外的其他观点，即使这与民主讨论的精神相悖。巴特沃斯如此描述这些棒球赛事献礼仪式和献词："如果棒球赛事可以理解为代表美国民主文化的传统习俗，则它所展现（或未能展现）的方式很值得从民主主义的角度去审视和评论。在美国人经历前所未有的悲剧事件后，棒球赛事不仅作为治愈群体创伤的场所，更有效地凸显了这项运动所展现或所应展现的多元主义精神。"[8] 因此，属于流行文化的棒球赛事献礼仪式，并不作为大众广泛交流意见的文化平台。

大众调整他们自身与流行文化之间关系的方式是复杂的。正是由于这种复杂性，使得我们难以了解流行文化在跨文化传播中的作用。显然，我们并不是海量流行文化的被动接受者；而事实上，无论是消费或抵抗流行文化，我们都是积极作为。稍后将探讨这个观点。

美国流行文化与权力

我室友亚伦和我带两个日本学生去学校俱乐部打桌球，他们看起来很兴奋，对我提出的问题和所有评论都非常感兴趣……我曾经认为日本人是害羞和安静的，但这两位日本女孩的表现证明我错了。她们稍有几分害羞，但大部分时候会开怀大笑并且玩得很开心……她们也告诉我自己对美国人的刻板印象。她们曾经认为所有美国人都吃垃圾食品，还以为美国有很多罪犯。我想，大部分类似的印象主要源于日本国内媒体对美国的形象塑造。我认为很多电影都过度展现了美国的快节奏生活，这当中也包括快餐食品。

——查理

我们在本节中强调跨文化传播的其中一个动力，即权力。思考流行文化时，我们需要思考的不仅是人们理解和消费流行文化的方式，还需要思考流行文化语境以怎样的特定方式代表了特定群体。如果人们主要是通过流行文化的视角去看待其他文化群体，则我们需要思考这些流行文化互动中蕴含的权力关系。

形象/商品的全球流通

如前所述，目前有大量美国流行文化在全球流通。例如，美国制作的电影经由文化产业而广泛发行，并有大量财政资源作为其后盾。一些媒体学者指出，美国电影产业从美国以外地区赚取的利润远远超过在本国的票房收入。[9]这种局面决定了好莱坞将继续向海外推广电影，而好莱坞也有足够的财力这么做。举例而言，截至2006年4月25日，好莱坞大片《星球大战III：西斯的复仇》在美国的票房收入逾3.8亿美元，在海外的票房总收入则超过4.626亿美元。[10]

包括电视和报纸在内的其他许多美国媒体在美国境外也广泛普及。美国有线电视新闻网（CNN）可以在世界各地收看；音乐电视网（MTV）也在全世界进行广播；由《纽约时报》和《华盛顿邮报》联合发行的《国际先驱论坛报》（译者注：现已更名为《国际纽约时报》）也在全球多个地区发行。美国媒体和流行文化主导趋势的影响仍有待确定，尽管你可能已料想得到相关影响。

然而，新近崭露头角的半岛电视台（Aljazeera，一个以卡塔尔为基地的新闻频道），逐渐向国际新闻舆论输入不同的声音。随着阿拉伯语国家日渐受到关注，半岛电视台的舆论视角也开始占据相当重要的地位。正如他们自己的形容："半岛电视台拥有三十多个办事处、数十位记者常驻世界各地，正因如此我们得以向成千上万人传递关于全球新闻事件的全新视点。"[11]法国则推出了一个CNN风格的新闻频道FRANCE 24，主要呈现不同于BBC、CNN和半岛电视台的新闻视角，旨在推广电视台网页上宣扬的法国视角和价值观：FRANCE 24的"任务是以法国人的视角报道国际新闻时事，向世界传递法国人的价值观"[12]。除此之外，FRANCE 24还致力于进行网上宣传："互联网是FRANCE 24的中心阵地，目标是将FRANCE 24.com打造成国际新闻的领先视讯平台。"[13]

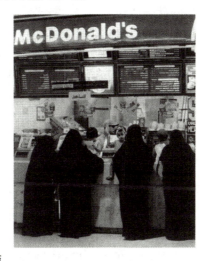

麦当劳在不同地方也顺应当地文化。如在沙特阿拉伯的达兰（沙特阿拉伯东北部城市），女性必须在"女士专区"等餐。文化顺应现象也是美国文化对外输出时的一个重要现象。

其他文化群体的流行文化

尽管美国流行文化似乎主导着世界市场，但其他地方的流行文化也同样有着影响这个世界的力量。比如，"007"系列小说和电影是英国本土作品，但也输出到整个国际市场。电影学者詹姆斯·查普曼（James Chapman）在其对"007"系列作品的研究中展示了不同政治及文化语境中的詹姆斯·邦德（即"007"）形象，以帮助理解这个流行文化现象。[14]将英国文化形象套用到美国的意识形态和经济领域，更增加了论证美国流行文化产品主导地位的复杂度。

日本动漫和卡通的广受欢迎也是另一个非美国文化的流行文化现象。动漫俱乐部在美国各地和世界各地兴起；对动漫的狂热显示了非美国的流行文化产品也能够在全世界流行。尽管很多人认为动漫是儿童卡通，但"大部分动漫作品讲述了复杂的故事，也有着复杂的人物结构，适合成人观看"[15]。不过，"正如许多文化现象一样，动漫文化不仅仅关于动漫本身，也让我们看到即使一个发展成熟并已为主流人群所接受的亚文化，仍然常常被误解"[16]。日本流行文化输入美国的方式包括成立动漫俱乐部、建立网站、举行会议和其他的社交活动。

最近，世界各地都在讨论俄罗斯朋克乐队"暴动小猫"的抗议行动和审讯事件，也展现了美国流行文化如何影响其他国家的政治文化运动，同时说明了大众也会抗拒流行文化的影响力。2012年2月，"暴动小猫"的三名成员在教堂举行了一场名为"朋克祈祷"的反对总统普京的演出，2012年8月，他们因"实施流氓行为"而被判处两年徒刑。

美国流行文化的代表人物，包括麦当娜、克洛伊·塞维尼（Chloe Sevigny）和红辣椒乐队发声表示反对法庭的宣判，并表示支持言论自由。世界各地的音乐人也纷纷表达对"暴动小猫"的支持，包括冰岛歌手碧玉（Björk），以及披头士成员保罗·麦卡特尼和歌手斯汀等英国音乐人。反对者们走上世界各大城市的台前，包括纽约、多伦多和巴黎。[17]

麦当娜在俄罗斯圣彼得堡的演唱会上设置了一个环节，声言支持"暴动小猫"的成员，她还戴上防火帽（"暴动小猫"的标志性头饰），身后也印着乐队的名字。麦当娜还声言支持同性恋权利，而为了抵制她的影响，一些俄罗斯人起诉麦当娜，要求她就声言支持同性恋权利一事赔偿1000万美元。[18]强烈要求取得同性恋权利和言论自由，也被认为是文化帝国主义的一种。你怎么看？我们接下来会讨论这个话题。

文化帝国主义

要衡量美国和西方媒体及流行文化如何影响世界其他地区，并

流行文化聚焦

你喜欢汤姆·克鲁斯最新的一部电影吗？最近的几部呢？李奥纳多·迪卡普里奥的电影如何？明星和电影本身一样重要，因为明星效应可以帮助在国际上宣传电影。那么，除了成龙之外，你还能说出哪些非美国电影明星的名字？

你怎么看？

你如何看待娱乐行业的评级体系？你能区分青少年级（13+）和成人级（17+）电子游戏的不同吗？你可以登录www.esrb.org，按不同评级、放映平台和内容来搜索游戏，帮助你更好地理解评级系统如何运作。

非易事。唯一清楚的是，我们不可低估这种影响。20世纪20年代的美国政府认为，在其他国家上映美国电影能够帮助促销美国的出口产品。当时的美国政府与海斯办公室（Hays Office，官方名称为"美国电影制片人与发行人协会"）密切合作进军外国市场，最主要是英国市场。[19]

1.《阿凡达》（2009）
2.《泰坦尼克号》（1997）
3.《复仇者联盟》（2012）
4.《哈利波特与死亡圣器（下）》（2011）
5.《变形金刚3：黑月降临》（2011）
6.《指环王：王者归来》（2003）
7.《加勒比海盗2：聚魂棺》（2006）
8.《玩具总动员3》（2010）
9.《加勒比海盗4：惊涛怪浪》（2011）
10.《星球大战I：幽灵的威胁》（1999）

资料来源：网络电脑数据。最近更新于2012年8月20日。来自：http://www.imdb.com/boxoffice/alltimegross?region=world-wide。

表7.2 全球票房排名前十的电影

关于**媒介帝国主义**（通过媒体进行支配和控制）、**电子殖民主义**（利用科技形式进行支配和宣传）和**文化帝国主义**（通过文化产品的传播进行支配）的讨论开始于20世纪20年代，并一直持续到今天。这是在讨论一种文化支配另一种文化的宏观现象时经常用到的三个术语，支配的典型方式是通过经济上的控制以及输入文化产品来改变接收方的文化价值观。媒介帝国主义通过媒体系统加强了这种支配局面，而电子殖民主义则使我们留意到通过技术手段进行的支配。表7.2列出了全球票房排名前十的电影，可以留意到清一色是美国制造。不同经济体、国家和文化之间复杂的相互关系，使得我们难以确定文化帝国主义现象的影响程度。文化帝国主义是一个复杂的议题，因为文化帝国主义的现象本身就是复杂的。学者约翰·汤林森（John Tomlinson）调查了关于文化帝国主义的辩论，总结对文化帝国主义现象的几种认知：（1）认为它是文化支配；（2）认为它是媒介帝国主义；（3）认为它是民族主义话语；（4）认为是对全球资本主义的批判；（5）认为是对现代性（modernity）的批判。[20]汤林森的分析较为注重种族、文化和国家在经济、科技和资本主义语境中的内在联系。因为经济、科技和财力资源在全球范围内并不是平均分布的，某些种族、文化群体和民族在维持文化身份和传统上面临着相对更多的困难。因此，了解美国流行文化带来

你怎么看？

在2012年的美国国家橄榄球联盟选秀中，华盛顿红人队得到新人罗伯特·格里芬三世（Robert Griffin III）（总体排名第二的新秀）和第四轮胜出新秀柯克·卡曾斯（Kirk Cousins）加盟。两位新人都是四分卫，但只有一位能成为第一四分卫，格里芬是非裔美国人，而卡曾斯是白人。体育记者斯基普·贝勒斯（Skip Bayless）表示道："红人队的绝大多数球迷都是白人，所以作为白人支持白人选手也属人之常情。在体育界的确如此，正如黑人社会也会支持黑人四分卫选手一样。"对此事你怎么看呢？对于欣赏体育比赛（或其他

的影响，是理解文化帝国主义这一议题的必要环节。要衡量流行文化带来的影响并非易事，但我们应该对流行文化在跨文化交流中的作用保持敏锐度。

许多文化群体对文化帝国主义带来的影响都有所担忧。比如，魁北克（注：加拿大东部省份，为法语区）政府很担心英语媒体会对法裔加拿大居民的语言和文化带来冲击。法语人士也表达了他们对于美国流行文化的主导地位及其对法语社会带来冲击的担忧。但美国流行文化产品在美国境外的普及，如美剧《法律与秩序》《犯罪现场调查》、Lady Gaga 的音乐等，更加强了人们对美国式的爱情关系、男子气概、友谊关系和幸福等的认知，也宣传了一些常常被理想化了的美式生活图景和美国人所消费的物品。

然而我们必须记住，观众也是积极的参与者，不能一概断定他们一定会受所接收的文化意象支配。乔纳森·科恩（Jonathan Cohen）不久前对全球广播电视网络与本地广播电视网络之间的角力进行研究，主要调查了以色列当地的情况。他调查了以色列99个电视频道，并总结出这些频道在全球和当地文化环境中起作用的六种方式。他指出"外国电视台常被认为是有害的，因为它们将观众与其本民族的社会隔离开了"[21]，但他也提醒我们，不能简单地对外国电视台作这种判断。科恩认为收看诸如《欲望都市》或《飞黄腾达》等节目，并非一定是削弱了观众与以色列文化的纽带，也并非一定是通过与本地生活的鲜明对比加强了这种纽带"[22]。科恩强调，我们不能假设收看某类节目的观众属于被动的接收者。媒介所产生的影响并不是简单地灌输外来观念，而是更为复杂。

流行文化在国与国之间的关系互动中起着极为重要的作用，我们正是通过流行文化来了解其他文化群体和其他国家的情况。而尽管有些表征不甚清晰，但通过流行文化我们还能够了解许多现实问题：比如，欧元和欧盟的前景、2016年里约热内卢奥运会的筹备情况、中东的紧张局势与冲突，甚至阿富汗战争。对大多数人来说，世界是通过流行文化来呈现的。

形式的流行文化）而言，一个人所属的种族有多重要？（资料来源：S. Kogod（2012年8月20日），斯基普·贝勒斯评论RG三世与柯克·卡曾斯一事："作为白人支持白人选手也属人之常情。"——《华盛顿邮报》。

检索来源：http://www.washingtonpost.com/blogs/dc-sports-bog/post/skipbayless-on-rgiii-kirk-cousinsits-human-nature-if-yourewhite-to-root-for-the-whiteguy/2012/08/20/00ca12f4-eaec-11e1-9ddc-340d5efb1e9c_blog.html）

尽管餐牌是用法语写的，但除了一种当地食品"Poutine"（注：蘸奶酪西红柿酱的薯条）之外，我们几乎能一眼看懂大部分食品名称（因其与英文单词一模一样）。魁北克的法语人士常常因英语语言占据了他们的生活而感到担忧。他们有理由这样担心吗？

对流行文化的消费和抵抗

人们通过频繁作出对不同流行文化的选择，来调整自身与流行文化的关系。毕竟，正如澳大利亚学者纳丁·杜比（Nadine Dolby）所述："在20世纪末，流行文化是身份认同形成的关键媒介，因为人们在流行文化中寻找认识世界的方式，并寻找自身的定位。"[23] 为了保持和塑造自己的身份认同，我们往往问道于流行文化：有时试图寻觅某些文化语境，有时则试图回避某些语境。

消费流行文化

面对多种文化语境的冲击，人们通过各不相同的多种方式来调整自身与流行文化的关系。流行文化并不一定要赢得绝大多数人的追随才可成为"流行"。实际上，人们常常主动寻觅或回避特定形式的流行文化。比如，浪漫小说是最畅销的文学形式，但很多人对这种类型的小说并不感兴趣。同样地，你可能很喜欢看肥皂剧或专业摔跤比赛，但也有很多人对这种形式的流行文化无甚兴趣。我们每天都淹没于海量的流行文化语境中，也往往主动地搜寻或选择满足我们需要的文化语境。通常情况是，当我们社交圈子里的人关注某种形式的流行文化时，我们也会认为自己应该关注。

尽管人们对待流行文化的方式具有不可预见性，但某些特定模式是较为明显的。流行杂志的广告部门甚至会向潜在的广告客户提供**读者概要**。从某杂志对读者人口构成的分析，可以看出这本杂志认为它的读者群"看上去"是怎样的。读者概要没有固定模板，但通常会包含年龄、性别、个人和家庭收入以及与读者相关的其他数据。比如，《商业周刊》《智族》《大都会》（时尚杂志）和《风度》各自的读者概要应是有所差异的，因为几本杂志的目标读者群不同。

类似地，流行文化中的其他行业也瞄准特定的受众群来推广产品。你在"超级碗"（美国国家橄榄球联盟年度赛事）中看到的广告，跟你在MTV音乐电视或选美比赛中看到的广告不尽相同。尽管从人口构成的角度不能完全预测某个人会消费何种类型的流行文化，但能借此来确定消费流行文化的某些趋势。比如说，喜欢节目 *Blue's Room* 的观众，与喜欢MTV台的 *The Challenge* 的观众，很明显是不同类型。

日渐兴起的真人秀节目再次引起了讨论，关注点是消费这些文化产品会加强哪些类型的文化身份认同。包括《美国偶像》《单身汉》《幸存者》和《与星共舞》等一系列真人秀节目的走红，表明

你怎么看？

《真实世界》（*The Real World*）自从1992年起就是MTV音乐电视的固定节目。节目的第28期是在俄勒冈州的波特兰录制的，这期节目的参加者由不同背景、性别、兴趣爱好、宗教信仰和不同种族/不同民族身份的人士组成。MTV让观众看到了参加者之间如何互动，如何相处，以及如何处理冲突。这种类型的电视节目有多"真实"？你认为真人秀节目与跨文化传播之间有何关联？

斯塔茜·伦敦（Stacy London）和克林顿·凯利（Clinton Kelly）主持的时尚节目《不该穿什么》（What Not to Wear）是新近非常流行的节目。为什么某些观众非常喜欢看这个节目，而另一些观众则不看？观看某个节目或不看某个节目，与一个人的文化身份认同有什么联系？

了它们在社会中的重要性。但我们喜欢看这些节目，喜欢的是什么？我们为什么消费这些节目？《时代》杂志的一位作者发问道："一些人喜欢看别人感情受挫，喜欢看别人被评判为不会唱歌，喜欢看别人被当成傻子耍来娱乐自己，这难道不是有毛病吗？"[24] 这个问题显然不容易回答，而且我们并不知道真人秀节目对观众而言的意义是什么。不过或许我们确实乐于见到主流文化价值观被批判："企业总是强调团队精神，而《幸存者》节目告诉观众团队最终只会给你添乱；崇尚自我价值感的观念认为天生我材必有用，而《美国偶像》的评委西蒙·考威尔（Simon Cowell）却会说'给我老实坐着闭上你的嘴'；浪漫主义和女权主义观点认为男人有没有钱不重要，而《贵公子乔恩》（Joe Millionaire）中继承了5000万美元的乔恩让我们看到了相反的事实。"[25] 这些节目得以走红，说明它们正是满足了特定的文化需求。你觉得大量真人秀节目得以流行的原因是什么？这些节目可能满足了哪些文化身份认同需求？

需要重点指出的是，流行文化具有重要的社会文化功能，这与我们的**文化身份**——即我们对自己与所属文化群体的关系的认知，是息息相关的。我们会参与跟我们所属文化群体相关联的事件有关的文化文本，参与方式包括提供其他文化平台未能提供的信息和观点。这些文化语境的存在，也使那些在主流文化中没有机会出现或发声的文化身份得以显现。某些文化文本偏向于涉及特定宗教、种族、地区、政见和其他特征的人群。

读者在文化文本（如杂志）中主动调整参与方式，因而会消费那些能满足重要个人需求和社会需求的内容。流行文化有时还会变为竞技场，此时人们消费特定的文化产品不单是为了巩固文化身份认同，更是为了通过身份认同而具有某种权力。举例而言，在伊朗，人们对女性参加足球比赛一事颇有争论。而对这种流行文化的消费，也是对伊朗社会传统性别角色观点的挑战，因为女性球迷有时会与男性球迷一同举行庆祝活动。1998年时，许多女性观众并没有留在家中从电视上观看伊朗球队进军世界杯的比赛。此时伊朗女性参与体育活动的方式"似乎是借足球运动来打破父权社会的传统观念"[26]。

通过消费足球比赛这种类型的流行文化，伊朗女性试图重新定义伊朗社会中的性别角色及其运行规则。许多电视节目、电影、大众出版物和通俗小报等正不断影响着文化图景。人们对文化对象厚此薄彼的原因，难以简单地予以确定。

抵抗流行文化

人们有时主动筛选特定的流行文化产品来消费，有时则会抵抗某些文化语境。人们常常通过拒绝参与某些形式的流行文化来表示抵抗。比如，有些人完全拒绝看电视，甚至不买电视机；有些人不喜欢含有暴力内容的电影，因而拒绝观看这种类型的电影。这些有意识的选择，往往是因为虑及文化政治因素的作用。

一项以耶稣基督后期圣徒教会（即摩门教会）成员的媒介消费行为为研究对象的最新研究显示，该教会成员较为抗拒好莱坞电影和电视节目。该项研究分析了三种类型的媒介消费行为："拒绝接触好莱坞电影和电视节目中过多展现邪恶人性的内容；把教会社区视为神圣存在同时把媒体视为对宗教信仰的威胁，将二者划清界限；以及对某些电视节目的回避或抗拒。"27 教会成员通过抵抗流行文化对其的影响来不断强化他们的宗教身份认同。例如，收看《杰瑞史宾格脱口秀》（Jerry Springer shows）的成员认为该节目"是对并不践行家庭观念的人群所在的外部世界之展现"28。而一部分教会成员只要认为某些节目可能影响到他们的宗教身份认同，就会完全避开。

某些流行文化产品可作为鼓励社会成员重新思考自己与流行文化之间关系的平台，我们可以通过研究这一类型的文化产品，来认识人们抵抗流行文化的其他方式。比如，许多人对芭比娃娃有着非常不同的看法。作为一种文化产品，芭比已有50年的历史。2009年时，芭比娃娃被冠以"正在过50岁生日"的名头，尽管她并非真人也并非真的过生日。《纽约时报》作者罗布·沃克写道：

经久不衰的芭比娃娃很值得作为解读对象。关于芭比娃娃，有很多书籍如 M. G. 罗德（M. G. Lord）的《永远的芭比娃娃》（Forever Barbie）和《芭比娃娃编年志》文集（The Barbie Chronicles）、纪录片《芭比一族》（Barbie Nation）、艺术家汤姆·佛西斯（Tom Forsythe）的"芭比食物链"（Food Chain Barbie）系列作品（将芭比娃娃置于搅拌器、煮锅和烤箱烤制的墨西哥肉馅玉米饼等物体中拍摄），还有数不清的理论解析。英国研究人员做过一项值得留意的研究显示，有很多芭比玩偶的小女孩甚至会逐渐对芭比娃娃表现

流行文化聚焦

2012年，"禁书周"（Banned Books Week）已举行第30届。这是一个每年9月举行一次的展示禁书的活动，2012年时列出了2011年内最受争议的书，包括苏珊·柯林斯（Suzanne Collins）的《饥饿游戏三部曲》、谢尔曼·亚力克西（Sherman Alexie）的《一个印第安少年的超真实日记》、奥尔德斯·赫胥黎（Aldous Huxley）的《美丽新世界》和哈波·李（Harper Lee）的《杀死一只知更鸟》。你有没有读过这些书？这些书挑战了或冲击了哪些文化观念？将它们列为禁书，是否会更吸引你去读它们？可以访问http://www.bannedbooksweek.org/了解更多年度禁书活动的内容。

出"暴力和敌意"的一面,(其中有学者指出)包括焚烧、粉碎和把芭比玩偶放进微波炉里烤。29

艺术家玛戈尔·兰格（Margaux Lange）则是将芭比玩偶切割成不同形状的部分,然后用它们来制作饰品。不难猜到,很多芭比爱好者们显然觉得这些饰品"令人厌恶"。

此外,人们抵抗流行文化的另一个原因是外来文化可能会对本民族文化造成冲击。举例而言,最近"伊朗检察长上周日批评芭比娃娃、蝙蝠侠、蜘蛛侠和哈利·波特入侵本国文化,并提出须保护本国年轻一代不受其影响"30。2012年,乌克兰国内负责规范公共道德的国家委员会将《海绵宝宝》列为"不可接受"的节目,认为该节目太多同性恋内容,会危害儿童。海绵宝宝跟他的"朋友"派大星之间的关系很成问题。31 讨论流行文化的影响时,对儿童的保护是经常提到的话题。在此例中,对流行文化的抵抗是从国家层面出发,而非个人层面。

对流行文化抵抗也可能会涉及其他文化群体的成员。与耶稣基督后期圣徒教会成员不同,这些文化群体抵抗流行文化的动机反而是与外界如何看待他们所属的文化群体有关。比如,电视节目《交换伴侣》(*Trading Spouses: Meet Your New Mommy*),节目中常把富裕家庭的母亲跟经济状况稍逊的家庭的母亲互相交换。这一类型的节目引起了许多关于流行文化如何呈现不同社会经济阶层的人群的讨论。这档节目有时则着重表现其他的社会性差异,如宗教信仰的差异。人们担心媒体可能含有的刻板印象化内容和形象,由此引发了文化抵抗。人们会以多种方式抵抗流行文化,也出现了很多监管媒体内容和新闻报道的组织机构。例如,亚裔美国人媒体行动网络（MANAA）负责监管媒体节目中反亚裔的内容,并组织对其进行抵制。同性恋者反诋毁联盟（GLAAD）也具有类似职能,主要关注涉及男女同性恋的媒体内容。当然,男女同性恋群体对于正面和准确描述同性恋群体的社会文化特征的内容,也予以肯定。具有类似职能的其他组织还有很多。因此,对于流行文化的抵制可以是个人层面的,也可以是社会层面的。你选择的方式可以是不予收看某个电视节目,也可以与其他人一起去演播室外示威,或抵制某广告商的产品,或者以其他的公开方式抵制某些特定的媒体内容。

文化群体的呈现方式

一位白人学生表示,他很难回答关于拉丁裔文化的问题,是因为对这一群体缺乏了解。他从小在白人社区长大,从未与拉丁裔人

极速冲浪

文化批评的声音此起彼伏。许多批评学者常常讨论媒体是如何把少数人口群体的形象负面化或利用人们对少数人口群体的刻板印象来赚钱。对某些特定群体的刻板印象不仅可能产生,更可能盛行,甚至在其他一些边缘文化群体中盛行。你是否听说过一种允许玩家射杀越过边境的"非法"移民的流行网络游戏？www.ubersite.com/m/87395 上的这款游戏,允许玩家射杀移民角色,比如"墨西哥民族主义者和毒贩"以及怀孕的女性"生育机器"。你有没有玩过"黑金企业"（Ghettopoly）游戏？这是一款模仿"大富翁"改编的游戏,游戏装备包括自动武器、篮球和大麻,获得游戏奖励的方式不是付200美金,而是让"玩家"成功诱使邻居朋友对可卡因毒

士有任何接触,而根据他通过电视节目了解的信息,他对拉丁族群文化有着负面印象。直到他上大学后亲自接触,才有所改观。我觉得这很有趣,我一直以为美国已经不存在纯白人的社区。

——亚当

正如本章开头所指出的,人们往往是在流行文化的镜头下了解其他文化群体。而流行文化有时会展现很私人的内容。比如说,观众看电影时可以看到和观察到陌生人群的私人生活,这种观察是他们作为游客时不可能触及的。

但我们也必须留意这些文化群体在流行文化的镜头下是如何展现的。对于同一种展现内容,不同人会有不同看法。比如说,你可能不认为电视剧《绝望的主妇》中展示了美国价值观和生活方式的精髓,但另一些观众却可能认为他们得以借此一览美国人的欧式生活。

由于某些群体的形象并不经常出现在流行文化作品中,因此更容易将其刻板化。相反,另一些群体则经常出现在流行文化作品中,因此很难将他们的形象刻板化。比如说,美国白人被塑造成的形象既有英雄也有恶棍,既有好人也有坏人,既有负责任的一面也有不负责任的一面,既有勤奋的一面也有懒惰的一面,既有诚实的一面也有欺诈瞒骗的一面。

我们可以通过观察他们在流行文化中的呈现方式,来了解其他文化和群体及他们的生活。举例来说,美国人对纳瓦霍人了解甚少,但纳瓦霍人在"二战"时期发挥了重要作用。他们在战争中服役于海军,还用纳瓦霍语发明了一种牢不可破的密码。"特种部队"(GI Joe)系列玩偶(风靡美国的玩具人)中有一款"纳瓦霍人玩偶",文化产业以这种方式确保了这段历史不会被遗忘。流行文化中的这种呈现方式,可以增加一个群体在社会中的可见度。

移民群体对主流文化的认知

人种学者和其他学者已开始跨越国界和文化界限研究流行文化的影响。在前期研究中,伊莱休·卡茨(Elihu Katz)和泰玛·利贝斯(Tamar Liebes)设定了不同的小组,观察不同文化群体人士分别如何看待电视剧《家族风云》(Dallas):"总共有10组参与者,包括以色列人、阿拉伯人、以色列的俄罗斯移民、第一代和第二代摩洛哥移民,以及(以色列)集体农场的成员。把这几组人看作全球《家族风云》观众的缩影,我们可以把这10组观众对这部电视剧的解读与洛杉矶的10组美国观众的解读对比。"[32]

品上瘾。游戏目标是通过欺骗、偷盗和入户行窃来赚取最多的钱。游戏网址为 www.myspace.com/ghettopoly。

世界流行的文化产品芭比娃娃，在2009年她50岁生日庆典时的展览。有人喜欢芭比，也有人排斥她。人们以哪些方式抵制芭比这个女性美的典型形象？

你怎么看？

像其他工具一样，推特（Twitter）也可以用作很多用途。在2012年的夏季奥林匹克奥运会上，有些运动员就因为他们的推文惹上了麻烦。三级跳远运动员沃拉·帕帕克丽斯图（Voula Papachristou），因为其发布了反非洲的推文内容而遭退赛。迈克尔·莫加内拉（Michel Morganella）在发布了冒犯韩国足球队的推特言论后，遭到瑞士足球队开除。在美国队打败日本队夺得女子足球金牌时，反日本的民族主义言论推文也在网络上泛滥。社会媒体是如何增进（而非破坏）跨文化交流的？

卡茨和利贝斯研究发现，洛杉矶的美国观众几乎很少认为《家族风云》描绘了美国的真实生活；相反，以色列人、阿拉伯人和移民阵营则更倾向于认为这个电视剧完全真实地描绘了美国的生活。卡茨和利贝斯指出："即使到目前阶段，分析能得出的明确结论是，非美国人士比美国人更认同故事的真实性。非美国人士很少质疑这个故事是不是关于'美国'的真实情况，而美国人则很少认同这点。"[33] 这项研究的结果并不让人意外，但我们也不能轻视能从跨文化交流过程中探索到的东西。我们可以发现，这些流行文化形象常常能影响我们对自身文化群体以外的其他群体的特定认知方式。

另一项对美国移民的研究也显示了相似结果。[34] 研究人员询问韩国女性移民为何更喜欢看韩国的电视节目（她们需要从音像店租借节目）而不是美国的电视节目。受访者表示，由于文化差异问题，韩国的电视节目对她们更具吸引力。然而，正如其中一名受访者指出的：

我喜欢收看美国电视节目。里面的男女演员都非常迷人，画面也很精美，不过传达的仍然是很"美国"的思想。有多少韩国女性会那样独立呢？又有多少韩国的男性胆敢乱伦呢？我觉得美国的节目仍是关于美国人的，这跟收看韩国电视节目不一样。不过，我看美国的节目是为了娱乐，也从中了解一些美国的生活方式。[35]

在上述例子中，对美国流行文化的消费和抵抗都同样明显。这位女性观众通过观看节目来了解"美国"的生活方式，但她更喜欢收看韩国的电视节目，因为韩国节目与她的文化身份认同相关。

利用流行文化来了解其他文化群体的做法并不新奇。毕竟，很多老师鼓励他们的学生以这种方式来利用流行文化,这不仅能提高学生的语言技能,还能帮助他们体会微妙的文化差异。

流行文化和形象刻板化

> 在我们国家,跨文化交流还有很长的路要走。既然美国是民族大熔炉,我们在屏幕上为什么只把白皮肤、金发碧眼的人当成美国人呢?
>
> ——辛迪

我们对流行文化的依赖是如何催生和加强对不同文化的刻板印象的?正如本章开始时所说,朱迪思和汤姆都没有过环游世界的经历。我们对其他地方的认知,甚至是对我们到访过的地方的认知,很大部分是受流行文化的影响。而对那些很少旅行以及生活在种族环境相对单一的圈子里的人来说,流行文化带来的影响更加深刻。

媒体上有很多我们常见的对其他族群的刻板化呈现方式。黎巴嫩裔学者杰克·沙欣(Jack Shaheen),已经厌倦了媒体对黎巴嫩裔和其他阿拉伯裔人士的形象塑造——除了石油大亨,就是投弹恐怖分子,或者性感的肚皮舞女郎。沙欣研究指出:"电视媒体对四种传说中的阿拉伯人形象永远乐此不疲——即阿拉伯人全都非常富有、他们是粗野而无教养的、他们是色情狂且总是逼良为娼,以及他们毫无节制地进行恐怖活动。"[36] 沙欣也提到了其他普遍的错误认识——比如,认为所有伊朗人都是阿拉伯人,和认为所有阿拉伯人都是穆斯林。

传播学者丽莎·佛洛里斯(Lisa Flores)则提到了一档描绘墨西哥人如何应对自然灾害的电视纪录片。根据佛洛里斯的说法,新闻节目经常把墨西哥人描述成有活力、有耐心、忠诚以及非常被动的形象——从某种程度上说是可接受的。但我们仍被煽动去同情他们;理由是他们需要美国白人的援助才能应对自然灾害。这反过来又加强了认为墨西哥人不够勤奋、诚实或渴望成为"美国人"的刻板印象。佛洛里斯在她的研究中提出,这类墨西哥人形象的产生是由于媒体对墨西哥裔美国人并不完全以美国人的形象呈现:"成为美国人的困难之处被塑造为不是由于没有选择机会,而是由于没有能力。"[37]

非裔美国女性在电视上也常以刻板化的形象呈现,尤其是20世纪五六十年代期间,当时非裔美国女性的社会地位较低——比如,家庭佣人的身份。学者碧奈塔·梅里特(Bishetta Merritt)也提醒我们,非裔美国女性角色在黄金时段的电视节目中经常以背景角

社会媒体是否也让种族主义变得更露骨更公开?(资料来源:J. Saraceno(2012年7月30日)。《瑞士足球选手因发种族主义推文遭奥林匹克退赛》——《今日美国》。检索来源:http://www.usatoday.com/sports/olympics/london/soccer/story/2012-07-30/swiss-athlete-banned-michel-morganella-olympics/56591966/1;A. Oliver(2012年8月10日)。《"这是对珍珠港事件的还击":美国女子足球队大胜日本队夺奥林匹克金牌(恰逢广岛长崎子弹爆炸周年日)》——《每日邮报》。检索来源:http://www.dailymail.co.uk/news/article-2186422/London-2012-Soccer-Racist-tweets-US-beat-Japan-Olympic-gold-anniversary-Nagasaki-A-bomb.html#ixzz24EBQd2Yt)

色的身份出现，比如：买毒品的人、四处游荡的流浪汉、酒店大堂招客的妓女。梅里特指出，这些女性角色尽管不是主角，但仍塑造着某种形象。[38]

学者提娅·泰里（Tia Tyree）研究了十档电视真人秀节目，发现非裔美国参与者是以"刻板化的角色，包括怒气冲冲的黑人女性、风骚娘们、荡妇、同性恋暴徒、黑人与印第安人的混血儿、愚蠢的黑人等"形象出现。她提出，真人秀节目并不"真实"，而是包装出来的。这些刻板化的形象仍在不断被塑造，并在现今的电视节目中传播。[39]为何不能塑造和呈现非裔美国人的其他形象呢？

再来看看那些只是偶尔出现在电视上，且一定是以刻板化形象呈现的族群：美洲原住民和亚裔美国人。传播学者黛博拉·梅斯金（Debra Merskin）在一项关于"squaw"（对妻子的贬称）一词在流行文化中的使用的研究中发现，这个种族化和性别化的词语造成了对美洲原住民女性的"人种压力"（ethnostress），并影响到她们的日常生活。在强调刻板化形象的影响力的同时，梅斯金也呼吁人们注意刻板化形象涉及的伦理道德问题。传播学者塞莱斯特·拉克鲁瓦（Celeste Lacroix）在一项针对美国电视节目的研究中，发现新出现了一种具威胁力的刻板化形象，即"出没于赌场的印第安人"（casino Indian）形象。鉴于印第安保留区赌场（tribal casinos）的当前状况以及人们对此的争论，这种形象的出现更加强了将美洲印第安人视为威胁的刻板印象。[40]Qin Zhang 在一项对亚裔美国人的刻板化形象的研究中，总结了对这一族群的四种主要刻板印象：（1）学业上很成功；（2）是书呆子；（3）不合群；（4）是最不受欢迎的交友对象。因此，亚裔美国人很可能被排挤在社会活动或交友活动之外，而只是被认为应该取得好成绩。[41]

这些研究结果能给我们什么启示？刻板化印象在很大程度上能帮助我们形成对世界和社会的认知，也能在日常生活中提供一定帮助，但同时也在一定程度上阻碍并影响了外界与我们的互动和对我们的看法。刻板化印象的敏感性，是跨文化交流甚至文化群体间冲突的重要影响因素。关于这点，接下来我们看一个发生在北达科他州的事件。

我们来看看对于北达科他大学校徽"格斗苏族人"（Fighting Sioux，为印第安族群）的争论，争论一直持续至今。2005年8月，国家大学体育协会（NCAA）发令在季后赛中"禁止使用涉嫌'敌对和谩骂'的印第安人头像"。[42]在学校着手处理变更标识的同时，很多人表达了对"格斗苏族人"标识的认同，另一些人则表达了反感。

信息频道

2011年，美国拥有电视的家庭数量二十年来首次下降。越来越多人不是通过电视，而是在其他各种平台上观看节目（如 Netflix、Hulu Plus、亚马逊等），传统的看电视方式正在失去受众。一些网站正在逐步开发自己的节目；与此同时，越来越多互动媒体开发了包含电视节目、表决功能、不同话题的投票功能和许多其他功能的应用程序。这些变化趋势将会如何影响跨文化传播？如何影响刻板化印象？（资料来源：P. Bernstein, "who Needs to Watch TV?" Adweek, 10 April 2012. http://www.adweek.com/sa-article/who-needs-tv-watch-tv-139687）

我们看一下这个标识是如何对不同阵营造成不同的强烈感受的，以及人们对 NCAA 的决定有何反应。人们对使用此标识所代表的含义有不同看法。在美洲印第安人中，对此标识的使用多有异议。在此需要重点指出的是，任何一个文化群体的成员对于不同的流行文化事物的反应一般也各有不同。比如，并非所有女性都对要求女服务员衣着暴露的猫头鹰餐厅/连锁店感到反感；但有部分女性则认为猫头鹰餐厅女服务员的打扮很不妥。

关于这种吉祥物形象的使用会对美洲印第安人形象的刻板化带来怎样影响的问题，我们可以发现左右流行文化形象影响力的几种因素。美洲印第安人在全美人口中所占比例相对较小。2011—2012 学年，北达科他大学共有 14 697 名学生，其中 329 名为美洲印第安人/阿拉斯加原住民学生。[43] 他们在北达科他大学属于人数最多的少数民族群体，但只占全体学生人数不到 3% 的比例。美国 2010 年人口普查显示，北达科他州共有 672 591 常住人口，其中 36 591 位居民为美洲印第安人/阿拉斯加原住民，即约占该州人口约 5.4% 的比例。[44] 对他们来说，印第安人图像的标志是否起到文化交流的作用？对于这个标识所传递信息的解读，哪个群体才占有支配话语权？是哪一方在与哪一方交流？如果选择使用这个标识的人群主要并不是美洲印第安人，而传播的对象大部分也并不是美洲印第安人，在这里所起作用的权力对比是怎样的？

正如本书前文所述，历史因素也是一个重要的框架，帮助我们了解"意义"是如何产生的。美洲印第安人群体的形象的历史，从他们被媒体扭曲了的形象中也能反映一二："好莱坞作品中展现的印第安人总是具有神话色彩，这些形象完全是由电影演员、制片人和导演丰富的想象塑造出来的。"[45] 这些被扭曲的形象呈现，又是如何影响了人们对带有印第安人头像的标志的解读？

最后同样重要的一点是，我们需要了解北达科他大学校内的情况并听听校内学生的看法。提到争议风波，心理学教授道格·麦克唐纳（Doug McDonald）强调："只有你亲自生活在校园里，才能体会到这件事带来的影响有多坏"，麦克唐纳教授自己就是苏族人，他说道："因为受到事件的负面影响，甚至有学生来到我的办公室哭诉。"[46] "格斗苏族人"这个标识和它带有的含义〔即将苏族人与犬类相提并论（注：这是由于借用了"格斗犬"的类比）〕，导致部分学生确实遭受了刻板化印象的负面影响。

2012 年 6 月，北达科他州居民举行州内公投，以压倒性趋势投票要求废除使用"格斗苏族人"标识作为校徽。这一举动看似能使争

> **流行文化聚焦**
>
> 思考一下关于运动赛事所用吉祥物的争议，如对国家大学体育协会（NCAA）或美国棒球联盟（American Baseball Association）使用印第安人的标志和头像作为吉祥物的争议。从这些标志中，我们能看出流行文化呈现文化群体的哪些方式？体育活动，像棒球这种美国的标志性娱乐运动，可用来作为探究美国流行文化如何展示其他文化的"样子"的参考。

议告一段落，但与此同时另一些人则试图推动修改州宪法，规定北达科他大学必须使用"格斗苏族人"作为校徽。如果申请修改宪法的签名达到一定人数，宪法修正案很可能于2014年提请全州投票。[47]

东密歇根大学的旧校徽"休伦族人"已停用逾20年，于2012年秋季又重新启用。该校决定同时使用全部三个校徽，但官方校徽仍定为"鹰"图案。除了"休伦族人"图案外，还将使用"Normalites"（该校前身密歇根州立师范学校时就使用的第一个校徽）。由于仍然继续使用"鹰"图案，所以同时使用历史上的其他校徽，并不会违反国家大学体育协会（NCAA）的禁令。对于同时使用三种校徽一事，有些人很赞同，但另一部分人，如美洲印第安人服务中心的主管菲伊·吉文斯（Fay Givens）则表示："我不赞成把原住民用作吉祥物，无论在什么情况下。"[48]

小结

本章中我们集中讨论了流行文化——跨文化体验模式的重要方面之一。文化产业制造的产品比如电影和电视节目，使我们能"走访"世界各地。流行文化是我们赖以形成对其他地方的认知的重要媒介。比如说，很多人从未到过中国，也没有系统研究过中国的经济体系，而他们对中国及其经济情况的主要认知大部分来源于新闻报道、电影、纪录片等。

关于将流行文化作为跨文化传播平台这一点，需要重点指出的是，目前我们的流行文化大部分是由以美国为中心的文化产业所主导的。当然并非所有流行文化都来源于美国，但大部分情况下如此。这也因此造成一种力量对比，从而引发文化帝国主义，波及世界各地的跨文化传播过程。

流行文化有四个重要特征：它是由文化产业产生；有别于民俗文化；它无处不在；它具有社会功能。无论个人还是群体，都能自主决定在多大程度上接受流行文化的影响。也就是说，我们可以选择消费流行文化，也可以抗拒流行文化所传递的信息。我们自身的文化身份认同，在很大程度上影响了我们对待流行文化的方式。流行文化同时也可以帮助我们了解其他文化群体的情况。对于我们不甚了解或没有接触过的文化群体，我们主要依赖媒体呈现的形象来形成对他们的认知，但这也带来了刻板化印象的问题。

有大量的流行文化产品属于美国制造，并在世界范围内传播。而美国流行文化与其他群体的流行文化之间不平衡的信息交换，则带来了对文化帝国主义的担忧。

培养跨文化技能

1. 做一个积极思考的流行文化消费者。在选择流行文化文本时，留意自己所做的决定；留意你为什么选择观看某些电视节目、杂志和其他文化文本。尝试阅读你平常不会看的杂志，或收看你平常不会看的电视节目，这样可以扩大你的跨文化传播认知范围。

2. 留意观察流行文化对你的文化身份认同和世界观的形成有哪些影响。留意流行文化形象如何引起或加强你对于其他地方和其他人群的看法，以及你对于自己和你周遭环境的看法。

3. 留意观察媒体对不同文化群体的描绘方式会如何影响你与其他群体的跨文化互动交流。其他群体可能会如何看待你？

4. 思考你可能会如何抵抗流行文化，以及何时应该抵抗流行文化。当电视节目以某些特定角度报道新闻时，你会从相反方面批判思考吗？你会留意哪些人在节目里有机会发言、哪些人接受采访，而哪些人没有机会发言吗？

5. 思考你可以如何为那些无法在流行文化中发声的群体提供支持。你可以如何帮助他们向流行文化中的不平等现象发出挑战？

实践

1. 流行文化：与小组的其他学生进行讨论，并回答下列问题：

a. 你会收看/购买哪些流行文化节目/产品（杂志、电视节目等），为什么？

b. 你不喜欢收看/购买哪些流行文化节目/产品，为什么？请讨论为什么我们更喜欢某些特定的产品而不是其他产品。例如，这些产品是否巩固或支持了我们的世界观？他们是否在某些方面给予我们力量，或者启发我们？

2. 流行文化中的种族呈现：对你喜欢的电视节目进行为期一周的记录。针对每个节目，回答下列问题，并分小组讨论你的问题。

a. 节目里出现了多少个不同的种族群体？

b. 这些种族群体在其中扮演的角色是什么？

c. 哪些种族群体被呈现为主要角色？

d. 哪些种族群体被呈现为次要角色？

e. 哪些种族群体被呈现为正面角色？

f. 哪些种族群体被呈现为负面角色？

g. 女性在其中扮演什么角色？

h. 节目中出现了哪些类型的跨文化互动？

i. 节目的结局 / 结果是什么？

j. 节目中的角色和他们的表现，是如何验证了或推翻了人们对这些种族群体的一般刻板印象？

注释

1. Katz, E., & Liebes, T. (1987). Decoding *Dallas:* Notes from a cross-cultural study. In H. Newcomb (Ed.), *Television: The critical view* (4th ed., pp. 419–432). New York: Oxford University Press.
2. Fiske, J. (1989). *Understanding popular culture.* New York: Routledge, p. 23.
3. Lipsitz, G. (1990). *Time passages: Collective memory and American popular culture.* Minneapolis: University of Minnesota Press, p. 140.
4. Lipsitz (1990), p. 159.
5. Gunn, J., & Brummett, B. (2004). Popular culture after globalization. *Journal of Communication, 54,* 707.
6. Newcomb, H., & Hirsch, P. M. (1987). Television as cultural forum. In Newcomb.
7. Moon, D. G., & Nakayama, T. K. (2005). Strategic social identities and judgments: A murder in Appalachia. *Howard Journal of Communications, 16,* 1–22.
8. Butterworth, M. (2005). Ritual in the "church of baseball": Suppressing the discourse of democracy after 9/11. *Communication & Critical/Cultural Studies, 2,* 122.
9. Guback, T. (1969). *The international film industry: Western Europe and America since 1945.* Bloomington: Indiana University Press. See also Guback, T., & Varis, T. (1982). *Transnational communication and cultural industries.* Paris: UNESCO.
10. *Revenge of the Sith.* (2006). Lee's Movie Info. Retrieved from www.leesmovieinfo.net/wbotitle.php?t=2594&section=2&format=4.
11. About Aljazeera. (2003). *Aljazeera.* Retrieved from http://english.aljazeera.net/NR/exeres/5D7F956E-6B52-46D9-8D17-448856D01CDB.htm.
12. France 24, International 24/7. (n.d.) *France 24.* Retrieved September 7, 2012, from http://www.france24.com/en/about-france-24.
13. France 24 in the world. (n.d.). *France 24.* Retrieved from http://www.france24.com/en/about-france-24.
14. Chapman, J. (2007). *Licence to Thrill: A Cultural History of the James Bond Films.* New York: Palgrave Macmillan.
15. Hung, M. (2001, August 2). Tooned into anime. *Houston Press.* Retrieved from http://www.houstonpress.com/issues/2001-08-02/feature.html/1/index.html.
16. Hung (2001, August 2).
17. Rucker, J. (2012, August 12). Before Pussy Riot verdict, artists and activists show support for the incarcerated Russian punk band. *The New York Observer.* Retrieved August 20, 2012, from http://observer.com/2012/08/before-pussy-riot-verdict-and-new-york-day-of-action-artists-and-activists-show-support-of-the-incarcerated-russian-punk-band/; Williams, C. J. (2012, August 17). Russian punk band's plight galvanizes artists, rights groups, leaders. *Los Angeles Times.* Retrieved August 17, 2012, from http://latimesblogs.latimes.com/world_now/2012/08/plight-of-russian-pussy-riot-rockers-galvanizes-artists-rights-groups-world-leaders.html.
18. Herszenhorn, D. M. (2012, August 7). In Russia, Madonna defends a band's anti-Putin stunt. *New York Times.* Retrieved August 20, 2012 from http://www.nytimes.com/2012/08/08/world/europe/madonna-defends-pussy-riot-at-moscow-concert.html; Madonna sued in Russia for supporting gays. (2012, August 20). *USA Today.* Retrieved August 20, 2012, from http://www.usatoday.com/life/people/story/2012-08-19/madonna-russia-lawsuit/57136198/1.
19. Nakayama, T. K., & Vachon, L. A. (1991). Imperialist victory in peacetime: State functions and the British cinema industry. *Current Research in Film, 5,* 161–174.
20. Tomlinson, J. (1991). *Cultural imperialism.* Baltimore: Johns Hopkins University Press, pp. 19–23.
21. Cohen, J. (2005). Global and local viewing experiences in the age of multichannel television: The Israeli experience. *Communication Theory, 15,* 451.
22. Cohen (2005), p. 451.
23. Dolby, N. (1999). Youth and the global popular: The politics and practices of race in South Africa. *European Journal of Cultural Studies, 2*(3), 296.

24. Poniewozik, J. (2003, February 17). Why reality TV is good for us. *Time*, p. 67.
25. Poniewozik (2003, February 17), pp. 66–67.
26. Fozooni, B. (2008). Iranian women and football. *Cultural Studies*, 22, 114–133.
27. Scott, D. (2003). Mormon "family values" versus television: An analysis of the discourse of Mormon couples regarding television and popular media culture. *Critical Studies in Media Communication*, 20(3), 325.
28. Scott (2003), p. 328.
29. Walker, R. (2009, January 22). Deconstructing Barbie. *New York Times*. Retrieved January 30, 2009 from: http://www.nytimes.com/2009/01/25/magazine/25wwln-consumed-t.html?_r=1.
30. van Gelder, L. (2008, April 28). Iran versus Barbie. *New York Times*. Retrieved January 30, 2009 from: http://www.nytimes.com/2008/04/28/arts/28arts-IRANVERSUSBA_BRF.html?scp=7&sq=barbie&st=cse.
31. Vives, M. (2012, August 21). Ukraine: jugé trop gay, Bob l'éponge est "une menace pour les enfants". *Têtu*. Retrieved August 21, 2012, from http://www.tetu.com/actualites/international/ukraine-juge-trop-gay-bob-leponge-est-une-menace-pour-les-enfants-22072.
32. Katz & Liebes (1987), pp. 419–432.
33. Katz & Liebes (1987), p. 421.
34. Lee, M., & Cho, C. H. (1990, January). Women watching together: An ethnographic study of Korean soap opera fans in the U.S. *Cultural Studies*, 4(1), 30–44.
35. Lee & Cho (1990), p. 43.
36. Shaheen, J. G. (1984). *The TV Arab*. Bowling Green, OH: Bowling Green State University Press, p. 4.
37. Flores, L. (1994). *Shifting visions: Intersections of rhetorical and Chicana feminist theory in the analysis of mass media*. Unpublished dissertation, University of Georgia, p. 16.
38. Merritt B. D. (2000). Illusive reflections: African American women on primetime television. In A. González, M. Houston, & V. Chen (Eds.), *Our voices* (3rd ed., pp. 47–53). Los Angeles: Roxbury.
39. Tyree, T. (2011). African American stereotypes in reality television. *Howard Journal of Communications*, 22(4): 394–413.
40. Merskin, D. (2010). The S-word: Discourse, stereotypes, and the American Indian woman. *Howard Journal of Communications*, 21(4): 345–366; Lacroix, C. C. (2011). High stakes stereotypes: The emergence of the "casino Indian" trope in television depictions of contemporary Native Americans. *Howard Journal of Communications*, 22(1): 1–25.
41. Zhang, Q. (2010). Asian Americans beyond the model minority stereotype: The nerdy and the left out. *Journal of International and Intercultural Communication*, 3(1): 20–37.
42. Borzi, P. (2005, November 26). A dispute of great spirit rages on: North Dakota fights to keep a logo: Indians consider its use profane. *New York Times*, p. B15.
43. UND Student Body Profile 2011–2012. (n.d.) University of North Dakota. Retrieved from http://und.edu/university-relations/student-profile/.
44. 2010 Census Interactive Population Search—ND. Retrieved August 21, 2012, from http://2010.census.gov/2010census/popmap/ipmtext.php?fl=38.
45. Jojola, T. (1998). Absurd reality II: Hollywood goes to the Indians. In P. C. Rollins & J. E. O'Connor (Eds.), *Hollywood's Indian: The portrayal of the Native American in film*. Lexington: University Press of Kentucky, p. 12.
46. Quoted in Borzi (2005, November 26), pp. B15–B16.
47. Kolpack, D. (2012, June 14). ND school officially drops Fighting Sioux nickname. *Houston Chronicle*. Retrieved August 20, 2012, from http://www.chron.com/sports/article/ND-school-officially-drops-Fighting-Sioux-nickname-3634741.php; KVLY-TV. (2012, August 7). Fighting Sioux Petitioners to Wait. *NBC News*. Retrieved August 20, 2012, from http://www.msnbc.msn.com/id/48556160/ns/local_news-fargo_nd/t/fighting-sioux-petitioners-wait/#.UDLJ4I7xFR4.
48. Kozlowski, K. (2012, September 7). EMU revives Huron mascot. *The Detroit News*. Retrieved September 7, 2012, from http://www.detroitnews.com/article/20120907/SCHOOLS/209070376#ixzz25ruA7iMN.

第八章 文化、传播和冲突

章节概要

跨文化冲突的特征
模糊性
语言问题
相对立的冲突类型

冲突类型及语境
冲突的类型
语境的重要性

冲突管理的影响
文化价值观的影响
家庭影响
应对冲突的两种策略
跨文化冲突类型
性别、种族与冲突
宗教与冲突

跨文化冲突的处理
有建设性的冲突和具破坏性的冲突
竞争型冲突和合作型冲突

理解冲突和社会
社会因素和政治因素

历史因素与政治因素

对冲突的社会回应

和平建设

宽恕

小结

培养跨文化技能

实践

注释

学习目标

阅读本章后，你应能做到：

1. 阐述和说明跨文化冲突的几个特征。
2. 定义人际冲突，并阐述其特征。
3. 阐述冲突的五种不同类型。
4. 列举非暴力运动的基本原则。
5. 举出不同文化群体看待冲突的几种不同方式。
6. 理解人们如何选择冲突处理策略。
7. 阐述和说明处理跨文化冲突的四种风格。
8. 讨论种族属性、性别属性与冲突沟通的关系。
9. 定义"社会运动"。
10. 解释从社会背景、历史背景的角度来解读跨文化冲突，有何重要性。
11. 讨论处理跨文化冲突的一些策略。

关键词

随和式风格、反美主义、冲突、直接解决策略、探讨式风格、动态风格、强调情感表达的策略、投入式风格、面子功夫、促进群体间对话、不相容性、间接解决策略、跨文化冲突、相互依赖的、中间人、国际冲突、人际冲突、仲裁调解、和平主义、和平建设、政治冲突、宗教冲突、情感抑制策略、社会冲突、社会运动

可以肯定地说，冲突是不可避免的。冲突有史以来就在世界各地不断发生，程度各有不同。比如，冲突可以在人与人之间发生，

> **你怎么看？**
> 你认为哪些类型的冲突是最难协商调和的？你是否曾与你的伴侣、同事、朋友和父母因各种事情而起冲突？你们解决冲突的方法有没有一定的模式？既然冲突是不可避免的，那我们有时为何会避免与生活中的某些人群起冲突？

称为"**人际冲突**"。学生乔伊就曾经历过人际冲突，她讲述了最近与自己男友的冲突：乔伊是来自中西部的苏格兰—爱尔兰血统家庭的第三代后裔，她的男友则来自第一代美籍菲律宾移民家庭。群体间的文化差异经常引起冲突和误解，乔伊最近经历的一次冲突，是由于家里发现她的继祖母患癌症病重，乔伊在电话里将此事告诉了男友，而据她描述男友的反应是：

> 他几乎没有任何表示。他的第一个反应是"哦"，接着继续做他自己的事情。我对此非常震惊，简直不敢相信他对我和我的家庭这样冷漠。我被他惹怒了，但他却不觉得自己的反应有任何不妥……我们试图通过争吵和谈话来解决这个冲突……（然后）讨论了我们分别为什么而生气……接着我们达成一致，同意诚实面对我们在对待某些事情上的态度差异，并互相作出一定的妥协，而不是仅仅互相指责。

人际冲突有时也可能是两代人之间的冲突。在选择去哪里读大学、花钱买哪些东西，或者夏天去哪里度假的问题上，你跟父母可能会有不同意见。这些冲突可能带来不同的后果。前不久在英国某地，当地较年长的居民由于对附近四处晃荡的年轻人感到恼火，于是动用了一种叫作"驱蚊器"（Mosquito）的装置——这种装置发出的声波只有儿童和年轻人能听到，这种做法惹怒了当地年轻人。[1]来自亚拉巴马州的美籍日本学生建治（Kenji）和她父亲之间的冲突，后果则更为严重——当父亲发现她是同性恋时，他把女儿赶出家门，至今也不愿意见她。[2]

冲突也可能在社会层面产生，称为"**政治冲突**"。比如说，美国社会的不同群体由于彼此深层价值观的差异，而发生冲突；有些人认为医疗保障是所有人都应享有的权利且关乎社会大众的福祉；而另一部分人则认为这是个人权利，每个人应该自行取得这种保障。对移民问题的不同立场也导致了社会冲突。部分美国居民认为，没有合法身份的移民的子女不应有权获得教育福利机会（如奖学金、实习机会等）并认为这些机会应该为美国居民保留，因为非法移民子女的父母是很多非法活动的罪魁祸首；另一些人则认为不应该因为他们父母的行为，就剥夺这些孩子和年轻人的教育福利机会。

从美国和巴基斯坦两国如今的关系，则可以看到另一种冲突，即"**国际冲突**"。2011年，巴基斯坦领导人因美国在巴基斯坦境内频繁地针对塔利班组织发动无人战斗机袭击一事大为不满，也因美方并未提前把捕杀奥萨马·本·拉登计划告知巴基斯坦政府而大为光火，随后，巴方泄露了美国中央情报局在巴基斯坦的主管官员姓名并迫使他辞职；接着，美国不断发布指责巴方泄露情报的新闻报道予以回击，继续以牙还牙。³

一国内部的冲突还可能波及邻国。例如，2011年利比亚（北非国家）国内发生暴动，一百多万利比亚难民逃往地中海对岸的意大利——而当地居民报以敌意和反难民潮的态度。在意大利南部的罗萨尔诺镇（Rosarno），曾有非洲籍的农场工人抗议当地人对难民的歧视和暴力行为，随后遭到当地暴徒的袭击，有7名非洲人因被殴打和受枪伤而入院，其余的非籍人口在24个小时之内全部逃离罗萨尔诺镇。⁴

从上文的事例中可以看出，冲突问题并不仅仅是意见相左那么简单。国际冲突可能会对环境造成非常严重的影响（参阅下页的"信息频道"内容）；而不同文化群体之间的冲突，甚至可能升级为波及几代人或蔓延至多国的悲剧事件。不论是巴基斯坦与美国之间，或意大利与北非国家之间，都有着复杂的历史关系。人们应如何克服并搁置冲突？在发生伤感情的人际冲突后，家庭成员之间或个人之间如何修复关系？这些问题难以三言两语回答，但我们在研究跨文化冲突的过程中也应将这些问题作为一部分来思考。

本章中，我们将阐明跨文化冲突的特征，以及不同的冲突类型和冲突方式。我们还将探讨文化背景如何影响冲突管理，讨论处理跨文化冲突的方向性策略。最后，我们介绍影响跨文化冲突的社会因素。

有些冲突可以通过调解人帮助争议双方解决问题来调停。调解人可以是非正式的，比如交通事故现场的调解人，也可以是正式的，比如处理离婚案件或房地产争议案件的律师。

> **信息频道**
>
> 跨文化冲突也可能由环境问题引起。在20世纪60年代末期，斯堪的纳维亚地区国家抱怨酸雨日益增多，并控诉这是由于欧洲特别是英国逆风排放废气造成的。他们声称斯堪的纳维亚地区的湖泊和森林都因此遭到破坏。1972年，经济合作与发展组织（OECD）启动了一项针对空气污染物远距离传播的研究，以便评估这些投诉；随后，国际应用系统分析研究所（IIASA）进行了后续研究。类似的冲突也曾在美国和加拿大之间发生，两国最后签订了一项关于减少二氧化硫和氮氧化物排放的《空气质量协议》（Air Quality Agreement）。（资料来源：http://www.ec.gc.ca/air/default.asp?lang=En&n=83930AC3-1; http://phe.rockefeller.edu/green_conflicts/）

我们在探讨跨文化冲突时，应考虑传播行为在这些情境中的作用。传播方式差异有时会引起跨文化冲突——尤其是在人际交往情境中，而在国家间或社会层面，传播方式则不属于引起冲突的常见原因。国家间的冲突可能因争夺资源而引起，如争夺石油、食物或水资源。不过，传播行为在解决冲突方面时常能起到重要作用。传播可以激化冲突，也可以帮助缓解冲突。

跨文化冲突的特征

冲突通常定义为两方或多方的**相互依赖**的个人或群体之间对目标、价值、期望、过程或结果的认知上或实际上的**不相容性**。[5] 关于跨文化冲突有个很好的例子，即美墨联营工厂（maquiladoras）——墨西哥与美国边境的分拣和装配工厂。由于墨西哥人和美国人分别一对一工作，因此不可避免地出现了跨文化冲突。[6] 比如，一些墨西哥经理人认为美国的经理人对待彼此和对待员工的方式很粗鲁。虽然墨西哥经理人和美国经理人有着相同目标，但也有着不同的期望值和价值观，这也会导致冲突。墨西哥经理人希望美国经理人处事更加彬彬有礼，并重视彼此间的和谐关系；而美国经理人则希望墨西哥经理人处事更直截了当、更诚实，不必过于在意"面子"和其他经理人及员工的感受。这些冲突根源于美国与墨西哥的历史关系——历史上，美国在经济和军事上均占主导地位，墨西哥则对此抱有敌意和怨恨。

跨文化冲突的特征是什么？与其他类型的冲突有何不同？其中一个独有的特征是，跨文化冲突与文化内部冲突相比，更加模糊。跨文化冲突的其他特征包括语言问题和相对立的冲突类型。

模糊性

跨文化冲突中通常包含许多模糊性成分。我们或许会不确定如何处理冲突，或不确定对方看待冲突的方式是否与我们一致；对方甚至有可能不认为发生了冲突。在本章开头提到的乔伊的例子中，乔伊和她男友都承认发生了冲突；这也是解决冲突的第一步。

然而，当我们遇到模糊性时，我们通常急于运用自己固有的解决冲突的方式——也就是我们从原生家庭习得的解决方式。比如，若你在遇到冲突时希望立即解决它，而冲突的另一方希望避开它，由于双方都用自己偏好的方式去反应，你们之间的冲突有可能更加恶化。这样一来，希望解决冲突的一方会步步逼近，而希望回避冲突的一方则步步后退。

语言问题

围绕语言所产生的问题不可小觑。语言有时会带来跨文化冲突，但它也是解决跨文化冲突的主要工具。乔迪同学描述了她与同事的最近一次冲突，正好说明了这点：

我在一家餐厅打工，厨房区的员工多数是墨西哥后裔。有人用西班牙语谈论一些很不得体的话，我试着不予理会，但这种解决冲突的方式并不奏效，只会导致我自身感觉非常不好。最后我决定采取行动，也开始讲西班牙语，好让他们知道我听得懂他们讲话——至少懂一部分；接着我尝试每次碰见他们时都打礼貌打招呼。后来，他们变得越来越友好。我采取了最好的方式，也得到了理想的结果。

不过，如果你对这门语言不甚精通，以此来解决冲突则不见得有效。这时，选择沉默未必是坏事。沉默可以给大家提供一个"冷处理"的时期，让彼此有机会冷静和思考。来看看多蒂同学与她在法国的寄宿家庭之间的故事：初来乍到时，多蒂经历了一些文化冲击，跟寄宿家庭的兄长相处不来。所以她借口身体不适，没有和寄宿家庭一起外出活动。她回忆道："我整个下午和晚上都在海边和树林里晃悠。这让我们的关系可以继续，也给了我时间思考解决的办法；独处的时间让我感觉良好。事情最后都解决了，只是花了一些时间，也需要一些耐心。"

相对立的冲突类型

跨文化冲突的特征还体现在相互对立的冲突类型。在美墨联营工厂的例子中，美国经理人与墨西哥经理人最大的不同表现在召开管理会议时，各自表达不同意见的方式。墨西哥经理人在冲突情境中表现得更加迂回委婉和彬彬有礼，美国经理人则直接面对冲突并开诚布公地处理。两种非常不同的冲突解决方式在工作场合中会带来一些问题，有时也因此导致更多的冲突。

极速冲浪

思考一下，在发生跟驾车有关的冲突时，社会上对女司机、老年司机、阿拉伯裔美国人和亚裔美国人的刻板印象，会带来哪些影响。

请访问网站 http://roadragers.com/，做一个调查，分析你的驾车风格。

冲突类型及语境

如果每个人都以最理想的方式去对待冲突，冲突会少很多。现实情况却是，对待冲突的不同方式可能会导致更多的冲突。本小节中，我们将阐述冲突的五种不同类型，以及一些解决对策。

非暴力不合作运动带来了社会变革。群众和平示威，促使人们关注不公平现象，也起到催生社会运动的作用。

冲突的类型

冲突的常见种类包括情感冲突、利益冲突、价值冲突、认知冲突和目标冲突。[7]当个体之间意识到彼此的感觉和情感互不相容时，就会出现情感冲突。比如，某人发现他或她对某个亲密朋友的好感得不到回应，此时，迷恋程度的不同可能会导致冲突。

利益冲突指的是人们对行动方案或计划的意向互不相容的情形。比如，某位同学讲述了他与前女友之间不断出现的冲突："我们的冲突总是与嫉妒或控制欲有关，即使我们已经不在一起了，现在仍然试图在某种程度上控制对方的生活。这基本上可以认为是利益冲突。"

价值冲突是更严重的冲突类型，是由于人们拥有相异的意识形态而产生的冲突。来看一个例子，鲁宾和劳拉结婚才几个月就争吵不断，因为他们对于何时要孩子、如何抚养孩子的问题意见不一致。劳拉坚决认为，在孩子年幼时其中一方应该留守家中照顾孩子，所以应该等到他们存了足够的钱让她有条件不上班，才要孩子。鲁宾则希望尽快要孩子,但不想劳拉辞掉工作;他认为可以把孩子送去托儿所。这个例子涉及的是价值冲突。

认知冲突指的是二人或多人之间,彼此意识到他们的思考过程或认知方式存在冲突的情形。来看一个例子,玛丽莎和德里克经常争论玛丽莎的朋友鲍勃是否对她过于关注了。德里克怀疑鲍勃意图与玛丽莎发生关系,但玛丽莎不这么看。俩人对同一个情形的不同认知,造成了认知冲突。

目标冲突产生于人们对于结果或结束状态的期望不一致的情形。比如说,罗德里戈得到了一个管理职位的升迁机会,但上班地点距家里有 1500 英里远,罗德里戈和詹森需要决定如何处理此事。如果搬家,意味着詹森则要辞掉工作,还要搬去离亲人很远的地方,但同时也意味着罗德里戈可以得到他想要的工作,并且他俩也可以去理想中的城市居住。

语境的重要性

我们需要根据不同的语境或情形来决定如何处理冲突。比如说,我们跟关系亲近的朋友在安静的剧院里争论情感关系问题时,可能会选择用讨论的方式;相反,在政治集会中,我们会偏向用更加对抗性的方式表达意见。

学生尼基在一家餐馆兼职打工,她讲述了某次为一个德国多人旅游团提供服务的经历。游客们认为餐厅收费过高,于是与尼基争论,尼基解释说账单里加了 15% 的服务费。德国游客认为尼基看他们是游客才往账单里加了小费,而不知道这是餐厅对于服务多人团体的收费政策。尼基说,在处理与这个游客团的冲突问题时,她采用了在一般社交场合里更温和的安抚策略。她认为德国游客的做法粗鲁无礼,但她运用了很好的倾听技巧,并采取了自己一般情况下不会采取的解决问题的方式。

考特尼同学讲述了自己经历的冲突。她的一位朋友被选入大学的足球队,考特尼告诉这位朋友他有"天生的禀赋"(注:指的是黑人在体育运动方面有天生优势),朋友却认为这是种族歧视,因为他是黑人。尽管考特尼并没有种族歧视的意思,但我们从中可以看出美国白人和黑人之间的关系的历史背景。考特尼的这位朋友告诉她,自己常常受到类似的评价。这个冲突情形可以从两种角度来看待:(1)冲突实际发生的现实场景;(2)更宏观的社会语境角度。

> **信息频道**
>
> 积极倾听是人际传播学者提出的可以用来帮助减少冲突的途径,包含三个步骤:复述对方的看法、对对方表示理解,以及提问跟对方有关的问题。在跨文化交往的情境中,这样的倾听过程为何有帮助?

> **你怎么看？**
> 文化冲突问题会导致空难发生吗？马尔科姆·格拉德维尔（Malcom Gladwell）在他 2008 年出版的《异类——不一样的成功启示录》一书中给出了肯定回答。根据格拉德维尔的叙述，1997 年 8 月 1 日韩国的 801 次航班在关岛发生的空难，是一系列原因作用的结果，包括较长的飞行时间、驾驶员疲劳、天气恶劣等，但最重要的原因或许是文化因素。受其自身文化背景的影响，副驾驶员没办法（或不愿意）在领航员面前坚持己见，而实际上在涉及安全问题时他本该坚持己见。这是由于韩国文化中的层级观念非常明显（霍夫斯泰德称为"权力差距"），下属或晚辈（即副驾驶）必须顺从上级或长辈，这在西方文化中是很难想象的。也许此事件中的副驾驶

本章稍后会讨论宏观社会语境中的冲突问题。

冲突管理的影响

有一个问题很关键：公开冲突是好事还是坏事？也就是说，我们是否应该欣然接受冲突——因为它提供了巩固关系的机会？还是我们应该回避冲突——因为它会导致情感关系和群体间的关系出现问题？另一个关键问题是：当出现冲突时，最佳处理方式是什么？当事人应该直接谈论、间接处理，还是回避冲突？感情因素是解决冲突的一部分吗？处理遇到的冲突时，情感表达是否应视为一种对解决冲突的决心？又或者，是否应该抑制情感因素，以理性逻辑而非情感表达的方式来解决冲突？再来考虑以下问题：我们从何处学习解决冲突？谁教会我们解决冲突？对这些问题的回答，很大程度上会受每个人的文化背景和成长经历的影响。

文化价值观的影响

文化价值观会如何影响冲突管理？回答这个问题，可以来看一下"面子功夫"中的文化差异。**面子功夫**是指人们用来"维护"自己或他人面子的特定交际策略，是一个普遍适用的概念；不同文化中，人们"进行"面子功夫的方式不同，这也会影响冲突的类型。比如说，在奉行个人主义的社会，人们更倾向于维护自己的面子而不是他人的面子，因而他们往往采用更加直接的冲突管理方式。相反，在奉行集体主义的社会中，人们更看中团体的和谐关系，在处理冲突时也更倾向于维护他人的面子（和尊严）。集体主义社会中的人们可能会使用不那么直接的对话方式；而维护他人的面子和体面，也被认为是高明的"面子功夫"。（请参阅"你怎么看？"部分）我们稍后将于第十一章重温这一概念，探讨不同的"面子功夫"方式会如何影响跨文化商务交流。但在本章中，我们先主要探讨影响冲突管理的其他因素。

家庭影响

人们回应冲突的方式可能会受各自文化背景的影响。更具体而言，大多数人是从成长过程中习得处理冲突的方式——即每个人的默认方式。冲突解决策略通常与人们在社会关系中如何经营自我形

象有关。比如说，有些人可能更看重维护自己的自尊心而不是帮他人"争脸"；有些人则会牺牲自己的一部分自尊心来维护情感关系。

每个人在互动关系中都有各自应对冲突的不同倾向，原因有很多。最主要的影响来自我们的家庭背景；有些家庭会习惯于采用某种冲突应对方式，而家庭中的孩子会逐渐接受这种方式并习以为常。比如，有的家庭处理冲突时方式很直接并有很强的对抗性，冲突双方通过激烈争论（严重的也会动手）来表明自己的态度。

有些人则会极力避免学习父母的冲突处理方式。来看个例子：玛丽亚的父母总是避免公开起冲突，也从来不会谈论自己的不满。家里的孩子因此也学着避免冲突，而当他们周围的人采用更加直接的方式去处理冲突时，会让他们感到非常不自在。玛丽亚发誓，在她与自己的孩子之间绝不会用这种方式去处理冲突，而当自己的小家庭确实出现冲突时，她也努力地尝试用其他方式去解决。值得注意的一点是，人们处理冲突的方式各不相同，而选择某种方式也可能没有什么特别原因。

移民家庭中两代人的差异也可能会引起冲突，这也体现了跨文化差异。在欧洲，不时出现"穆斯林女孩因行为过于西化而受骚扰或受责罚"的事件。25岁的拉蒂法·艾哈迈德（Latifa Ahmed），在她8岁时从摩洛哥移民到荷兰，在阿姆斯特丹长大，如今她的家庭成员很排斥她，因为她更喜欢与荷兰同学待在一起。

"家里人告诉我荷兰人是坏人，因为他们是异教徒，"拉蒂法说道，"父母和兄弟们因此而开始打我。"拉蒂法在家里住到23岁才搬出来，她说："我无法忍受无休止的争吵和谎言，但我也不敢离家出走，害怕从此失去自己的家人。"[8]

其他移民家庭中引起冲突的原因可能会包括包办婚姻、相亲问题等；由于原籍国和移民国的文化差异而出现不同的文化期待，也可能引起冲突。

应对冲突的两种策略

应对冲突的方式至少有两种：可以是直接的或间接的，也可以是表露情感的或压抑情感的。[9]我们很可能会依赖自己的文化背景和成长经历来选择处理冲突的方法。接下来，我们更详尽地阐述这两套策略。

直接与间接冲突解决策略 这里讲的**直接/间接**解决策略类似

是希望维护领航员的"面子"，不想让领航员由于没发现危险因素而感到尴尬。因此，801次航班的副驾驶并没有据理直言，提醒上司有安全问题存在。你是否认为我们都在某种程度上受到自身文化背景的制约？请阅读格拉德维尔的书，看看大韩航空是如何大规模降低空难，从而成为世界领先的航空公司之一的。（资料来源：Gladwell, M. (2008).《异类——不一样的成功启示录》.纽约：Little, Brown）

> **流行文化聚焦**
>
> 电影《通天塔》（Babel，2006年）讲述了四个不同家庭之间相互关联的故事，最后串联在一起，揭示了一个错综复杂的悲剧故事：一对美国夫妇前往摩洛哥度假，尝试磨合彼此间的差异；与此同时，一位摩洛哥牧人给儿子们买了一把步枪用来赶走豺狼；同一时间，日本的一位聋哑女孩正在处理母亲的丧事，和面对父亲的感情疏离；美国夫妇的墨西哥裔保姆带着孩子们回墨西哥参加儿子的婚礼。
>
> 影片展示了这四个家庭和个人之间是如何相互联系在一起的：尽管他们相隔甚远且不知道彼此的存在，但各自的命运却以悲剧化的方式发生碰撞，从而展现了不同文化背景、不同宗教信仰和不同政治背景的人们处理冲突时的不同倾向。（资料来源：http://www.imdb.com/title/tt0449467/）

于我们在第五章讨论过的直接/间接语言维度[5]，但主要针对语言的使用，而在本章中涉及更广义的冲突解决策略层面。有些文化群体认为冲突从根本上说是好事，因而认为最好采用直接的方式处理冲突，因为以有建设性的方式共同处理冲突能够塑培养更巩固、健康和更令人满意的人际关系。类似地，群体之间共同合作处理冲突，可以更了解群体中的成员和其他群体，防止出现更严重的冲突，并提升群体的凝聚力。[10]

采用直接策略的群体往往会使用非常精准的语言风格。他们未必一定欢迎面对面的冲突，但认为在冲突情境中，直接"说出心里的想法"很重要。采用这种策略的目的是对冲突事件进行谨慎的沟通，并依据相互认同的标准来选择"最佳"解决方式。

不过，许多文化群体认为冲突从根本上说对人际关系有破坏性。比如，崇尚儒家思想和道家思想的许多亚洲文化，以及美国的一些宗教团体，认为冲突会扰乱和平。举例而言，大部分阿米什人（注：Amish，以过着简朴生活著称的基督新教教派）并不把冲突视为个人成长的机会，而是认为那会对人际关系和团体和谐构成威胁。如果确实出现冲突，奉行和平主义价值观的人在强大精神信念的驱使下，会作出不抵抗的反应——即往往回避冲突或以非常迂回的方式处理冲突。[11] 本章稍后会对不抵抗反应作更详细的讨论。

这些群体同时也认为，当群体中的成员意见相左时，他们应该尽力遵从群体的共识而非激化个人冲突。实际上，对群体和谐造成威胁的成员有可能会遭惩罚。有人举了一个例子：在新西兰，一个毛利文化背景的男子在某公开会议上公然咒骂和使用不得体的语言：

一位女士走上前去，把手搭在他手臂上并轻声说话，男子却把她甩开，继续谩骂。这时周围人就像商量好了一样开始尽量远离他，围观的人都低下头往脚下看，直到那名男子只能看见周围人群的头顶。这时一直在咒骂的男子语速开始变缓，变结巴，一点点沉默，最后坐了下来。[12]

上述例子中的人群尝试以一种非常迂回的方式来应对冲突。他们注重口头语言表达"以外"的信息传递，并非常谨慎地保护自己不认同的人的"面子"。他们可能更强调语言的隐晦性和模糊性，且通常会通过第三方来帮助解决争论。采用这种策略，目的是确保人际关系不因争论而受到破坏。比如，人们会尽量强调冲突双方的往日情谊，并试图在双方之间建立一种更深厚的关系，使彼此更照顾对方。

强调情感表达或情感抑制的冲突解决策略 另一种较常见的冲

突解决策略，涉及了情感因素在冲突过程中的作用。有些人较为重视在争论不同意见时表达出强烈和外露的情感，这类人通常会采用**强调情感表达的策略**。他们认为在意见相左时最好表露自己的情感，而不是将其隐藏或压制；也就是说，他们通过非语言动作和声音来表露情感，并且认为，将情感进行外向表达显示了一个人对冲突的重视程度和化解冲突的决心。甚至认为可以从一个人表达情感的能力来判断他的可靠程度。

而赞同采用**情感抑制策略**的人则认为意见相左时最好冷静地讨论。对这部分人来说，在面对冲突时重要的是控制和内化自己的情绪，并避免非语言的情感表达。他们对情感表达感到不自在，也认为如此表达情感会伤害到他人。因而采用情感抑制策略的人认为，压制个人的情感可以巩固人际关系和保护他人的"面子"及尊严。在这种情况下，一个人的可靠程度就与严格控制个人情感有关。

这两种不同的冲突解决策略反映了涉及身份认同和维护个人自尊的不同文化价值取向。把冲突看成好事是一种更为个人主义的做法，此时人们关注的是维护每个人自己的尊严。而阿米什人文化和亚洲文化，和其他许多奉行集体主义的群体则更倾向集体主义的做法，也就是更关注维护人与人之间关系的和谐以及维护他人的尊严。比如，传统的中国价值观认为从个人、家庭、社区乃至整个国家，各个层面都实现社会和谐。

跨文化冲突类型

我们可以把前面讨论的四种维度结合起来，总结出适用于不同文化群体的四种冲突解决方式：探讨式风格、投入式风格、随和式风格，以及动态风格。[14]关于如何发现自己的冲突解决方式偏好，请参阅本页"极速冲浪"部分。

探讨式风格结合了直接式和情感抑制式两种维度，强调直接用语言对话来解决不同意见，也就是"言而由衷，言出必行"。采用这种方式的人乐于表达不同意见，但同时也会克制情绪。通常认为美国白人、欧洲人、澳洲人和新西兰人更偏好这种风格。正如一句爱尔兰谚语所说："我口言我心。"（What is nearest the heart is nearest the mouth）

投入式风格强调用对抗性的直接语言对话来解决冲突。这种方式认为激烈的语言和非语言情感表达展示了积极解决冲突的诚意和意愿。通常认为部分非裔美国人、欧洲南部（法国、希腊、意大利、西班牙）的人，以及俄罗斯和中东（以色列等）的一部分人属于这

极速冲浪

你认为哪种冲突解决方式更符合自己的情形？请访问www.personalitytest.net/，参阅更多关于人格类型和相应冲突解决类型的详细内容。（资料来源：人格测试中心© 2000—2005）

种风格。俄罗斯有句谚语"风雨过后便是晴天，悲伤过后便是喜悦"（After a storm, fair weather; after sorrow, joy），正体现了这种风格。

随和式风格强调迂回的冲突解决方法，并在更大程度上抑制情感表达。属于这种风格的人，在表达自己的观点时可能会很模糊或很委婉，认为这样才能保证已经发生的冲突"不至于失去控制"。这种风格常见于美洲印第安人、拉丁裔美国人（墨西哥裔、哥斯达黎加裔等），以及亚洲人。有一句斯瓦希里谚语最能表明这种风格，"沉默带来和平，和平带来平安"（Silence produces peace, and peace produces safety）；还有一句中国谚语"有理不在声高"也说明了这点。

在这种风格中，人们使用沉默而和回避来管理冲突。比如，阿米什人宁愿丢脸或吃点亏也不愿激化矛盾，孩子们从小也被教育应在遇到任何冲突情况时保持忍耐，哪怕是被邻居欺凌也应如此。

在这种风格的群体中人们也依靠**中间人**——即朋友或同事作为代表来处理冲突。[15] 来看个例子：一位来自中国台湾的学生在美国上大学，她室友在宿舍里挂着中华人民共和国的国旗，她因此感到受了冒犯。这位中国台湾学生找到国际学生顾问，请顾问出面找她的室友谈谈国旗的事。而另一部分人把人际冲突看作是巩固人际关系的机会，这部分人也会使用**仲裁调解**的方式处理冲突，但主要用于正式场合。比如，人们会聘请律师来调解争议，雇用房地产中介洽谈商业交易，聘请法律顾问或治疗师来处理或管理人际冲突。

在人际关系互动中采用非暴力做法的原则有哪些？事实上，非暴力不等于没有冲突，也并非简单地拒绝争执。相反，非暴力做法包括了进行调解——对于处理人际关系而言，这种做法不仅不易，有时甚至会有风险。使用调解做法的人一般而言：（1）很看重他人的价值，并希望帮助他人成长；（2）总是试图缓解冲突，或一旦出现冲突便希望避免将其进一步激化；（3）总是试图进行有建设性的商谈，以便在冲突出现时将其解决。[16]

在成长中习得以讨论方式或投入式风格来解决冲突的人，往往很难理解那些随和式风格的人或采用非暴力做法的人，他们往往认为迂回与回避是软弱的表现。不过，有成千上万的人认为冲突"是非正常的，会带来人际间的尴尬，使人沮丧，并有可能带来耻辱和让人没面子"[17]。不难理解，持这种观点的人当然会避免直接对抗，并会尽力维护他人的面子。

动态风格则是使用非直接的沟通方式，同时伴有较为强烈的情感表达。属于这种风格的人可能会使用较为激烈的言辞、故事叙述、运用比喻，并可能使用第三方调解。他们习惯于有直接情感冲撞的对话，并认为一个人的可靠程度与他表达情感的程度直接相关。这种风格多见于阿拉伯人和中东人。

关于刻板印象的警示　然而需要注意的是，与其他现象一样，在同一个文化群体中可以同时存在所有类型的冲突解决方式；尽管不同的文化群体可能会偏向于采用某一类型的方式而少用其他方式，但我们须留意不可因此而对某个文化群体产生刻板印象。同时，这方面的文化差异也可能受到一些因素影响，包括：（1）某个地区是否长期以来延续同质的文化，且隔绝其他文化；（2）是否曾受殖民统治；（3）不同文化群体的移民历史。例如，加勒比海地区受非洲文化影响较多（相比于中美洲和拉丁美洲地区而言），从而形成一种更为直接、更注重情感表达的风格（即投入式风格）；相比之下，墨西哥地区则保留了更为迂回和倾向于情感抑制的风格（即随和式风格）。非洲大陆上有着多种多样的文化，因而也就存在多种不同的冲突解决风格。

值得注意的是，人们是出于多种原因而采用不同的方式来解决冲突。我们不能认为偏好的方式是固定的或一成不变的。比如说，人们可能在工作场合采用探讨式风格，在家中采用随和式风格；也可能在工作场合采用随和式风格，而在家中采用投入式风格。

面对不同的人也可能采用不同的方式。日本学生香织给我们讲述了她与美国朋友玛拉在合作一个女生联谊会的活动时产生的一次冲突。玛拉在做活动时总是很好胜并只考虑自己，她会说类似"我为活动做了这个"的话，或把活动说成是"我的项目"。香织渐渐被她激怒了，对活动的积极性也开始降低。最后她问玛拉："这到底是你的项目还是我们的项目？"玛拉听了很惊讶，试图为自己辩解，但最终向香织道了歉。随后两位女同学得以继续合作开展活动，把之前的冲突置之脑后。这个例子说明了并非所有日本人在遇到所有冲突时都使用迂回的方式或随和式风格。日本年轻人跟朋友起冲突时，更倾向于使用投入式风格。[18]

此外，每个人面对冲突时的风格通常会随着冲突情况的变化而发生改变，或随着人生不同阶段的变化而发生改变。比如，习惯于回避冲突、随和式风格的人，也可能在生活中认识到投入式风格和直接处理冲突的好处。

性别、种族与冲突

我们自身所属的性别和种族也会影响我们对冲突的反应。部

> **你怎么看？**
>
> 最近新闻报道了美国政府机关和官员以《2001年爱国者法案》为依据理由，窃听和跟踪美国记者的通信记录一事。这激起了公众关于什么是公共信息什么是私人信息的激烈讨论；也激起人们讨论在出现国内危机或国际危机时应如何实行言论保护。哪些信息应该进行保护？如果真有必要，政府可以在何时监听公民的通信？

分研究表明，男性和女性在某些特定语境中的确会有某些类型化的反应——男性处理冲突时多为投入式风格，而女性多为随和式风格。[19] 这或许说明了在许多文化中，女性一般被社会化为更关注人际关系、更随和，以及在人际互动中态度更迂回，男性则被社会化为更有好胜心。

种族属性也可能影响冲突模式。不止一项研究表明，与非裔美国人相比，亚裔美国人和拉丁裔美国人更倾向于随和式风格和通过中间人解决冲突；与欧洲裔美国人相比，亚裔美国人也更倾向于运用随和式冲突解决策略。[20]

传播学者林恩·特纳（Lynn Turner）和罗伯特·舒特（Robert Shuter）在一项针对非裔美国女性和欧洲裔美国女性如何看待工作场所冲突的研究中发现，与欧洲裔美国女性相比，非洲裔美国女性对工作场所冲突的看法更为负面和消极，对于寻求积极解决办法的态度也更不乐观。[21]

但应该始终认识到，尽管所属的种族和性别可能影响人们应对冲突的方式，我们也不能仅因为某人属于某个种族或某种性别，就假定他/她一定会做出某种行为。

宗教与冲突

宗教差异也是发生冲突的重要诱因。拥有某种宗教信仰的人通常有着一系列立场极为坚定的价值观念，这可能会导致与拥有不同观念的人产生**宗教冲突**。来看个例子，堪萨斯州的威斯特布路浸信会的弗雷德·菲尔普斯（Fred Phelps）牧师和他的追随者们不断在为伊拉克战争和阿富汗战争牺牲的士兵的葬礼上进行抗议活动。为了传播自己的宗教观点，他们在士兵葬礼上经常举着类似这样的标语："我们为士兵的死而感谢上帝"（Thank God for Dead Soldiers），"感谢上帝，我们有简易爆炸装置"（Thank God for I.E.D.'s）——说的是用来杀死服役士兵的炸弹装置。他们想要宣扬这种观点：即上帝杀死这些士兵是为了惩罚美国人纵容同性恋现象。[22] 很多州的立法机关试图通过一些法案禁止类似的宗教言论，但美国最高法院在2011年表示了支持该浸信会成员继续进行抗议活动。此例子中，宗教差异是冲突的起因。人们解读《圣经》的方式各不相同，这种宗教观点上的差异会导致人们对于士兵的牺牲有不同看法，也会影响人们作出的适当反应。[23]

位于更西部的犹他州，摩门教徒与非摩门教徒之间的冲突较为常见。《盐湖城论坛报》（*Salt Lake Tribune*）曾指出："异教人士在耶稣基督后期圣徒教会会议中心和盐湖城圣殿附近进行游说,并不鲜见。"最近一次关于摩门教的抗议和冲突发生在 2012 年美国总统大选期间,主要是围绕候选人、虔诚的摩门教徒米特·罗姆尼(Mitt Romney)。一些反对人士声称摩门教并非真正的基督教。另一方面的冲突则是针对摩门教会反对同性恋的立场,以及该教会为《加利福尼亚州 8 号提案(2008 年)》(否定同性婚姻的提案)提供财政支持并促使该提案的通过。[24] 事实上若回看历史,基督教其他教派针对耶稣基督后期圣徒教会的"反摩门教"观点并非什么新鲜事。历史上,摩门教徒被迫迁离纽约州、俄亥俄州、密苏里州,接着又被驱逐出伊利诺伊州,最后才在犹他州扎根。摩门教会的发展历史中也遭遇很多反摩门教事件,包括其创始人约瑟夫·史密斯(Joseph Smith)在伊利诺伊州被谋杀。在盐湖城半年举行一次的耶稣基督后期圣徒总会大会,也不断有抗议者前去示威,其中包括"一小撮自称为基督教传教士的人",抗议的方式包括展示"部分耶稣基督后期圣徒教会的女性成员,以不敬且粗鄙的方式穿着圣殿袍"。这种冲突方式可能会引起耶稣基督后期圣徒教会成员作出回应,从而也可能进一步激化冲突。[25]

宗教冲突并不总是以非暴力的方式发生。比如,在欧洲历史上对犹太人的迫害总是充满暴力;再比如,宗教法庭和大屠杀的暴行。天主教徒与新教徒之间的宗教冲突也一直是北爱尔兰社会的主要冲突。

跨文化冲突的处理

有建设性的冲突和具破坏性的冲突

既然人们处理冲突的方式多种多样,那么在跨文化情感关系中,发生冲突时会出现什么情况?其中一点是先区分有建设性的冲突和具破坏性的冲突,至少有四种方法区别这两者。[26] 首先,在有建设性的冲突中,个人或群体针对的是特定问题;在具破坏性的冲突中,他们会卷入很多问题并表现出消极的态度。例如,在争论时不应该说"你从来就没洗过碗",或"你总是在我朋友面前让我难堪"这样的话;相反,应该举出对方让自己失望的具体例子,像是"昨晚你在我们的朋友面前数落我,这让我感觉非常不好"。

其次,在有建设性的冲突中,个人和群体关注引起冲突的初始事件;在具破坏性的冲突中,他们将冲突扩大到其他事件,甚至这

信息频道

你知道吗?目前美国的医院没有足够的护士来提供服务。2006 年提议的部分移民相关法案,提出加快办理非美国籍护士在美国工作的手续。然而此举也可能对印度、菲律宾等同样需要医护工作者的国家造成负面影响,因为赴美的大多数外籍护士来自这两个国家。这是否意味着出现了新的全球健康问题?

> **你怎么看？**
>
> 阿兰达蒂·罗伊（Arundhati Roy）在 2001 年出版的关于当代全球各地战争的著作中写道："老百姓很少赢得战争；政府却很少战败。老百姓在战争中丧命；政府在战争中改头换面，重新登场。"（第 126 页）这是否是事实？你能举出证实作者这一言论的当代冲突例子吗？（资料来源：*Power Politics*, by A. Roy, 2001, Cambridge, MA: South End Press）

段关系中的任何细枝末节都拿来翻旧账。比如，在脱口秀节目中谈论婚外情的嘉宾，很可能先提到某次婚外情事件，随后扩大冲突范围，讲到曾经发生的许多其他矛盾。而更有建设性的做法是，只谈论特定的某次事件而不波及其他。

再次，在有建设性的冲突中，个人和群体最终指向的是共同解决问题（"我们该如何解决这个矛盾？"）；在具破坏性的冲突中，他们会试图彰显权力并使用威胁、强迫和欺瞒等办法（"你要不就按我说的去做，要不然……"）。

最后，在有建设性的冲突中，影响个人和群体的主导力量最终能得出让双方满意的结果；在具破坏性的冲突中，影响他们的主导力量却具有单一固执、好战的特点。很多政治冲突，如中东地区的政治冲突，似乎属于具有破坏性的冲突，因为各方领导人无意寻求让各方满意的解决方案。

竞争型冲突和合作型冲突

可以看出，具破坏性的冲突总的来说是扩大竞争。在这种情况下，冲突通常演变为长期的负面影响，冲突双方试图追求一种使自身永久存在的、得到双方确认的期望结果。曾有人写道："每一方都粗暴地对待另一方，因为觉得另一方不值得以礼相待，而这又是因为对方并没有好好对待自己，如此恶性循环下去。"[27]

南非"真相与和解委员会"听证会秉承的理念是"谅解——而不遗忘"。该听证会给南非人民提供了一个平台，让老百姓控诉和直面种族隔离的不公平和暴力现象，致力于促进民族裂痕的愈合。

在冲突情境下，个人和群体应该如何进行合作性的沟通？莫顿·多伊奇（Morton Deutsch）认为，一段关系的总体基调，会导致特定的做事手段和行为方式。[28] 比如说，一种充满竞争的氛围会导致强迫、欺骗、怀疑、严苛和缺乏沟通；合作性的氛围则能带来感知的相似性、信任、灵活性，以及坦诚沟通。关键点在于，在一段关系或群体间互动的初期，就应该建立一种氛围。一旦矛盾开始激化，把竞争型关系转变为合作型关系就会变得困难。我们的同事莫伊拉回忆了她参加新工作头一个星期遇到的潜在冲突，以及她如何采取合作性的解决方法：

> 有一位同事弗洛伦斯，似乎对我很冷淡。其他同事都很欢迎我加入他们的集体，但弗洛伦斯一直都没有跟我说话。之后，我们因某个共同合作的项目产生了一些误会，当时的情况很可能引发一次大的冲突。我当时想，不能一开始就把两个人的关系搞砸。于是我深吸一口气，选择作出一点让步，也想借此改善俩人的关系。后来她提起她很担心自己的儿子，儿子在学习上碰到了一些问题。我们开始交谈，并发现俩人原来有很多共同点。她并没有意识到自己对我很冷淡，只是在担心一些家事而已。最后我们解决了工作上的问题，现在已经变成了很好的朋友。我很庆幸当时自己没有任由矛盾升级。

塑造合作性的氛围是需要探索的。在不同文化中，人们可能会以不同方式进行探索，但通常包括几个基本步骤：(1) 搁置争议；(2) 双方探讨其他选择；(3) 委托第三方解决问题。这样一来，双方不再相互指责，因而更有可能找到新方法或新观点。"如果冲突的所有当事方都关注过程，就会有一种对建设性解决方案的共有意识……他们便可以像朋友那样一致对外，共同对付矛盾状况施加给双方的压力，从而带来突破。"[29]

理解冲突和社会

如要全面理解跨文化冲突，我们需要跨越个人层面去看待冲突。很多跨文化冲突现象可以通过社会层面、经济层面、历史层面和政治层面，来进行更好的理解。图 8.1 显示了世界各地许多武装冲突发生的地点。

社会因素和政治因素

不公平和不公义的社会关系会引起**社会冲突**。在第一章中我们曾举过一个冲突事例，即 2005 年和 2007 年法国一些城市出现的骚乱，以及 2011 年的伦敦暴乱。我们将进一步详细分析这些冲突。

信息频道

2005 年 2 月，贾南德拉国王独揽了政治大权并坚持认为他可以控制和镇压在尼泊尔活动了近 10 年的 Maoist。在贾南德拉国王实行控制措施近一年后，尼泊尔民众走上首都加德满都的街头游行示威，要求国王恢复当选代表的民主权力。大量民众在示威活动中丧生，贾南德拉国王于 2006 年 4 月恢复了立法机关的权力。这次事件是否可以认为属于社会运动？示威活动是否在所有文化中都奏效？在美国，示威活动起着怎样的作用？

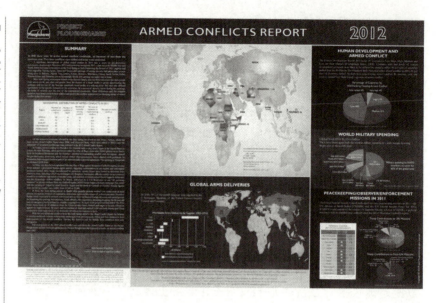

图 8.1　2012 年内的冲突多发地区。现今许多国家仍时有冲突发生。冲突在全球范围内不仅不鲜见，甚至是家常便饭。

资料来源：http://www.ploughshares.ca/images/pdf/ACR2012poster.pdf。

　　部分学者认为这些只属于流氓行为——缺乏适当教养的青年人，实行反社会的抢劫行为。也有学者指出宗教因素的影响，认为冲突事件的根源是穆斯林群体对西方社会的不满；尤其在法国，因为在法国发生的冲突事件中，大部分暴徒都有伊斯兰教背景。法国和英国两国暴乱的肇事暴徒中，大部分是少数民族和少数种族。法国暴乱的肇事暴徒主要是北非移民的第二代和第三代后裔；伦敦暴乱的暴徒多数来自加勒比海地区的原英国殖民地移民家庭——如牙买加、巴哈马群岛、巴巴多斯。然而，我们应该跨越宗教差异或种族差异的层面，从经济、政治以至历史层面的语境看问题，并需留意到一点，即冲突本身远比它们表面看起来更复杂。

　　我们在第一章中曾经提到，在英国和法国发生的暴乱，始作俑者通常是那些社会中的贫困和弱势群体。有专家认为，相较于宗教狂热而言，失业断粮更有可能是促发特定人群发动暴乱的原因。但我们也不能忽略经济状况以外的其他因素，否则这对大部分安分守己的贫困人口来说，有失公平。

　　除了在经济上处在社会边缘外，法国暴乱事件和英国暴乱事件的肇事者中的大部分少数民族和少数种族人口感觉自己受到社会的排挤。不像在美国和加拿大社会，人们相信英雄不问出处，任何人都有机会成为美国人或加拿大人（虽然未必总能实现），相比之下，法国社会中的移民——尤其是非裔移民，几乎不可能真正成为法国人；他们一直被边缘化。法国社会完全没有诸如"阿尔及利亚裔法国人"（Algerian French）的概念。而在美加两国，会有"华裔加拿大人"（Chinese Canadian）或"日裔美国人"（Japanese American）的说法，并且这类群体也会被视为真正的公民。[30] 由于上述原因，暴乱事件实际上影射了更深层的社会冲突和文化冲突问题。英国政府和法国政府曾经就社会群体间的紧张关系发出过警示，但只要某些特定群体仍然被边缘化、被疏离并大幅失业，类似的文化冲突仍然可能持续发生。

而随着美国社会贫富差距不断加大，类似冲突在美国社会也越来越多。2011 年和 2012 年的"占领华尔街"游行示威活动，声讨"贪婪而腐败的 1% 富人"（1% 指的是美国人口中最富有的 1% 人群，他们控制了整个国家将近 50% 的财富）。[31]

有人认为，抗议活动甚至暴力行为可以迫使整个社会去面对社会不公平问题，从而采取相应措施，踏出改善社会现状的万里长征第一步。解决类似的冲突并非易事，英国政府和法国政府已经开始作出一些经济上和文化上的改革，以求缓解社会冲突——例如开始关注受忽视的群体，并想办法向穆斯林群体表达包容、接纳的态度。[32] 需要指出的是，我们并没有必要针对某个冲突寻根究底找出单一的起因；相反，我们应该看到各种不同的因素——经济因素、社会因素、政治因素、宗教因素等——都有可能同时发生作用。

历史因素与政治因素

你也许听过这样一句话："棍棒和石头可能会打断我的骨头，但辱骂绝不会伤害我"。（Sticks and stones may break my bones, but names will never hurt me）我们都知道，侮辱性的语言往往是引起很多跨文化冲突的罪魁祸首。很多侮辱性的语言之所以有杀伤力，跟这些用语的历史渊源和所影射的历史事件有关。我们在第三章中曾提到，我们自身的很多身份认同都有某种历史根源。只有通过了解历史，我们才能真正理解作为某个文化群体的一员意味着什么。比如，了解爱尔兰的历史，将有助于我们理解"爱尔兰人"这种身份的含义。

关于历史因素和政治因素影响国家间冲突的其他例子，我们可以看一下边界争端。举例而言，阿根廷和英国都声称对位于南大西洋的马尔维纳斯群岛（或称福克兰群岛）拥有主权，1982 两国曾因此爆发过一段时间的战争。法国和德国关于阿尔萨斯—洛林地区的主权争议持续了更长时间——从 1871 年直到 1945 年。[33] 分析历史

> **流行文化聚焦**
>
> 美国有四大最受欢迎的专业体育运动——棒球、美式足球、篮球和曲棍球。你认为哪种运动中最容易出现人际冲突，包括选手之间、选手与裁判之间？为什么？哪种运动最不易出现冲突？为什么？一旦发生冲突，哪种运动中的冲突最好解决，哪种运动中的冲突最难解决？

原因，可以帮助我们更好地理解这些冲突中双方的立场。

有时群体间的持续紧张关系不仅局限于双方之间，还会波及其他群体。比如，以色列人与巴勒斯坦人的矛盾，就不仅涉及这两国人。这一地区的历史、宗教差异，以及激化冲突的当前事件等共同发生作用，无可避免地导致其他国家受牵连。

2009年1月，土耳其总理在全球经济峰会上强烈谴责了以色列对加沙地区的军事袭击（这是对土耳其用火箭攻击以色列一事的反击）："周四举行的小组讨论主要围绕以色列与哈马斯的交火进行争论。当时埃尔多安（土耳其总理）对以色列总统希蒙·佩雷斯说'你杀人'后扬长而去。"这次当面交锋以及对以色列总统的批评，在埃尔多安返回土耳其时，却受到国人的欢迎和庆贺："在总理就加沙战争公开批评以色列总统后，星期五，成千上万的土耳其民众热烈欢迎他们的总理回归，机场聚满了人，并欢呼'您是土耳其的骄傲！'"[34] 伊朗总统也对此事表示了赞赏："伊朗总统马哈茂德·艾哈迈迪-内贾德称赞土耳其总理雷杰普·塔伊普·埃尔多安就以色列对巴勒斯坦发动加沙战争一事的谴责立场。"[35]

然而纵观历史，土耳其与以色列一直是盟友关系，而土耳其在中东各国中一直扮演调停者的角色："尽管埃尔多安总理强烈谴责了以色列发动的加沙战争，但事实上土耳其本国与以色列长期以来一直保持密切的外交关系。埃尔多安政府与哈马斯武装组织（该组织控制着加沙地区）关系密切，因此埃尔多安领导的正义与发展党（Justice and Development Party）在以色列、叙利亚、黎巴嫩和巴勒斯坦各国之间发挥着日益重要的调停人角色。"而这一次的口角相争事件，也许会影响到土耳其的调停人角色。类似的冲突并非是由各国居民的人际间冲突引起，实际上很大程度上是中东地区的阿拉伯人和犹太人由来已久的历史冲突的延续和反映。当代的各方冲突，实际上起源于这些群体在历史上对其他群体文化的身份的攻击。事实上，类似的剧情世界各地都在上演。这种对立关系的历史演变已经内化为人们文化身份认同的一部分，并影响人们的文化实践，导致相关群体处于相互对立的位置。不管在中东、北爱尔兰、卢旺达、乌干达、尼日利亚、斯里兰卡、东帝汶、科索沃还是车臣地区，我们都能发现类似对立关系的历史演变，并导致各种形式的冲突。

还有一种影响跨文化冲突的另一种政治因素，称为"**反美主义**"。反美主义指的是对美国，尤其是美国政府所持有的负面观点、情感甚至行为，有时也指某种类型的文化和群体。反美主义由来已久，并由于美国与世界其他国家之间的经济、军事和政治差异，使其变得更为复杂。反美主义会在多个层面上影响跨文化交流——从人际层面，到社会层面。请从这一角度仔细思考可能导致冲突的潜在因素。你是如何理解反美主义的？你认为有没有较好的方法可以应对这个现象？

照片中的场景是2009年全球经济峰会上，以色列总统希蒙·佩雷斯与土耳其总理塔伊普·埃尔多安当面起冲突。埃尔多安对佩雷斯说"你杀人"后扬长而去——这句话针对的是以色列入侵加沙地区事件。这次冲突并不是埃尔多安与佩雷斯的个人冲突，而应从中东地区各国的国际关系历史和冲突历史这一角度来进行解读。

反美主义的概念较为复杂，因为它是从一种综合的角度看问题且适用于多种文化，而大部分文化内部的价值观并不具备这种综合角度：美国政府的外交政策——比如以美国为首的北约在中东地区的作为，以及出动无人机袭击巴基斯坦和阿富汗老百姓等——种种事件导致了全世界多个地区产生了反美情绪。[36]

不管你对美国的外交政策持怎样的观点，都请思考一下这些政策会对世界其他地区的人带来何种影响。由反美主义情绪导致的冲突是个棘手的问题，但我们也应该注意思考美国外交政策对世界其他地方造成的影响，以便站在其他国家的角度来分析问题。不管你是支持还是反对美国政府在美国境外的一些作为，我们的个人看法也许并不能解决反美主义这一棘手的问题。

人们看待冲突事件时，往往会先假定这是由人际间的矛盾所导致。如果我们仅仅把冲突放在人际互动的角度去解读，就无法从把冲突放在更广义的社会语境和政治语境中进行分析。需要注意的是，人与人之间起冲突，其原因往往比人际间的互动复杂得多。

那么，人们应该如何避免受历史因素、政治因素和社会因素的影响从而避免冲突，建设一个更加和平的世界呢？我们已经在本章开头概述过一些处理人际冲突的策略，现在我们来看看应对冲突情境的其他策略。

对冲突的社会回应

有些冲突的发生可能是因为人们渴望社会变革。在**社会运动**中，人们协力合作以求实现社会变革；人们往往是用直接冲突的策略呼吁对现有体制下社会不公平现象的关注。举例而言，20世纪60年代，北卡罗来纳州的格林斯博罗（北卡罗来纳州中北部城市）的几名非裔美国学生在"白人专用午餐区"坐下时，是在与种族隔离现象作斗争。当时这几名学生采取的是非暴力行动，但他们的做法引发了轩然大波，甚至推动了针对这一不公平现象的立法行动。另一个社会运动的例子是20世纪早期的妇女选举权运动，社会各方面作出不懈努力为美国女性争取到了选举权。确实，当今社会上的各种社会运动都可能与冲突有关，包括反对种族歧视、性别歧视和同性恋歧视的运动；保护动物权利、保护环境、保护言论自由、维护公民权利的运动；以至最近的，占领华尔街运动。

大学校园往往是各种社会运动的大本营。当然，如今大学校园的各种运动，与20世纪60年代充满政治意味和往往采用暴力方式的运动相比，已经截然不同。如今的大学生仍然热衷于社会运动；也许就在你所处的校园里，随处可见针对大大小小社会问题的展台、宣传册、海报和广播——包括苏丹达富尔种族大屠杀、伊斯兰教极端主义、虐待动物、环境问题、堕胎问题等。不过，如今的学生往往很少在示威活动中走极端，这可能是由于当今社会有很多可以表达个人意见的渠道，包括可以在Facebook、Twitter、博客等一些社交媒体上发表见解；现今的社交媒体上随处可见政治行动主义者（political activism）的身影。[37]

当然，我们无法一一列出当今所有的社会运动。社会运动可能随时发生或落幕，这也与他们所针对的对象、媒体的关注和参与者运用的策略有关。若想达到推动社会变革的目的，需要在社会运动中进行正面交锋，以便引起人们对已知的社会不公平现象的关注，也需要有人努力为实施终止不公平现象的变革措施开路。

正面交锋，可以视为社会变革的突破口；有部分社会运动也使用了暴力形式的正面交锋。比如，法国的极左派"直接行动"（Action Directe）、爱尔兰共和军、环境主义行动组织"地球优先"（Earth First）、科西嘉岛、阿尔及利亚、科索沃以及车臣独立运动，都涉及使用暴力，这也导致相关群体被贴上"恐怖分子"的标签，而不仅仅是"示威者"。

然而，正面交锋并不一定意味着使用暴力。大多数社会运动还是采用非暴力的正面交锋方式。民权运动领袖马丁·路德·金曾经发表过对非暴力运动方式的看法：

> 非暴力抵抗方式并不是懦弱的表现；它确实起到了抗议作用……这并不是为了打击或侮辱反对人士，而是为了赢得他们的认同和理解。非暴力示威者通过不合作运动或抵制活动来表达抗议，但他们也深知行动不止于此；他们用这种方式，只是为了唤醒反对人士的道德羞耻感。[38]

在社会运动中，非暴力方式不是唯一方式，却有着很长的历史——最早可以追溯至圣雄甘地领导印度人民脱离英国统治的独立运动，此外美国的民权运动、南非的反种族隔离运动，都属于非暴力运动。而这种非暴力的正面交锋方式，往往会把非暴力示威者置于正义位置，从而使现有的社会体制置于不公不义的位置。举例而言，20世纪五六十年代亚拉巴马州伯明翰市的民权运动中，媒体报道了警犬袭击在校儿童的画面，以及防暴部队出动消防水管对付示威者的场景，这使公众的态度逐渐转向支持民权运动者。

有时即使是暗示使用暴力，也会对民众造成威胁。举例而言，1964年，民权运动领袖马尔科姆X发表支持民权运动领袖的言论："今天晚上的问题，据我理解，应该是'黑人反抗——我们何去何从？'或者是'下一步应该怎么做？'按照我自己粗鄙的理解方式，我的结论是——不是选票，就是子弹。"[39] 马尔科姆X此番言论让很多美国白人大惊失色，随后开始抵制他所领导的民权运动。值得注意的是，若想更好地理解类似言论，我们需要分析相关社会运动发生的社会背景。

和平建设

本章中提到的一些冲突事件，涉及了群体间经年累月的长期矛盾和暴力冲突，往往发生在某个地理区域内的不同种族群体或不同宗教群体之间（比如，巴勒斯坦和以色列之间，伊拉克和相关国家的穆斯林逊尼派教徒和什叶派教徒之间，印度的印度教教徒和穆斯林教徒之间，前南斯拉夫的塞尔维亚人和克罗地亚人之间，塞浦路斯的希腊人和土耳其人之间）。在类似的这些冲突中，邻里之间，甚至有时在一个家庭的不同成员之间，各自都有不同立场——在这种情况下，冲突尤为有害，并会产生严重的精神伤害，有时甚至延续到几代人。

> **信息频道**
>
> 在很多人的观念中，认为开展政治斗争最有效的手段是使用暴力。不过有多个国家已经成功运用非暴力手段解决问题，正好反驳了这个根深蒂固的观念，比如——塞尔维亚（2000年），格鲁吉亚（2003年），乌克兰（2004—2005年）、黎巴嫩（2005年）和尼泊尔（2006年），最近一次是"阿拉伯之春"运动（2010年）。相比之下，成功达成目的的举措中，有53%是非暴力举措，只有26%是暴力抵抗。造成这一现象原因有二：一是非暴力运动的合理性吸引了更广泛社会阶层的参与；二是政府没有足够理由采取暴力措施去镇压非暴力运动。（资料来源：http://belfercenter.ksg.harvard.edu/files/IS3301_pp007-044_Stephan_Chenoweth.pdf）

传播学者本杰明·布鲁姆（Benjamin Broome）对这些类型的冲突做了多年研究，提出一种改善类似冲突的极为有效的方法——**促进群体间对话**（facilitated intergroup dialogue）。[40] 这里的"对话"（dialogue）有别于一般性的"谈话"（conversation），它注重言辞的力量（the power of speaking）以及彼此的理解；提倡倾听和诉说（listening and speaking），而不是说服（persuade），同时需要澄清（clarify）——甚至是澄清和真正理解相反的观点。

群体间对话，是和平建设策略的其中之一，**和平建设**指的是在社会中努力追求均衡和稳定，避免使新发生的事端升级为暴力和战争。提出"群体间对话"和"和平建设"的初衷在于，认为单靠政府领导人并不能解决这些类型的冲突和确保和平，并强调必须让大众和民间领袖也参与解决冲突。布鲁姆在美国和世界各地组织过大量的对话策略工作坊和相关项目，尤其是在塞浦路斯岛——塞浦路斯的土耳其人和希腊人之间的冲突（大多数是暴力冲突）已经持续多年。[41]

促进群体间对话的第一步，往往是召集冲突双方的成员——民众个人、社会活动家等一些有志于争取和平的人士；有时会让双方分别阐述他们对于所涉冲突的看法。接着进行包含三个阶段的系统对话——旨在交流各自的观点和认知——这个过程由中立的第三方专业人士来主持，比如本雅明·布鲁姆这样的传播学者。其中第一步是分析当前的情况和影响和平建设的因素；第二步是形成对未来的共同愿景；最后一步是提出实现和平协作的具体行动方案。每一个步骤的顺利实现，都需要以推动双方互相倾听并试图理解对方的观点为目标。不难想象，当双方都认为自己受到对方严重伤害和侵犯的情况下，要在双方之间达成某种愿景和提出获得一致认同的可行计划，是多么困难！

布鲁姆分析了第三方调停人在推动和平建设时所面临的一些困难。他强调中间人务必要尽力取得冲突双方各自的信任，这需要耗费大量的实时间精力。布鲁姆本人在塞浦路斯待了两年，先是深入了解问题的现状，然后尝试修复两个种族之间的关系。另外，调停人也需要保持中立。布鲁姆在工作中需要克服当事人对他的先入为主的认知——即因为他是美国人，他可能会偏向希腊人一方。另外，调停人也需要处理文化差异的问题，包括：（1）冲突双方之间的文化差异（塞浦路斯的希腊人比土耳其人更善于表达，因此在最初几个环节的对话中，希腊人占据了主导地位）；（2）调停人自己的文化取向与参与讨论人士的文化取向之间的差异。[42] 尽管困难重重，在布鲁姆和其他人的共同努力下,和平建设工作取得了成效,并在多个冲突情境中成功缓和了双方的冲突程度。[43]

宽恕

为了摆脱冲突的困扰,当今世界很多地方都提倡"宽恕"的做法。这种方式是指丢弃报复的念头(但不是遗忘)。这通常包括承认自己的确有被伤害和愤怒的感受,并承认有寻求治愈的需要。这种做法最根本的原则是,抛开报复的敌对念头,试着怜悯施害者并控制想要复仇的欲望。[44] 当然,要做到宽恕并非易事,我们来看一个发生在北爱尔兰的冲突:

33 年前,山姆·马尔科姆森(Sam Malcolmson)被一名爱尔兰共和军持枪歹徒击伤,如今他的伤口仍然开裂流脓,这令他不得不经常更换衣物;由于子弹碎片仍留在他的脊椎里,他每天要服四次吗啡来止痛……

"很多人告诉我,我应该忘了这件事并原谅那个人,然后往前看,"马尔科姆森说道。1972 年他被爱尔兰共和军歹徒击伤时正当 22 岁,是一名警官。他说:"这种要求简直太难做到了。"……

对于此事英国政府一直提倡宽恕的做法,认为这样能帮助确保在发生宗教暴力事件 30 多年后,北爱尔兰社会能维持和平稳定。[45]

显然,在上述例子中可以看出英国政府认为宽恕的做法是持续维护社会稳定的关键。经历冲突后,继续往前看并不容易做到,但这样做的确能帮助避免未来发生更多冲突,也能避免因放不下仇恨而带来更多痛苦。

小结

在本章中,我们分析了跨文化冲突的一些特征:模糊性、语言问题,以及不同的冲突类型。冲突的类型各有不同,分别涉及利益、价值观、目标,并受到不同认知方式和不同影响因素的影响。冲突的类型有几种,包括探讨式风格(即直接讨论冲突但压制情感)、投入式风格(即直接讨论冲突并使用对抗性语言)、随和式风格(即迂回地处理冲突并压制情感),以及动态风格(即迂回地处理冲突但有强烈的情感表达)。有些文化群体会通过中间人介入来解决冲突。

我们也概述了冲突的两种截然不同的文化属性:有建设性的冲

突和具破坏性的冲突。在美国文化中，绝大多数情况下人们认为冲突从根本上说具有积极意义，并给个人成长提供了机会。相反，在美国的许多亚洲族群文化和一些少数族群文化中，认为冲突从根本上说是具有破坏性的，并会伤害人际关系。一个人所属的性别和种族，也会影响处理冲突的偏好方式。比如说，在奉行个人主义的文化中人们倾向于使用探讨式，而在奉行集体主义的文化中人们倾向于使用随和式风格或动态风格。然而，冲突的类型和冲突当事人的相互关系，也会影响到处理方式的选择。

接着，我们重点讨论了有建设性的冲突和具破坏性的冲突，以及合作型解决策略和竞争型解决策略；同时指出在解读冲突和理解社会现象时要注重分析社会因素、经济因素、历史因素和政治因素。冲突的产生往往与引起社会运动的大背景有关——比如，抗议种族歧视、性别歧视和同性恋歧视。有些社会运动采用非暴力的方式来解决冲突；另一部分则采用暴力方式。

最后，我们阐述了对于冲突的社会回应，重点讨论了和平建设（如促进群体间对话，这一策略在塞浦路斯和其他一些地区有所运用）。本章的结尾，我们强调了宽恕的重要性——要做到宽恕并不容易，但宽恕可以避免冲突的恶性循环。

培养跨文化技能

1. 保持中立，避免两极分化。这是指抛开固有的刻板印象和"非黑即白"的思维方式。虽然很难做到，但我们要避免将他人的处境看得过于简单而认为自己的处境很艰难。要试着观察双方的处境，并试着从一个第三方的、中立的角度去看问题，这或许可以让你综合地看问题并得出新的结论。愤怒是难以避免的，愤怒也无妨，重要的是抛开愤怒——避免冲动行事。

2. 保持联系。这并不是要你一直停留在冲突情境中。有时我们需要离开冲突现场，冷静一下；但这并不意味着切断与对方的关系。尝试着进行对话，而不是自我孤立或跟你的冲突对象争执不下。"对话"的方式不同于一般性的谈话，而是一种缓和、谨慎、共情、有礼且专注的做法。尝试进行对话很重要，这可以让你更好地理解你遭遇的跨文化冲突经历。

3. 意识到冲突有不同类型。往往正是由于当事人无法意识到冲突有不同的类型和文化渊源，而导致原本的冲突继续恶化。如果意识不到双方之间的文化差异，就很容易对他人得出负面评价。

> **信息频道**
>
> 不少传播学者提出"积极倾听"的方法，此方法包含三个步骤，可以帮助缓和冲突。包括复述对方的观点、阐述自己对这些观点的理解，以及就此而提出问题。从跨文化的角度来说，这种方法有何帮助？

4. 找出你处理冲突的偏好方式。尽管我们在处理冲突时会根据具体情形的不同或冲突类型的不同来选择处理方式，但大部分情况下会倾向于采用某种偏好方式。同样重要的是，要了解哪种冲突类型对你来说是"一触即发"的（即一定会激怒你）。每个人对不同冲突类型的容忍度不同，因此，了解你自己对于不同冲突类型的容忍度很重要。

5. 运用创造力，丰富你的冲突处理技能。如果某一种处理冲突的方法不奏效，试着尝试其他办法。在绝大多数跨文化交往的情境中，适应能力和灵活性都是值得提倡的品质，并不仅适用于冲突情境。也就是说，处理冲突并没有什么所谓的"既定模式"。意识到这一点，或许能帮助我们更好地应对冲突。

6. 意识到背景因素的重要性。很重要的一点是从更广义的社会背景、政治背景和历史背景角度来看待冲突，这适用于解读大多数类型的冲突。冲突的起因多种多样，如果我们仅仅从人际互动的角度来理解所有的冲突，就会很容易造成误解。而当我们意识到发生冲突的背景因素——不管是文化因素、社会因素、历史因素或政治因素，我们更有可能提出解决冲突的更多有效的方法。

7. 试着宽恕。这是说要丢弃复仇的想法（但不是遗忘）。宽恕的做法在面对跨文化冲突时尤其有积极作用。

实践

不同文化群体的冲突：四人一队，选出目前正在起冲突或历史上有过冲突的两个国家，或两个文化群体。每队四人分为两组，两人一组，分别代表冲突中的双方。每个小组以自己所代表的文化群体的角度，研究相关冲突。可以利用图书馆资源或其他社区资源（包括采访相关文化群体的成员等），分析总结相关的冲突事件，并为自己所代表的一方提出争论理由。需要探讨的因素包括相关冲突所涉及的文化价值观、政治背景、历史背景等。要求准备一个口头或书面研究报告。

注释

1. High-pitched sound used to deter teenagers. (2008, February 14). *ABC News* (Australian Broadcasting Corporation). Retrieved September 7, 2012, from http://www.abc.net.au/news/stories/2008/02/14/2162976.htm.

2. Kramer, S. (2011, May 20). "Coming out": Gay teenagers, in their own words. *The New York Times online*. Retrieved September 7, 2012, from http://www.nytimes.com/2011/05/23/us/23out.html?_r=1.
3. America and Pakistan: Stuck with you. (2011, March 4). *The Economist, 398*(8723), 44–46.
4. Immigration in Italy: Southern misery (2010, January 16). *The Economist, 394*(8665), 50.
5. See Wilmot, W., & Hocking, J. (2010). *Interpersonal conflict* (8th ed.). New York: McGraw-Hill.
6. Lindsley, S. L., & Braithwaite, C. A. (1996). You should "wear a mask": Facework norms in cultural and intercultural conflict in *maquiladoras*. *International Journal of Intercultural Relations, 20*, 199–225.
7. Cole, M. (1996). *Interpersonal conflict communication in Japanese cultural contexts*. Unpublished dissertation, Arizona State University, Tempe.
8. Simons, M. (2005, December 29). Muslim women in Europe claim rights and keep faith. *New York Times*, p. A3.
9. Hammer, M. R. (2005). The Intercultural Conflict Style Inventory: A conceptual framework and measure of intercultural conflict approaches. *International Journal of Intercultural Relations 29*(6).
10. Filley, A. C. (1975). *Interpersonal conflict resolution*. Glenview, IL: Scott, Foresman.
11. Kraybill, D. (2001). *The riddle of Amish culture*. Baltimore: Johns Hopkins University Press.
12. Augsburger, D. (1992). *Conflict mediation across cultures*. Louisville, KY: Westminster/John Knox Press, p. 80.
13. Ting-Toomey, S., & Oetzel, J. G. (2002). Cross cultural face concerns and conflict styles: Current status and future directions. In W. B. Gudykunst & B. Mody, *Handbook of international and intercultural communication* (2nd ed., pp. 143–165). Thousand Oaks, CA: Sage. See also Ting-Toomey, S. (Ed.). (1994). *The challenge of facework: Cross cultural and interpersonal issues*. Albany: State University of New York Press.
14. Hammer, M. R. (2005). The Intercultural Conflict Style Inventory: A conceptual framework and measure of intercultural conflict approaches. *International Journal of Intercultural Relations, 29*, 675–695.
15. Ting-Toomey, S., Yee-Jung, K. K., Shapiro, R. B., Garcia, W., Wright, T. J., & Oetzel, J. G. (2000). Ethnic/cultural identity salience and conflict styles in four U.S. ethnic groups. *International Journal of Intercultural Relations, 24*, 47–81.
16. Hocker, J. L., & Wilmot, W. W. (1991). *Interpersonal conflict* (3rd ed.). Dubuque, IA: Brown.
17. Kim, M-S. (2002). *Non-Western perspectives on human communication*. Thousand Oaks, CA: Sage, p. 63.
18. Cole, M. (1996). *Interpersonal conflict communication in Japanese cultural contexts*. Unpublished dissertation, Arizona State University, Tempe.
19. Brewer, N., Mitchell, P., & Weber, N. (2002). Gender role, organizational status, and conflict management styles. *The International Journal of Conflict Management, 13*(1), 78–94; Davis, M., Capobianco, S., & Kraus, L. (2010). Gender differences in responding to conflict in the workplace: Evidence from a large sample of working adults. *Sex Roles, 63*(7/8), 500–514.
20. Ting-Toomey et al. (2000); Cai, D. A., & Fink, E. L. (2002). Conflict style differences between individualists and collectivists. *Communication Monographs, 69*, 67–87.
21. Turner, L. H., & Shuter, R. (2004). African American and European American women's visions of workplace conflict: A metaphorical analysis. *Howard Journal of Communications, 15*, 169–193.
22. Alvarez, L. (2006, April 17). Outrage at funeral protests pushes lawmakers to act. *New York Times*, p. A14.
23. Cohen, A. (2011). Supreme Court upholds Westboro Baptist Church's right to military funeral protests. *Politicsdaily.com*. Retrieved August 24, 2012, from http://www.politicsdaily.com/2011/03/02/supreme-court-rules-in-favor-of-churchs-anti-gay-protests-at-fu/. See also Norimine, H. (2012, July 27). Westboro Baptist Church protests at UW. *Seattlepi.com*. Retrieved August 24, 2012, from http://www.seattlepi.com/local/article/Westboro-Baptist-Church-protests-the-UW-3742074.php.
24. McKinley, J., & Johnson, K. (2008, November 14). Mormons tipped scale in ban on gay marriage. *New York Times*. Retrieved September 7, 2012, from http://www.nytimes.com/2008/11/15/us/politics/15marriage.html?pagewanted=all.
25. The other cheek. (2003, October 19). *The Salt Lake Tribune*, p. AA1.
26. Augsburger (1992), p. 47.
27. Deutsch, M. (1987). A theoretical perspective on conflict and conflict resolution. In D. Sandole & I. Sandole-Staroste (Eds.), *Conflict management and problem solving*. New York: New York University Press, p. 41.
28. Deutsch, M. (1973). *The resolution of conflict: Constructive and destructive processes*. New Haven, CT: Yale University Press.
29. Hocker & Wilmot (1991), p. 191.

30. Smith, T. (2005, November 8). French nationalism and the Paris riots. *SimplyPut.blogspot.com*. Retrieved September 7, 2012, from http://simply-put.blogspot.com/2005/11/french-nationalism-and-paris-riots.html.
31. www.ocuppywallst.org.
32. After the riots: The knees jerk. (2011, August 20). *The Economist, 400*(8747), 13–14.
33. Shifts in Asia fuel flare-ups over islands (2012, August 24). *Wall Street Journal*, p. A12.
34. Turkish leader hailed at home after Israel spat. (2009, January 30). *MSNBC*. Retrieved January 30, 2009 from: http://www.msnbc.msn.com/id/28934392/.
35. Iran lauds Erdogan's protest in Davos. (2009, February 1). *Tehran Times*. Retrieved January 31, 2009 from: http://www.tehrantimes.com/index_View.asp?code=188218.
36. Murder in Libya. (2012, September 15). *Economist.com*. Retrieved September 20, 2012, from http://www.economist.com/node/21562914. See also Spiegel, A. M. (2012, September 19). The real reason behind Anti-American protests. *The Huffington Post*. Retrieved September 20, 2012, from http://www.huffingtonpost.com/avi-spiegel/the-real-reason-behind-an_b_1891839.html.
37. Gordon, J. (2011, July 24). What happened to college protests? *Saturday Night Magazine*. Retrieved August 30, 2011, from http://www.snmag.com/MAGAZINE/Features/What-Happened-to-College-Protests.html.
38. King, M. L., Jr. (1984). Pilgrimage in nonviolence. In J. C. Albert & S. E. Albert (Eds.), *The sixties papers: Documents of a rebellious decade* (pp. 108–112). New York: Praeger. (Original work published in 1958.)
39. X, Malcolm. (1984). The ballot or the bullet. In J. C. Albert & S. E. Albert (Eds.), *The sixties papers: Documents of a rebellious decade* (pp. 126–132). New York: Praeger. (Original work published in 1965.)
40. Broome, B. J. (2004). Reaching across the dividing line: Building a collective vision for peace in Cyprus. *International Journal of Peace Research, 41*(2), 191–209.
41. Broome, B. J., & Jakobsson Hatay, A. (2006). Building peace in divided societies: The role of intergroup dialogue. In J. Oetzel and S. Ting-Toomey (Eds.), *Handbook of Conflict Communication* (pp. 627–662). Thousand Oaks, CA: Sage Publications.
42. Broome, B. J. (2003). Responding to the challenges of third-party facilitation: Reflections of a scholar-practitioner in the Cyprus conflict, *Journal of Intergroup Relations, 26*(4), 24–43; Broome, B. J., & Murry, J. S. (2002). Improving third-party decisions at choice points: A Cyprus case study. *Negotiation Journal, 18*(1), 75–98.
43. Broome & Jakobsson Hatay (2006).
44. Waldron, V. R., & Kelley, D. L. (2008). *Communicating forgiveness*. Thousand Oaks, CA: Sage.
45. Sullivan, K. (2005, December 7). In Northern Ireland, forgiveness is a bitter pill. *The Washington Post*, p. A19.

第九章 日常生活中的跨文化关系

章节概要

跨文化关系的益处
跨文化关系所面临的挑战
动机
沟通方式、价值观和认知的差异性
消极刻板印象
焦虑感
认同他人的文化身份
解释的需要
跨文化关系的基础
相似性和差异性
关系中的文化差异
跨越差异的关系
跨文化关系中的沟通问题
跨文化恋情
跨文化婚姻
网上关系
社会与跨文化关系
小结
培养跨文化技能
实践

注释

学习目标

读完本章节后应能够：
1. 认识和描述跨文化关系的意义和挑战。
2. 理解跨文化关系中异同点的作用。
3. 识别关系交流中文化的差异。
4. 识别和描述跨文化友情、跨文化情侣关系以及同性恋情所面临的问题。
5. 阐述网络传播如何增进或阻碍跨文化关系的发展。
6. 理解社会对跨文化关系的影响。

关键词

互补、妥协式风格、共识式风格、接触说、友谊、同性恋情、跨文化恋情、跨文化关系、亲密、删除式风格、身体吸引、情侣关系、相似性原则、顺从式风格

我的朋友伊桑最近刚从底特律搬到费城。作为一位新来的居民，他决定通过网络来建立关系，甚至希望借此来寻找自己的终身伴侣。他说：

作为犹太人，我想通过加入 Jdate 来结识犹太女性，因为我在费城认识的人也不多。一位朋友就推荐了 Jdate，当然也有其他的在线网站可以认识到犹太女性。自从成为 Jdate 会员后，我认识了很多女性，但是其中的大多数人都不是犹太人。她们似乎都认为犹太男人都很富有，这种观点确确实实存在着，虽然事实并非如此。我原本没打算认识这么多非犹太女性，但是约会对象不仅包括犹太人，还包括非犹太女性。目前为止，我还没有找到适合自己的，而且现在也不确定那个她是否一定是犹太人。

网络工具能够让你结识到生活中可能没法结识到的人。伊桑现在比较容易接受非犹太女性，尽管目前还没找到适合结婚的伴侣。

想一下你的朋友、同学或者同事，他们可能在年龄、体能、种族、阶级或性取向上会与你不同，你是怎样了解他们的呢？或许你在网上能够发展一段关系，那么你的跨文化关系与同一文化内的关系是否有不同呢？跨文化关系是如何形成的？网络上发展的跨文化关系

与线下关系的发展方式是否也不一样？像学校、教堂及犹太会堂等本地机构持支持还是劝阻的态度？你有什么方法或策略能够在学校、公司或娱乐场合建立更理想的跨文化关系呢？

在本章，我们将探索跨文化关系带来的益处与挑战。我们之后会讨论不同的跨文化关系，包括友谊与爱情关系。我们还将检验社会在跨文化关系中扮演的角色。最后，我们会谈谈建立牢固的跨文化关系与联盟的策略。

跨文化关系的益处

大多数人同时拥有各种**跨文化关系**，跨越年龄、体能、性别、种族、阶级、宗教和国籍等的隔阂。以玛丽亚为例，她是一个学生，在一个旅游景区做兼职服务生。她的同事们来自于各个种族，有拉丁美洲人、白种人和非裔美国人。客户也是来自全球各地——欧洲、亚洲、南美洲，他们都是来景点打高尔夫放松一下身心的。她有一个朋友叫琳达，年龄比较大，且患有严重的肺气肿。玛丽亚和琳达经常一起看电视、吃饭。玛丽亚的黑人朋友肖娜与来自于德国的留学生朱尔根在约会。他们三个人都喜欢直排滑轮和徒步。玛丽亚来自于一个信奉天主教的家庭，但是她的妹妹嫁给了犹太人杰伊。玛丽亚的父母刚开始时不愿意接受杰伊，但是最终他们越来越能够接受他了，尤其是当外孙出生之后。

从上面的例子可以看出，跨文化关系可能会遇到许多不同的文化差异，并且可以带来许多回报和机遇，而维护这些关系的关键则是保持好异同点的平衡。虽然玛丽亚的朋友各种各样，但她与每个人都有许多相似的地方——与肖娜和朱尔根都喜欢直排滑轮，与琳达一起看电视、享用佳肴，与她妹妹的家庭建立亲戚关系。通过这些关系，玛丽亚和她的朋友及其亲戚都了解了相互不同的文化世界。

这种关系的意义在于：（1）了解世界；（2）摒弃成见；（3）获取新技能。在跨文化关系中，我们往往能够学习到以往不为熟知的模式和语言。以安纳利斯为例，她是一个住在危地马拉的毕业生。她认为自己对看时间的方式都变了。她说，"9点见面"往往是指9:30或10:00，不是因为一方忘记了或者"不准时"，而是因为在这个地方对于"9:00"的概念完全不同。除了在大学时学了西班牙语之外，她还学习到了另一种不同的语言。

我们可能也会更多地了解在另一种不同的文化归属下意味着什么。例如，回想一下看，苏茜是如何通过与男朋友的关系了解到在

> **信息频道**
>
> 你知道吗？1966年，NBC电视台播放《星际迷航》（*Star Trek*）第67集"柏拉图的继子"时引起观众一片哗然。其中，一位白人——寇克船长和一名黑人女子乌瑚拉上尉接吻的片段被认为是电视史上第一次跨种族亲吻画面。

> **信息频道**
>
> 有的杂志致力于探讨跨文化和跨种族的关系问题，如《新人类》（*New People*）、《跨种族分类》（*Interracial Classified*）、《小世界》（*Small World*）以及《跨种族杂志》（*Interrace Magazine*）。基于你对跨文化传播的学习，你认为这些杂志应该探讨什么样的问题？

不同的阶层和种族环境中成长意味着什么。一段恋情或亲密的跨国文化友情可能会让生活中多了一些诸如"文化"或种族之类的抽象概念。[1] 你还可能发现，正如某研究结果得出的，多样性对于不同的种族群体具有不同的意义。在某个种族群体中过着一种跨国文化的生活可能在另一个种族群体中的意义是不一样的。

我们可能会了解一些历史。我们的另一个学生珍妮弗告诉我们她是如何从犹太朋友和非裔美国朋友那里分别更多地了解了有关犹太人大屠杀事件以及"大西洋中央航线"等史实的。这是一种"关系学习"——从特定的关系中学习普遍适用的知识。珍妮弗在学习了犹太和非裔美国历史的同时，还意识到了不同种族历史的重要意义，并且如今对于学习其他种族群体的历史更加好奇。"关系学习"往往比从书本上学到的知识更加具有征服力。

跨文化关系还有助于打破常规或成见。另一位学生安迪告诉我们，他以前一直认为墨西哥人很懒，这种观点来自于媒体画面、朋友交谈以及有关于西南部移民的政治演讲。然而，当他认识并结交了来自于墨西哥乡村地带的移民朋友之后，这种观点被彻底颠覆了。他看到了这些朋友每天的生活绝非易事。他们也有家庭责任感，有时甚至打两份工以确保收支相抵。

关系的形成通常得益于近距离的效果，也就是说，我们会被那些住得离我们近的人以及与我们一起工作、学习或做礼拜的人所吸引。那么你有多少来自于不同文化环境的朋友呢？

我们还通常会在跨文化关系中学习到新鲜的事物。例如，朱迪思通过其与美国以及海外的学生之间的友谊学会了如何做海鲜饭（一种西班牙食物）和猪肉炖仙人掌、玩桥牌以及高山滑雪。通过跨文化关系，新来者能够获取重要的技能。安迪的移民朋友们经常向他寻求帮助，如购买车保险或超市购物。当汤姆第一次搬到法国时，他新结交的法国朋友还带他去熟悉大学餐厅。

总之，跨文化交流能够与他人形成一种联系，并且逐渐形成一种能够弥合差异且受益终生的沟通模式。以另一位学生杰西卡为例，她给我们叙述了与一位国际交流生的相遇如何引起她对跨文化关系的持久兴趣。这一切都得从她的高中一年级时说起。

我最好朋友的姐姐刚从德国回来，并且带回来一名交换生。我记得与那位交换生伊迪思第一次见面时是在一个通宵派对后的早餐餐桌上。我们当时打算做鸡蛋饼，而伊迪思不了解鸡蛋饼是什么。我很乐意解释给她听并且向她介绍不同的酱汁，同时也从她那儿了解了她在德国吃的各种食物。跟她讲话真的乐此不疲。

三年后，杰西卡继续同一个交换生项目，这次的目的地是新西兰：

那体验真的奇妙无比！我不仅有幸与一个有三个女儿（其中一个与我同龄）的家庭相处，并且我还了解了毛利族（新西兰第一批定居者）的生活习惯。我与这个寄宿家庭建立了终身友谊关系，并且成功地了解到了我们之间的文化异同点。我至今还沉浸在与新西兰那位妈妈一起坐到深夜喝茶的情形中，我们一谈就是几小时，那真的是一段令人终生难忘的学习经历。

不仅如此，这次交换生项目还带来了其他的跨文化体验和关系：

与我交换的姐姐随我一起回家，还包括来自世界各地的另外17名交换生。这可谓是各种文化大交汇。我们到处游玩，时间共6周，太刺激了。

尽管我的大部分经历是在国外，但是我还是感觉我的视野被大大地敞开。我的世界观获得了从自我到全局的发展。我开始站在他人的立场上看问题；我甚至开始学着换个角度看世界。对于这段跨国文化体验我的内心深存感激。

跨文化关系所面临的挑战

虽然跨文化关系能够丰富我们的生活，带来各种潜在的优势和意义，但同时也存在着若干挑战，包括动机、沟通方式/价值观/认知的差异、消极成见、焦虑、认可他人文化身份以及解释的必要性。对这些我们来一一说明。

动机

跨文化关系最根本的挑战可能就是动机了。为了建立跨文化关

你怎么看？

"国际友谊团"网站（www.friendshipforce.org/）上说："国际友谊团是一家非营利机构，坚信每一个人都能为全球友好做出贡献。家庭接待——友谊团交换项目的核心——为来自不同国家与文化的人们提供联结私人关系的机会。"在当下世界，跨文化的友谊究竟有多重要？你认为跨文化的友谊是全球友好及世界和平的关键吗？

系，首先必须有那种欲望。在网络世界，结识到来自其他文化的人们的机会越来越多，学校或工作场所文化的差异性也日益明显，而最近的一项调研表明，如今的大一新生对于结交生人的兴趣很薄弱。[2] 在调查中，年轻人口口声声地说不排斥跨文化恋情，而对于一些群体来说，跨文化恋爱的概率与20年前几乎无异。[3] 你觉得什么原因可以激励人们去追求（或不追求）跨文化关系呢？

沟通方式、价值观和认知的差异性

跨文化关系的第二大挑战毫无疑问是沟通方式、价值观和认知的文化差异。这些不同点很可能在建立关系之初人们相互间还没有私交之前最为明显。例如，一对美国夫妇可能会因为一些刚认识的中国朋友问他们的车或房子多少钱而觉得被冒犯。他们并没有意识到这些是在中国很普遍被问到的问题，而如果实在不想回答这些问题，也是可以转移话题的。我们的一位中国学生很早就意识到了这种在交流"规矩"上的文化差异。

我最近买了一部车，当我的中国朋友知道之后，都会问到我花了多少钱买的，并且告诉我是否物有所值。但是，当我告诉美国朋友新买了一辆车时，他们问及的问题通常是型号、材质、年限，但绝不会问到价格。

但是，一旦达成共识，这些文化差异可能就不会有那么大的影响了，因为这些关系逐渐就发展成私交关系了。例如，当阿古西亚第一次在班级项目活动上遇见安杰利娜时，她们相互间只是知道安杰利娜是拉丁裔，而阿古西亚在波兰长大。但是随着两人相互间的了解越来越多时，才知道两个人都有一个小女儿，都活跃于天主教堂，并且都是社会工作专业学生。

安杰利娜和阿古西亚发现，跨文化关系的差异性与相似性是相互影响的。差异是不可避免的，而挑战往往是发现和建立在相似点之上。这些相似点包括共同的兴趣、一起参与的活动、共同的信仰或目标。

消极刻板印象

跨文化关系的第三个挑战是消极刻板印象。在第二章讲到过，刻板印象是一种信息分类和处理方式，但若是消极苛刻的，则具有相当的危害性。这些主流思想和既有的观点往往是根深蒂固的。有时，它需要我们有意识地去自觉发现我们日常生活中所持的偏见，并寻找其突破点。

一个比较好的建议是，当思考受到偏见或刻板印象的左右时积极地去发现和体会。当为某人的"不同"感到诧异时，尤其需要注意，因为这往往标示着消极刻板印象的存在。布伦达·艾伦（Brenda Allen）列举了两个"偏见性思考"的场景。

我曾经参与过一个项目，其中一个成员不仅坐着轮椅，还有听力障碍。当她说了几番机智的话之后，我被她的幽默感所折服。我突然意识到，原以为她会因为自己残疾不全的身体而过着糟糕的生活。哈！原来我也受到偏见的影响，即残疾人注定是倒霉的……

最近，有一次一位老人缓缓走上我正在乘坐的公交车。他坐下后，开始与另一位老人交谈。我偷听了他们的谈话，惊讶于他们如此口齿清晰，尤其是听到其中一位说他已经九十高龄了。我之前以为他们的沟通能力都会很有限。哈！我受到"年老即衰退"这一刻板印象的影响了。

艾伦进一步思考，想着其他人是否也同样认为这些人无法跨越生活的不幸，而又有多少人因为偏见性思考而错失了与"不同"的人相互交流的机会。[4]

焦虑感

跨文化关系的第四大挑战是克服关系建立初期所出现的焦虑感（某些焦虑感普遍存在于任何关系建立的初期）。这种焦虑来源于害怕行为可能导致消极后果。我们可能会害怕自己看起来很傻或者会冒犯到他人，因为我们对这个人的语言或文化不熟悉。例如，我们的学生萨姆有许多母语是西班牙语的朋友，而他在高中和大学也学习了5年的西班牙语。但是，当他去拜访朋友家时，说西班牙语总会感到紧张，因为他害怕自己会说些听起来很傻的话或无意中暴露出自己的无知。

年龄的差距不是一定会导致不适感，但关系往往需要跨越体能、阶层或种族的不同，这就会导致更多的焦虑。卡特里娜给我们叙说了一次跨种族讨论小组会议。

我们在一起时真的相处得非常好，相互尊重，并且为相互间的智慧所钦佩。看到一些原来很不自在的女孩能够大胆地说话并且告诉我们她们不再害怕了，这种感觉非常好。她们克服了恐惧感，取得了很大的进步，我也希望她们以后能够永远克服这种障碍。

以上所述表明，人们在发展跨文化关系时会面临一种"障碍"，

信息频道

菅野靖子（Yasuko Kanno）在《双语与双重文化身份认同：两个世界之间的日本海归（Negotiating Bilingual and Bicultural Identities: Japanese Returnees Betwixt Two Worlds, Erlbaum, 2003）一书中描述了双语使用者和他们的双重身份认同："说双语的人会把他们自己置于两种语言和两种（或更多种）文化之间，同时会把这些语言和文化整合进自我身份定位中。"在美国，持有双重文化认同或讲双语的人的数量正在急剧上升。专家们认为，这些人能够在多种环境中就有效促进文化间的交流起到至关重要的作用。

而一旦跨越了这种障碍之后，发展其他的跨文化关系就变得更简单了。[5]

如果人们基于以往消极的互动经验或根据刻板印象，这种焦虑感可能会更强烈。[6]例如，一些白人与非裔美国学生在探讨跨文化问题时相对于与国际留学生探讨时更困难，这可能是因为两个群体互相都持有消极成见。相对而言，在没有消极观点或没有不良接触经历时，跨文化交流过程中的焦虑感会轻一些。例如，一个学生谈到了18岁时随着运动团队去新西兰旅游的经历。他对新西兰人没有负面的认知观点，在语言上也没有实质性的障碍。开始时，他会有点小焦虑，但他迅速找到了和这些人的共同点，"这种体验真的令人难忘"。

认同他人的文化身份

跨文化关系的第五大挑战是认同他人的文化身份。这意味着，我们不仅需要认可他人不同的信仰、感知、态度，甚至还需要接受这些特点是他们身份的重要部分。[7]

然而，这往往是非常困难的，尤其是对于主流群体而言。事实上，主流群体成员往往倾向于以自身所持有的态度、信仰和行为方式为标准，认为少数群体成员应入乡随俗，去适应环境。[8]例如，大学生安德烈亚有一个叫谢里的菲律宾朋友对于友情持集体主义价值观。当他们两个一起去欧洲时，谢里由于急需钱，需要向安德烈亚借600美元。对于谢里而言，向朋友借钱是一件无可厚非的事情，但安德烈亚却很难想象谢里居然把这事看得那么理所当然，并且还没有及时还回。谢里的这一方面对于安德烈亚来说很难接受，并且这点至今仍然成为他们之间友谊关系的隔阂。

解释的需要

最后，跨文化关系还存在着不得不解释的挑战性。跨文化关系比同群体间关系要求更多，需要更多的"关心和给予"。并且需要大量的解释——对自己解释，相互解释，给相关联的圈子解释。[9]

首先，从某种程度上来说，我们会有意或无意地问自己与和我们不同的人交朋友代表着什么。我们是出于必要、因为工作，还是因为我们周围的人在某些方面人总有不同呢？我们是因为出于个人利益加入某个团体，还是因为我们感到内疚才成为朋友的呢？

> **信息频道**
>
> 虽然美国的离婚率尚有争议，但许多人都估算大约是50%。日本的离婚率大概是27%，而印度大约是1%，澳大利亚约40%。在你看来，文化是如何影响离婚行为的？（资料来源：http://www.divorcerate.org/）

跨文化关系既存在着机遇，也带来了沟通交流的挑战性，甚至还反映了相似性和差异性的一个有趣的平衡点。这些年轻女性具有哪些相同点、哪些不同点呢？

其次，我们相互之间需要解释。这种相互澄清的过程是跨文化关系健康维系的特点之一。朱迪思记得她的阿尔及利亚朋友们说过，他们的母亲和姐妹们的待遇比美国女性更好。例如，他们解释道，在阿尔及利亚，没有女人会自己养大小孩，而在美国这种现象普遍存在着。他们为美国那些独自奋斗养大孩子的母亲感到难过，朱迪思逐渐意识到，一些情境可能有截然不同的视角，他人对事物的解释也可能大不相同。

跨越了文化障碍、与那些比如说年龄差异较大或者来自于不同种族的人形成亲近关系时，还需要向相关的圈子解释。例如，在电影《自然原生态》（*Natually Native*）中，三个美国原住民姐妹对于作为印第安人的观点截然不同。大姐卡伦不明白为什么小妹不能更本分一些，为什么一定要找群体之外的朋友，为什么作为印第安人对于她来说就一点都不重要。

注意，跨界关系的最大障碍并非来自于少数群体，而是来自于多数群体。这是因为多数群体（如白人群体）在维持社会不平等时能够获取最大的利益，从而不太愿意发展跨界友谊关系。相比较而言，少数群体则能够从跨界关系中获得更多，发展跨文化关系可能有助于其生存并且获得成功，尤其是在经济和事业上。

在跨文化关系中，人们认同并尊重差异性。在这种关系中，我们通常会提醒自己我们永远不能亲身体会到他人的感受。此外，多数群体往往对于少数群体的了解程度相对而言较低。一个白人学生告诉我们，得益于和其他同学建立的跨文化关系，她"能够听到一些有关西班牙裔所面对的歧视之类的故事，而在此之前我从未听说过。我不知道为什么，但是他们的故事确实影响到我，让我更清晰地认识到少数群体面临的困难。这是一次难得的学习和了解机会"。总的来说，跨文化友谊虽然具有挑战性，但确实给我们的生活带来了一种特殊的新鲜感和色彩。要想成功地维持这种关系，"需要相互尊重、接受和包容，以及偶尔的不愉快、敞开心扉地探讨和耐心地相互教育；这些都为跨文化友谊关系带来一种特别的深度"[10]。

跨文化关系的基础

我们如何去了解与我们不同的人呢？有些关系仅仅是因为环境所致——例如，当学生们在课堂项目一起学习时。有些关系的形成是因为人们频繁地相互接触：例如，同住一个宿舍或公寓的邻居。其他跨文化关系的发展则可能是由于强烈的**身体吸引**或因为相似的兴趣、态度或个性特征。而有些时候不同类人群之间关系的形成则仅仅因为相互之间的不同。看似自相矛盾的是，"物以类聚"或"异性相吸"都是有一定道理的。

相似性和差异性

了解相似性和差异性的重要性是理解跨文化关系的关键所在。根据**相似性原则**，我们往往会被那些与我们持有相似的政治、宗教、个性态度的人群所吸引。[11] 有证据表明，这个原理对于许多文化群体都适用。[12] 结识那些认同我们的信仰的人本身也是对这些信仰的确认。毕竟，如果我们喜欢自己，我们也会喜欢那些与我们持有相同观念的人。因此，有些人可能会明确寻找那些与自己持有共同信仰和价值观的人作为结交的对象，因为这样才可能在精神、道德或宗教信仰上有深入的共鸣。例如，我们的学生克里斯蒂娜——希腊东正教徒，她决定寻找一个与她有共同宗教信仰和价值理念的人作为结婚对象。此外，如果我们与和自己相似的人做朋友，相对于那些相异的人，可以更好地预测他们的行为。

此外，相似性原则似乎不言而喻。我们不仅喜欢那些与自己性情等各方面相近的人，我们还可能会夸大这种相似性。相似性不是基于人们到底是否相似，而是基于对于某种相似特质的认知性的（不一定真实的）认可或发现。这种发现的过程在发展跨界关系的过程中至为关键。事实上，当人们认为相互之间性情相近时，他们对于未来的互动交往会抱有更高的期待。[13]

但是我们也有可能寻找那些具有不同性格特质的人，从而获取一种关系的平衡点或达到**互补**。例如，一个内向的人可能会寻找一个比较外向的伴侣，或一个出手阔绰的人可能会被一个花钱小心翼翼的人所吸引。

有些人被他人吸引仅仅是因为他们有不同的文化背景。跨文化关系可以带来新的体验或学习看待世界的全新方式等令人向往的机遇。而我们是否会喜欢那些与我们自身相似或相异的人，部分原因是我们自身的经历。例如，朱迪思在大学时喜欢结交国际留学生，因为她会

流行文化聚焦

好莱坞有可能改变态度，更乐于展示跨文化或跨种族关系吗？《急诊室的故事》（ER）、《实习医生格蕾》（Grey's Anatomy）、《愚人善事》（My Name is Earl）、《迷失》（Lost）以及《威尔和格蕾丝》（Will & Grace）中都有极具特色的跨种族情侣。电影《全民情敌》（Hitch）的主演威尔·史密斯（非裔美国人）和伊娃·门德兹（拉丁裔）就在电影里扮演了一对跨种族情侣。（资料来源：http://racerelations.about.com/od/raceinthemovies/a/ictvscreen.htm）

被他们的背景和经历所吸引。在成长过程中，朱迪思很少有机会与那些和自己不同的人在一起。汤姆在大学时则喜欢与其他亚裔美国人在一起，因为在此之前他也很少有机会与亚裔美国人一起玩。

美国人似乎更愿意接受具有互补性的关系。例如，相对于跨越阶层界限，他们更愿意与国际留学生交往。因此，跨文化关系的形成基础不仅包括相似性，还包括差异性。尽管我们可能最初是被差异性所吸引，但如果要让这种关系进一步发展、成熟并且长期相互愉悦，则必须有一些共性或相似性的支撑。[14]

关系中的文化差异

友谊 友谊——具有不同特定文化背景的个人之间的非情侣关系——是如何形成的呢？朋友具有怎样的特点？在不同的文化背景下，这些概念有着怎样的不同？对于一些人来说，朋友是能够偶尔看见或交谈，或者一起吃饭、看电影、兴趣相投或面临共同问题的人。这种一般的友谊可能会因为一方搬走而不复存在。而有些人则把友谊看得更重要。对于这些人而言，友谊需要一段时间来培养和发展，包括许多的责任（比如借钱或帮忙），并且一生不变。表9.1列出了人们对于关系的期待值的差异。

> **你怎么看？**
> 你的家人（可能会）对你的跨文化恋情有何反应？如果你本人就是跨文化恋情的结晶，你认为这会使你的家人对此接受度更高还是更低？

巴西：受邀到巴西家庭是非常荣幸的。客人往往会待上几个小时，而不只是顺路进行简短的拜访。
中国：顾全面子是极其重要的。中国人总是会避免尴尬的场合，保留他人的面子，同时维护自尊。
法国：法国人在迎接人们时会显得很正式。一些诸如女士等表示尊重的称呼经常会被用到。如果他们认识那个人，可能会做出亲吻脸颊的传统举动。
西班牙：西班牙人通常会出于礼貌邀请客人到家做客，而客人刚开始会推让，直到主人坚持，才会接受邀请。
德国：德国人往往也比较正式。除非相交很深，否则不会轻易直呼其名。
埃及：经常会用医生或教授等称呼。
肯尼亚：肯尼亚人往往是在用餐结束后而非用餐前进行社交活动。
希腊：一定要避免过分夸奖其房子里面的任何东西，因为主人会觉得必须把这东西送给你才行。

表 9.1 关系中一些有趣的文化变量

资料来源：www.cengage.com/permissions，经许可转载。

朋友这个词对于不同的文化群体具有不同的意义。例如，在美国，朋友这个词适用于许多不同的关系。相对而言，在印度以及其他许多国家，朋友的定义则更为狭隘。希亚姆是一位来自印度的学生，他描述了在美国和在印度友谊的不同点。

美国人善于结交朋友，他们不会一直在一群朋友周围……在印

第九章 日常生活中的跨文化关系

度，亲近的朋友大多数时间都会在一起，日复一日，长期如此。我的印象是，美国人可能不会这样，他们会尝试着结识不同的人。[15]

世界上大多数人认为的普通朋友就是美国人所谓的"挚友"。一个德国学生说，在德国人们基本上很难称另一个人是自己的朋友，即使他或她认识那个人已经一年有余。只有当她或他有一种"特别的情感关系"，才可能会视那个人为朋友。[16] 对于大多数美国人来说，这种特殊的情感关系会留给一个亲近的朋友。

欧洲人往往会为美国人的开放和不拘礼节以及他们交朋友的速度而吃惊。相对而言，欧洲人不会那么轻而易举地邀请人来家里做客，并且，不一定会将朋友介绍给其他朋友。而在美国，一个朋友的朋友基本上也就是你自己的朋友。欧洲人将朋友的专属性看得比较重要。[17]

重要的是，美国往往给人以直接、霸道的印象。他们的奔放以及迅速透露自己相关的信息有时会让他们的欧洲熟人感到尴尬。一个到访美国的波兰人说道：

> 我发现，我能够从刚认识的人们身上了解到他们私生活的许多亲密细节。我有时觉得有点尴尬，但他们自己却不会。他们很迅速地成为我的朋友，也同样快速地告诉我他们的困难。在美国，当人们初次见面时就能很快地成为朋友。[18]

美国人的奔放和热情甚至可能反而会让欧洲人更保守和冷漠。美国人最好与欧洲的熟人接触更多时间之后再表现出奔放和**亲密**的一面，而且他们不应该随意将欧洲人的保守态度视为一种缺乏热情的表现。

人们有时会对这种奔放和不拘小节持消极态度。例如，在美国的国际留学生往往会认为美国的学生看似很肤浅。因为他们喜欢与陌生人交流互动，并且会分享一些比较肤浅的信息——如谈一些派对的事情。当一些国际留学生遇到这种情况时，会误以为他们已经成为了"亲密的"朋友，但是结果却发现美国的学生认为他们只是认识而已。一个来自新加坡的学生是这样描述与美国学生的关系的：

> 我前几个月才意识到人们既热情又冷漠。例如，当我在校园散步遇到有人向我打招呼时，我却发现当我回应时他们已经走得很远了。而当真正有互动时，例如在班上，我似乎感觉人们其实非常肤浅也很假。但是，他们会传出许多信息，会谈论私人关系等，这个真的会让我感觉不自在。我过去常常认为，这种自我揭露会让你与他人有一种特别的关系，但这并不是说昨天才与你分享她的私人关系的人今天就不认识你了。我现在已经不会因为这种事情而生气或

你怎么看？

政论撰稿人凯利·戈夫（Keli Goff）在《根源》（The Root）中提出疑问，一个人以往的社会关系以及政治立场，哪一个才是影响他当选后政策制定的更重要因素。她指出，斯特罗姆·瑟蒙德（Strom Thurmond）是一名信奉种族隔离的政客，他曾在经济上支持过他黑白混血的女儿。电视主持人卢·多布斯（Lou Dobbs）的反移民政策广为人知，而他娶了一位墨西哥裔的美国女人。据报道，共和党副总统候选人保罗·瑞安（Paul Ryan）也曾在大学时期有一名非裔的女朋友。戈夫（Goff）是对的吗？一个人的跨种族或跨文化关系是否能告诉我们这个人究竟会制定什么样的政策？这些关系会影响一个人的世界观吗？（资料来源：http://www.theroot.com/blogs/paul-ryan/does-paul-ryans-black-girlfriend-matter）

感到不爽了。

相对于欧洲人，美国人的奔放和不拘小节可能与其不同的历史和地理特点相关。早期的美国人不得不主动结识他们不认识的人，无论他们愿不愿意；当人们搬到一个新地方时，他们没办法保持冷漠。对于欧洲人而言，由于他们的人口更密集，并且历史上屡次发生与邻国的战争，他们一定程度上的小心翼翼和正式的态度似乎也是可以理解的。[19]

日本和美国学生对待友谊的态度也存在着相似性和差异性。[20] 总的来说，两个国家的年轻人似乎都会被同类人群所吸引，而且他们会用同样的词语来形容朋友的特点：可信、尊重、理解和忠诚。但是这些特点在他们心中的轻重顺序不同。对于日本学生来说，团结、信任和热情是最重要的；而对于美国学生而言，理解、尊重和真诚则是最重要的。这些偏向性可能反映了不同的文化价值观：日本人比较看重关系的和谐性和集体感；而美国人则更强调诚实和个体主义。对于许多美国人来说，关系是建立在诚实的基础上，即使事实有时是伤人的。总的来说，日本的大学生似乎比美国的学生更少向朋友进行自我揭露。[21]

西班牙裔、亚裔、非裔美国人以及英美学生对于亲密好友的两个重要特点持有相同的观点，即信任和认可。但是，拉美裔美国人、亚裔美国人和非裔美国学生都认为平均需要一年的时间才能发展一段亲密的朋友关系，而英美学生则认为几个月即可，而且各个群体对于友谊看重的方面也有所不同。例如，拉美裔美国人强调的是关系中的支持度；亚裔美国人看重的是体谅以及观点的积极交换；非裔美国人强调的是尊重和认可；而英美学生则强调的是对个体需求的认可。[22]

情侣关系 在不同的文化中，对于**情侣关系**的认知也存在相似点和不同点。一般来说，大多数文化都强调一定的开放、参与度、默契度和关系评估的重要性。然而，也有一些差异性。总的来说，美国学生强调的是身体吸引力、热情、爱和独立的重要性，反映的是一种更为个人主义的倾向。因此，只有不过分地干扰一个人的自由，归属感才会显得重要。真诚坦率并保持一定的自我是维持一段健康亲密关系的有效策略。

但是许多其他的文化群体则强调的是家庭成员对可能成为伴侣的人的认可度，他们认为这与浪漫或热烈的爱情同样重要，反映了一种更为集体主义的倾向。[23] 例如，我们的学生马克是这样描述他第一次去见其未婚妻埃莉亚希腊裔美国籍父母的经历的：

流行文化聚焦

你曾经看过电影或是电视剧《单身公寓》（*The Odd Couple*）吗？洁癖费利克斯和邋遢鬼奥斯卡之间的友谊跟一段跨文化之间的友谊有哪些地方是相似的？

流行文化聚焦

在电影《布朗克斯的故事》（*A Bronx Tale*）里，一个意大利裔的美国男孩和一个非裔美国女孩坠入爱河。虽然他们的街区一直存在暴力冲突，但这对年轻爱侣依旧在一起。但随着男孩与当地黑帮的联系愈加紧密，了解了个中内幕和人心的叵测之后，他选择从这段关系中退出。你的跨文化的关系如何影响着你与自身文化的联系？

正是这次不可避免的"见父母"的经历让这段关系面临了最大的考验。在家里,他们说希腊语,只吃希腊食物,去希腊东正教堂,并且生活在一种传统、保守的规则下。在这次见面的过程中,让我感觉困难的文化差异是无法正确理解他们所传达的信息。我可以很礼貌地去倾听,恭恭敬敬地予以回答,但是我无法理解他们的故事,以及这些故事和我有什么关联。我意识到他们是想试探一下我的价值观和人品。他们会问及我对待其女儿的心意,我的人生目标,以及我的家庭背景。我感觉到这些问题的答案一定有"正确"和"错误"之分,而由于不知道其文化背景,我感觉越来越紧张。

马克继续说道,他仍然在学习他们的文化和价值观:"确定关系后这几年以来,我不断按照我的岳父岳母的文化、问题和故事来发展自己的价值观、伦理观和方法论。"

美国人强调的是关系中的个体自治,这可能也会存在各种问题。尝试平衡两种"独立"个体的需求并不是一件简单的事情,极端的个人主义会让对方觉得牺牲了自我,或给予比收获要多,这就会导致最根本的冲突,因为双方会尝试牺牲个人的自由来迎合婚姻的责任。事实上,一项研究表明,带有强烈自我主义的人在一段恋爱关系中可能收获的爱情、体谅度、信任度和生理吸引力更少。这些问题在更具集体主义的社会团体中存在的概率更低一些。²⁴

跨文化关系能够为不同的生活和思考方式提供一个了解的窗口。它们也可能会让你与他人建立关系,并且有助于建立一种跨越各种差异性的沟通模式。

同性恋情 相对于同志关系或同性恋情,我们了解得更多的是异性之间的友谊和恋情关系。但是我们也确实知道同性恋在每个社会团体、每个时代都存在。在美国分类可能更加细化("异性恋""双性恋""同性恋"等)。跨文化与历史研究表明存在着各种亲密的人类关系。例如,尽管在古希腊出现了同性之间的性关系,但并没有证据表明他们被系统地区分化开来或被统一归类。再例如,莫哈维印第安人认为同性恋个体是独一无二的,是"两个精神个体"。在童年晚期会举行一个特别的仪式,表明其向第三性别角色的转换。然后这个孩子就会被认为是一个双精神个体,通常会获得支持他的父母的认可。这种对同性恋的认可是长期的神秘仪式文化历史下的产物。²⁵

在许多文化中,人们的某些举动在当代美国会被认为是同性恋,但在这些文化中却并非如此。他们可能认为自己是"直的"或偶尔会遇到同性恋的"人类"。他们可能只是不愿意自己被特定地归类为同性恋。

同志关系既可能发生在文化内也可能跨越文化范围。尽管同性恋和异性恋关系有诸多的相似点,但至少在以下四个方面会有所不同:他们对于亲密关系、性关系的角色、冲突管理策略以及亲密友谊的重要性的观点不同。首先,美国男同性恋倾向于从同性朋友那寻求情感支持,而直男平时的社交对象往往比较不善于表达且情感疏远,寻求情感支持的对象往往是自己的妻子或情人,而非同性朋友。

但在美国也并非一直如此。在今天的许多国家,男性之间的友谊与情侣关系有许多相似性。例如,男人之间也会乐意相互倾诉内心最深处的感情,可能会手牵着手显示出身体的吸引力。[26] 这种情况下,同性友谊和情侣爱恋关系可能会期待至死的忠诚和强烈的情感满足感。这对于处于同性恋中的男人来说确实如此;他们往往会从同性友谊那寻求情感的支持。[27] 但异性恋女性和同性恋女性却并非如此,女同性恋和直女相对于男人来说,更愿意与女性建立亲密的友谊关系。

其次,性的角色可能在异性恋和同性恋之间也有所不同。在异性恋关系中,友谊和性爱往往是相互排斥的;性方面的事情似乎总是会"碍事"。直男和直女之间的友谊界限因为性爱的事情可能会比较暧昧。而这种暧昧性在同性恋关系中是站不住脚的。同志之间的友谊可能首先是从性吸引开始,但是当性行为结束后还会一如既往地存在。

再次,虽然关系满意度对于异性恋伴侣和同性恋伴侣来说都是一样的,但在冲突管理方面存在着差异。总的来说,同性恋伴侣比异性恋伴侣更懂得冲突管理。他们在冲突过程中会利用更多的爱意和幽默感来化解,很少用到敌对的情感策略,并且对待争论的态度更加积极。他们倾向于强调权力分享和公平;其伴侣积极的评价对于其良好的自我感觉有更大的影响,而他们消极的话语不太可能对其形成伤害。[28]

最后,相对于异性恋伴侣之间,亲密的友谊对于同性恋伴侣来说可能更重要。同性恋伴侣往往会面临来自异性恋世界的歧视和敌意。[29] 此外,他们与其家庭的关系更紧张。正是由于这些原因,他们从同性恋圈的朋友那儿获得的支持具有一种特殊的意义。有时朋友甚至充当了家庭的角色,正如一个年轻人这样解释道:

你怎么看?

加利福尼亚第八号提案和亚利桑那第一百零一号提案于2008年通过,这些州作为一个联盟,将婚姻关系定义为必须在一个男人和一个女人之间。在你看来,这些州的做法会使得人们对于同性关系的接受度更高还是更低呢?那在整个美国呢?同性伴侣是否应该获得跟异性情侣相同的权利?

朋友已成为我们大家庭的一部分。我们当中许多人被家庭疏远了，因为我们是同性恋，父母不理解或者根本不想理解。这是一道无法弥合的隔阂。我不能与他们分享我的个人关系，不能去找他们；我最终也意识到了：家庭已经离我远去。现在我有很多亲密的好朋友，我可以坐下来畅谈任何事情。我学会了在没有家庭支持下的生活。[30]

在美国，永久的同性恋关系已得到一些法律认可。写作本书时，已经有6个州（康涅狄格州、爱荷华州、马萨诸塞州、新罕布什尔州、纽约州和佛蒙特州）和哥伦比亚特区将同性恋婚姻合法化。马里兰州和华盛顿州也通过了同性恋婚姻法，但这些法律目前仍然受到公民投票的挑战。新泽西州通过了同性恋婚姻法，却被州长克里斯蒂否决了。虽然美国联邦政府已经通过了《婚姻保护法案》——允许各州不认可其他州注册的同性恋婚姻，但奥巴马总统声明其支持同性恋婚姻。许多投票活动和法庭裁决可能会继续重写美国同性恋婚姻的现状。[31] 这些政治和法律措施影响了同性恋关系的发展或终止。当异性恋伴侣终止婚姻关系时，往往会由于家庭和社会压力、宗教信仰、监护权的争夺等原因而推迟。然而，一些同性恋关系则可能终止得更快速一些，因为他们不会有上述压力。这也意味着，即使他们的生命更短，同性恋关系可能也会更开心，相互之间也更具创造力。[32]

但是，有些国家的确是认可同性恋关系的，因此为同性恋关系创造了全然不同的环境。目前，有11个国家（阿根廷、比利时、加拿大、丹麦、冰岛、荷兰、挪威、葡萄牙、西班牙、南非和瑞典）以及墨西哥部分地区已将同性恋婚姻合法化。有些国家从法律上认可同性恋人，但不接受同性恋婚姻，如奥地利、巴西、哥伦比亚、厄瓜多尔、芬兰、法国、德国、匈牙利、卢森堡、新西兰、瑞士和乌拉圭。有些法律认可更向婚姻方向靠拢，而有些则更受限。[33] 我们还应注意，有些国家对于男女同性恋态度更消极，使得同性恋关系的发展变得非常困难甚至不可能。在喀麦隆，同性恋被定为犯罪，甚至还逮捕了一些男性同性恋。在这个国家，男性同性恋一经发现将被判刑5年，因为同性恋行为是不合法的。[34] 伊朗对于同性恋的压制甚至更严重，2011年9月3个男性同性恋被执行死刑。按照伊朗法律第108、110项条例，他们被处以绞刑。其中，第108项按照伊朗伊斯兰教法对鸡奸做出了规定，第110项则规定对鸡奸处以死刑。[35] 在这些环境下，同性恋关系面临着巨大的风险，因为反同性恋的态度是合法的。无论一个人多想拥有一份男女同性恋婚姻，必

> **极速冲浪**
>
> 欧文·戈夫曼（Erving Goffman）认为，我们会按照社会角色呈现我们自己，就像一个演员扮演不同的角色。我们在不同的情境下有不同的角色，戈夫曼认为保持这些角色的一致性是一种"印象管理"。去网站了解更多戈夫曼的思想吧，资料来源：http:// en.wikipedia. org/wiki/Impression_management。为了保持不同角色的一致性，你遇到过这方面的困难吗？

须了解社会对于同性恋关系的影响，这点是非常重要的。

跨越差异的关系

跨文化关系中的沟通问题

来自不同文化背景的人们之间的跨文化关系可能在许多方面与同文化关系相似，但某些类似于能力、相似性、投入程度以及关键时刻等特殊的主题引导着我们思考这些关系中的沟通问题。[36]

能力 跨文化互动过程中语言能力是很重要的。即使互动双方说一样的语言，他们也可能会有语言障碍并且因此而阻碍关系的发展。跨文化交流能力有四个层面：(1) 不知觉不足；(2) 自觉不足；(3) 自觉有能力；(4) 不自觉有能力。[37]

不知觉不足体现了一种"自我"的态度，即一个人没有意识到文化的差异，看不到需要以一种特定的方式来行为处事。这种方式有时是奏效的。但是，只有在与我们的同类人互动时，按照自己的方式来可能才最有意义。在跨文化情景下，做自己往往意味着不会有良好的沟通效果，同时我们还不能意识到自己的愚蠢。例如，几年前，卢旺达的高层政府官员参观了一所美国大学以参与某农业项目。美国人入会时穿着较为随意，并且并未注意到座次的安排。而在卢旺达，会议上的座次安排意味着头衔的高低，是非常重要的。因此，卢旺达的军官认为美国人粗鲁无礼，感觉受到了侵犯，尽管并未表露心迹。美国人的这种"做自己"且忽略卢旺达的文化偏好行为便属于不知觉不足。

自觉不足是指我们意识到互动过程中出现一些问题但不确定为什么。我们大多数人都遇到了这样的一些跨文化场景，即我们感觉到了出现状况了，开始却不明白到底是什么。例如，迈克尔·基顿的电影《打工好汉》(Gung Ho)里面的角色为尝试挽救中西部一个没落的自动化设备厂，远赴日本以吸引日本商人合资的场景。首先他迟到了，然后讲话随意甚至开些不合时宜的玩笑。这些商人都不作回应，面部僵硬毫无表情。这时，他才意识到事情不大对劲儿，但是却没意识到如此随意的作风实则已经冒犯到他们了。

在传授跨文化传播的课程时，我们是出于有意识有意图的角度。我们的指导过程侧重于分析性思维和学习，是一种自觉能够胜任的体现。达到这一阶段是成为一个合格沟通者的必经过程。但是，到达这一层次是必要但不充分的。

极速冲浪

美国有色人种促进会（NAACP）有近百年的历史，致力于"确保所有人种的政治权利、受教育权利、社会权利以及经济权利的平等，同时消除种族仇恨和种族歧视"。2001年的辛辛那提暴乱之后，全国有色人种促进会制定了一系列具体的措施，目的在于提升非裔美国人及其他少数族裔的健康状况、教育情况、政治参与、法定权利以及经济状况。想一想，这类组织如何提升跨文化关系？

第九章　日常生活中的跨文化关系　271

共有一个目标或合作完成一个共同的任务（正如此图）有助于增进跨文化关系。跨文化联盟有时正是因为人们拥有共同的兴趣、信仰和目标所形成的。

不自觉有能力是指沟通能够顺利进行，但没意识到这点。大家可能都听说过马拉松跑者"撞墙"或达到他们忍受的极限，然后不明缘由地，继续跑过这个点。不自觉有能力的沟通就是这样。我们不能有意识地尝试努力达到这个层次；而是当我们大脑的分析性思维（有意识且理性的）和无意识的本能同时作用时才会达到这个层次。当我们太过于关注分析这一面，事情往往就不顺利了。

你也很可能遇到这种情形，即努力尝试过却无法忆起某件事情，这也是无意识能力的一种表现——有足够的认知和态度储备，但知道什么时候"放手"，并且依赖于你本能的认知加工。

相似性　虽然相异点可能会让两个人之间起初能够相互吸引，但找到并发展一些跨越文化差异的相似点是非常重要的。例如，共同的宗教信仰有助于树立共同的纽带，正如共同的运动兴趣爱好或其他活动，抑或相似的外貌特征、生活方式或态度。[38]我们的学生贾克琳15岁时她的家庭接受了一位来自法国的寄宿学生。她本能地认为他们不会有任何共同点，并且法国学生"不酷"。但是贾克琳错了，他们最终成为很好的朋友："结果，我们都喜欢相同的音乐、相同的组合。我们互相从对方身上及对方的文化背景学习到了很多。我甚至决定开始学习法语，至今我们仍然用Email联系。"

投入程度　所有关系的发展都需要时间，但是对于跨文化关系，时间的长短非常重要，这是投入的一方面。互动的亲密性是投入度的另一方面，与共同的友谊圈子一样。拥有共同的朋友相对于国际留学生来说比东道主国家的学生更加重要，因为他们远离了自己的朋友。我们的学生多蒂曾回忆道，将她的朋友Sung Rim介绍给她的其他朋友时候的场景。

我在将我的朋友介绍给她时感到过一丝紧张,我不确定他们与她的沟通会怎样。不过,事实上还好,我感觉她非常自在,大多数时候只是听大家讲。我能感觉到她很用心地在听并且尝试着理解。我们会有意识地放慢说话的速度,以便她能够参与进来,并且我们还计划在期末考试后再聚一下。我希望继续更深入地了解她。

关键时刻 当关系发生变化时,往往是由重要的事件所导致的——即推进或恶化关系的关键时刻。例如,让一个朋友帮忙或一起参加某活动可能是一个关键时刻。而如果对方拒绝,则关系的发展不会越过这个点。同样地,自我揭露可能揭示出一些相同点,使得关系升华到一个新层次。例如,两个教授在对话过程中发现他们对于课堂上沟通和指导持有相似的观点。同时,他们还发现他们都来自于工人阶级家庭,宗教在其童年时期扮演了重要的角色。但是当其中一位教授此时揭露自己是同性恋时,他们的关系便迎来了一个关键时刻。她的朋友回忆说:"作为一个异性恋者,我从未思考过性取向或同性恋之类的事情,这对于我来说太突然了。但是谢谢安娜,我现在变得更加敏感和开明了。"[39]

对于处理差异的过程,即寻找相同点然后摒弃偏见的过程,一位美国学生在谈论到她和一位新加坡朋友的关系时这样总结道:

我们只是开始时有不同的期待值和不同的态度,但最后我们的关系非常好,基本不再谈论那些不同点……在消除了所有的偏见之后,即我们认为对方一定不同,就开始相互理解了。[40]

跨文化恋情

跨文化恋情涉及对一种跨文化情侣关系的追求。为什么有些人能接受跨文化恋情而有些则不能呢?人们产生种族内或跨种族恋情的原因非常相似,即他们相互吸引,无论是身体上还是性关系上。然而,人们对于不接受种族内或跨种族恋情所给出的理由则全然不同。对于不接受种族内交往所列出的原因之一是缺少吸引力;而对于不接受跨种族交往所给出的原因则包括没有机会或从未考虑过。[41]

一项针对主流群体为18~29岁(61%)的调研结果认为,不同种族的人发生恋情有助于社会的发展。[42] 这项研究表明,人们的态度是积极宽容的,但他们的行为是否也能如此呢?这个问题的答案似乎取决于五个不同的因素:性别、种族、社会环境的多元化、朋友网络的多样化以及父母朋友圈的多样性。第一,大多数研究结果

流行文化聚焦

2012年春,电影《饥饿游戏》(The Hunger Games)一上映便迅速成为票房冠军。然而,关于该剧非白人演员选角问题的推特内容在网上引起一番争论。由亚洲演员扮演的马格努斯和由黑人演员扮演的鲁、思雷舍和辛纳,在一些观众中造成了负面的评价。达米恩·斯科特(Damien Scott)收集了"《饥饿游戏》中25条最具有种族主义色彩的推文",还在网站上建立了"饥饿游戏推特"专题,来讨论和分析种族歧视的推文。

表明，男人比女人更容易发生跨文化恋情——反映了他们选择恋爱伴侣的权力和能力更强。男性还可能不那么理会父母的反对。第二，有色人种相对于白人更可能发生跨种族恋情。白种人最不可能与其种族群体之外的人交往，而拉丁美洲人则是最容易跨种族恋爱的群体。这可能反映了家庭和社会对于黑—白人恋情的不认同，而对其他种族的配对则更为宽容些（白人—拉丁美洲人、拉丁美洲人—黑人、黑人—亚洲人等）。[43]

第三，如果与来自不同文化的人接触过，人们可能更容易接受与其他文化群体的人交往——比如说他们来自不同文化的邻居、同学或教堂会员。[44] 然而，朋友网络的多元化更为重要。也就是说，周围的人来自于不同的文化，这点还不够——对方还必须是朋友网络中的一员，才可能发展成情侣关系。朋友可能会将你介绍给潜在的伴侣，并且有他们的支持更可能维持一段跨文化关系。因此，拥有一批来自不同文化的朋友相对于周围的多元化文化背景更为重要。[45]

拥有一批来自不同文化背景的朋友和一段跨文化恋情，在某些情境下可能是非常困难的。大多数人在成年时都被教育说最好与其种族内的人交往。白人和黑人尤其如此。一项近期的全国性调查发现，年轻的白人和黑人学生如果想发生一段跨文化恋情很可能会遇到阻碍，包括来自于其同学或浅或深的敌意，而白人和黑人约会亚裔美国人或拉美裔美国人则不会遇到这种不认同。[46]

父母对于其孩子是否会接受跨文化恋情扮演了重要的角色。[47] 第五个跨文化交往的影响性因素是父母朋友圈的种族多样性。一个人最初决定来一场跨文化恋情很可能是因为其朋友的作用。但是，考虑是否继续交往下去则很可能取决于其父母的态度和行为。换句话说，决定性因素不在于父母是否接受跨文化恋情，而是他们是否有着多样化朋友圈的背景。具有重大影响的不在于父母说什么，而是做什么。[48]

另一方面，父母对于跨文化恋情的消极态度会传给他们的小孩。女性尤其会感受到来自于父母亲的压力并且受到其影响。一位拉美裔女性说："跨种族恋爱是不容易的，因为我的父母根本就不会同意，我的西班牙裔朋友也同样如此。"一个白人女性也表达了同样的感受："我很难与来自于另一个种族的人交往，不是因为我持有任何偏见，而是我来自一个坚决反对跨文化恋情的家庭。我的祖父母（包括外祖父母）歧视跨种族恋爱，我的父亲也不大看好。"[49] 父母通常反映了普遍的社会情绪。而事实上，人们不允许跨种族恋爱（尤其

信息频道

斯坦福大学的社会学家迈克尔·罗森菲尔德（Michael Rosenfeld）2005年通过计算发现，在美国5900万对夫妻中，跨种族夫妻的比例超过7%，跟1970年相比降低了2个百分点。你知道吗？在弗吉尼亚州（以及其他13个州），1967年6月12日之前，白人和黑人通婚是违法的。20世纪50年代，反对种族通婚（跨种族关系的结合）的禁止令在美国30个州实行。华盛顿特区允许跨种族的婚姻，居住在弗吉尼亚州的米尔德丽德和理查德1958年去华盛顿结婚了，这一做法在弗吉尼亚受到挑战。他们回到弗吉尼亚之后，一群警察闯入他们的住所，想要找到两人正在做爱的证据，他们受到起诉，被判监禁，除非他们同意离开弗吉尼亚。他们之后搬去了华盛顿特

区，1963 年美国公民自由联盟代表他们提出了动议。最后，1967 年最高法院宣布弗吉尼亚的反种族通婚法违宪，此后，美国取消了所有针对种族所制定的、对婚姻进行限制的法律。（资料来源：http://www.msnbc.msn.com/id/18090277/）

信息频道

简来自肯尼亚的齐库优（Kikuyu）部落，她描述了当地传统的约会和婚礼的情形：

- 男女双方都要拜访彼此的父母，表达想要结婚的心愿。
- 之后，婚礼会在男方家或其他地方举行，长辈都要在场，只有他们同意，仪式才能继续进行。一般来说，不需要签纸质文书，只需要在长辈和指定的亲戚们的见证下，互相同意即可。
- 双方家庭要对男方送出的嫁妆（包括金钱、牲畜及其他贵重物品）表示同

是白人）的主要原因也确实是消极的社会压力。[50] 本章后面还会讨论社会对于跨文化恋情的影响。

跨文化婚姻

过去 20 年以来，跨文化婚姻的数量平稳增长，反对跨文化婚姻的现象似乎也在持续下降，这种现象被一位学者称之为"爱情革命"。[51] 事实上，20% 以上的美国成年人都声称有一个拥有跨种族婚姻的亲戚。[52] 黑人拥有跨种族婚姻家庭成员的概率（37%）是白人（17%）的 2 倍。西班牙裔美国人则为 27%，介于上述两个种族的中间。2000 年跨种族婚姻伴侣通常是一个白人丈夫娶一个亚裔美国妻子。[53] 但是，并非所有的跨文化婚姻都是被接受的。虽然德裔美国人娶一个意大利裔美国人这种结合方式很少遇到反对，但跨宗教婚姻仍然会受到某些阻力。某些身为犹太人、基督徒以及穆斯林教徒的父母反对其子女与信仰之外的人结合。宗教在跨文化恋情和婚姻的确定上扮演着重要的作用。例如，在学生们看来，基督教徒似乎更喜欢与其同种族的人交往和结婚。[54] 同样地，许多信仰伊斯兰教的美国人也同样如此，尽管这可能也是一代和二代穆斯林移民之间矛盾的根源，因为二代穆斯林教徒之间跨种族婚姻变得日益普遍。正如一位年轻的穆斯林教徒诺拉所说的：

与同种族的人结婚太难了。我们身在美国，学校里面全都是不同文化种族的人，而父母却说："我不管你是否和白人、黑人，还是穆斯林交朋友，但绝对不能和这些人谈恋爱。"[55]

然而，真正的分水岭似乎在于跨越种族界限。跨种族婚姻仍然面临相当大的阻力，其中白人是最不能接受跨种族婚姻的——仅 52% 的人能够接受，而黑人中有 85% 的人认同跨种族婚姻。[56]

罗宾·普雷斯顿-麦吉——一位白人，回忆了她的家庭对于她嫁给一个非裔美国人的反应：

当我和我老公在交往四年后最终决定冒险一试，决定私奔。我们当时由衷地担心"是否会有人站在我们这边"，我父亲那边的亲戚很恐怖，我妈妈那边的亲戚比较宽容，但是对此也不是特别开心。当我奶奶将我们的婚礼照片给家人看时，他们问："他是哪个国家的？"或许他们当时期待她会神采奕奕地说出"尼日利亚"或"海地人"，但不是，她只是平淡地说"非裔美国人"。我的婚姻以及后来女儿的出生更是让我父亲要与我断绝关系。说这些我不是想埋怨自己的婚姻遭遇了怎样的反对和阻力……但是，当我的白人学生兴奋地说"种族主义已经是过去式，不复存在了"，我让他们想一下如

果他们带回家一个黑人结婚对象，他们的父母会有怎样的反应。看到他们脸上闪现出一副醍醐灌顶的表情，我就知道答案了。[57]

拥有跨文化婚姻的伴侣有哪些顾忌呢？像那些热恋的情侣一样，往往会遇到来自家庭和社会的压力。此外，跨文化婚姻中的夫妻还面临着子女抚养相关的问题。有时，这些顾虑和担心是密切相关的。尽管许多普通夫妻也会担心抚养孩子的问题同时还要处理家庭压力，但那些拥有跨文化婚姻的伴侣更是不得不需要处理这些问题。他们很可能在如何抚养子女上意见不一致，而且需要处理来自家庭对于他们婚姻的反对和阻力。他们还更可能需要处理在价值观、饮食习惯、性别承担角色，以及对时间、宗教、住址、压力和民族优越感等态度相关的问题。[58]

当然，每一对夫妻相互间都会有一个特定的相处模式，但是跨文化婚姻总会不断地面对各种挑战。大多数夫妻在其关系中会形成一个平衡点，来决定谁给予谁索取。如表9.2所示，跨文化婚姻中有四种普遍的交往方式：顺从式、妥协式、删除式和共识式。夫妻间可根据实际情况采取不同的风格。

表9.2　跨文化婚姻的四种交往方式

资料来源："Four Styles of Interaction in Intercultural Marriages," from Romano, D. (1997), Intercultural Marriage. Promises and Pitfalls (2nd ed). Nicholas Brealey Publishing. Peprintet by permission.

顺从式是最普遍的风格，是指其中一方接受另一方的文化而放弃或否决自身的文化。顺从式可能只会发生于公众场合；在私下生活中，双方之间可能更平衡一些。但是这种风格很少长期保持下去。人们不可能完全摒弃自己的核心文化背景，即使再努力地尝试都不可能。

妥协式风格是指双方都放弃某些自身的文化习惯和信仰来顺应对方。尽管这看似很公平，但实际上也意味着双方必须牺牲自己生活当中很重要的一些方面。例如，一个为了犹太伴侣放弃庆祝圣诞的基督教徒可能最终会憎恶这种牺牲。

删除式是指双方都试图删除自己的文化来处理差异性。他们可能会形成一种新的文化，信奉新的信仰、养成新的习惯，尤其是当他们都生活在国外时。事实上，这似乎也是背景完全不可调和的伴侣之间唯一的生存方式。但是，由于完全脱离自己的文化背景很困

意。嫁妆就是一种由双方家庭签署的协议，即表明男女双方归属彼此。

- 在交换礼物期间，男方安排婚礼的亲戚，会同教堂的神父或牧师一起进行祈祷和祝福的庆祝仪式。
- 婚礼的嘉宾都是男女双方的亲朋好友。
- 送出的礼物包括家具、厨房用具、牛羊一类的牲畜、床上用品和床，还有珠宝。床和床上用品象征着女方与父母的脱离——即她要跟丈夫一起生活了，不能再想着回自己以前的家。
- 在我的文化里，不允许离婚，但是如果现任妻子同意，就可以组成一夫多妻家庭。

难，删除式也不一定是一种长期的理想的解决办法。

毫无疑问，**共识式**的风格是最为理想的。在这种风格的主导下，双方都需要适当地给予和索取，但这不是交易，是一种双赢的方案。共识式的风格可能还含有其他模式的元素。因此，配偶一方偶尔可能会暂时"顺从于"对方的文化。我们的一位纳瓦霍学生描述了她婆婆来访时她是如何顺应男方家庭更传统的文化的。

我是美国和伊朗混血，尽管生长环境比较保守，但由于在城里上学，一直都尝试着去适应"外面的"世界。因为这点，我经常被指责太刻意将自己"白人化"了。

我从未意识到这些差异有多大，直到结婚后。我的丈夫是一个地地道道的美国人，生长在一个偏僻保守的家庭，他妈妈每天早上6点会准时起来为家庭成员做早餐。

我丈夫习惯了我不做这些，似乎也没什么意见，但是当他父母第一次来拜访时，天哪，我居然听到他妈妈对我很不满。我向她表达了自己的想法，但似乎没用。现在她每次来访时，都会一大早就起床做早餐。

与婚姻关系有关的不同定义与意义很多。比如，同性婚姻在美国颇有争议，但在荷兰、比利时和加拿大等其他一些国家是受法律认可的。

真正的共识要求一定的灵活性和谈判自由。

对于生活在国外的配偶来说，这个挑战尤其困难。说他国语言的一方可能会处于弱势的地位，尤其是当发生冲突时。[59]一个来自比利时的妻子在与来自芬兰的丈夫发生冲突时非常恼火：

当我试图解释一些事情，而他又不懂或误解时，我会非常生气和恼火。然后我会觉得，你怎么会这么愚蠢，但是，我很清楚地知

第九章 日常生活中的跨文化关系

道错在我，因为我确实不能很好地表达自己，但即使如此，当他不懂我的意思时，我还是会好愤怒。[60]

这个妻子在她的配偶的国家生活时，有时会感觉自己很受欢迎，而有时又会觉得受到排斥。这对她的自我概念和自尊有重要的影响。

刚开始我觉得自己是被接受和认可的，人们很宠我，并且热情邀请我。但是，我又苦恼于难于界定自己的身份。我经常会想象如果我还是待在那儿会变成什么样子的……我的经历使我成为国际化的人，成为世界公民。事实上我也不属于这，如果我回去也不属于那，但是这和那的生活确实是让我快乐的。[61]

正在考虑永久维持跨文化关系的伴侣应做好充分准备，即确定要住在一起，和对方的家庭长期相处，学习对方的语言，了解对方的宗教信仰，并且学习对方的烹饪方法。例如，一个叫薇姬的学生与来自摩洛哥的毕业生哈桑交往并最终结婚。婚前他们一起在摩洛哥男方家里待着，薇姬甚至和他的家人一起生活了6个月之久，而哈桑当时还在美国。他们俩都知道让她了解他的家庭和文化背景是很重要的，而男方也是如此，需要了解她的家庭和美国文化。拥有跨文化婚姻的伴侣还应考虑诸如公民身份、子女公民身份、财务和纳税、财产所有权、女性权利、离婚以及死亡等相关法律问题。

最近一项针对跨文化（跨宗教或跨种族差异）婚姻的研究发现，这些差异确实会引发冲突，但是沟通在成功维持这些关系上扮演了重要的作用。也就是说，针对差异性的敞开交流有助于促进关系的进一步提升和发展。如果伴侣能够理解、欣赏并且融合双方的相似点和差异性，那么他们就能够以各种方式加以利用。[62]

网上关系

我们在第一章提到过，越来越多的人开始用新科技进行交流和沟通。新的交流平台，尤其对于年轻人来说，是发展和维持关系的机会。通过社交网络平台（SNSs），如Facebook、邮件、即时通信（IM）以及Twitter等，我们能够和老朋友保持联络，同时随时与现有的朋友保持联系，并且还可以找到新朋友。

这些新兴媒体科技为我们提供了各种与外界人士交流和结识的机会。我们与其他国家的人们交流起来就跟与邻居说话一样容易。我们的一个学生玛丽安娜这样描述一次虚拟团队项目过程中她结识一名芬兰学生夏洛特的经历。

尽管我们隔海相望、相距万里，但是我们每天会有相同的活动安排，并且能够非常理解对方。我从这次经历中享受到的最大乐

> **你怎么看？**
> 现如今，随着互联网和在线聊天工具的发展，人们可以通过互联网结成跨文化的友谊或是情侣关系。有人认为，根本不可能跟仅仅在网上认识的人发展出一段有意义的关系；而另一些人认为，互联网上的关系并没有什么不同，而且，在网上更加能够"做自己"。你怎么看？

趣是这个项目结束后，我和夏洛特仍然是很好的朋友。我们已经在Facebook上相互联系并互发信息了。除了专注于课程项目，我还了解了她在学校的学习以及个人的生活状况。

社交媒体和诸如Facebook和Twitter之类的社交网络平台已经成为一种世界范围内的现象。除了Facebook已经在全世界普及（81%的Facebook用户来自于美国之外的国家），其他国家也有许多其他的社交网络平台[63]（见表9.3所示）。有些社交媒体的目标受众非常多样化，而有些则主要是为了拉近说同样语言、同种族类、同性别、同一宗教、同一国家或同等兴趣的人群的距离。无论具体受众是怎样的，这些社交网络媒体都为培养和维持跨文化关系提供了无穷无尽的机会。

表 9.3　各国社交媒体的运用

澳大利亚：	网络用户平均花7小时17分钟在网络社交媒体和博客上。
巴西：	Orkut是第一社交平台，3030万点击率，比第二大社交媒体Facebook高出11%。
中国：	QQ空间是亚洲最大的社交网络平台，共7亿活跃用户。微博是一个博客网站，结合了Facebook和Twitter元素（30%的中国网络用户都已注册）。
日本：	日本的第一大社交媒体平台是Mixi。但是FC2作为一个网站制作和博客平台，正在崛起。
英国：	Facebook是第一大社交网站，共202亿页面访问量，Bebo的普及程度紧随其后。
西班牙：	Tuenti（与"twenty"发音一样）是最普遍的社交网络平台，用户达1200万。

资料来源：http://blog.nielsen.com/nielsenwire/social/; http://www.complex.com/tech/2012/04/the-10-most-popular-social-networks-from-around-the-world#3; http://blog.btrax.com/en/2010/03/15/top-10-most-popular-websites-in-japan-2/.

此外，网络和社交媒体等通信技术既促进了跨文化关系的发展，但同时也具有一定的抑制作用。[64]例如，某些在线沟通工具（邮件、即时信息、短信）促进了跨文化传播的机会，首先它过滤了我们往往先入为主的第一印象相关信息——外表吸引力、性别、年龄和种族。我们可能发现了解人们的特征是有用的，但这些信息有时会导致偏见和歧视。因此，一些新兴媒体平台上的互动可能会稍稍避免因外貌特征对他人的成见或偏见，并且基于诚实的自我揭露、良好的沟通和明显的共性，网上关系也能趋向成熟——正如任何线下关系一样。[65]

相较于面对面的互动和沟通，跨文化传播更可能通过网络得以推进的另一个原因在于，一些新兴媒体形式（如电邮、短信、Twitter）可允许非源生语言使用者有更多的时间来组织语言信息、理解和做出相应的反应。但与此同时，语言差异可导致某些字词的误解，尤其是在线幽默往往会被误解——从而抑制了跨文化传播。

理解某种语言的幽默感往往需要对微妙的含义进行深度解读：在线上跨文化传播中的讽刺、挖苦和嘲笑需要格外小心。[66]而当幽默被误解时，通常会需要相当复杂的解释。一位传播学教授发现：

一位网络课学生针对某群体项目在线发表了一些评论，本来是想表达讽刺和幽默的，但却被一些国际留学生解读为趣味低级。有些人认为很粗鲁无礼，还有些人认为很幼稚。我花了将近半个学期的时间总结到底是哪出了问题，为什么那些言论会被误解。我觉得如果是面对面的沟通而不是在网上，可能都用不了一半的时间。

因语言差异导致的问题可能会比较严重，因为其中一方或双方可能都还不知道问题的存在：混淆或误解往往是没有言语迹象的——比如困惑的表情或挑起的眉头。网络传播者可能还需要更用心地确保互相理解对方，以一种宽容和留有余地的方式去理解对方不同的文化价值观和沟通方式。

一位负责虚拟团队的CEO叙说了以色列人和美国人邮件往来过程中存在的误读。美国人认为以色列人有点粗鲁，而以色列人认为美国人有些肤浅。结果，说话风格非常直接和坦率的以色列人发现美国人经常会在邮件结束后添加一些类似于"提前在此感谢……"等无关紧要的细节，他们会疑惑"为什么要谢我？我什么都还没做呢"。这点引起他们的注意后，所有的团队成员一致同意以后更加宽容地接受不同文化邮件书写礼节的不同。[67]

约会类网站不断得以蓬勃发展；根据某项调查，37%的单身美国网络用户会去约会网站上寻找伴侣。[68]有些网站会特意将来自特定宗教背景（如专门针对犹太单身人士的JDate.com，还有CatholicMingle.com、christianmingle.com等）或种族（如InterracialSingles.net、BlackSingles.com、LatinSinglesConnection.com等）的人聚集在一起。而诸如lavalifePRIME.com、ourtime.com和silversingles.com则属于那些为年长单身人士提供社交网络的网站。一项调查研究显示，在线约会网站人群增速最快的是60岁以上的人，可能是因为对于该年龄段的人来说采用传统方法来寻找伴侣相对比较困难。[69]正如之前描述的，网络关系有一些优势：你可以结识更多人，而第一印象不仅仅是基于外貌特性。但也有一些风险——用户将个人信息发布在相对公共的平台，而由于网络具有匿名和线索过滤的特点，人们可能会发布假信息（如婚姻状况、年龄甚至是性别）。[70]

社会与跨文化关系

最后，考虑社会对于跨文化关系的观点和影响也很重要。为什么有些人更愿意与来自其他种族群体的人结婚呢？例如，28%的亚洲人与其他种族结婚，而只有9%的白人如此。[71]当然，人们与其他种族的人是出于爱情而结婚。但是在一个带有种族歧视的社会，有人会认为，这种"爱"无法逃避社会的关注。因此，这些关系从来不可能达到平等，因为跨文化伴侣总是被自己和社会视为不平等关系。例如，"2010年，将近1/4（24%）的黑人男性与种族之外的人结婚，而仅有9%的黑人女性会与种族之外的人结婚。相比较之下，高于1/3（36%）的亚洲女性与非亚洲人结婚，而男性的比例仅为17%"[72]。

这些统计数据体现了非裔美国妇女和亚裔美国男性在这一比例当中的失衡，同时引起人们思考一个问题，为什么会这样？为什么非裔美国女性和亚裔男性很少与种族之外的男性、女性结婚？答案之一可能是社会、媒体以及个人强调了这两个群体的负面形象。

一位祖籍中国台湾地区的美国年轻人曾参加了一个晚宴/讨论场合，他表示，"在亚裔美国社区进行配对和约会时，我们与黑人妇女一样处于底层"。拉克希米·乔杜里——一个印度裔美国女性也参加了这次晚宴，回忆道：

> 房间里面男人的愤怒显而易见，因为在把他们建构为软弱或不受欢迎的形象的文化里，他们终生在性方面被忽视……对于有色人种来说，性市场是不可触碰的雷区。我们对于床伴的选择是由一种将盎格鲁群体置于顶端的种族阶层所决定的，他们决定哪个性感哪个一般般……而不幸的是，亚裔男性不够突出。[73]

我们能够发现好莱坞电影是如何通过不断将亚裔女性与盎格鲁男性而非亚裔男性配对来强化这一负面形象的。例如，在《上海骑士》（*Shanghai Knights*）中，女主角范文芳与欧文·威尔逊而非成龙配对。乔杜里是这样描述的："好莱坞传达的信息是毫无疑问的：没有女人喜欢亚洲男性。"亚裔女性与盎格鲁男性结合的概率更高，但这是要付出代价的。她们往往会被定义为异类人，并且人们会期待她们服从并且服务于白种男人。我们的一个日本毕业生回忆了自己曾经与美国白人约会的经历：

刚开始时一切都很好。我的英语不是很好，他会从各方面来帮助我，我也觉得他很好，对我也很好……当我不能很好地说英语时，他在我们的关系中掌握着控制权，并且他会操控我周边的信息内容。例如，如果他朋友说了一些事情，而他又不想让我理解时，他不给我翻译，并且不让我知道……当我慢慢更好地理解英语和美国文化后，我取回了越来越多的掌控权。我们的争吵通常是争论我们的权力关系，而当这种争论太大，让我们都觉得已经不再值得维持这段关系时，我们之间就结束了。

乔杜里总结了她在这个问题上的感受：

一次在机场候机室我遇到了一个性格外向的美国白人女孩，她对我说："我不在乎约会对象是来自哪个种族的，爱情就在于两人之间的火花。"在沾沾自喜于其自由奔放的特质时，她不理解无肤色歧视事实上是一种种族特权……在一个仍然有种族区分的世界里，根本就不是一句"只要有感觉就对了"这么简单。

从社会的角度上来考虑跨文化关系的发展是很重要的。由于社会压力的存在，跨种族夫妇尤其会发现，他们需要找到处理外界社会压力的方法。如果他们被对方种族群体的负面形象所影响，他们可能会觉得是"与敌共处"或与自己的种族断绝关系。他们可能会找出一些无视种族主义者的方法，也可能会相互寻求支持和力量，将他们自己的小家庭作为逃避外界敌对社会的避风港湾。[74]

社会怎样才能促进不同文化人们之间的关系皆大欢喜呢？只是让人们聚在一起绝不是解决的办法。而基于这种理念的政策，诸如跨区校车接送等并未取得预期的效果。另一种方法是**接触说**，即仅在某些特定的条件下跨文化接触才可能会让人们对其他种族群体持积极宽容的态度。[75]尽管这种接触说广泛适用于跨文化接触，对跨种族交往和婚姻的模式进行解释说明是尤其有用的。对于交往和婚姻，接触说坚持认为跨种族人士结婚的概率主要取决于社交和互动——在合作（而非竞争）的场合，这样两个种族的成员具有平等的地位和共同的目标。此外，仅认识其他群体的一个人是不够的。跨种族的宽容度只有当处于平等地位前提下的黑人和白人有足够多接触的机会才会提高；当这种接触变得亲密——私人化且友好，并且能够深刻了解对方群体的若干个人时，才可能达到跨种族宽容的态度。换句话说，当相遇的条件适合友善和睦地共处时，才会存在跨文化友情和关系。

从社会层面上来说，哪些机构或背景能够提升跨种族接触的机会呢？邻里之间？教育机构？教堂以及其他朝拜的地方？工作场合？最近的研究显示，综合性的宗教场所和教育机构能够为跨文化友谊提供最好的机会，并且是改善人们对待跨种族婚姻态度的最佳环境。[76] 例如，结合6家加州大学校园的研究发现，校园学生在跨种族和同种族场合下都能够平等地互动。[77] 这些校园非常多样化；没有任何一个种族群体是所谓的多数群体。然而，邻里之间和工作场所似乎不会提供那种能够促进跨文化友谊接触（亲密、和善、平等互动）的机会。[78]

小结

本章节探讨了与我们相似或不同的人们关系中的跨文化传播。通过跨文化关系，我们可以获得除本土以外的特定知识、打破成见并且获得新技能。但是要培养与那些不同于我们的人的关系，需要我们主动去处理沟通风格、价值观和认知的差异性，避免成见，消除因这些关系伴随而来的焦虑感，努力认可他人的文化身份，同时在需要时给自己和他人做出一定的解释。

我们还讨论了跨文化关系形成的基础以及关系形成过程中的文化差异性。在大多数文化中，相似性和差异性似乎是跨文化关系形成必须考虑的两大问题。人们可能会同时被对方的相同点和差异性所吸引。同性恋关系在很多方面与异性恋相似，但是在某些方面也是有区别的。在一段同性恋关系中，友情和性关系并非相互排斥，而异性恋则相反。相对于异性恋男人，男同性恋似乎更倾向于找同性别的人寻求情感支持。同性恋伴侣似乎比异性恋伴侣能够更好地进行冲突管理。在同性恋关系中，友情可能起着一种特殊的作用，因为人们往往会有与家庭成员关系紧张的经历。

最后，笔者描述了跨文化关系中传播相关的问题，包括能力、投入程度、相似性和关键时刻。跨文化恋情和婚姻（尤其是在美国）仍然不是特别普遍，往往不被家庭和社会接受。通过网络进行沟通虽然能促进跨文化关系的发展，但同时也会起到一定的抑制作用。社会对我们的关系影响很大，对于发展和培养跨文化关系起着或推进或阻碍的作用。

培养跨文化技能

1. 了解跨文化传播和权力问题的复杂性。目标是找出一种我们基于"姻亲关系或政治关系的有意识联合"的互赢的方式方法。[79]

跨文化的朋友认可并且尝试了解种族、性别和阶级差异性如何导致权力差异，同时处理这些权力问题。他们也意识到，那些拥有较多权力或较少权力的人都知道历史的重要性。而最后他们都会重视这些差异性，并认可对方是来自于不同文化的群体。

2. 认同建立联盟的意义。联盟可从多重身份发展起来，包括性别、性取向、种族、体能、宗教、地区、年龄、社会阶层等。参与到你周边朋友的活动中，培养与他人之间的情感依赖性。

3. 注意那些对变化能够迅速适应的人。或许你可以在你的生活圈或同学圈里发现这种人。注意，在尝试改善某事情或现状时，很容易被压倒或感到一丝绝望或者无能为力。了解自己的优势，充分利用起来。所以，如果你已为人父母，可以和小孩谈论跨文化问题以及弥合不同文化群体并建立联盟等相关话题。在工作场合，你可以和同事进行讨论。如果你比较外向，利用交际能力将其他人聚集在一起探讨有关跨文化意识和理解的话题。如果你是老板，确认一下你缺什么样的人才，你会怎么做？

实践

跨文化关系：回想一下自己所有的朋友，将那些关系比较近的人列出来。标示出那些来自于其他文化的人。然后回答以下问题，并与其他同学探讨。

a. 人们通常是同文化内的朋友较多还是来自于其他文化的朋友更多？为什么？

b. 建立跨文化友谊的优势有哪些？

c. 跨文化友谊与同文化友谊有哪些相同点和不同点？

d. 人们不希望建立跨文化友情的原因有哪些？

注释

1. Brislin, R. W. (1983). The benefits of close intercultural relationships. In S. H. Irvine & J. W. Berry (Eds.), *Human assessment and cultural factors* (pp. 521–538). New York: Plenum.
2. Farrell, E. (2005, February 4). More students plan to work to help pay for college. *The Chronicle of Higher Education*, pp. A1, A34.
3. Clark-Ibanez, M. K., & Felmlee, D. (2004). Interethnic relationships: The role of social network diversity. *Journal of Marriage and Family, 66*, 229–245.
4. Allen, B. J. (2004). *Difference matters: Communicating social identity*. Long Grove, IL: Waveland Press.
5. Brislin (1983), pp. 521–528.
6. Stephan, W. G. (1999). *Reducing prejudice and stereotyping in schools*. New York: Teachers College Press.

7. Collier, M. J., & Bornman, E. (1999). Core symbols in South African intercultural friendships. *International Journal of Intercultural Relations, 23*, 133–156.
8. Chen, L. (2002). Communication in intercultural relationships. In W. B. Gudykunst & B. Mody (Eds.), *Handbook of international and intercultural communication* (2nd ed., pp. 241–257). Thousand Oaks, CA: Sage.
9. Pogrebin, L. C. (1992). The same and different: Crossing boundaries of color, culture, sexual preference, disability, and age. In W. B. Gudykunst & Y. Y. Kim (Eds.), *Readings on communicating with strangers* (pp. 318–336). New York: McGraw Hill.
10. Pogrebin (1992), p. 318.
11. Byrne, D. (1971). *The attraction paradigm*. New York: Academic Press. See also Byrne, D., & Blaylock, B. (1963). Similarity and assumed similarity of attitudes between husbands and wives. *Journal of Abnormal and Social Psychology, 67*, 636–640.
12. Osbeck, L. M., & Moghaddam, F. M. (1997). Similarity and attraction among majority and minority groups in a multicultural context. *International Journal of Intercultural Relations, 21*, 113–123. See also Tan, D., & Singh, R. (1995). Attitudes and attraction. *Personality and Social Psychology Bulletin, 21*, 975–986.
13. Duck, S., & Barnes, M. K. (1992). Disagreeing about agreement: Reconciling differences about similarity. *Communication Monographs, 59*, 199–208. See also LaGaipa, J. J. (1987). Friendship expectations. In R. Burnett, P. McGee, & D. Clarke (Eds.), *Accounting for relationships* (pp. 134–157). London: Methuen.
14. Hatfield, E., & Rapson, R. L. (1992). Similarity and attraction in close relationships. *Communication Monographs, 59*, 209–212.
15. Gareis, E. (1995). *Intercultural friendship: A qualitative study*. Lanham, MD: University Press of America, p. 96.
16. Gareis (1995), p. 128.
17. Storti, C. (2001). *Old world, new world: Bridging cultural differences: Britain, France, Germany and the U.S.* Yarmouth, ME: Intercultural Press.
18. Storti (2001), p. 68.
19. Storti (2001).
20. Barnlund, D. S. (1989). *Communication styles of Japanese and Americans: Images and reality*. Belmont, CA: Wadsworth.
21. Kito, M. (2005). Self-disclosure in romantic relationships and friendships among American Japanese college students. *Journal of Social Psychology, 14*, 127–140.
22. Collier, M. J. (1991). Conflict competence within African, Mexican and Anglo American friendships. In S. Ting-Toomey & F. Korzenny (Eds.), *Cross cultural interpersonal communication* (pp. 132–154). Newbury Park, CA: Sage. See also Collier, M. J. (1996). Communication competence problematics in ethnic friendships. *Communication Monographs, 63*, 314–346.
23. Gao, G. (1991). Stability of romantic relationships in China and the United States. In Ting-Toomey & Korzenny, pp. 99–115. See also Sprecher, S., Aron, A., Hatfield, E., Cortese, A., Potapova, E., & Levitskaya, A. (1994). Love: American style, Russian style, and Japanese style. *Personal Relationships, 1*, 349–369. And see Kito (2005).
24. Dion, K. K., & Dion, K. L. (1991). Psychological individualism and romantic love. *Journal of Social Behavior and Personality, 6*, 17–33. See also Dion, K. K., & Dion, K. L. (1993). Individualistic and collectivistic perspectives on gender and the cultural context of love and intimacy. *Journal of Social Issues, 49*, 53–59.
25. Herdt, G. (1997). *Same sex, different cultures: Exploring gay and lesbian lives*. Boulder, CO: Westview Press.
26. Hammond, D., & Jablow, A. (1987). Gilgamesh and the Sundance Kid: The myth of male friendship. In H. Brod (Ed.), *The making of masculinities: The new men's studies* (pp. 241–258). Boston: Allen & Unwin.
27. Nardi, P. (1999). *Gay men's friendships: Invincible communities*. Thousand Oaks, CA: Sage.
28. Gottman, J., & Levenson, R. (2004). 12-year study of gay & lesbian couples. Retrieved January 29, 2009 from http://www.gottman.com/research/gaylesbian/12yearstudy.
29. Nakayama, T. K. (1998). Communication of heterosexism. In M. L. Hecht (Ed.), *Communication of prejudice* (pp. 112–121). Thousand Oaks, CA: Sage.
30. Nardi, P. M. (1992). That's what friends are for: Friends as family in the gay and lesbian community. In K. Plummer (Ed.), *Modern homosexualities: Fragments of lesbian and gay experience* (pp. 108–120). New York: Routledge.
31. Freedom to Marry. (2012, May 9). Retrieved on August 24, 2012, from: http://www.freedomtomarry.org/states/; Same-sex marriage, civil unions and domestic partnerships. (2012, June 10). *New York Times*. Retrieved August 24, 2012, from: http://topics.nytimes.com/top/reference/timestopics/subjects/s/same_sex_marriage/index.html.
32. Patterson, C. (2000). Family relationships of lesbians and gay men. *Journal of Marriage and the Family, 62*, 1052–1069.
33. Marriage and substitutes to marriage (n.d.). International Lesbian, Gay, Bisexual, Trans and Intersex Association. Retrieved August 24, 2012, from www.ilga.org.

34. "Cameroun: Quatre nouvelles arrestations pour homosexualité." *Têtu*. Retrieved September 10, 2011, from http://www.tetu.com/actualites/international/cameroun-quatre-nouvelles-arrestations-pour-homosexualite-20060.
35. Taylor, J. (2011, September 7). Iran executes three men for sodomy. *The Independent*. Retrieved September 10, 2011, from http://www.independent.co.uk/news/world/middle-east/iran-executes-three-men-for-sodomy-2350671.html.
36. Sudweeks, S., Gudykunst, W. B., Ting-Toomey, S., & Nishida, T. (1990). Developmental themes in Japanese–North American relationships. *International Journal of Intercultural Relations, 14*, 207–233.
37. Howell, W. S. (1982). *The empathic communicator*. Belmont, CA: Wadsworth.
38. Graham, M. A., Moeai, J., & Shizuru, L. S. (1985). Intercultural marriages: An intrareligious perspective. *International Journal of Intercultural Relations, 9*, 427–434.
39. Allen, B. J. (2004). Sapphire and Sappho: Allies in authenticity. In A. González, M. Houston, & V. Chen (Eds.), *Our voices: Essays in culture, ethnicity and communication* (4th ed., pp. 198–202). Los Angeles: Roxbury.
40. Quoted in Gareis (1995), p. 136.
41. Martin, J. N., Bradford, L. J., Drzewiecka, J. A., & Chitgopekar, A. S. (2003). Intercultural dating patterns among young white U.S. Americans: Have they changed in the past 20 years? *Howard Journal of Communications, 14*, 53–73.
42. Taylor, P. (2012, February 16). *The rise of intermarriage*. Pew Internet & American Life. Retrieved August 24, 2012, from http://www.pewsocialtrends.org/files/2012/02/SDT-Intermarriage-II.pdf.
43. Clark-Ibanez & Felmlee (2004); Moore, R. M. (2000). An exploratory study of interracial dating on a small college campus. *Sociological Viewpoints, 16*, 46–64.
44. Martin et al. (2003).
45. Clark-Ibanez & Felmlee (2004).
46. Kreager (2008).
47. Mills, J. K., Daly, J., Longmore, A., & Kilbride, G. (1995). A note on family acceptance involving interracial friendships and romantic relationships. *Journal of Psychology, 129*, 349–351; Moore (2000).
48. Clark-Ibanez & Felmlee (2004).
49. Clark-Ibanez & Felmlee (2004), p. 300.
50. Clark-Ibanez & Felmlee (2004).
51. Root, M. P. P. (2001). *Love's revolution: Interracial marriage*. Philadelphia: Temple University Press.
52. Lee, S. M., & Edmonston (2005). New marriages, new families: U.S. racial and Hispanic intermarriage. *Population Bulletin, 60*(2).
53. Taylor, Funk, & Craighill (2006).
54. Yancey, G. (2008). Homogamy over the net: Using internet advertisements to discover who interracially dates. *Journal of Social and Personal Relationships, 24*(6); 913–940.
55. Grewal, Z. A. (2009). Marriage in colour: race, religion and spouse selection in four American mosques. *Ethnic and Racial Studies, 32*(2), 323–345.
56. Jacobson, C. K., & Johnson, B. R. (2006). Interracial friendship and African Americans' attitudes toward interracial marriage. *Journal of Black Studies, 36*, 570–584; Johnson, B. R., & Jacobson, C. K. (2005). Context in contact: An examination of social settings on Whites' attitudes toward interracial marriage. *Journal of Social Psychology, 68*, 387–399.
57. Preston-McGee, R. (2008, September 30). Interracial marriage: Yes, it's still hard. Retrieved January 30, 2009 from http://www.alternet.org/sex/100981/interracial_marriage:_yes,_it's_still_hard/.
58. Romano, D. (1997). *Intercultural marriage: Promises and pitfalls* (2nd ed.). Yarmouth, ME: Intercultural Press.
59. Cools, C. A. (2006). Relational communication in intercultural couples. *Language and Intercultural Communication, 6*(3&4), 262–274.
60. Cools (2006).
61. Cools (2006).
62. Reiter, M. J., & Gee, C. B. (2009). Open communication and partner support in intercultural and interfaith romantic relationship: A relational maintenance approach. *Journal of Social and Personal Relationships. 25*(4), 539–599.
63. Shalvey, K. (2012, March 15). Facebook to lead 2012 social network growth. Investors.com. Retrieved August 24, 2012, from http://news.investors.com/article/604447/201203151347/facebook-to-lead-social-growth.htm; http://newsroom.fb.com/content/default.aspx?NewsAreaId=22.
64. Yang, P. (2012). Who am I in virtual space? A dialectical approach to students' online identity expression. In P. H. Cheong, J. N. Martin, & L. P. Macfadyen (Eds.), *New media and intercultural communication: Identity, community and politics*. (pp. 109–122). New York: Peter Lang.
65. McKenna, K. Y. A., Green, A. S., & Gleason, M. E. J. (2002). Relationship formation on the Internet: What's the big attraction? *Journal of Social Issues, 58*, 9–31.

66. St. Amant, K. (2002). When cultures and computers collide: Rethinking computer-mediated communication according to international and intercultural communication expectations. *Journal of Business and Technical Communication, 16*, 196–214.
67. Snyder, B. (2003, May). Teams that span time zones face new work rules. *Stanford Business*. Stanford Graduate School of Business website. Retrieved from http://www.gsb.stanford.edu/news/bmag/sbsm0305/feature_virtual_teams.shtml.
68. Online dating statistics (2012, June 20). Retrieved August 24, 2012, from http://www.statisticbrain.com/online-dating-statistics/.
69. Adams, S. (2012, February 13). Silver surfer daters "more honest." *The Telegraph*. Retrieved August 24, 2012, from http://www.telegraph.co.uk/health/healthnews/9080057/Silver-surfer-daters-more-honest.html.
70. Hegarty, J. (2012, May 7). How to avoid online dating scams. Retrieved August 24, 2012, from http://www.omaha.com/article/20120517/MONEY/705179962.
71. Wang, W. (2012, February 16). *The rise of intermarriage*. Washington, DC: Pew Research Center: Social & Demographic Trends, p. 1. Available at: http://www.pewsocialtrends.org/files/2012/02/SDT-Intermarriage-II.pdf.
72. Wang (2012), p. 9.
73. Chaudhry, L. (2003, February 3). Chemistry isn't color-blind. *AlterNet.org*. Retrieved from http://www.alternet.org/story.html?StoryID=15090.
74. Foeman, A., & Nance, T. (2002). Building new cultures, reframing old images: Success strategies of interracial couples. *Howard Journal of Communications, 13*, 237–249.
75. Pettigrew, T. F. (1998). Intergroup contact theory. *Annual Review of Psychology, 49*, 65–85.
76. Johnson & Jacobson (2005).
77. Cowan, G. (2005). Interracial interactions of racially diverse university campuses. *Journal of Social Psychology, 14*, 49–63.
78. Johnson & Jacobson (2005).
79. Kivel, P. (1996). *Uprooting racism; How White people can work for racial justice*. Gabriola Island, British Columbia: New Society, pp. 204–205.

第四部分

跨文化传播的实际运用

PART FOUR

CHAPTER 10
第十章

旅游业中的跨文化传播

章节概要

跨文化传播与旅游业
游客—本地人沟通的特点
旅游业的社会、历史和经济背景
本地人对游客的态度
旅游业中的传播挑战
语言挑战
社会规范与期望
文化冲击
追求原真性
文化学习与旅游业
旅游业、跨文化传播与新媒体
旅游业的政治和环境影响
小结
培养跨文化技能
实践
注释

学习目标

本章读完后，应能够：

1. 识别和描述游客—本地人互动的特点。
2. 理解社会和政治背景如何影响旅游情境下的互动。
3. 描述本地人对待游客态度的变化。
4. 描述游客可能面临的语言挑战。
5. 识别社会标准中的文化差异以及游客所面临的期望。
6. 理解文化冲击在旅游业中所扮演的角色。
7. 描述游客在追求原真性方面的挑战。
8. 描述游客学习本地文化的方式方法。
9. 描述新兴媒体在跨文化旅游业中的作用。
10. 理解各种环境和政治背景对旅游业的影响。

关键词

探险旅游、原真性、边界维护、文化旅游、网络旅游业、生态旅游、本地人、疗养旅游、抵抗、逃避、振兴、社会责任型旅游业、舞台真实、游客、志愿者旅游

自远古时期，人类便开始朝着越来越宽广的方向游历着地球。从仅靠徒步或木船的早期探索到坐着汽车和飞机环游世界的当下，旅游变得越来越普遍。世界旅游组织估计，2012年，跨国旅游的人群达10亿多人——每天多于200多万人。事实上，旅游业是世界最大的行业之一。2011年，旅游外汇收入从2010年的9270亿美元上升到1.03万亿美元[1]（世界十大旅游胜地见表10.1）。此外，还有许多人在国内出游。专家估测，美国人每年以休闲为目的的旅游次数达15亿。[2]

表 10.1　2011 年世界十大旅游胜地

1	法国	6	土耳其
2	美国	7	英国
3	中国	8	德国
4	西班牙	9	马来西亚
5	意大利	10	墨西哥

资料来源：《2011世界十大旅游胜地——名胜古迹（2012版）》，世界旅游组织，经允许转载。

你知道吗？

不同类型的游客经历提供了各种各样了解跨文化遭遇的机会。最常见的情况如下所示。你曾经有过这类体验吗？你想要经历这些事吗？

- **探险旅游**，即去到偏远的或是奇异的地方旅行，以便进行一些刺激的户外活动。
- **生态旅游**，即去未经破坏的地方旅

行，同时要求对自然环境只能造成最低程度的影响。
- **文化旅游**，即强调要学习该地的历史、语言和当地独特的文化。
- **疗养旅游**，即为了在当地进行医疗而去的旅行，大多数是去做整容手术。
- **志愿者旅游**，即把旅行和加入志愿服务的组织结合起来，通常去世界上一些公共服务水平低下的地区。

一些文化团体仅需要与外界保持有限的接触，且往往仅限于商业层面，对于许多门诺派和阿门派都如此。图中为一个门诺派女孩在墨西哥齐瓦瓦卖芝士的情景。

几乎我们所有人都曾是游客或有一天也会成为游客。作为**游客**，就可能会游历到其他地区，如参观在亚利桑那州举行的一年一度的纳瓦霍族部落美食节或去宾夕法尼亚州盖茨堡著名的内战基地，或者像许多大学生一样来一场国际旅行，如随同一个高中合唱团来一次穿越欧洲的巴士旅行，跟随某运动队去加拿大来一场篮球巡游，或参观日本抑或乌克兰的遗址。（常见的旅游类型可见"你知道吗？"）无论如何，旅游业为跨文化交流提供了足够的机会。

这些交流可以是积极的，正如我们的学生萨拉随同其学校的高年级学生去意大利旅游时的体验一样。她欣赏了大量的意大利艺术和历史，并且对所见到的双语意大利人士持有崇拜之情。这是她第一次出国，当时也不知道结果会怎样。

我还记得刚下飞机那会儿，对周围的环境充满陌生和不安。这次旅行一共持续了两周，我们游历了罗马、威尼斯、阿西西以及帕多瓦。期间我了解了许多意大利文化，但最让我记忆犹新的是我们见过的大多数意大利人都说英语，而我们却基本上不会说意大利语。

相较于萨拉的经历，有些旅游过程中的交流场景却带有怨恨和权力差异的色彩，以下为拉厄的经历：

我曾经全家一起去过墨西哥，在那的经历可能会永远让人难忘，无法改变。那段经历不是很愉快，并且影响了我对经济贫穷地区文化的观点。正是因为这段经历，我不再有欲望去参观类似的地区，即使真的有"美不胜收的景点"，去一个地方唯一留下"我去过那"一点都不值得。我确有打算将来会再来一场出国旅游，但是我打算首先了解一些文化差异以及更多的基本礼节。墨西哥经历之后，我不要再次成为天真的游客。

所有的这些都涉及跨文化传播。在旅游业中，一般的跨文化情境是怎样的呢？文化差异对传播有着怎样的影响？社会结构对游客有着怎样的影响？政治和经济状况如何影响游客的交流？在这些场景下如何提高沟通的效率？本章将探讨以下问题：首先，描述了本地人—游客相遇时互动的特点及其发生的更大的（历史、政治）背景。然后，探讨了旅游业中的传播所面临的挑战，以及旅游经历如何有助于文化的学习和了解。最后，探讨了新媒体的作用以及旅游业的政治和环境影响，并且指出了一些能够更好地帮助我们进行沟通的技能。

跨文化传播与旅游业

游客—本地人沟通的特点

我们来重点描述游客—**本地人**之间的交流和沟通。这种场景下的交流与我们日常生活中的互动有什么不同呢？专家表示至少有以下特点：短期或暂时的、具有商业化性质且通常还涉及权力动力学上的不平衡。[3] 以塞纳在印度曼尼普尔邦的旅游体验为例。旅游回来后和朋友谈及曼尼普尔邦的女性待遇，她说相对于印度其他地区的女性，途中所见到的女性更像西方女性——包括她们穿的衣服以及职业。但是，她和曼尼普尔邦女性接触的经验仅停留于表面。如果她留在那更久些，了解更多的文化特点，她可能会发现，其实即使曼尼普尔邦的女性有一定的社会经济和教育自由，但在重要权责的决策上，女性的主导权仅限于家庭范围内。

塞纳的经历和体验说明，大多数旅游顾名思义是短期或暂时的。游客很少在一个地方待很久，并且通常与所在国人们的互动非常少。事实上，一位作家曾经写道，游客坐在旅游车上穿梭于一个国家时其实就是在看一部无声电影，只有导游的声音充当背景音乐的作用。[4] 这意味着游客和本地人或从事服务业的从业人员之间的大多数接触和互动是非常简短的，正如上面的例子所描述的。在这些简单的场合下，只能依靠游客片刻的经历留下持久的印象。由于许多

你怎么看？
根据美国统计部门在 2011 年财政年度的统计，超过 1200 万人获发有效的美国护照。然而，常常有评论认为美国人对其他国家知之甚少，旅行经历也乏善可陈。考虑以下情形：（1）如果你有一个简短的展示其他国家的机会，你会选择哪个国家？（2）这个国家和人民的哪些信息是你认为需要重点强调的？（3）这幅场景让你知道了你对美国以外世界的了解到怎样的程度？

游客在一个国家待的时间是有限的，缺乏当地基本的习俗知识和动力去深刻了解本土文化。因此，他们的印象都是基于浅显的基础之上，并且还可能延续以往的刻板印象或理解不当。[5]

其次，大多数本地人—游客间的互动是出于商业角度的。这种商业化的人际关系在一些以大度热情为标准的发展中国家具有巨大的影响。人们往往会邀请参观者甚至是陌生人吃饭或参加社区活动。他们甚至会送礼物以示热情。随着旅游业的发展，曾被认为是个人或社会生活一部分的物品和服务被商业化，被作为商品让游客购买。所以这些简短浅显的互动具有可预见性、拘泥于仪式，使游客很少能有机会参与到与本地人真诚的社会互动中。

最后一个游客—本地人传播的特点是互动的不平衡性。首先，本地人和游客对于旅游业的意义有着非常不同的看法。对于游客来说，"旅游"是休息时间，脱离正常工作时间的休息，渴望新奇的事物，逃离家里枯燥的生活。然而，对于许多以旅游业为工作的本地人来说，是耗人心力的体力劳动、家庭压力和商业化的文化。此外，游客、本地人和服务人员通常有不同的社会经济背景，游客比他们的活动对象具有更优先的经济和社会权利。虽然游客因为不懂当地语言而处于劣势，但是他们在"购买"本地人的服务这一点被赋予了更重要的特权。依据当地经济实力，本地人的生存根本可能取决于游客的购买力。

这种不平衡对本地人和游客之间的沟通有着怎样的影响呢？首先，处于权力弱势的一方往往觉得需要顺应权力强势的一方。例如，本地人必须学习游客的语言或为了防止丢失经济利益，他们可能会感到必须提供最好的产品和服务的压力。但最重要的可能是，他们可能会有一种被光顾的心理体验，或者与游客不在一个层次上的认可——从旅游业的方方面面，从他们的语言，到他们在诸如纪念品、住宿以及其他的商品和服务等商业交易中所受到的待遇等。在经济贫困地区养活全家的压力，以及认为游客都很富裕的认知，会导致过高收费的现象。正如一个肯尼亚学生所说的，

从国家的角度上来说，肯尼亚非常重视旅游业，因为它是收入的主要来源，并且本地确实有许多类似于美丽的肯尼亚海岸等较大的旅游景点。对于本地人来说，游客都是有钱并且喜欢享乐的人。因此人们很热情，并且为游客提供很好的服务，因为游客会给很多小费。本地人可能会对所卖的商品过度收费，因为游客住在昂贵的酒店和旅游胜地，因此他们有很多钱。

权力不平衡的最终结果是导致游客怀疑本地人，并且会感觉被

> **流行文化聚焦**
>
> 电视和电影的旅游业早已有之。这类旅游业兴起于21世纪早期的《指环王》（Lord of the Rings）三部曲，当时数以千计的人们涌入新西兰，去到大片拍摄的地方游玩。事实上，当游客到达惠灵顿机场，就会发现咕噜悬挂在机场入口处欢迎大家的到来！影迷效应直接带来了真实的旅游收入；三部曲之后，新西兰的旅游业增长了400个百分点。其他旅游目的地也用电影拍摄地作为最有效的营销手段。例如，众多《饥饿游戏》（Hunger Games）的粉丝都去到北卡罗

占便宜了而有一种憎恶感。但是，影响游客和本地人之间权力不平衡的因素有很多。一位在西班牙度假的中产阶级英国商人与一个本地餐馆经理之间互动时可能没有较大的权力不平衡。但是，由于互动的商业性，双方的关系依然是不平衡的。

旅游业的社会、历史和经济背景

作为游客，我们可能无意中会碰到这种情况，即过去或现在的社会和政治事件影响着我们与本地文化成员的互动。我们来简单地探讨一下。例如，我们之前谈论的一些游客——本地人权力不平衡来源于政治历史。这些不平衡关系的极端情况往往在发展中国家或仍然有殖民主义存在的殖民国家的旅游业中更能体现出来。[6] 例如，一项针对在亚洲背包旅行的研究体现了西方背包客的巨大影响力。这些背包客决定了哪些地点和社区会从旅游业中受益，并且他们还要求本地人提供他们背包冒险所需要的体验服务——往往是以本地背包客的偏好为代价。[7] 他们不一定对与本地人建立真实关系真的感兴趣，而只是将他们视为一群刚好住在异地的人。这种旅游业被视为一种与第三世界人们形成的"殖民"场合。[8]

因此，旅游互动发生在复杂的社会和经济背景下。一方面，旅游业能够为本地社区带来利益：本地商业因为旅游业而繁荣，而与游客之间的互动能够形成一种文化自豪感，同时为本地居民提供一个探索外界世界的窗口。另一方面，也有一些负面影响，尤其是在较小的经济不够发达的社区。旅游业可导致较高的犯罪率、交通问题、家庭生活的困扰、酗酒及嗑药问题、犯罪和性乱交。有些海岸沿线社区会受到所有这些负面的影响，因为冬季时会有成千上万的游客聚集于此。肯尼亚学生是这样描述旅游业的负面影响的："年轻人开始排斥传统的肯尼亚价值，模仿西方游客的着装方式，并且会被游客的金钱所诱惑。"

联合国强调将旅游业作为解决某些发展中国家（25亿人每日的生活费少于2美元）严重经济失衡的一种方式。在49个欠发达国家中，有46个国家依靠涉外旅游作为收入的主要来源之一。联合国与地方政府、企业和社区共同启动的STEP项目（可持续旅游和反贫困）确定了150个潜在的项目，促进了30个最贫困国家旅游业的发展。[9]

这些复杂的社会、经济和国家背景影响了本地人对游客的态度。

来纳州的拍摄地，直接给该州旅游业带来巨大增长。很显然，斯德哥尔摩（瑞典）正在经历相同的旅游业增长，因为斯蒂格·拉赫松（Stieg Larsson）的《龙纹身的女孩》（*The Girl with the Dragon Tattoo*）三部曲，在过去两年间有20万游客突然涌入该地。（资料来源：http://www.hollywoodreporter.com/news/dragon-tattoostourism-effect-275144）

本地人对游客的态度

鉴于上文描述的社会和政治环境以及本地人和游客之间不平等的权力关系，与游客相处对于某些旅游国家的人来说是一个复杂的过程。本地居民的态度会经历逃避—抵抗—边界维护—振兴—接受的过程。[10] 一些对旅游业不热衷的社区可能仅仅持**逃避**或避免与游客接触的态度。这种情况尤其常见于经济依赖于旅游业但某些社区又感觉受到游客的侵犯的地方。旅游业的不利之处在于拥挤的街道、交通和商店。旅游季期间的高需求导致食品及其他商品价格昂贵，从而导致本地人收费过高。诸如，水及环卫系统等稀缺资源可能给当地人们带来巨大的压力，这时游客可能会无意中触犯当地民情。例如，地中海一带的小村庄的居民经常会对衣着暴露的游客行走在保守村庄的街道上或裸上身漫步在沙滩上而感到吃惊不已，甚至有一种被冒犯的感觉。

游客与本地居民之间的互动往往是肤浅而短暂的。最常见到的旅行行为就是像图中情侣这样在景点前来张自拍。然而，与美国人互动会了解更多的美国文化。

还有一种现象让本地居民退避三尺：在欧洲旅游区的许多小村庄，居民抱怨道游客会自由闯入其庭院窥探他们的房子。美国游客访问印第安保护地带时也发生了同样的现象。他们有时候会闯入普韦布洛居民个人空间的界限，或未经允许抱起当地居民的宝宝。当地居民如感受到严重侵害时，他们可能会采取一些方式**抵抗**游客入侵。当然，这些方式相对比较被动，如抱怨发牢骚或背后谈游客的八卦，或者对难缠的游客产生一些诋毁性的印象。例如，许多地中海旅游地带都盛传着德国人的傲慢无礼、丹麦人的喋喋不休和瑞士人的吝啬小气。

你怎么看？
詹姆斯·克利福德（James Clifford）在他的论文"旅行文化"（Traveling Cultures，发表于《文化研究》（Cultural Studies)，罗德里奇出版社（Routledge），

抵抗也会有更加坚定的形式。例如，对粗鲁蛮横的游客，墨西哥景点的从业人员会偶尔装作不会讲英语。本地人如感到旅游业已完全超越了他们的忍受底线时，他们可能会借助有组织的抵抗运动甚至是暴力予以反抗。例如，有一个暴怒的纳瓦霍人开枪打爆了游客的汽车轮胎，因为这个游客居然私自闯入纳瓦霍人的木屋对他们一家吃饭的情景进行拍照。[11]

本地人和游客之间互动时的**边界维护**在美国某些文化中是一种普遍的反应，如阿米什人、哈特教派或门诺派，他们不希望与游客有过多的互动。阿米什人可能与游客会有少量的接触，但仍然会与外来者保持一定的距离，而且经常会背对相机，因为相信这样做是服从了《圣经》里面的第二诫命（《出埃及记》20:12："不要以偶像的自我形象示人。"）他们只有忽略或忍受着游客的注视以及带有侮辱的摄影才能继续生活下去。[12]

在有许多阿米什人和门诺派居住的宾夕法尼亚州兰开斯特县，有许多商业模仿类的文化元素，例如"阿米什村"或"阿米什农家"，演员扮演着阿米什人的角色来向游客传授阿米什人文化的相关知识。即使这样，真正的阿米什人和游客之间仍然保留有一种界限。然而，由于不断上升的土地价格，越来越多的阿米什人无法从事农业活动，如今越来越多地依靠旅游业，因而与游客的互动愈加直接——将他们的家改建成小旅馆，同时出售被褥、工艺品和阿米什食物等。

游客对本地人还有一种影响，即经济**振兴**和对旅游业的接受和认可。有些地区通过推进旅游业使得经济获得复苏——如殖民地威廉斯堡和以殖民建筑为特色的新英格兰的许多小镇。各群体可能会投入一些钱来吸引游客，也或者稍消极一些，接受旅游业但仍保持边界。有些群体则全身心推崇旅游业，与游客进行热情互动，将旅游业视为其社会和文化架构的一部分。如图姆斯通、美国亚利桑那州等小城镇和季节性的海滩以及滑雪城镇等都借助旅游业作为其经济支柱。

通过营销其文化，当地居民有时会重新认识其发展历史和传统民情，然后开始认清自己的价值。他们会建博物馆以吸引游客，同时学习自己的民族文化和风土人情。或者他们也会设立文化遗址公园、各种节日以及手工制品市场，以对本土文化进行保护。在一些人口骤降的贫困地区，旅游业具有振兴经济或阻止人口减少的效应。然而，居民往往不可能在经济振兴和文化营销所创的利润上得到公平的划分。

当然，同一群体内可能会有各种不同的行为反应。有些倾向于

1992年〕认为，我们在旅行过程中，事实上参与到了更多的社会关系中，远超我们想象：跟女仆、侍者、导游的关系，等等。在你曾经去其他国家的旅行过程中，有哪些人为你提供帮助而你却没有注意到的？

你怎么看？
当我们说到度假或是旅行，我们经常会想到出国，或者至少要去某个度假区。你是否想过在你居住地周边能干些什么？

远离人群的居民与游客的互动比较有限，而其他人可能比较推崇旅游业，欢迎参观者。因此，群体成员间在沟通时也可能会导致摩擦。

旅游业中的传播挑战

作为一个旅游业跨文化传播专业的学生可能面临许多有趣的传播挑战，包括（1）面临一门外语的挑战；（2）遵守社会规范；（3）克服文化冲击；（4）追求原真性。

我们来分别探讨这些挑战。

语言挑战

语言通常是游客面临的第一挑战。人们不可能会学习一生中所有可能去到的地方的所有的语言，而不能够理解当地人们的讲话令人相当懊恼。这也是文化冲击的一部分。即使去到一个人们和你说同种语言的地方也可能会遇到语言挑战。例如，我们的学生吉纳维芙描述了她十多岁时全家人一起去澳大利亚的经历。

当地各种不同的俚语是此次旅行中最艰难的部分。即使他们也说英语，但澳大利亚人所使用的俚语或谚语对于我来说完全不知所以然！我和我的家人甚至买来一本搜集谚语的书，以帮助我们理解所听到的一些事情。

对于各种不同的本土文化语言的期待可能也有所不同。游客有时需要用当地语言与人沟通，而有些文化则会对游客提供更多的语言帮助。我们的学生阿普里尔在16岁时随同其高中同学一起去法国旅行，而同时一群法国的学生来到她的家乡参观。她回忆着这段经历：

我们到达的第一天，每个人都说英语。到酒店后，发现那里的每样标示也有用英文标示。由于我们没有一个人会流利地说法语，会专门有一个会说英语的人陪着我们，愉悦地帮我们翻译。我感觉这次的旅行非常棒。

但是，当她回到家之后，她发现法国学生的经历和体验截然不同：

大家都以为他们懂英语，因此我们学校里没人特意为他们找一个翻译。他们需要依赖于自己小组里面会流利说英语的成员去完成最简单的事情，如乘坐公交车。在宴请他们时，会英语的法国人还必须得不断停下正在享用的晚餐为其他同学做翻译。我确信他们回去后也没办法谈及很多有关于我家乡的事情。

信息频道

你的钱在另一个国家可以用多久？在旅行之前，也许你想要了解当地的汇率，和你在目的地国家要花多少钱。去www.xe.com找汇率计算器吧。

社会规范与期望

很多文化规范会对游客与本地人之间的跨文化传播产生影响。一些最为紧要的规范是关于公共场合的举止、购物和交流风格的。

公共场合的举止　我们在第六章说过，关于非语言行为，不同文化之间相差甚远。对公共场合行为来说也不例外，有很不拘小节的，比如，美国；也有更加正式的，如很多其他国家。有时这些规范与宗教信仰或传统有关，如穆斯林、阿米什人，还有一些由宗教决定其外貌的文化（见"信息频道"）。

在一些文化中，街道上遇到的陌生人会相互问候，有所互动。例如，在埃及和许多北非国家，街道上会有很多互动的声音，店员会问候每个人，小孩也会与陌生人讲话，尤其是游客。在美国，陌生人可能会在公众场合下有所互动，如在收银台排队时、飞机上或运动场上，有时甚至会对着陌生人微笑。然而，在某些国家，如欧洲的一些国家，很少有人会对陌生人微笑。在日本，公众场合下陌生人之间少有互动，无论是言语上还是非言语上。[13]

餐厅礼仪会表现出另一种沟通上的挑战——从用外语订餐到正确地使用餐具。我们的学生马修发现巴黎的用餐礼仪上有个不同点：

我习惯了直接用手吃汉堡或披萨之类的食物，或者如果有纸巾的话，再用一张纸巾。但是在巴黎，像这样用手抓食物来吃被认为是不得体的。这种变化还是蛮有趣的，因为我一直都认为这些食物是用手抓的，自然以为每个人都是这么想的。

另一个学生（左撇子）在日本冲绳一个小村庄停下来用午餐。

我们点完餐之后，正吃着时我发现所有人都盯着我看。刚开始我以为那是因为我是一个白种人，但事实并非如此。因为当我开始吃时，一个年长瘦小的冲绳妇女来到我们旁边，将我左手握着的筷子放在我的右手上。我很吃惊地点了点头，等她走后才又将筷子从右边换到左手。这种事情一共发生了三次；每次我也都保持着礼貌。最终，我发现用左手吃饭是邪恶生灵的标示，这样做是很不好的。（我后来学习了用右手使筷子）

当然，公众场合下发生的互动类型取决于许多因素，包括城镇的大小和对于男女互动的文化标准。我们的学生香农描述了她和她母亲游历墨西哥时的经历：

当我们沿着街道橱窗购物时，一些人对我们吹着口哨并且大声喊叫。我们都非常生气。在吃午餐时，我将这件事情告诉给服务员听，

> **信息频道**
> 游客到意大利著名的大教堂，如罗马的西斯廷大教堂或者佛罗伦萨大教堂游玩时要注意，这些教堂对着装有所要求。女士必须穿裙子，男士则要穿长裤。游客手册建议，女士可以在背包里放一条轻便的裙子，以便能快速套在平常穿的衣裤外面。

想知道街上的那些人是不是太无礼了还是只是在取笑我们。他告诉我们，那种行为其实是一种赞赏。我突然意识到，我们的反应似乎不是那么恰当，不过我们也确实只是不太习惯。

这种互动方式在许多倾向于公开欣赏女性外貌的文化中都很常见。法国的女人感觉自己在美国的存在感很弱，因为没人注意到他们，不像在法国，处处都能受到他人公开的赞扬和欣赏。

购物 购物过程中的交流规范在各种文化中也各不相同。其中一种购物规范与触摸商品相关。在美国，购物者可以触摸商品，在购买前也可以试衣服。然而，在许多文化中，人们不能随便触摸商品，而且只有差不多确定要买时才能试衣。在欧洲的许多国家都如此。同样，在日本，顾客与店员之间的关系也非常商业和正式。人们只有在必要时才会开口说话。店员也只是说"谢谢"，而顾客除了在决定购买时才会与店员有互动。但是，在美国，店员都会与顾客有些交流，首先会说"您好"，然后"有您喜欢的东西吗？"等。有时顾客甚至会在杂货店与收银员聊他们私人的生活，而这种情况在日本绝不可能发生。

> **你怎么看？**
> 一个人在去往另一个国家旅行前，必须考虑哪些政治因素？穿越墨西哥边境时，游客会在途中遇到各种小贩，他们会在街边一直对着你叫卖，喊出的价格也越来越低。在许多其他国家，如海地和老挝，美元可以"走很远"。许多国家没有像美国一样的经济地位，你去这些国家旅游时，会带着什么样的伦理思考（如剥削）呢？

很多旅游团在游览不熟悉的地方时，要依赖导游。导游变成了旅游团的"文化经纪人"，解读当地语言历史与文化传统。

第二种购物规范与讨价还价相关。各种文化中对于讨价还价的期望也不同。例如，在美国的大多数交易中，商品的价格是固定且不可议价的。但是，在许多国家，购物者往往都会讨价还价；通过讨价还价，人们之间有了交流和联系。由于游客与当地人之间的资源差异，一些游客认为这个很困难而且让人晕头转向。人们是应当直接顺应当地习俗进入讨价还价的过程还是就支付标价就可以了呢（毕竟游客往往拥有更多的物力和财力）？一个去墨西哥游玩的学生在遇到一个很疲惫的街道小贩时描述了这样尴尬的场景："他们竭尽所能地说服人们购买，我有一种不太舒服的感觉。有关于商业关系的不自在感和迟疑感让我重新审视着人性。这种感觉迟迟无法退去，让我倍感疑惑。"[14] 当面对他人的贫穷时，我们会对第一世界的状况感到不适，这也凸显了游客和当地人之间的经济差异。

文化冲击

正如第四章谈及的，在一种全新的文化情境下往往会导致文化冲击——迷惑和痛苦感。当然，语言挑战和不同的社会规范能够引发这种感觉，但有时看似琐碎世俗的挑战，如驾车，也会导致这种感觉。我们有一个去英国旅游的学生这样描述道，

让人不习惯的是：方向盘在车的另一侧，驾驶偏向另一边，街道上的指示也与美国的不同，所有的道路、车辆、房子都是那么小。在那最让我倍感压力的就是作为乘客坐在车里面的感觉。每次左转时，我都会担心会出车祸，并且弓着身子找掩护的东西。

当然，有时候游客很少会接触到当地文化，从而受到文化冲击的概率也比较小。文化冲击的程度可能也取决于当地文化与游客家乡文化的不同程度。例如，当我们的学生乔丹带着他的祖父母一起去加拿大旅游时，他基本上就没感觉到文化冲击，因为语言是一样的（他们参观的都是加拿大说英语的地区）。当他与教堂唱诗班一起参观奥地利时也基本上没感受到文化冲击感，因为观光时他都是与唱诗班的人一起，并且导游也是说英语。他们总是团体一起吃饭，待在同一个酒店。因此，他其实很少会有跨文化的互动。

相对而言，当他与他的父亲（亲眼目睹过越南战争）一起参观越南时，他经历了相当大的文化冲击："那边好热，他们说的话我一句都听不懂，食物也好奇怪。我以为不会那么严重，毕竟曾经也去过国外，但确实感觉在那边生活起来好困难。"事实上，旅行的生理心理方面对于游客来说确实有诸多困难。对于短期旅行，身体没有时间适应新的气候条件或新的食物和饮食习俗。而疲劳感或不适感往往会影响到与他人的交流和沟通。

记住，这只是游客经历的文化冲击，问题不在于文化本身。然而，受到文化冲击的游客总是将原因归咎于当地的方方面面。例如，他们会因为上菜不够快而对服务员很生气，或抱怨菜品的味道或观感，抑或对当地的文化持偏见或屈尊俯就的态度。这种行为对于本地人们来说也是一种挑战。面对粗鲁无礼的行为时，本地人很难想到游

流行文化聚焦

最近你是否听说有一种旅游项目，叫"贫民窟游"？电影《贫民窟的百万富翁》（*Slumdog Millionaire*，2008）讲述了一个生活在全世界最穷最挤的贫民窟的孤儿，在电视节目"谁想成为百万富翁"中成功的故事。这部大片带来了不太可能发生的旅游业商机：贫民窟游。片子里小男孩居住的杂乱的贫民窟里到处都有旅行团，都是外国游客。但在国内，这些旅游引发了激烈的争论，被批评为"贫穷旅游业"。你认为这些人是出自真心想要了解社会公正，同时对社会公正也怀抱热情吗？或者，他们只把这看作是一种奇观，参观贫民的居住地，就像去动物园看动物一样？

一些游客的经历代表了一套被包装好的国家或地区的历史,如费城独立广场上这个扮演的18世纪织蕾丝殖民时期的活动。假如分别从印第安人和奴隶的视角来讲述的话,殖民历史的呈现会有怎样的不同。

客抱怨他们的服务其实只是在发泄自己因为文化冲击或疲惫感而产生的沮丧情绪。

或许不只是游客会经历文化冲击,对于本地人来说,也同样遭受到冲击。这种情况对于双方都有压力感,因为游客和当地人都面临着新的价值观和行为以及不确定性。他们都需要从某种程度上去相互适应。而当他们以往的跨文化经历较少时,当地人和游客很可能经历的冲击程度更严重。

追求原真性

原真性在游客—本地人相遇的场景下往往是一大挑战,对于那些目的在于文化遗产鉴赏性的旅游尤其如此。许多游客认为去所到之处体验"真实的"而非仿真的文化传统很重要。他们希望有一种独特的体验:一些与自身截然不同的文化生活。本地人有时会觉得必须让游客体验一种异国他乡的情调,以此来吸引游客——有时要求他们篡改其日常文化生活的真实性。[16]

当地社区——尤其是那些与文化旅游相关的地区——所面临的一大挑战是:一方面要体现自己真实的文化传统;另一方面又要吸引游客的兴趣,从而在两者之间获得一种平衡。游客会误以为他们所看到的都是真实的文化——而事实上当地人篡改了其文化传统,目的只是为了取悦游客——展示的只是某些学者所谓的"**舞台真实**"。[17] 例如，中西部和西南部的美国印第安人会着传统的礼服在旅游中心跳舞，游客都以为他们看到的是印第安人"真实的生活方式"。尽管舞蹈可能是真实的，但这是美国印第安人生活体验的一小部分，而这种礼服只是在特殊的日子才会穿上。如此一来，游客对当地印第安人的日常生活则形成一种片面且一成不变的印象。

不知不觉地，游客对于原真性的追寻最终可能导致她或他遇到的正是自己试图避免的——一种"非真实的"文化体验。因此，作为一名游客，你可能会提醒自己，所有的社会都会演变；没有任何一个群体（包括你自己的）会停留在原地，希望不发达社区仍然保持科技滞后和原生态的生活，这带有明显的民族主义中心色彩。[18] 还有一点需要注意的是，当地居民是跟你一样的人，每天面临着各种现实生活而非历史事物的挑战，他们的文化生活只是为了取悦游客以及让他们购买而已。

文化学习与旅游业

某些游客—本地人之间相遇的场景不仅仅止于观光这么简单，学习当地的文化是许多游客的目标。一起吃饭时、一次长久的对话中或只是参与到当地文化活动时，经常会无意中发生这些事情。一个加拿大学生描述了这样的一种场景：

我在法国安提里斯有个最好的体验，我们遇见了一对年轻的荷兰夫妇。他们第二天要去蒙特卡洛，让我们一起。我们挤进一个很小的可折叠式雷洛汽车，度过了精彩的一天。大家有使用丹麦语的，有讲法语的，也有说英语的，我们都尝试着相互了解。认识他们是一件非常美妙的事情。[19]

人们在本书中诸多传播指南的引导下，甚至能够在很短的时间内就能学习到本地文化，这些指导性原则包括：仔细观察、关注自己和他人沟通的内容，同时对他人的生活方式持灵活和开放的态度。我们的一个学生迈克拉高中时陪同她的祖父母一起游历伦敦，她对在那了解的文化生活是这样描述的：

在伦敦，人们白天往往会在餐厅喝茶打发一些时间，相对于美国人，在这些餐厅里度过更长的时间。他们通常非常珍视自己的休闲时间，不会总是匆忙来去或看起来"压力山大"的感觉。我感觉如果美国人能够放慢一下脚步和节奏，他们一定会惊讶于生活有时是多么的美好。

> **你怎么看？**
>
> 旅行常常会挑战游客原有的文化信仰和生活方式。对于女同性恋、跨性别者、变性人和男同性恋，要知道旅行并不仅仅是愉悦的，同时也是复杂的，因为有些地方对他们来说并不安全。2011年3月，3位美国的男同性恋者在圣卢西亚（St. Lucia）以租房的方式短期旅游，结果遭到抢劫和攻击，我们能从这类反同暴力事件中学到什么？戴着面具的抢匪闯入了他们的小屋，在袭击他们的过程中对他们的同性恋身份进行大肆辱骂。此外，2007年，一群同性恋组织的工作人员在爱尔兰的德里（Derry）遭到暴力驱赶，当时一群喝醉酒的年轻人用瓶子和石头攻击他们，还用反同的脏话对他们进行辱骂。

她总结道，"无论差异多大，当你感觉到能够了解到他人的文化并且还能适应，那种体验是多么美好和正面。太刺激啦"。

鉴于社会、政治和历史背景，以及多种旅游场合下的经济失衡，本地人和游客之间何时才能有更积极的情感互动？何种情况下可能会有消极的结果？事实上，当游客显得友好、彬彬有礼，并且对所游玩的国家和文化表达出强烈的兴趣时（除了对海滩和游乐性的场所感兴趣之外），当地居民更倾向于对游客以礼相待，充分展示自己文化的特色，而且更乐于与游客互动。如果游客借助于一切机会与当地人进行更深入的互动，甚至有可能达到共同理解、文化学习和交流以及获得持久不变的友谊。

然而，当游客参观一些历史上有过纠纷的地方（如美国人去中东游玩）或者以往对当地的文化基本没有了解，并且与当地人交往互动比较浅显时，游客—本地人的相遇可能会充斥着消极的态度和愈加根深蒂固的成见。此外，如前文所指出的，当来自第一世界且拥有强大经济支撑的游客去到发展中国家并且对本地人表现出不屑一顾的态度时，可能会让本地人对其憎恨有加，从而游客对于当地文化的了解也就没有那么深刻了。

还有一种旅游业，集文化学习和伦理性的跨文化交流于一体，同时强调旅游业积极的经济、社会、文化和环境影响，这种旅游业被称之为**社会责任型旅游业**（如表10.2所示）。许多游客支持这一举动；除了简单地享受旅游，他们还希望对当地国家的了解更多，见到更多本地人，减少其游玩带来的负面的环境和社会影响。[20]

表 10.2 社会责任型旅游业的目标

- 为本地人创造更大的经济利益，提高本地社区的福利；完善行业工作条件和门槛
- 让本地人参与到影响其生活和人生机会的决策中来
- 对自然文化遗产保护和世界多样化的维护做出积极的贡献
- 通过与本地人更有意义的联系为游客提供更多愉悦性的体验，同时对本地文化、社会和环境问题有更深入的理解
- 减少对经济、环境和社会的负面影响
- 对文化较敏感，让游客和本地人相互尊重，树立本地人的骄傲和自信

资料来源：负责任型的旅游手册2006，由《旅游学习关系刊》发布。

旅游业、跨文化传播与新媒体

新媒体在跨文化旅游场景中扮演的角色是什么？我们至少能够想到三种方式：（1）使用新媒体在旅行前查询信息；（2）旅游期间利

用新媒体；（3）利用新媒体作为现实生活中跨文化体验的替代品。

首先，游客从网上搜集到大量的文化信息，以便为跨文化旅游交流更好地准备。选择任意旅游目的地，可以发现足够的货币、食宿、语言、交通类信息和推荐，以及一些有关于文化标准和惯例——确保成功游览的守则。

然而，我们还应思考这些景点是如何"被包装"和营销的。人们/文化是以现实的方式还是以传统形象体现出来呢？特定的受众或市场是否会导致旅行社将国家居民以讽刺或传统形象来刻画？例如，非洲政府和旅行社有时会以极端的形式来推销自己"独特的"文化。在"性"方面旅游业市场较大的泰国，旅行社将泰国的女性刻画成具有异国情调、被动、放荡且乐于取悦西方游客的形象。同样地，巴西的旅游业也重点突出巴西女性放荡的一面[21]，而冰岛的旅游业也将重心从令人惊讶的自然地理奇观（间歇泉、冰川和温泉）转移到冰岛的女人们，将她们刻画得美丽大方、性感妖娆（这对于一个性别平等的国家来说很有意思）。[22] 对于跨文化传播的学生来说，问题应当是：这些通过新媒体散发出的形象如何影响着游客与冰岛、巴西和泰国民众（尤其是女性）的互动呢？

其次，需要考虑的问题是，游客在参观其他国家和文化时如何运用新媒体。当然，新媒体——尤其是移动科技，在寻找食宿和获取有用目的地信息时提供了很有用的帮助。你可以通过 Facebook 和 Twitter 与家庭和朋友建立联系，发布一些旅游的照片，开通一个微博日志——不仅仅是保持联系，同时也为他人提供一些有用的旅行小贴士。[23] 而家庭成员也会轮流撰写其家庭旅行日志，记录其在乌干达、印度、中国、越南和许多其他国家有趣的跨文化经历。

然而，一些游客运用社会媒体可能使得与本地人之间的互动极少。一个学生在德国留学期间叙述了以下经历：

在度假期间，我与一群国际生乘坐了一班穿越阿尔卑斯山的列车——冰河快车。车上还有一群年轻的美国学生。我注意到他们大多数时间都在玩手机、发信息、拍照，而没有多少人留意此时此刻的体验。

值得注意的是，有些留学生管理员会限制国外的学生使用社会媒体的时间——从一定程度上确保学生与本地文化的互动，避免其将所有的时间花在与其家乡的人们联系上。[24]

最后，我们从新媒体的角度来考虑**网络旅游业**或虚拟体验——一种允许参与者通过新技术去旅游的旅游形式，没有所谓的时间、距离、开支以及人类脆弱性的限制。然而，他们也可能会展现一些非自然类景观，那种体验貌似完美、商品化，并且越来越依赖于科技，以此来逃避现实。[25]

旅游业的政治和环境影响

我们也需要考虑旅游业的政治和环境影响。"9·11"事件表明，政治事件对旅游业具有重大影响。这种恐怖主义行为具有深远的影响，包括航空公司、酒店及旅游业其他产业利润的下滑；安全性的保障得到提升；同时，许多人也开始惧怕飞行。而这段时间不仅只是影响了美国，全球旅游业都开始陷入低迷。对于旅游的信心渐渐恢复之后，世界各国不同地区随之而来的恐怖主义袭击又再次将其削弱。

政治动荡对于旅游业可产生毁灭性的后果。例如，在游猎胜地东非，由于随时可能发生恐怖活动，其旅游业也开始下滑。[26] 埃及、叙利亚、黎巴嫩和其他东非国家，由于其社会和政治动荡，其2011年的旅游业大幅下滑。然而，沙特阿拉伯的旅游业增长了60%，可能是由于政府采取的积极措施来促进国家经济中旅游业的发展。[27] 同样地，以色列的旅游部门也竭尽所能地反对负面的媒体报道，导致其2012年第一季度的旅游收入达到历史新高。[28]

即使只是对政治问题的感知都有可能影响到旅游业。巴基斯坦的旅游业受到恐怖主义的严重影响，因为国外或国际航班都将巴基斯坦贴上"不安全目的地"的标签。[29] 对于墨西哥和某些因为国内动乱和违法毒品贸易等冲突而被认为不安全的南美国家也是如此。

旅游业有时可加剧或酿成政治紧张关系。以乞力马扎罗山为例，名义上说，其旅游景点是坦桑尼亚，但最为壮观的景观其实在肯尼亚乡村。此外，肯尼亚人民相信，乞力马扎罗山原本是属于肯尼亚的，但是在殖民时期被维多利亚女王"送出"。如今，坦桑尼亚和肯尼亚的旅游经营商在旅游收入上存在着激烈的竞争，有时甚至会斥责对方旅行社的欺诈行为（例如，坦桑尼亚宣传册上会出现带有肯尼亚风景的图片）。这种冲突势必会加剧进入各种不同的景点以及两国交界的旅游机会等的不利形势。[30]

经济衰退也会对旅游业造成严重影响。持续的全球经济下滑导致世界上许多地区的旅游业停滞不前。在困难时期，人们往往会将现金存起来购买必需品（食物、住宿以及其他家庭必需品），并且在度假和休闲类旅游时所花费的时间更少。随着油、气价格的上升，航空旅行的价格让人望而却步，人们甚至会放弃自驾远游，出去旅游的方式多种多样——可能会去露营而非住酒店，或驾车而非坐飞机。有些景点在经济困难时期反而会蓬勃发展。

我们还需要提到的是自然灾害对旅行和旅游业造成的巨大影响。除了致命的人身伤害，2004年12月的南亚大海啸和2005年

> **极速冲浪**
> 如今，人们会越来越多地考虑旅游是为了出差还是度假。安全成了每一个打算海外出游的人主要的考虑因素。

8月美国东南部发生的卡特里娜飓风都造成了大范围的经济低迷。

2011年春,日本发生的三重灾害——地震、海啸和核灾难,导致日本的海外游客数量遭受60年有记录以来最低。[31] 同样地,许多日本人喜爱的景点(夏威夷、泰国、关岛、韩国、印度尼西亚)也遭受了经济重创,因为日本削减了国外旅行的数量。[32]

虽然旅游业主要关注的是该行业的经济影响,我们还应探讨跨文化传播的诸多意义。这些政治、环境和经济事件可导致一种相互恐慌或者对某个地方恐惧的氛围,从而导致缺乏理解以及与他人产生共鸣的机会。

小结

本章探讨了旅游背景下的跨文化传播问题。学习更多跨文化旅游交流的相关知识很重要,尤其是随着每年人们投入到旅游上的时间和金钱越来越多,我们更应了解更多。

我们首先描述了大多数游客—本地人互动的特点——短时、商业化、权力不平衡,以及一些社会、历史和旅游业经济意义和当地文化对游客的态度等。当地社区可能会抗拒游客造访,对于游客避而远之,保持距离或主动追寻。

然后,本章指出了这些场景下面临的一些沟通挑战,包括需要解决语言问题、不同的社会规范、游客所面临的文化冲击以及对原真性的探求。我们还提供了一些通过旅游体验进行文化学习的建议,同时阐明了新媒体在跨文化旅游业中所扮演的角色。最后,我们分析了诸如"9·11"、内战、日本海啸、地震和核灾难等政治和环境事件对旅游业的影响。

培养跨文化技能

1. 搜集你想要造访的文化的相关知识,即使你只会在那儿待很短一段时间。具备一些当地的相关知识传达出你对当地文化和习俗的尊重。

2. 学习一下简单的当地语言——还是一样,即使只是去很短时间。本地人往往会比较尊重那些尝试以当地语言沟通交流的游客。至少学习如何说"请"和"谢谢"。

3. 学习一些可能会影响到你沟通交流的当地习俗。当地的宗教节假日是什么时间?例如,在许多伊斯兰国家的斋月,每年的日期不同，是一个白天禁食晚上才享用美食的日子。在许多伊斯兰国家，白天在公众场合下吃东西被认为是非常不礼貌的。学习一些有关社会规范——公共着装和行为举止。

4. 观察：或许这是要训练的基本技能，尤其是对于在立场不鲜明或陌生的场景下习惯于首先行动或说话的许多美国人而言。对去非洲的游客有一条普适的建议："保持安静。提供意见前注意倾听和观察。"[33] 正如一个斯瓦希里谚语所述，"睁开眼睛去旅行，你会成为一名学者"[34]，强调了开口说话前观察的重要性。如果你不确定自己的行为得体与否，观察他人的行为。

5. 保持灵活，容忍模糊不定。在旅行过程中，最根本的准则是保持灵活。你往往不知道事情到底会怎么发展，如果能保持灵活的态度，与当地人和服务人员的互动过程通常会更有效和有趣。

6. 时刻思考。如果你花时间学习了当地的文化规范，你也很可能会反观到自己和本地文化的相关状况。头脑中清醒地认识到对于时间、家庭、工作、玩乐和人际关系态度的相似和不同之处，会更有利于你对游客互动场景的理解。自我反思使得你能够意识到自己的立场在历史、地理政治旅游背景下的重要性。

实践

1. 旅游网站：浏览各种不同的旅游网站（例如，www.visit.hawaii.org，www.visitmississippi.org 或 www.state.nj.us/travel）。分析这些网站营销策略的文化影响。例如，它们针对的是哪些文化群体？这些网站上可显示多少种语言？

2. 报纸上的出行指南：浏览周日报纸上的出行指南。阅读一些旅游建议或有关于其他地方的文章。体现出了哪些文化信息？文章所针对的受众群有哪些？如何描述当地社区，对游客的态度是欢迎？退而避之？还是保持界限？

注释

1. UNWTO Tourism Highlights 2012 Edition. Retrieved July 23, 2012, from http://www2.unwto.org/en/publication/unwto-tourism-highlights-2012-edition.
2. D. K. Shifflet & Associates Ltd., and IHS Global Insight. (2008). Economic headwinds will slow 2008 U.S. domestic travel to 1.99 billion person-trips. McLean, Waltham, USA.
3. Bean, S. R., & Martin, J. N. (2006). Touring culture(s): Intercultural communication principles and international tourism. In M. B. Hinner (Ed.), *Freiberger Beiträge zur interkulturellen und Wirtschaftskommunikation, Band 2* [A Forum for General and Intercultural Business Communication]. Frankfurt am Main, Germany: Peter Lang.
4. Leclerc, D. (personal communication, 2005). Clinical Professor of Cross-Cultural Communication, Thunderbird School of Global Management, Glendale, AZ.

5. Ooi, C.-S. (2002). *Cultural tourism and tourism cultures: The business of mediating experiences in Copenhagen & Singapore*. Herndon, VA: Copenhagen Business School Press.
6. Aitchison, C., MacLeod, N., & Shaw, S. (2000). *Leisure and tourism landscapes: Social and cultural geographies*. London: Routledge; Mowforth, M., & Munt, I. (1997). *Tourism and sustainability: New tourism in the Third World*. London: Routledge.
7. Teo, P., & Leong, S. (2006). A postcolonial analysis of backpacking. *Annals of Tourism Research*, *33*, 109–131.
8. Smith, V. L., & Brent, M. (2001). *Hosts and guests revisited: Tourism issues of the 21st century*. Elmsford, NY: Cognizant Communication Corporation.
9. Sustainable tourism—eliminating poverty. UN World Tourism Organization. Retrieved July 27, 2012, from http://www.unwto.org/step/about/en/step.php?op=1.
10. Boissevain, J. (1996). Introduction. In J. Boissevain (Ed.), *Coping with tourists: European reactions to mass tourism* (pp. 1–26). Providence, RI: Berghahn Books.
11. Boissevain (1996), p. 21.
12. Denlinger, M. (1993). *Real people: Amish and Mennonites in Lancaster County, Pennsylvania* (4th ed.). Scottdale, PA: Herald Press.
13. Duronto, P. M., & Nakayama, S. (2005). Japanese communication: Avoidance, anxiety, and uncertainty during initial encounters, *NOAG 177/178*, 101–115. Retrieved August 19, 2012, from http://www.uni-hamburg.de/Japanologie/noag/noag2005_5.pdf.
14. From a student journal compiled by Jackson, R. M. (1992). *In Mexico: The autobiography of a program abroad*. Queretaro, Mexico: Comcen Ediciones, p. 73.
15. Reisinger, Y., & Turner, L. W. (2003). *Cross-cultural behavior in tourism*. Oxford, UK: Butterworth.
16. Boissevain (1996), p. 15.
17. MacCannell, D. (1973). Staged authenticity: Arrangements of social space in tourist settings. *American Journal of Sociology, 79*(3), 589–603.
18. Sheperd, R. (2002). Commodification, culture, and tourism. *Tourist Studies, 2*(2), 183–201.
19. Pearce, P. L. (1982). *The social psychology of tourist behavior*. New York: Pergamon Press, p. 127.
20. Bean & Martin (2006).
21. Bandyopadhyay, R., & Nascimento, K. (2010). "Where fantasy becomes reality": How tourism forces made Brazil asexual playground. *Journal of Sustainable Tourism, 18*(8), 933–949.
22. Alessio, D., & Jóhannsdóttir, A. L. (2011). Geysers and "girls": Gender, power and colonialism in Icelandic tourist imagery. *European Journal of Women's Studies, 18*(1), 35–50.
23. Using social media while traveling. (2012, January 30). *Retargeter blog*. Retrieved July 27, 2012, from http://www.retargeter.com/general/using-social-media-while-traveling.
24. Mikal, J. P., & Grace, K. (2012). Against abstinence-only education abroad: Viewing Internet use during study abroad as a possible experience enhancement *Journal of Studies in International Education 16*(3), 287–306.
25. Prideaux, B. (2005). Cyber-tourism: A new form of tourism experience. *Tourism Recreation Research, 30*(3), 5–6.
26. Wokabi, C. (2012, May 19). Tourism declines slightly amid security fears, travel advisories. *Daily Nation* (nation.co.ke), p. 1; see also Kiarie, J. (2011, August 13). Sibling rivalry threatens regional integration. *Standard on Saturday*, p. 12.
27. UNWTO Tourism Highlights 2012 Edition.
28. Israel hits record numbers in tourism during first quarter of 2012 (2012, May 17). Retrieved July 27, 2012, from http://www.chinadaily.com.cn/xinhua/2012-05-17/content_5933429.html.
29. Smith, Z. (2011, October 5). 10 of the most dangerous destination (& which ones are worth the risk). Bootsnall.com. Retrieved July 23, 2012, from http://www.bootsnall.com/articles/11-10/10-of-the-worlds-most-dangerous-destinations.html.
30. Wachira, P. (2011, August 13). Tale of Kenya's ride in Tanzanian mountain. *Standard on Saturday*, p. 131.
31. Demetriou, D. (2012, January 19). Japan suffers biggest decline in tourism since 1950. *The Telegraph*. Retrieved July 23, 2012, from http://www.telegraph.co.uk/news/worldnews/asia/japan/9024997/Japan-suffers-biggest-decline-in-tourism-since-1950.html.
32. Kate, D. T. (2011, March 18). Tourism drop in Japan leaves Asian hotels counting on Chinese for business. *Bloomberg.com*. Retrieved July 25, 2012, from http://www.bloomberg.com/news/2011-03-18/japan-tourism-drop-leaves-chinese-to-fill-asia-s-empty-rooms.html.
33. Richmond, Y., & Gestrin, P. (2009). *Into Africa: A guide to Sub-Saharan culture and diversity* (2nd ed.). Boston: Nicholas Brealey, p. 199.
34. Richmond & Gestrin (2009), p. 199.

CHAPTER 11 第十一章

跨文化传播商务

章节概要

国内经济和全球经济
  国内经济增长
  全球经济增长
跨文化商务背景下的权力问题
商业环境下的传播挑战
  工作价值观
  语言问题
  沟通风格
  商务礼仪
  虚拟沟通
  国际谈判
  跨文化关系的建立
  多样化、偏见和歧视
公司内部的跨文化传播训练
企业的社会和政治环境
  小结
  培养跨文化技能
  实践
  注释

学习目标

读完本章节应能够:
1. 描述人口变化如何影响商业环境下的跨文化传播。
2. 识别和描述跨文化间商业背景下权力的作用。
3. 指出主要的工作价值观。
4. 探讨工作价值观如何影响跨文化商业场景。
5. 探讨跨文化商务中语言和交流风格(虚拟和面对面场景下)的作用。
6. 举例说明不同文化中商务礼仪变化的规则。
7. 理解国内和全球商业环境下多样化、偏见和歧视所扮演的角色。
8. 阐述商务环境下跨文化和多样化培训的意义和目标。
9. 描述社会和政治事件对商业环境的冲击。

关键词

反歧视行动(AA)、美国残疾人法案(ADA)、集体主义、跨文化训练、多元化训练、平等就业机会法、国际谈判、导师制、跨国

可能对许多人来说,特别是在美国,工作场所出现的跨文化传播机会最多。事实上,商业环境下具有许多跨文化传播的机会和挑战,而所谓的挑战往往是出自语言差异。我们有一位学生在双语(西班牙语/英语)公司上班,他们最近换了一家医疗服务提供者,导致许多福利的改变(医师网络、福利、自付率等)必须准确地向英语和西班牙语者传达。一个学生描述了他们尝试准确地运用两种语言传达所有的技术条款时所遭受的挫败感。

文化差异有时会以知识的缺乏和刻板印象表现出来,我们的一个研究生Kaori曾在美国的一家日裔美国人开的小公司里上班,便经历了这种文化差异。她的老板在美国出生和成长,从来没有在日本生活过。

有一天,我们接待了一位从日本来的重要客户。当我们围桌坐下来后,老板立刻给了他们啤酒。是的,商务会议期间给他们啤酒!他们礼貌地回绝了,但是老板却坚持我们人手一瓶啤酒,说他知道日本人在工作时会喝些酒。我不知道他是从哪里得知这点的,但是那些日本商人确实不想要啤酒,因此会议期间我们也

你怎么看?

猜一下,哪个公司被票选为最具有道德感和社会责任感的公司?星巴克?有可能吗?或是全食超市(Whole

Foods Market）？事实上，根据一家纽约的智库"伦理界"（Ethicsphere）的分析，以上两家公司并没有进入最具有道德感的公司前十名。美国公司排在前十的有埃森哲（Accenture）、阿迪达斯（Adidas）、奥多比系统公司（Adobe Systems）以及美国运通（American Express）。

没喝。

我们很多人在工作时其实都遇到过文化差异——例如，在一个具有多文化背景的厨师和员工的餐厅工作时，或者从事出口的职业，抑或需要频繁地与国外客户和消费者进行沟通的工作。本章阐述了国内和国际文化环境下的跨文化传播问题。

国内经济和全球经济

国内经济增长

正如我们在第一章指出的，美国的人口多样性呈不断上升的趋势，而劳动力、企业所有权和消费趋势也同样变得愈加多样化。如今，商业员工呈老龄化趋势，而且女性也越来越多，包括不断增加的残障员工，同时种族也更加多样化。据最近的报道，由少数民族持有的企业数量在过去10年来呈急剧增加的趋势。其中，黑人拥有的企业数量增加得最快——60%，拉美裔和亚裔美国人所拥有的企业数量增加额分别为44%和41%。女性在劳动力市场上同样发挥了更大的作用。由女性掌管的公司数量增加了20%。此外，据估计，美国18%的小企业老板都是移民。[1]

消费趋势也日益多样化。相对于白人，黑人和拉美裔人购买智能手机的概率要高。[2] 拉美裔被认为是"超级消费者"，因为他们在许多产品种类上比非西班牙语者购买得更多。他们购买的饮料数量（如能量和运动型饮料）是其他种族群体消费者购买数量的10倍。[3] 亚裔美国人也是一个重要的消费群体，因为他们是收入最高的种族群体；[4] 拉美裔和亚裔美国人加起来占了全国总购买力的近15%。[5]

各企业也意识到残障人士的巨大购买力。美国人口普查预测，2 000万个美国家庭中至少有一个残障成员，而随着受伤退伍军人的归来，这个数量还在迅速增加。[6] 这意味着，1/6的人都可能成为残障相关产品的潜在顾客。[7]

女性也具备了有史以来更多的购买力。最近的一份报告指出，女性构成家庭购买抉择力的85%，而网上购物方面，这个数值可能更高。[8]

营销专家必须是跨文化专家，因为他们必须了解到如何使互联网网站更方便残障人士（特别是有视力障碍和听觉障碍的）使用，同时理解向采购喜好多元化的混杂拉美裔群体（墨西哥、危地马拉、秘鲁）进行营销的复杂性。

工作场合和消费市场的日益多元化对跨文化传播具有极其重大的意义——从管理各种不同员工的管理者到与多元化的同事和消费者打交道的员工，再到撰写鼓励多元化顾客购买产品的语言信息的营销和广告专家。

全球经济增长

如表11.1所示，全球市场（进口商、出口商）如今的相互联系空前的密切。据商务专家指出，全球化以往是表示从更为富裕的国家到发展中国家扩展，但是许多发展中国家（如中国和印度）的全球商业化目前正迅猛发展。2011年，新兴经济体占了一半以上的资本支出。新兴经济体的总产出预计将在未来的7年之内赶超发达国家。[9] 许多专家认为，人口超过10亿的非洲是全球经济增长的下一个玩家，其经济增长（国内生产总值或GDP）在过去10年以来是第一世界国家经济增长的2倍。

表 11.1 2010年对美国进出口量前十的国家和地区

国际贸易对美国经济来说非常重要。以下分别是美国出口产品最多的国家和地区，以及进口产品最多的国家和地区

出口至	进口自
1. 加拿大	1. 中国
2. 墨西哥	2. 加拿大
3. 中国	3. 墨西哥
4. 日本	4. 日本
5. 英国	5. 德国
6. 德国	6. 英国
7. 韩国	7. 韩国
8. 巴西	8. 法国
9. 荷兰	9. 中国台湾
10. 新加坡	10. 爱尔兰

如第一章所讨论的，有关于目前正甚嚣尘上的全球化的利弊存在着诸多争论。然而，有一点是肯定的：世界经济体比以往任何时候都联系得更加紧密。这点从美国经济即可看出：其股市随着欧洲最近爆发的经济危机或中东的政治动乱等爆炸性新闻而起伏不定。无论是国内抑或国际环境下都会有跨文化互动的发生。

这座法国——比利时边境上废弃的海关建筑，表明欧盟的建立为跨境物流提供了多大的便利。

跨文化商务背景下的权力问题

跨文化传播在许多不同类型的商业环境中都存在，包括聘用多元文化劳动力的国内环境与国际环境。几乎每种商业环境中都存在权力的成分。一些权力源自于政治和经济实力。以美国职业外包给印度的普遍现象为例。虽然我们往往会看到美国民众从廉价的商品中所获得的利益（但伴随而来的是失业率的提升），但很少考虑到这种现象给印度文化带来的影响。我们的一个印度学生这样解释道，面对强大的美国**跨国**集团的期待标准，一些印度人不得不改变其语言和文化习俗：

无论任何时候在与美国的一位客服代表通话时，对方很可能是一名印度人。因此，人们开始让孩子就读英语学校而非本地的语言学校。因此，许多人现在会"自豪地"称自己的孩子读/写都不用本土语言，而是直接用英语，且是美式英语。

他担心这些经济机会（和压力）会给印度的文化和语言造成影响。

我担心，如果每个人都被"美国化"，那么我们的民族遗产又能得到怎样的传承呢。目前，印度有近118种语言和许多方言。我在想一旦丢失这些，还如何去传承一种文化。

在与上司、下属、同行以及顾客和客户互动时都可能发生跨文化传播，而权力在这些场合下也有着明显的影响。尽管客户和员工

你怎么看？
有人告诉过你要尊重和珍视独立行为吗？大多数美国人都接受，甚至鼓励颠覆传统的行为。但在日本有一句俗语："锤子总会打到突出来的那根手指。"换句话说，遵循传统的日本人会尽量制止和回避不遵循传统和哗众取宠的人。日本人都尽可能跟其他人保持一致，也会避免引起注意。这是日本人的一个主要的国民特征。美国和日本不同的

分别来自各种不同的文化背景,管理层和董事会基本上仍然是毫无例外地由白人男性所构成。这些数据体现了美国特定的种族、民族和性别的相对权力。2010 年,美国总劳动力的 14.3% 为西班牙/拉丁裔,10.8% 为黑人/非洲裔美国人;4% 为亚裔美国人,且 53% 为女性。但是,最近的统计数据显示,前 500 上市公司的 CEO 中,非裔美国人不到 1%,亚裔美国人为 2%,拉丁裔/西班牙裔不到 2%,女性仅占 17%。[10]2004—2010 年,财富 500 强中的领导层也同样如此。

虽然研究明确地指出了董事会多样化的意义——包括提高财务业绩——白人男性仍然主导着公司董事会,并且自 2004 年开始这种趋向愈加明显。女性和少数族裔所占数量仍远远不足。董事会席位数量自 2004—2010 年相对比较稳定,仅增加 16 个席位。值得注意的是,白人男性获取 32 个董事席位,而非裔美国男性丢失 42 个席位。[11]

那些最具商务特权的人可能意识不到其职位赋予的权力。但是,商务专家指出,真正高效的领导会意识到,为了在多样化的全球市场中获得成功,权力需要共享。

随着各企业和公司开拓更多的全球市场,管理高层意识到,多样化不仅仅关系到公平或良好的公共关系问题;还是一种商业需要。他们清楚地知道,需要一批体现其不断变化的客户人口统计特征的劳动力。但是,他们并未尝试雇用一定数量的非裔或西班牙裔美国人,鼓励这些群体融合在一起,掩盖其分歧,而是全力探索差异化,抓住新的商业机会增大其营业额。有证据表明,这种多样性可能会带来更丰厚的利润回报。例如,Schlotsky's——以其夹肉三明治而闻名,受到一个印度本地人的启发开发了新的素食菜单来顺应世界上不断发展的素食市场。[12] 同样地,Frito-Lay's 的鳄梨酱口味的 Dorito 薯片和芥末味零食都出自这样的灵感。[13]

此外,发展中国家的新企业正越来越多地由非白人男性或女性领导。在阿拉伯地区,人们有种误解,即女性不会出没于工作场所。正如一位 CEO 所说的,"如果你想参与到全球竞争,必须明白的是,全球 80% 的人不是白人,而有 50% 的人不是男性"。[14]

权力关系也可能出现在更为私人化的人际关系上。例如,我们的一位学生弗朗辛描述了她与自己就职的健身俱乐部的经理互动的场景,经理来自叙利亚:"他很粗鲁,也不尊重我,在会员面前羞辱我,并且拒绝给我任何能够联系企业办公室的联系方式。"她描述了如何尽力解决冲突而最终却被经理所主导和控制。她推测,冲突

价值观,使对于传统和非传统的看法对立起来,美国人相信商业上的成功就是要鹤立鸡群,你认为这会导致日本和美国的商业合作产生问题吗?

你怎么看?
根据最近对雇主的调查,美国 46% 的公司都使用虚拟团队,其中,66% 有国际业务往来的公司更有可能使用虚拟团队。雇主说虽然虚拟团队能在提高效率的同时降低出差成本,但也面临挑战:

- 构建良好的(虚拟)团队关系(51%)。
- 文化传统的差异性(26%)。
- 高效率的团队领导(25%)。

就你目前了解到的

的根源可能在于沟通风格上的文化差异。他说话时非常具有说服力和表现力，而她则以负面的态度去解读，尽管在他的文化中，其言行举止是非常得体的。

跨越权力等级的交流和沟通可能会非常困难，尤其是当有关于权力的价值观存在文化差异时，这点在第二章有过阐述。相信高权力距离的文化群体认为，在一个团体中，当权力差距得以明显标示出来时，会运行得最好。也就是说，老板就是老板，员工就是员工，两者之间不要有任何混淆。例如，在肯尼亚，"一个好的员工知道自己该做什么，而且对老板很尊敬。尊重和谦让是一个员工应该有的重要美德。如果你不断挑战老板的极限，会被认为是一种不尊重的无礼表现。因此，有时保持沉默比说出自己的观点要好"。弗朗辛可能正是属于这种情况。她的老板可能强调了他和弗朗辛之间的权力差异，希望从她那得到应有的尊重。

相比之下，相信低权力距离的文化群体（大多数美国环境中）会认为权力差异（尽管事实存在着）应尽量最小化，甚至认为能够平等更好。在跨文化商务环境中，针对权力动态的不同价值观和行为预期可导致老板和下属都面临着传播的挑战。

> 文化差异，你认为对于全球虚拟团队的成员来说，最具有挑战性的是哪一个？什么样的跨文化交流技巧能促进虚拟团队协作及加强领导？

▎商业环境下的传播挑战

最近，人们大肆讨论了势头强劲的全球化是否会导致文化差异不再像以往那么重要。大多数专家总结认为，事实并非如此，很少会出现文化差异无足轻重的情况。[15] 事实上，商务环境下的传播挑战可体现出工作价值观上、语言上、沟通风格上、商务礼仪上的文化差异以及多样化、偏见和歧视等相关问题。

工作价值观

集体主义 v.s. 个人主义　如第二章探讨的，许多文化（如大多数美国文化）侧重于个人主义，而其他文化（如亚洲以及美国中部和南部）则更偏向于**集体主义**——他们更看重群体范围内的个人。这在工作环境下会有怎样不同的影响呢？

在个人主义盛行的国家，员工的职责鲜明，其工作内容与他人的工作内容存在着清晰的界限。在诸如日本等集体主义国家，则刚好相反。日本企业不一定会精确地界定每个人的职责；而是会以工作组、部门为单位来分配工作。许多拉美、南欧以及诸如中国和印度等亚洲国家也同样如此。在这些国家，人们工作时更习惯于相互帮助，且各人工作任务之间没有那么严苛的界限。[16] 这些价值观上的文化差异对于工人和管理层来说极具挑战。例如，来自于哥伦比亚的一个经理罗伯托，他的工作和沟通风格极具集体主义色彩。他平时会鼓励下属力所能及地相互帮助、取长补短，也会尝试维持其工作团队的和谐，并且在同事面前尽量不要去批评员工。这种风格有时会与其他经理更为个人主义的风格产生摩擦。他们认为，他对待员工太过纵容，总是会为他们去辩护。

对于有些文化群体，诸如希腊，职场上的个人主义甚至比美国更强劲。因此，大多数希腊人非常不喜欢去大公司工作。希腊人不习惯团队协作——除非这个团队恰好都是自己的家人。事实上，家庭的概念往往会延伸到职场上。一位观察家指出，"希腊管理者有时使用术语 nikokyris 来形容自己的工作，意思是他们认为自己是一家之主，照顾着家里的一切事宜"。[17]

这些价值观的差异并非总是一成不变的；国际商务专家认为，随着全球化的发展，许多差异化已经渐渐模糊。例如，亚洲和世界其他地区的年轻工作者日益将传统的集体主义惯例和更为个人主义的信仰融合在一起。[18] 本书一直强调，时刻记住文化是复杂多样的，我们应对文化表现形式的差异持开放心态，这点很重要。

在商务环境下，通过组建团队来完成项目非常普遍。尽管项目组成员的多样化相对于一个更同质化的群体需要解决更多的文化隔阂问题，但多样化观点的潜在优势是不可小觑的。你能从非言语线索中察觉到小组沟通的风格吗？

工作和物质收获 大多数美国人认为勤奋是一种美德，最终会带来回报。但是，对于许多其他文化的人而言，工作是一种不可避免的负担。大多数墨西哥人认为工作不是一件好事，只是因为需要挣足够的钱来生存，甚至如果可能有足够的结余，要享受生命中最重要的：亲情和友情。[19] 有些欧洲人对待工作的态度同样如此。一位商务顾问这样描述了意大利员工对德国人的印象：

他喜欢德国，但觉得德国人是"直线化的"，即直截了当、目的明确、高效。"直线化"并不是恭维性的赞语。这种人的特征是比较单面，而意大利人认为全面发展很重要，而非仅仅侧重于工作。

我说我觉得美国人很可能与德国人一样，但他摇了摇头笑道："更糟糕，糟糕多了。"[20]

认为工作没有那么重要的文化群体认为，由于工作是不可避免的，而且耗去了白天大部分时间，需要创造一个更为欢乐的工作环境才能让工作更为惬意。

对工作的不同态度可能会导致工作场所跨文化传播发生冲突。在一个由美国人、日本人和阿拉伯人负责一个东京的项目时便发生了这种情况：

> 阿拉伯人沟通时距离太近、眼神接触非常密集，并且还会有肢体接触类的动作。最重要的是，沙特人非常享受东京的风景。他们随意的风格与日本人的工作理念相冲突——日本人认为他们对待项目不够认真。这种紧张的氛围不断加剧，最后美国人便成为沙特人和日本人之间的缓冲。[21]

质量与效率　另一种存在于工作价值观上的冲突是人们对于质量相对于效率和实用性的相对价值。对于大多数美国人而言，效率和以最低成本完成工作是终极目标。但是，来自不同文化的人对此持不同的态度。例如，法国人对设计感更感兴趣。法国人会认为，人们不会担心一种产品是否具有竞争力，只要设计好就可以了。他们相信，如果产品的设计美观大方，那么自然会有竞争力。

而对于德国人来说，无论是生产商还是消费者，都坚持认为质量最重要。高品质可能需要高昂的价格，但德国人的观点是，人们会为高品质的产品买单，而且作为一个员工，按照原则尽可能地完成工作是很重要的。在一个兼具德国人和美国人的工作场合，由于美国人更愿意更快捷地生产，而非注重美观，这时很可能会与德国人之间产生摩擦。

> **流行文化聚焦**
>
> 电影《机器人总动员》（WALL-E）发生在未来大约700年之后。这是一个关于清洁机器人的故事，他的职责是打扫地球，那个时候人类已经离开了地球，因为地球已经变成了"垃圾超量，动植物灭亡，长年累月的环境极度恶化下的产物，以及一味的消费主义"。你是否感到你的行为和消费选择造成了任何后果呢？为什么？（资料来源：http://www.imdb.com/title/tt0910970/synopsis）

关于商务情境中的空间与隐私的文化规范，不同文化差异很大，图中这种工作空间，如果放在美国会有何不同？

有人认为美国商业价值观的出现可能是因为美国是一个历史较短的国家，人们对于历史和时间的概念不是很强烈。我们感到时间的压迫感往往是因为我们觉得没有多少剩余的时间，而对于欧洲企业来说，5年不太长，许多欧洲企业经常会往前规划10~20年。此外，美国人有史以来一直更加强调产品的实用性。欧洲移民史中，往往比较看重事情是否能够快速解决，很少有时间纠结于是否做得完美。[22]

任务与关系的优先级　最高优先级是关系还是任务完成状况，也是一种相关的价值观。在美国的大多数工作环境中，最重要的事情是完成任务，不一定需要喜欢一起共事的人。然而，在许多文化中，工作都是因为关系而促成。私人关系是指凌驾于社会和文化联系之上的私人情结或联系。在许多文化中不会将生意和友谊关系独立开来，因此为了能够获得商业上的成功，必须发展私人关系。[23] 针对任务和关系优先级的文化差异可能导致国际环境条件下出现很多的无奈。

例如，作为某美国公司顶级销售人员之一的汤姆曾被安排为一家拉美公司做演讲。他到达之后，本来打算向来机场接他的营销代表说明目的的，但这位代表不断更换话题，问他一些有关他家庭和兴趣之类的私人问题。

[汤姆]获知，会议将推迟几天进行……接下来的几天里，汤姆注意到，尽管他们都表示希望了解此次演讲的具体细节，但却耗费了大量时间进行社交之类的无关事宜。这惹恼了汤姆，因为他本以为这件事可以在前几天就能够结束的。[24]

这是有关文化冲突的一个经典案例。汤姆的首要职责是完成任务；而他的同行则更加侧重于建立良好的关系以便能够让工作顺利完成。这些不同的优先级在美国其他的跨文化工作场所也经常出现。一些人在良好的关系氛围中能够更好地处理工作；其他人则只想要完成任务。我们的学生卡拉在工作中遇到了这种场景：

目前，我在一家餐馆上班，有许多同事来自墨西哥。与他们一起共事之后，我逐渐意识到，他们的工作态度与我之前有很大不同。这份工作强调团队协作，这些员工确实会为了彼此的最佳利益而努力。对于我来说，与他们一起共事是一次很好的学习体验，同时我也了解了他们的工作理念。

语言问题

语言问题在商务环境中会以各种方式体现出来。我们的一个学

流行文化聚焦

对于工作场所的态度，因文化的不同而不同，甚至不同的城市或企业对工作场所的态度都会有所差异。我们会发现，在很多电视剧、电影中，喜剧场景常发生在企业里。例如，美剧《办公室》（*The Office*）以伪纪录片的手法呈现了一群典型办公室职员，他们自我冲突，行为不合时宜，而且啰里吧嗦。电影《外包公司》（*Outsourced*）的背景是一个位于印度孟买的呼叫中心，美国一家新兴的公司把他们的订单服务设置在了那个地方（因而产生了文化冲突）；《公园与游憩》（*Parks and Recreation*）则讲述的是印第安纳州的政府官员为了打造一个更好的城市而闹出的笑话。以上这些电视剧、电影都以一种幽默的手法展示了在不同文化之下，人们在不同的工作场合中的互动。

> **你怎么看？**
> 1993年，美国职业篮球联赛（NBA）只吸纳了5名来自其他国家的篮球员。然而，2011—2012年赛季期间，一共有187名球员来自17个不同的国家。你能说出其中哪些球员的名字？考虑到新兴技术的发展使得人们能更轻易接触美国媒体，为什么NBA还要扩充国际球员？

生罗伯特在一家移动电话公司工作，他描述了有一天他的两个客户都只会说西班牙语时所经历的语言问题。

我不清楚他们的手机到底有什么问题，最后不得不接通我们的西班牙客服代表帮助我们进行沟通。我很高兴，最终我可以帮上忙，但同时也非常懊恼，因为这种感觉非常不好受：与一个人面对面地站着，却不懂他们在说什么，也无法与他们进行交流和沟通。

国际商务用语通常是英语，即使交易双方的母语都不是英语。例如，最近一项研究表明了冰岛的公司在西班牙、法国和印度做生意时所面临的一系列沟通性困难。[25] 冰岛人在上述三个国家都是用英语处理商务问题，可是在每个国家都仍然存在着特定语言困难。在印度，口音是个问题。即使冰岛和印度人都能流利地说英语，但冰岛人有斯堪的纳维亚口音，与印度口音不同（印度有18种官方语言）。[26] 与西班牙人和法国人沟通时也面临了不同的挑战。相对于法国人和西班牙人，冰岛人使用英语的频率更高，因为冰岛的学校几乎都有学习外语。他们发现，法国人和西班牙人不太有勇气运用英语来明确探讨发生的误解或问题。如果他们不理解冰岛人所说的，也不会立即要求再说一遍，而是继续工作（有时甚至会避开冰岛人）。因此，只有当项目不能按时完成或出现其他问题时，语言问题才会浮出水面。冰岛人不确定这种沉默的态度是因为他们不习惯说英语，还是因为他们更喜欢简洁或委婉的沟通方式。这个例子也说明了跨文化传播中存在的一个普遍问题——一个人不可能总能找到问题的原因所在！国际业务中，越来越需要人们想办法解决语言混杂的问题。

甚至国内业务环境下也能出现同样的问题。伴随着工作场所日益增强的文化多样性，语言也变得越来越多样化。要想让自己在多语言职场上能够更轻松自如，不要想当然地认为人们说其他语言而非英语时就一定是在谈论你。当我们身边的人在以另一种我们不懂的语言讲话时，我们通常都会有这种反应，但这种想法有些以自我为中心了，是不对的。一般来说，人们偏向于说自己感觉比较自在的语言。劳拉是我们的一个学生，描述了她这样的一段经历：

我曾在一家餐馆打工时，经常会听到他们说西班牙语时提到我的名字，然后我去问同事为什么人们总要说起我，他只是茫然地看着我。我告诉他有个同事刚还提起了我的名字。他大笑道："不，不，他们说的是另一个词组 La hora，'每小时'的意思，只是同音罢了。"我们都觉得好笑，我现在才知道人们关心的是每小时工薪问题而不是我。

很多文化强调建立牢固的关系在有效的商务工作中的重要性。图中这四位商务人士的非语言手势与面部表情告诉了你什么呢?

第二个建议是,在多语言职场环境中,说话要尽量简短,但不能显得头脑简单。当讲话更慢更清晰且运用简单的词句时,非母语者能够更好地理解。但是,不要带有居高临下的语气,音调也不能太高。此外,一句话不要太过冗长,句与句之间最好有停顿。第三个建议是避免使用俚语、行话,以免闹出笑话。很多时候,幽默是基于双关语和文字游戏的,而这些很少会被翻译成另一种语言;一种文化群体觉得好笑的事情不一定会让其他文化群体的人乐呵,有时甚至会被认为粗鲁无礼。最后,保持一种文化敏感性。你对其他文化了解得越多,那么对方即使不太懂你的语言,你们的沟通也会容易得多。例如,知道大多数亚洲人非常看重形式和阶层等级,有助于你在与日本人或中国人互动时更顺畅,即使你只知道中文或日文的几个词而已。[27]

另一种可能存在的语言问题是聋哑人之间的沟通。例如,琳达是一个销售助理,有一只耳朵失聪。当客户向她寻求协助时,她可能没听得很清楚,导致顾客负面地解读她的行为。

沟通风格

第五章所介绍的几种沟通风格尤其在商务场合下具有一定的相关性,包括间接或直接、高语境或低语境,以及坦诚或和谐。

间接或直接 直接的信息交换在许多工作场景中都显得很重要,尤其是当有问题存在,且需要有相关的信息予以解决时。习惯于直接交流风格的人会直接向相关的人询问信息。但是,习惯于间接交流风格的人则在给予信息时会有不自在的感觉，尤其是当有问题存在着，且需要保留面子时。没人说出来时你怎样获取信息呢？一种方式是观察其他较受尊重的人是如何向他人索要信息，还有别人如何从你那获取信息的。注意留意下属、上司和同事是如何提供和获取信息的，因为这些可能会随着地位或关系的不同而有所差异。[28]

一般来说，为了有良好的跨文化商务沟通效果，人们需要慢慢地交换信息。许多欧洲人不会直接进入正题。例如，即使是在一个餐厅的商务会议中，法国人也喜欢好好用餐。非洲人也是，他们对美国人的直接方式表示质疑。事实上，在非洲商务场合下，往往会聘用中间人使得商业交易能够顺利进行。当肯尼亚员工向一个来自国外的同事喋喋不休地抱怨办公室之外某人的行为时，[29] 他的同事一定会感到困惑。刚开始，这位外国人不懂为什么他的同事会抱怨陌生人的行为，但最终他意识到，这个肯尼亚员工是在间接告诉应该怎么做。[29]

高/低语境沟通　与间接/直接沟通方式密切相关的是高/低语境风格。如第五章所讨论的，低语境沟通者（大多数是美国人）更希望信息的表达更简洁、明了。然而，高语境沟通者（许多亚洲人和非洲人）更喜欢非语言或情境性沟通。这种差异可导致商务互动面临挑战和困境。还记得之前列举的冰岛公司与法国、西班牙和印度子公司沟通的场景吗？冰岛人（大多数为低语境沟通者）在与法国人、西班牙人和印度人沟通时经常会遇到问题。例如，冰岛人和法国雇员之间的大多数对话都是通过手机进行的，从而缺少了很多非语言（高语境）沟通线索，如手势、面部表情和肢体动作。这种非言语线索确实对于习惯了高语境沟通风格的法国人来说极具挑战性。此外，大多数法国人和其他高语境沟通者一样，更偏向于面对面沟通，他们相信面对面沟通是与人们建立信任关系的最好方式。在冰岛—法国商业企业里，可能需要处理很多需要两个文化群体间合作的敏感问题（例如，不得不裁员、采用新的计算机系统或进入新市场等）。法国人发现与冰岛人建立有效和互信的关系很难，因为缺少面对面沟通的机会。[30]

坦诚与和谐　坦诚在跨文化商务背景中并不总是最好的策略，如第五章所述；相对来说，和谐的关系在亚洲许多国家更重要，甚至已成为沟通者之间的标准。传播学者贾文山描述了在中国有效的沟通是怎样的：

> 创造和维持和谐的沟通行为被看作是中国文化中最有效良好的沟通。[31]

流行文化聚焦

好莱坞常作为跨国机构反映和促进美国和其他国家之间的关系。过去很多这里重点不在于事实本身，而是如何实现和谐。在中国及其他许多亚洲国家实现相对和谐将涉及面子，尤其是需要保留他人的面子。美国人则往往侧重于保留自己的面子——维护自尊、名誉和可信度。但是，对于许多亚洲人来说，面子往往侧重于相互依赖、相互尊重，不仅仅是维护自己的面子，还需要以集体、家庭或组织为重。[32] 在商务场合下，这可能意味着给他人留有余地，不要坦露出所有的真相。

正如一位经验丰富的商人说，"无论你去哪，除了欧洲和澳大利亚，人们认为你想听到怎样的，他们就会告诉你怎样的"。也就是说，如果你向他人问路，而他们却不知道，那么他们就会随意给出方向，但仅仅是为了让你开心。此外，你需要仔细听仔细理解"是"其实是"不"的意思。据韩国专家指出，当韩国人咬牙切齿时，即使在说"是"的时候也可能实际上是在说"不"：

- 说："是，但是……"
- 运用"可能很困难"等语句表达观点或限定"是"
- 看似在避免一个明确的答案，给人一种间接的或含糊回应[33]

因此，在这些情况下，你需要以一种特殊的方式来问问题，而且针对这些问题最好对方不知道你想听到的答案。甚至，如果你能让对方的信息能够脱口而出就更好不过了。

不同的文化对于真理或事实的界定也有所不同。在亚洲各种商务环境中，有许多行为被认为是可接受的日常行为，而在美国却被认为是具有欺诈性的，甚至是不道德的。例如，有些人认为合同的内容不具有约束性，而更像是一些行为指南，并且认为牢固的商业关系完全可以忽略合同细节，但大多数美国商人却认为合同是具有约束力的。[34]

商务礼仪

不同的文化中商务礼仪也有所不同，这点与前文所述的价值观和沟通风格的差异性相关。一般来说，大多数文化群体通常比美国更注重商务的正式和礼仪化。例如，大多数欧洲人会用口头问候和握手来相互寒暄。事实上，在德国，一天到晚握手的时间可能多达20分钟。

同样，拉丁美洲也非常重视礼节。一个彬彬有礼的人在墨西哥被称为"muy educado"（很有礼貌）。在商务环境中会有一套固定的行为模式，包括每天和同事礼仪性的握手和问候。在许多非洲国家也同样如此。还有，高级别官员和企业高管会希望能够受到下属

好莱坞电影关注欧洲，例如，电影《诺丁山》(*Notting Hill*, 1999)，《谍影重重》(*The Bourne Identity*, 2002)，《飓风营救》(*Taken*, 2009) 都反映了美欧之间紧密的政治和经济联系。但最近的电影，如《最后的舞者》(*Mao's Last Dancer*, 2010)，《超级战舰》(*Battleship*, 2012)，《上海纽约客》(*Shanghai Calling*, 2012) 则着眼于亚洲，关注美国和亚洲之间的经济和军事往来。美国电影中频繁呈现的亚洲形象会促进双方之间的经济和政治联系还是相反？好莱坞精英们是如何塑造美国观众对于其他国家及其文化的看法的？

的尊重和景仰。协议必须得以遵守；在许多国家的正式晚宴上，在更高界别的人到场前不得吃东西或喝饮料，并且在最高级别的客人走之前，也不得有人离开。

一般来说，对于大多数文化，在业务往来时应尽量避免过度地寒暄，尤其是初次会面时；这并不意味着可以放松或忽略掉细节，比如把脚放在桌子上或到处走来走去。[35] 这种注重礼节的态度可以延伸到语言的运用上。在讲西班牙语的中美洲和南美洲，商务场合下通常会用较为正式的 Usted 来表示"您"的意思，朋友间除外。并且，称呼某人的头衔也被认为是非常得体的。法国人也不喜欢过于随意，如直呼其名或任何套近乎或缺乏尊重等行为。在非洲法语国家也同样如此，他们的语言更正式和华丽，并且头衔是必需的——例如，部长或参议员先生、校长先生、总统先生等。[36]

礼仪是一种弥漫整个法国社会的传统价值观，而商务礼仪的体现方式则包括刻印得体的名片、附带上职业头衔和学业证明等。人们在将名片出示给一位日本的商业专业人士时，他们会双手奉上以便对方能够读到名片上的内容，然后鞠躬报出自己的名字。如果他们将名片出示给多个不同的人，则首先会给级别最高的人。人们还必须双手接上对方的名片，鞠躬，然后感谢对方给出见面的机会。立即将名片收起来是一种不礼貌的行为。[37] 名片在大多数非洲商务环境中也很重要，并且越详细越好；精巧的名片表示希望与对方保持联系。[38]

虚拟沟通

随着越来越多的商务交易在线进行，有必要讨论一下跨文化传播在虚拟通信上可能会出现的问题。

第一个是接入问题。正如我们在第一章讨论的，世界各地的电信基础设施大不相同，从北美、欧洲和高度工业化亚洲国家的高接入网络和移动科技，到覆盖面较小的南美甚至到基本无覆盖面的大多数非洲国家（除南非以外）。在通信网络覆盖面有限的国家，员工的虚拟通信可能较少，他们发送信息时非常简洁或极少发信息——如此一来可能会被不了解状况的商业伙伴误解。

第二个问题是关于电子邮件或视频会议/Skype 通信所使用的语言。一般来说，之前给出的准则对于虚拟沟通同样适用（例如，使用简单的语言，避免专业术语和笑话），无论是书面或视频的形式。

流行文化聚焦

《广告狂人》(Mad Men) 讲述了 20 世纪 60 年代在纽约的广告公司工作的男男女女的故事，准确描述了那个年代典型的工作环境。幸运的是，在当下美国的工作环境中，对女性禁止进入秘书室这类公然的性别歧视、作风不正此外，当语言方面存在困难时，人们更喜欢通过电子邮件而非视频，因为这样可以允许非母语者有时间组织信息并且消除因口音或其他因素而导致的误解。[39]

第三个问题可能是价值观对虚拟信息的独特影响。例如，在高语境沟通普遍且高度重视关系的国家，相对于虚拟接触和沟通，商务人士实际上可能更喜欢面对面的会议——尤其是对于首次见面。事实上，有专家警告说，科技不应作为人际交往的替代品；如果科技被用作沟通的唯一方式，那么商务人士很可能得到的回应是非常有限的，一部分原因是因为人们不愿意回复陌生人的信息。一旦建立了坚实的关系，通过电话或电邮方式来做生意是可以接受的。[40]

第四个问题是虚拟条件下沟通风格的影响作用。例如，与喜好间接沟通、重视和谐超过坦诚的人进行虚拟沟通时，虚拟讨论（包括邮件来往）应避免直接提到可能导致对方丢失颜面的问题。在许多亚洲国家，允许沉默片刻也是非常有用的，这样可以让沟通双方（尤其是非母语者）感受到自己的价值和存在感。[41]

最后，在任何虚拟沟通语境中，多一点正式（但有风度）的成分而不要太过随意始终是好的。还有最后一点：对于科技的偏好和运用也存在着年代和城市/乡村的差异。在几乎世界上任一角落，相对于年长且生活在农村地区的人，城市的年轻人都更喜欢运用通信技术，包括社交媒体。

国际谈判

当商务谈判双方是来自不同国家和民族文化背景的人时会怎样？谈判是一项特殊的沟通任务，双方既具有共同的利益需要一起协作，也有利益上的冲突可能阻止团体双方一起协作。谈判是一个解决冲突、实现双方互惠互利直至满意的过程。有大量证据表明，前文所述的文化差异（工作价值观、沟通方式以及商务礼仪的差异）会对谈判进程和结果产生影响。但是，目前为止还无法全面列出所有的文化形态，谈判者往往会经常发现自己是基于传统印象和初步数据。接下来会列举一些文化差异可能会对**国际谈判**产生的基本影响。[42]

不同的文化群体对于谈判过程的基本概念持不同观点。某些文化群体可能认为谈判是一方牺牲另一方的利益为自己牟利，而

派的上司，以及办公室里持续不断的喝酒抽烟现象已十分鲜见。但在许多国家，诸多现象依然存在，比如刚入职的新人往往会做最多的工作，而领导们却可以少做很多。裙带关系，即不顾其他因素而一味的偏袒自己的亲戚，依然会使很多美国人感到不舒服，但也可以接受，甚至在全世界很多看似理想的公司里也会发生这种事。（资料来源：http://www.forbes.com/sites/work-inprogress/2012/03/28/canyou-spot-these-mad-menbehaviors-in-your-office/）

某些文化群体则认为是双方对于谈判议题持不同观点然后双方找出有效平衡点的过程。例如，土耳其人往往会以输赢来看待谈判过程，而诸如美国和斯堪的纳维亚等国家将其视为有效妥协的过程。[43]

不同的文化群体在任务和关系的优先级上的价值观也有所不同：要么专注于手头上的具体项目——谈判代表在关于多种可能性的信息交换上花费最多时间（此时，关系被认为是无关紧要的），要么侧重于双方之间的关系。许多文化群体的优先级是后者，即双方之间良好的关系至关重要。卢西恩·派伊（1992）是研究中国谈判风格最早的西方专家之一，他曾这样描述过与中国人谈判时关系的重要性："中国人谈判策略的推动力是建立友好的关系，会让美国一方感觉到强势以及不合理的义务约束。"[44] 一旦一种商业关系建立起来，中国人相信即使谈判没有向前推动，但关系仍然"存在着"。[45]

但是，美国谈判者可能逐渐意识到关系对于某些文化群体来说有多重要。在最近的一项研究中，研究人员选取了四个国家的谈判者来代表世界四大区域（美国、墨西哥、芬兰、土耳其），并询问了他们在国际谈判中的主次轻重。[46] 结果发现，来自四个国家（包括美国）的谈判者一致同意与对方建立信任的友谊关系很重要。土耳其人和美国人都认为专注于任务的完成也很重要，而芬兰人高度重视关系的建立。

建立信任的基础可能也有差异。一方可能相信对方会按照签好的合约履行义务（信任源自关系之外），或者因为双方的关系来履行义务（信任源自关系之内）。在以上所述的研究中，美国和墨西哥的谈判者都认为关系是建立信任的基础。同样，研究人员指出，这可能体现了美国越来越重视与供应商和客户发展和维系长期的合作关系。

最后，在达成协议的形式偏好上也可能存在着文化差异。其中一方可能会根据正式的书面合同达成协议，而另一方则可能会根据关系形成的历史和社会背景来达成非正式的协议。但归根结底，所有的国家都希望且依赖于书面协议——因此，其中一项研究结果表明谈判者应意识到签约和建立关系不一定是互不相容的。

跨文化关系的建立

正如上文所述，如此多的文化强调了有效的商务活动中关系的重要性，获得跨文化商业成功的一般准则可能就是：学习如何培养良好的关系。[47]那么对于发展良好的沟通和商业关系有什么建议呢？最近的一项研究针对世界各国的企业管理人员提出了这个问题，得出了一些比较有趣的结果。[48]他们都认为关系很重要，但个人主义者（如欧洲、新西兰、南非）往往会认为关系是以实现商务目标为中心的，而集体主义（如中国、印度）则更看重关系本身。他们对于如何建立关系给出了许多建议——通过一对一或大型聚会了解同事和客户。他们强调了两种基本过程，即建立信任互惠的行为，而这点在不同的文化群体中各有不同。例如，新西兰和南非的管理人员会采取平等非正式且直接的方法（"老队友"式关系网系统）来发展业务往来，然后跟进，同时以更非个人性的大众聚会形式维持联系。他们基于双赢的目的采用了一种直接而灵活的沟通方式。许多来自北美的商务人士也比较拥护以这种直接非正式的风格来建立关系。

然而，亚洲的管理者则强调建立关系的必要性，往往通过第三方以间接的方式提供协助，然后建立友谊——通常是基于一对一的人际关系。这种更加直接和私人化的风格被许多亚洲和拉丁/南美国家的商务人士所推崇。他们更喜欢建立一对一的关系并且尊重等级制度。在大多数跨文化商业关系中，注意他人的层级位置、尊重权威、了解谁的话语分量较重以及谁是最终决策者这点非常重要。例如，新入职的员工不会认为日本的高级经理只是承担经理的角色，而是将其看作是学习的导师。同样地，德国的高层享有管理部门的巨大权力，员工往往会接受权威，毫无争议。这些实例都表明，不同文化采取的具体策略可能各不相同，但世界各地都认为建立牢固关系对于有效的业务往来是至关重要的。

多元化、偏见和歧视

或许你从未在跨国商业场合下递交过名片，也或者从未参加过国际商务谈判，但你仍然可能不得不处理职场上多元化的问题。认识在职场沟通风格和价值观上的文化差异可能比较有趣，但真正的挑战是了解如何以一种有效的方式规避差异。不幸的是，并非所有的差异都被看作是"平等的"，某些沟通风格可能被认为是负面的，并且可导致偏见和歧视。

如第五章所讨论的，具有更高权力一方的语言和沟通风格往往会成为沟通的理想范本，商务环境下也同样如此。直到最近，在大多数美国团体中，总会有一种主导文化，以及一种相应的沟通方式——白人、盎格鲁日耳曼人，大多是新教徒、男性。在传播和价

信息频道
- 1977年，沃尔玛进入德国，他们认为德国人会乐于接受跟美国人一样的服务方式。但之后发现，德国人会对主动提供帮助的售货员产生怀疑，进而什么东西都不买了。
- 在巴西，跨国企业忽视了当地人喜欢一家人一起购物的现象，结果货架间的过道太过狭窄，以至于一家人根本没法一起购物。

值观上，这意味着个人主义，强调的是直接、坦诚和任务的完成，而非和谐或关系的建立。持有其他价值观或采用不同沟通风格的个人往往无法适应——或更糟糕，找不到工作或职位得不到提升。

有时，偏见和歧视甚至是针对诸如姓名之类的个人特点。一个人在受聘前可能已经受到歧视了。例如，雇主可能更愿意面试那些名为史密斯和琼斯而非穆罕默德或法拉赫的求职者，正如在第六章讨论的，有些歧视基于外貌。例如，美国穆斯林妇女曾指出了基于头巾的歧视——头巾体现了她们对谦逊以及对于古兰经教义的笃信。以一位穆斯林女性为例，她上司要求她把头巾取掉，因为这不是工作服的一部分——这些在面试时没人告诉她，后来保安直接让她回家。正统犹太人有着相似的信念和行为，但遭遇的歧视没那么严重。美国犹太人和穆斯林人之间待遇的差异表明了政治和历史因素对于商务沟通的影响——本章还会着重讨论。

歧视也可能会基于肤色。如今职场上很少出现公然歧视的现象，但在晋升标准比较主观的更高层级的组织中，性别和种族歧视更为常见——这种组织往往更在乎你认识什么人，而非你具体的工作技能。[49]

这种歧视也解释了少数民族的员工得到高级别职位很艰难的原因。针对一家律师事务所的研究中，所有的非裔美国人都离开公司去其他地方谋职，结果发现，相对于白人同事，他们毫无例外地会被潜在地边缘化或异化。非裔美国律师一致讲述道，白人律师总是没时间给出他们的建议，但却总有时间协助其他年轻的白人律师。此外，非裔美国律师也不会像白人同事那样受邀一起参加职业或社交活动。

有趣的是，虽然非洲裔的律师从他们的角度来看意识到了这种歧视，但白人律师并未意识到——每个人都只是认为自己行为举止缺乏一点礼节而已。当要求白人律师解释为什么对黑人律师缺乏兴趣或爽约时，他们会立即为自己辩护，声称自己有黑人朋友或远方亲戚嫁了一个黑人来表明自己是难能可贵的。[50] 正是这些琐碎看似不重要的行为（在白人看来）维持了职场上结构的不平等性。这种歧视和偏见最终导致出现了多元化培训（将在下一章节详细描述）和**反歧视行动**（AA）政策——规定企业必须雇用一定比例的女性和少数民族成员。

大多数企业都认为，多元化就是公司内部有着恰当的种族比例构成，只要种族构成是恰当的，就万事大吉。专家却认为，多元化不止如此。多元化应该作为提升企业效率的一种重要资源。[51] 为了达到这种效果，多元化专家R. 罗斯福·托马斯（R. Roosevelt

> **你怎么看？**
> 有一个困境是，在跨国企业的环境里必须要考虑道德和法律问题，因为可能在另一个国家是完全不同的样子：
> • 例如，跨文化专家指出，许多国家（比如东欧）的公司在招聘广告中会写明对于性别、年龄和外貌的要求，而在美国，这是违反《平等就业机会法》（*Equal Opportunity Employment Laws*）的行为。
> 如果你在跨国企业

Thomas Jr.）认为，种族间的合作必须做到两件事。首先，他们必须舍弃要将对方同化的迷思，这种迷思指每个人必须要有相同的文化实践。更准确地说，企业应该学会利用不同的文化差异，创造有利的环境，使员工能为跟他本人有文化差异的客户，提供优质服务，也能使员工乐于分享与众不同的观点看法。

其次，管理部门（包括员工）需要将工作要求和个人偏好区分开，只需要问求职者：他们符合要求吗？我是否能同与我不同但有能力的人共事？托马斯解释了其中含义：

如果你在一家单一文化传统的企业工作，然后你发现有一群各个种族的男男女女进入公司，如果你不勤奋工作，将工作要求弄清楚的话，即使能力出众，也将可能被剔除出去。作为一条准则，我告诉他们要实践"散兵坑式多元化"。我们要假装敌人就在附近，并且我已经找到跟我一起掩护在散兵坑里的同伴了。我不需要问太多问题。我也不在乎他们的教育背景、宗教信仰或是性倾向。他们能否胜任其职？如果你是一个篮球运动员，却只传球给你自己种族的球员，肯定会产生问题。[52]

少数族裔和女性十分感激企业对于多元化的强调以及反歧视行动政策的实施。但也有其他女性和少数族裔，虽然对于得到竞争机会心怀感激，但有人认为他们得到了额外的照顾，这对他们造成了困扰。[53] 安娜是一位成功的商业女性，她对此评论道：

我已经在公司的管理团队中工作了 11 年。我们在做升职考量的时候，负责人会问我们，某个部门中的反歧视行动进行到哪个阶段了。我感到惊诧不已。在此之前，我们已经基于工作效率和工作成果，对候选人进行了排名。我开始怀疑我自己的价值。虽然我已经在工作中战绩卓著，但我还是会忍不住去想，他们是否真的是因为我的能力才提拔我。

安娜描述了她作为经理时处理反歧视行动问题的挣扎：

在挑选候选人的时候，我对于该如何把握反歧视行动的理念感到十分挣扎。我不想别人认为我是给了少数族裔特权。同时我也不想成为一个忽视反歧视行动的少数群体。我只是想要有所突破。

公司有处理反歧视行动和多元化问题的各种各样的理由。有可能出于道德准则，必须处理美国一直以来存在的种族歧视、性别歧视以及不同族群之间的纷争。他们可能有一种责任感，从纷争的历史中受益后，要开始"夷平冲突的场域"。然而，更多的还是来自法律和社会的压力，在**平等就业机会法**（EEO）（详见上一页"你怎么看？"）、反歧视行动（AA）、以及**《美国残疾人法案》**（ADA）体制下，公司不得不处理反歧视行动方面的问题。例如，《美国残疾人法案》

> 工作，你会如何处理类似的法律道德困境？当你在另一个法律道德体系完全不同的国家工作时，你认为可以做出不符合当地法律道德规范的事吗？

要求，雇用方为员工及有可能加入公司的残疾员工，提供"合理的"空间。它同时也要求，公共空间、建筑、交通以及通信设施对残疾人来说，是方便可达的。最近违反《残疾人法案》的是网络空间的便捷性问题，有用户起诉嘉信理财（一家证券经纪公司）之类的公司，因为它们的网站没有为有视力障碍和视力不佳的人设置专门的网页导航，一些银行也被起诉，因为它们的自动提款机不支持声控。[54]

最后，有的公司可能会处理多文化主义和多元性问题的原因，是因为他们认为这个问题影响到了公司的底线——盈利。看起来确实如此。大量的研究表明，珍视、鼓励，且对所有社会成员都有所贡献的公司，更有可能成功——同时盈利。[55]

公司内部的跨文化传播训练

公司对我们列出的问题如何回应？也就是说，公司对于沟通方式、价值观以及歧视和偏见问题的文化差异，该如何处理？答案就是，他们通常会聘请研究跨文化的教授，以及在跨文化传播的应用领域，即**跨文化训练**或**多元化训练**方面的专家。

跨文化培训师往往会从民族国家的层面，关注影响企业效率的文化差异。他们的课程帮助员工理解文化差异，比如日本员工和德国员工之间（就像所有我们已经发现的不同群体之间）的文化差异，如何影响着他们的工作关系和工作效率。他们也会就如何处理文化差异，利用差异提升工作关系，甚至如何利用差异来盈利，提供相关指导和意见。

多元化培训师则往往会着眼于公司内部的种族、民族或性别差异，以及相关的权力问题。多元化培训师们帮助美国的多文化公司提高了效率。他们专注处理偏见和歧视问题，让公司看到，这些问题是如何在无意识间发生的，员工又是如何无意间表达了他们的偏见和歧视（正如在前几章所描述）。培训师要做的第一步，是帮助员工发现这类不好的行为，同时建立起对这类问题的意识；之后他们会向员工展示，他们的这些态度和行为，会在公司造成什么样的严重后果（冲突、旷工等）。他们也会就不同文化的员工之间，如何提升工作关系和工作效率提供意见。

然而，最近多元化专家提醒说，传统的培训往往会因为各种原因而达不到理想的效果，比如说，整个企业组织（尤其是管理层）不太认可多元化原则，或是不愿意承担相关义务；缺乏清晰的如何将多元化目标同企业长期的战略性目标结合起来的着眼点；现有工

你知道吗？

为了让新员工能迅速融入新的工作环境，大多数公司都实行导师制。这一制度是让有经验的老员工（做导师）帮助新员工（做学生）学习特定的技能和知识。导师会作为老师和教练，教授知识，分享资源和人际关系网，因此可以为缺乏经验的新人提供一个安全的环境，学到一些新的技能，做一些具有挑战性的工作而免受损失。最近的研究发现导师合作制可以提高效率，它对员工和公司来说是双赢的。经过导师制培训的员工会在工作中遭遇更少的沮丧情绪，对工作有更强烈的满足感、更高效，同时也能降低他

作环境的惯性抵抗；强调种族和性别，反而忽略了其他人口统计学方面的多元化差异；缺乏证据证明多元化训练的价值。他们强调，多元化训练需要同更宏观的以及长期的企业目标相整合，同时各方都要接受这一原则。[57]

其中一个解决文化差异和沟通的方案就是**导师制**（详见"你知道吗？"）。

企业的社会和政治环境

我们必须考虑企业所处的社会和政治环境，此外，还要思考社会和政治事件如何影响着企业交往。例如，"9·11"恐怖袭击事件，对国内外的企业往来产生了巨大的影响。该事件导致人们对美国的企业失去信心，股市低迷，大量旅游相关的企业损失惨重，公司不得不裁员。社会事件，如发生在2003年夏天的SARS疫情，同样对企业造成了巨大的影响。许多公司都取消了对亚洲和加拿大的商业访问。同样地，该事件也产生了连锁反应，许多企业的出境旅游大受影响。

以上事件及最近发生的其他事件，影响着不同文化间的交往。这类事件导致人们与中东地区和亚洲地区之间，失去联系，害怕联系，对他们怀有戒心。"9·11"之后，也有很多针对中东人的歧视和偏见的例子发生。例如，"9·11"之后，要是谁只要长得有点像中东人，那航空公司可能会拒绝让他登机，企业也可能不会为他提供服务。SARS期间，有人拒绝跟可能来自亚洲的人有所接触，或坐在一起。唐人街的生意也关掉了，据报道还时有骚扰事件发生。

也许我们也可以思考一下，最近关于移民改革的讨论如何影响着美国企业的跨文化传播。例如，在2011年夏天，亚拉巴马州通过了一项法案（HB56），该法案规定，不持有效移民证件，即为犯罪；该法案要求，警察可以检查每一个他们怀疑的非法移民。该法案导致拉美的劳工害怕被遣返，都离开了亚拉巴马州，大量蔬菜因为无人采收都烂在了地里，许多乡村地区的经济因此受到影响。[58] 这类政策无论对合法劳工还是无正式文件的劳工都造成了歧视。

有的美国人对本国经济和文化吸引外来移民的能力满怀信心。例如，移民学者艾伦·克劳特说："我把移民看作来到美国之后，表现得像美国人的人。我们听说这些移民在某些方面不太一样，他们的观念是，他们不会被同化。这种观念与美国文化相去甚远。"[59] 有证据

们离职的可能性。工作效率提高、人事变动率降低，使公司收益增加，同时也为公司保留住了知识（一种协同效应），提供了后备人才（为以后培养领导者）。导师制在多文化的企业组织里尤其有效，新员工刚进入公司可能跟其他员工有文化上的差异，因此需要这一制度帮助他们适应新的工作规范和工作环境。

表明，移民对经济有着积极影响。他们比本地工人更有可能选择创业，而且移民创业的公司，其成长速度也快于非移民创业的公司。2011 年，每 10 万名创业者中，有 550 人是移民，而 2005 年只有 350 人。[60] 当然，如果因为经济衰退，或是更严格的移民政策，而导致这些创业者关闭公司或离开美国，这对整个国家来说，都是巨大的经济损失。总之，移民政策显然会影响移民和本地居民之间的关系。日渐增长的反移民情绪，会导致更多工作场合中针对拉丁裔的歧视。

最近大规模移民而来的拉丁裔美国人，在经济上有所成就，这一点使非裔美国人感到愤懑不平；他们认为宽松的移民政策侵害了他们的利益，因为这使得从事低工资工作的一些非裔美国人可能面临更激烈的竞争。正如第一章所述，并不只有美国才会面临这些挑战。欧洲国家，比如法国和德国，同样也面临着大量来自贫穷国家的移民所带来挑战。因此，必须记住，每一件跨文化传播的事件都发生在社会和政治环境中，几乎人人都与之有关。

小结

在本章中，我们讨论了一些跨文化商业背景下的传播问题。跨文化传播在商务场合下由于多元化的增加和全球市场的扩张而变得越来越重要。

我们还描述了不同的商业背景下出现的各种跨文化互动场景。下属和上级之间或同行之间都可能需要跨文化沟通。权力差异往往会将跨文化工作场景复杂化。

我们还讨论了商业环境中的若干传播挑战——工作价值观和沟通风格、语言使用以及商务礼仪规范和虚拟传播等的文化差异。这些文化差异还会影响到重要的商业过程——如国际谈判和关系的建立。此外，如果一个团体内只接受一种主导风格，还可能导致产生偏见和歧视。一些公司通过雇用跨文化职工或多元化培训师来提高其职场效率。最后，本文探讨了政治和经济背景如何影响着跨文化商业活动。

培养跨文化技能

1. 试图找出你的工作场所在哪些方面存在多元化。是否在种族、民族、性别、体能上存在差异？伴随着这种差异性是否还存在不同的价值观和沟通风格（面对面和虚拟环境）？

2. 试图找出你公司里不同的文化价值观。你公司的主导价值观是什么？是否与你生活周围的价值观类似？还是与你自身的价值观相冲突？抑或与其他员工的价值观有冲突？沟通风格上有差异吗？

3. 如果你的同事具有多语言背景，记住要培养良好的语言表达能力：慢慢地说，使用日常用语，避免使用俚语或幽默。同时，可以尽量复述。进行虚拟沟通——发邮件、短信、视频会议等时采用相同的策略。

4. 灵活；尽量了解别人的观点，耐心地实践。有时，多元化的工作环境要求更多的同情和理解，而这需要花时间才能得以实现。

5. 在工作场所倡导人人平等。工作场所是否满足法律规范（EEO 和 ADA）呢？

实践

1. 有新闻价值的商业：看国际新闻报道，哪些商业活动具有新闻价值？哪些商务事件被认为是重要的？哪些国家的经济被认为是最有趣的？我们是否更有兴趣了解英国或日本的商务礼仪而非肯尼亚或非洲的商务礼节呢？

2. 商业媒体：查看/阅读在线商业新闻网站，如华尔街日报网（wsj.com）或福布斯（forbes.com）。美国企业有多重视多元化问题呢？针对主导文化价值和沟通风格有多少报道？商务环境下（国内、国外）关于女性和少数民族的故事有多少？

3. 州网站：浏览州网站（如 www.yesvirginia.org）。分析弗吉尼亚州文化利益，对于哪些文化群体来说具有较大的吸引力？是否注意吸收多元化的员工加入队伍？

注释

1. Tozzi, J. (2010, July 13). Minority businesses multiply but still lag whites. *Bloomberg Businessweek.com*. Retrieved July 30, 2012 from http://www.businessweek.com/smallbiz/content/jul2010/sb20100715_469797.htm; *Strength in diversity: The economic and political power of immigrants, Latinos, and Asian in the U. S.* (2012, June). Immigration Policy Center. Retrieved July 30, 2012 from http://www.immigrationpolicy.org/sites/default/files/docs/Strength%20in%20Diversity%20updated%20061912.pdf.
2. Minority consumers lead digital shopping charge (2012, June 28). *Consumer Goods Technology*. Retrieved July 30, 2012 from http://consumergoods.edgl.com/trends/Minority-Consumers-Lead-Digital-Shopping-Charge-80879.
3. Hispanic group study shows Latino consumer trends. (2012, February 3). *Hispanic Today.com*. Retrieved July 30, 2012 from http://www.hispanic-today.com/index.php/news/categories/society-politics/225-hispanic-group-study-shows-latino-consumer-trends.
4. The rise of Asian Americans (2012, July 12). Pew Research Center Report. Retrieved July 30, 2012 from http://www.pewsocialtrends.org/2012/06/19/the-rise-of-asian-americans/.
5. *Strength in diversity: The economic and political power of immigrants, Latinos, and Asian in the U. S.* (2012, June).

6. Wounded Warriors Careers (n.d.). National Organization on Disabilities program. Retrieved July 30, 2012 from http://nod.org/what_we_do/innovation_pilot_projects/wounded_warrior_careers_demonstration/.
7. Facts about Americans with Disabilities (n.d.). U. S. Department of Justice Disabilities Division. Retrieved July 30,2012 from http://www.ada.gov/busstat.htm.
8. Luscombe, B. (2010, November 22). Woman power: The rise of the sheconomy. *Time.com*. Retrieved July 30, 2012 from http://www.time.com/time/magazine/article/0,9171,2030913,00.html.
9. Why the tail wags the dog (2011, August 6). Economics focus. *The Economist, 400*(8745), p. 66.
10. Asian-American technology executive outlines 6 strategies to break through "The Bamboo Ceiling" and achieve top corporate jobs. (2012, March 20). *Businesswire.com*. Retrieved August 1,2010 from www.businesswire.com/news/home/20120320006314/en/Asian-American-Technology-Executive-Outlines-6-Strategies-Break; Fortune 500 Black, Latino, Asian CEOs. (2012, February 19). *DiversityInc.com*. Retrieved August 1 from http://www.diversityinc.com/leadership/fortune-500-black-latino-asian-ceos/; Tysiac, K. (2012). In pursuit of inclusion. *Journal of Accountancy, 213*(6), 83–90.; Dingle, D. T. (2012). Bringing diversity to the executive suite. *Black Enterprise; 42*(11), 74–75).
11. *Missing Pieces: Women and Minorities on Fortune 100 Boards—2010: Alliance for Board Diversity Census.* (2011). Catalyst, The Prout Group, The Executive Leadership Council, the Hispanic Association on Corporate Responsibility, and Leadership Education for Asian Pacifics, Inc. Retrieved August 1, 2012 from http://theabd.org/Missing_Pieces_Women_and_Minorities_on_Fortune_500_Boards.pdf.
12. Fletcher, J. (2011, May). Leveraging franchisee diversity. *QSR Magazine*. Retrieved August 21, 2012 from http://www.qsrmagazine.com/franchising/leveraging-franchisee-diversity.
13. Chozick, A. (2005, November 14). Beyond the numbers. *Wall Street Journal*, p. R4.
14. Hymowitz (2005, November 14), The new diversity. *Wall Street Journal* p. R1.
15. Kanungo, R. P. (2006). Cross culture and business practice: are they coterminous or cross-verging? *Cross Cultural Management: An International Journal, 13*(1), 23–31; Leung, K., Bhaga, R. S., Buchan, N. R., Erez, M., & Gibson, C. B. (2005). Culture and international business: recent advances and their implications for future research. *Journal of International Business Studies, 36*, 357–378.
16. Bhasin, B. B. (2007). Succeeding in China: Cultural adjustments for Indian businesses. *Cross Cultural Management: An International Journal, 14*(1), 43–53.
17. Broome, B. J. (1996). *Exploring the Greek mosaic: A guide to intercultural communication in Greece*. Yarmouth, ME: Intercultural Press, p. 86.
18. Bhasin (2007); Negi, V. S. (2007, October 30). Cultural challenges in cross border mediation. Law and technology resources for legal professionals. Retrieved October 8, 2008 from http://www.llrx.com/features/crossbordermediation.htm; Shim, Y-J., Kim, M-S., & Martin, J. N. (2008) *Changing Korea: Understanding culture and communication*. New York: Peter Lang.
19. Kras, E. S. (1989). *Management in two cultures: Bridging the gap between U.S. and Mexican managers*. Yarmouth, ME: Intercultural Press, p. 46.
20. Copeland, L., & Griggs, L. (1985). *Going international: How to make friends and deal effectively in the global marketplace*. New York: Random House, p. 13.
21. Copeland & Griggs (1985), p. 112.
22. Varner, I., & Beamer, L. (2011). *Intercultural communication in the global workplace*. 5th edition, Boston: McGraw-Hill.
23. Bhasin (2007); Zhu, Y., Nel, P., & Bhat, R. (2006). A cross cultural study of communication strategies for building business relationships. *International Journal of Cross Cultural Management, 6*(3), 319–341; Ma, R. (2011). Social relations (Guanxi). *China Media Research, 7*(4), 25–33.
24. Brislin, R. W., Cushner, K., Cherrie, C., & Yong, H. (1986). *Intercultural interactions: A practical guide*. Beverly Hills, CA: Sage, p. 154.
25. Kristjánsdóttir, E. S., & Martin, J. N. (2010). *A case study in intercultural management communication: Icelandic managers and French, Spanish and Indian employees*. In M. Hinner (Ed.), Freiberger Beiträge zur interkultrellen und Wirtschaftskommunikation (Vol 7). Frankfurt am Main, Germany: Peter Lang.
26. Storti, C. (2007). *Speaking of India: Bridging the communication gap when working with Indians*. Boston, MA: Nicholas Brealey Publishing.
27. Varner & Beamer (2011).
28. Varner & Beamer (2011).
29. Richmond, Y., & Gestrin, P. (2009). *Info Africa: A guide to Sub-Saharan culture & diversity*, 2nd ed. Boston: Nicholas Brealey, p. 115.
30. Kristjánsdóttir & Martin (2010).
31. Jia, W. (2008). Chinese perspective on harmony: An evaluation of the harmony and the peace paradigms, *China Media Research, 4*(4), p. 25.

32. Jia, W. (1997–1998). Facework as a Chinese conflict-preventive mechanism: A culture/discourse analysis. *Intercultural Communication Studies*, 7(1), 43–61; Ting-Toomey, S., & Oetzel, J. G. (2002). Cross-cultural face concerns and conflict styles: Current status and future directions. In W. B. Gudykunst & B. Mody (Eds.), *Handbook of international and intercultural communication* (pp. 143–164). Thousand Oaks, CA: Sage.
33. Shim, T., Kim, M-S., & Martin, J. N. (2008). *Changing Korea: Understanding communication and culture*. New York: Peter Lang.
34. Varner & Beamer (2011).
35. Varner & Beamer (2011).
36. Richmond & Gestrin (2009).
37. Varner & Beamer (2011).
38. St. Amant, K. (2002). When cultures and computers collide: Rethinking computer-mediated communication according to international and intercultural communication expectations. *Journal of Business and Technical Communication*, 16, 196–214.
39. Osman, G., & Herring, S. (2007). Interaction, facilitation, and deep learning in cross-cultural chat: A case study. *Internet and Higher Education*, 10, 125–141; Thompson, L., & Ku, H-Y. (2005). Chinese graduate students' experiences and attitudes toward online learning. *Educational Media International*, 42(1), 33–47.
40. China: Communicating effectively, *Globesmart*. Retrieved August 21, 2012, from http://www.aperianglobal.com/web/globesmart/locale/?locale=CN.
41. Varner & Beamer (2011).
42. Metcalf, L. E., Bird, A., Peterson, M. F., Shankarmahesh, M., & Lituchy, T. R. (2007). Cultural influences in negotiations: A four country comparative analysis. *International Journal of Cross Cultural Management*, 7(2): 147–168.
43. Metcalf, Bird, Peterson, Shankarmahesh, & Lituchy (2007); Negi, S. (2007, October 30).
44. Pye, L. W. (1992). *Chinese negotiating style: Commercial approaches and cultural principles*. New York: Quorum, p. 103.
45. Varner & Beamer (2011).
46. Metcalf, Bird, Peterson, Shankarmahesh, & Lituchy (2007).
47. Hinner, M. B. (2005). General Introduction: Can quality communication improve business relationships? In M. B. Hinner (ed.), *Freiberger Beiträge zur interkultrellen und Wirtschafts kommunikation* (Vol 1: pp. 15–40). Frankfurt am Main, Germany: Peter Lang.
48. Zhu, Nel, & Bhat (2006).
49. Preciphs, J. (2005, November 14). Moving ahead but slowly. *Wall Street Journal*, p. R4.
50. Pierce, J. L. (2003). "Racing for innocence": Whiteness, corporate culture, and the backlash against affirmative action. In A. W. Doane & E. Bonilla-Silva (Eds.), *White out: The continuing significance of racism* (pp. 199–230). New York: Routledge, p. 213.
51. Chozick (2005, November 14).
52. Chozick (2005, November 14), p. R4.
53. Riley, J. L. (2012, May 7). Affirmative action's stigma. *Wall Street Journal (online)*. Retrieved August 1, 2012, from http://online.wsj.com/article/SB10001424052702304451104577389812043031028.html.
54. Orlick, M. H. (2012, May 3). Cyber accessibility. *Global Hospitality Group*. Retrieved August 21, 2012, from http://hotellaw.jmbm.com/2012/05/cyber_accessibility_litigation_explosion.html.
55. Toye, S. (2011, December 13). Diversity in workplace enhances bottom line. *PHYS.org*. Retrieved August 21, 2012, from http://phys.org/news/2011-12-diversity-workplace-bottom-line.html.
56. Landis, D., Bennett, J. M., & Bennett, M. J. (Eds.). (2004). *Handbook of intercultural training*, 3rd ed. Thousand Oaks, CA: Sage.
57. Davidson, M. N. (2011). *The end of diversity as we know it: Why diversity efforts fail and how leveraging difference can succeed*. San Francisco: Berrett-Koehler Publishers.
58. Pilkington, E. (2011, October 14). Alabama immigration: Crops rot as workers vanish to avoid crackdown. *The Guardian*. Retrieved August 21, 2012, from http://www.guardian.co.uk/world/2011/oct/14/alabama-immigration-law-workers.
59. Hutcheson, R. (2006, April 3). A nation of immigrants, with mixed feelings. *The Philadelphia Inquirer*, p. A01.
60. Beard, B. (2012, March 3). Report: Arizona leads U. S. in innovators. *Arizona Republic*, p. D2.

CHAPTER 12 第十二章

跨文化传播与教育

章节概要

　　教育目标
　　海外留学
　　文化教育
　　教育环境下的跨文化传播
　　师生角色
　　评分与权力
　　入学、平权法案和标准测试
　　传播、教育和文化身份
　　社会问题和教育
　　小结
　　培养跨文化技能
　　实践
　　注释

学习目标

读完本章后应能够：

1. 理解文化在树立教育目标中所扮演的作用；了解殖民化对教育目标和课程的影响；说明殖民化对海

外学习项目的影响。

2. 理解不同文化群体受教育的方式以及各种不同体验或经历的目标；能够识别印度学校、传统黑人学院以及女子学校的办学目标。

3. 解释不同的文化角色如何影响课堂交流。注意，不同的文化可能采用不同的评分体系。

4. 解释权力差异对教育环境下的沟通交流有怎样的影响。

5. 描述平权行动和反向歧视的复杂性。

6. 理解教育过程中文化属性是如何形成的。

7. 能够描述教育体系中所产生的社会问题。

关键词

非洲中心主义、欺凌、殖民教育体系、欧洲中心主义、HBCU（黑人院校）、国际学生、学习风格、逆向歧视、海外学习项目、教学方式

该奖学金对我倍加有益，因为我不仅了解了特殊教育的方方面面，而且作为一个残疾人，我亲眼目睹了美国针对残疾人的立法以及相关法律对残疾人生活的影响。我相信，诸如富布赖特奖学金对于误解和不平遍布全球各个角落的当今世界来说，更是具有史无前例的价值。与价值观、文化和生活方式不同的人们一起生活有助于我们更加深入理解这个社会——除了分享我们的生活以及社会方式，还应做出怎样的贡献呢？

史密塔·沃拉（Smita Worah）[1]

史密塔作为一个残疾人在美国的生活体验，帮助她更好地理解了美国保护残障人士的相关法律，同时也让她有了更丰富的国际留学阅历。如果说教育的重要目标之一是改变学生的生活，那么国际教育可谓是最为成功的一种体验。教育在培养文化能力强的世界公民上起着关键的作用；但是，仅仅学习另一种文化不一定能够培养出跨文化交际能力。

学习其他文化的一种常见方法是侧重于学习其语言和文学。在学习法语时，朱迪思和汤姆都学习了法语的语法和词汇，并且阅读了很多经典的法国文学作品，例如阿尔贝·加缪的《局外人》、埃

> **极速冲浪**
> 由美国教育与文化事务局资助的福布赖特奖学金（The Fulbright Scholarship）是一个

国际交流项目。自1945年开始，超过25万的参与者借此机会观察体验其他国家的政治、文化和经济制度。该项目的参与者包括学者、教授、研究生以及来自其他国家的教师，他们有的从其他国家来到美国，有的从美国去往其他国家。

米尔·左拉的《萌芽》以及居伊·德·莫泊桑的短篇小说。虽然许多学生都采用这种方法来学习法语和法国文化，并且能够为将来的跨文化生活奠定一些基础，但朱迪思和汤姆都发现，仅仅依靠这些方法无法具有美国—法国之间的跨文化交际能力。

珍妮特·贝内特和里卡·萨洛宁（Janet Bennett & Riika Salonen）在其有关跨文化教育的著作中指出："作为世界公民——将自己视为国际社会的一员，同时也是本地文化的参与者，认识到我们与他人拥有共同的未来——需要有很强的跨文化能力。"[2]但是学习如何与文化背景或体验不同的人有效地沟通等跨文化能力——无论是在当地或全球——都很难。我们甚至很少学习去听取本地社会人们的心声，更别说听取世界其他地方人们的想法了。我们可能与来自不同文化的学生相邻而坐，但我们又有多了解我们与他们到底有哪些不同呢？

教育场景是跨文化传播的一个重要方面，因为老师和学生来自于不同的文化背景，从而会带来不同的教育体验和预期。或许不同的文化中教育机构的构成体系不同，但无论怎样它们都是推动社会前进的最重要的社会机构之一。如果教育者和学生之间的沟通和交流不考虑教育机构中的文化差异，那么这些同类别机构最终可能会重蹈美国社会不公的覆辙。正如 Workforce 2020 报告中指出："大学入学率方面，白人和少数民族之间的差距实际上越来越大。"[3]尽管基于种族的大学入学壁垒减少了，但少数民族的入学率实际上降低了。改进跨文化交际能力可有助于缓解这一问题。在本章中，我们将探讨教育情境下的跨文化传播问题。

教育目标

教育的目的是什么？如前所述，教育被普遍认为是推动社会进步的一个重要途径。毕竟，在如今的社会，如果不能读或写是很难取得成功的。但是，除了阅读、写作和算术等基本能力之外，我们还需要思考一下各种不同文化所树立的教育目标。例如，意大利人要想取得成功需要获取哪些知识呢？韩国的学生需要学习哪些技能才能在韩国出人头地？这些与美国学生在社会上取得一席之地所需要学习的技能有什么不同呢？

世界上没有通用的课程。很明显，巴西人了解巴西的历史比印度尼西亚人了解巴西的历史更重要。因此，不同文化群体的教育目标很大程度上会因其成员对其自身和特定社会了解的需求而有所不同。例如，法国的学生学习法国地理，并且知道法国和英国分隔在"拉芒什海峡"两端；英国的学生会学习英国岛屿地理，了解到"英吉利海峡"横亘在法国和英国之间。我们都是通过自己的文化框架来看待这个世界。因此，在美国，与英国人一样，我们称为"英吉利海峡"，因为我们共同的语言和历史联系。教育势必会影响我们的世界观架构以及认知世界的特定方式。

然而，教育不仅仅只是因为我们希望了解自身文化的欲望。比如，在殖民地文化中，殖民政权往往将自己的教育目标和体系强加于被殖民者身上，这种**殖民教育体系**所达到的教育目标有别于被殖民者可能看重的教育目标。因此，"在殖民和新殖民历史背景下，殖民政权对于被征服的土著居民，以及以白人为代表的殖民压迫者的文化重要性和价值有等级之分"。[4] 在这些教育机构中，这意味着学生需要学习巴赫、贝多芬和德彪西而非他们自身的民族音乐；会阅读乔叟、莎士比亚、弥尔顿而不是他们的母语文学。这种教育目标的取代和更换对于这些前殖民社会的形成方式具有巨大的影响力。要想成功，必须了解和接受殖民者的文化、历史、文学以及社会，而非本地居民的文化、历史或文学、社会等。

你可能会惊讶地发现，你的教育体验反映了美国的殖民遗产。尽管人们普遍声称，我们是一个由世界各地移民组成的多文化社会，但我们关注的往往是欧洲的作家、艺术家和历史学家，而非亚洲的作家、艺术家或历史。比方说，你对于中世纪时期的了解远比日本平安时代的要多。美国成立之初是由13个殖民地构成，而这种殖民历史的余韵一直延伸到如今的教育目标中——对一些人有利，对其他人不利。

> **你怎么看？**
> 根据最近明尼苏达州立大学和加州大学圣迭戈分校的研究显示，与美国国内大学生相比，海外留学生更可能在4年内就完成学业顺利毕业。如果全国的学生都知道这个研究结果，会有更多人对海外留学项目感兴趣吗？（资料来源：http://www.insidehighered.com/news/2012/07/10/new-studies-link-study-abroad-time-graduation）

许多大学吸引了来自世界各地的学生，从而成为跨文化互动的集散地。因此，许多美国学生赴国外留学，正如许多国际学生来美国就读一样。文化差异能够对课堂教学产生较大的影响力。

海外留学

我们在教育背景下会遇到各种文化差异。或许你对于传统的美国课堂设置最熟悉不过了,但是这并非是唯一的教育场景。许多学生会选择去其他国家就读而成为"国际学生"。你或许在自己的班级里也遇到过国际学生(如表 12.1 所示),你也可能认识一些去国外念书体验另一种文化的美国学生。事实上,许多大学都有**海外学习项目**为学生提供出国留学经历。但是,海外学习机会并非人人都能平等地享有,大多数是白人,如表 12.2 所示。因为不同的教育背景下文化规范相差很大,国际学生会直接面临跨文化传播的相关问题。

表 12.1 门户开放 2011:速览

国际学生主要来源地
前五大主要来源地的学生占所有国际学生的 53.5%

排名	来源地	2009/10(人)	2010/11(人)	总数百分比(%)	变化比(%)
	全世界总和	690 923	723 277	100.0	4.7
1	中国	127 628	157 558	21.8	23.5
2	印度	104 897	103 895	14.4	−1.0
3	韩国	72 153	73 351	10.1	1.7
4	加拿大	28 145	27 546	3.8	−2.1
5	中国台湾	26 685	24 818	3.4	−7.0
6	沙特阿拉伯	15 810	22 704	3.1	43.6
7	日本	24 842	21 290	2.9	−14.3
8	越南	13 112	14 888	2.1	13.5
9	墨西哥	13 450	13 713	1.9	2.0
10	土耳其	12 397	12 184	1.7	−1.7
11	尼泊尔	11 233	10 301	1.4	−8.3
12	德国	9 548	9 458	1.3	−0.9
13	英国	8 861	8 947	1.2	1.0
14	巴西	8 786	8 777	1.2	−0.1
15	泰国	8 531	8 236	1.1	−3.5
16	中国香港	8 034	8 136	1.1	1.3
17	法国	7 716	8 098	1.1	5.0
18	尼日尼亚	6 568	7 148	1.0	8.8
19	印度尼西亚	6 943	6 942	1.0	0.0
20	马来西亚	6 190	6 735	0.9	8.8
21	哥伦比亚	6 920	6 456	0.9	−6.7

续表

排名	来源地	2009/10（人）	2010/11（人）	总数百分比（%）	变化比（%）
22	伊朗	4 731	5 626	0.8	18.9
23	委内瑞拉	4 958	5 491	0.8	10.8
24	巴基斯坦	5 222	5 045	0.7	−3.4
25	俄罗斯	4 827	4 692	0.6	−2.8

资料来源：主要来源地，国际教育机构。未经许可，不得转载。

表 12.2 留学国外的美国学生的性别和种族构成：2000—2001 vs. 2009—2010

（%）

性别	2000—2001	2009—2010
女	65.0	63.5
男	35.0	36.5
种族/民族		
白种人	84.3	78.7
亚裔、夏威夷土著或其他太平洋岛屿居民	5.4	7.9
西班牙裔或拉丁裔	5.4	6.4
黑人或非裔美国人	3.5	4.7
多种族	0.9	1.9
美洲印第安人或阿拉斯加原住民	0.5	0.5

资料来源：留学国外的美国学生的性别和种族，国际教育机构。未经许可，不得转载。

你怎么看？

从表 12.2 我们能发现，海外留学的美国学生中，女性占了 2/3。在你看来，为什么会造成这种性别上的差异？我们居住和工作的环境，全球化趋势愈发显著，男性能同女性一样，在跨国经历中受益吗？如何才能使更多男性出国留学？

历史在这些学生们的体验中扮演了重要的角色，正如他们所接受的教育体系一样。许多来自前欧洲殖民地的学生在前殖民国家的教学机构中就读。例如，印度尼西亚学生可能会在荷兰就读，印度的学生可能会在英国求学，黎巴嫩的学生可能会在法国读书。比利时人有时会认为，第二大刚果法语城市是比利时的新鲁汶，即法语鲁汶天主教大学的所在地。当汤姆问来自刚果的学生为什么他们来到比利时——曾经在刚果建立殖民地——求学时，他们指出，比利时教育体系的架构与他们自己的类似，而且他们在学校也学习法语。因此，他们能够轻而易举地在两个国家的教育机构间过渡转换。由于比利时曾经殖民过刚果，这些跨文化的联系仍然充满生气。值得注意的是，很少有来自刚果的学生会就读比利时的鲁汶天主教大学——这所大学位于鲁汶的比利时语言边境地带，通常说佛兰芒语而非法语。同样地，历史对于理解跨文化关系和跨文化交际也是非常重要的。

随着全球经济的变化，学生就读的地方以及选择学习的语言也相应地发生了变化。从表 12.3 中可以看出，赴中国留学的美国学生的数量以 90% 的超额比例增加。随着中国经济的发展，了解中国文化和语言显得日益重要。这种现象不仅限于美国，因为欧洲学生也开始将目光转向中国。"在法国，有12 000名中学生在学习中文，而10年前仅有2500人学习中文。"[5] 随着对具备中国文化和语言能力的人才的市场需求越来越多，那些具备额外技能（如工程、商务）的人才更是抢手。出国留学有助于学习到在自己祖国的教育机构内无法学到的知识，因此许多学生都利用机会去国外求学。

表 12.3 门户开放2011：速览

美国赴海外留学学生的首要目的地（前25个目的地中有14个位于欧洲以外的国家）

排名	目的地	2008/09	2009/10	总计 /%	变化 /%
	总数	260 327	270 604	100.0	3.9
1	英国	31 342	32 683	12.1	4.3
2	意大利	27 362	27 940	10.3	2.1
3	西班牙	24 169	25 411	9.4	5.1
4	法国	16 910	17 161	6.3	1.5
5	中国	13 674	13 910	5.1	1.7
6	澳大利亚	11 140	9 962	3.7	−10.6
7	德国	8 330	8 551	3.2	2.7
8	墨西哥	7 320	7 157	2.6	−2.2
9	爱尔兰	6 858	6 798	2.5	−0.9
10	哥斯达黎加	6 363	6 262	2.3	−1.6
11	日本	5 784	6 166	2.3	6.6
12	阿根廷	4 705	4 835	1.8	2.8
13	南非	4 160	4 313	1.6	3.7
14	印度	2 690	3 884	1.4	44.4
15	希腊	3 616	3 700	1.4	2.3
16	捷克共和国	3 664	3 409	1.3	−7.0
17	以色列	1 958	3 146	1.2	60.7
18	智利	3 503	3 115	1.2	−11.1
19	新西兰	2 769	3 113	1.2	12.4
20	巴西	2 777	3 099	1.1	11.6
21	厄瓜多尔	2 859	2 960	1.1	3.5
22	奥地利	2 836	2 701	1.0	−4.8
23	荷兰	2 318	2 369	0.9	2.2
24	秘鲁	2 163	2 316	0.9	7.1
25	丹麦	2 244	2 228	0.8	−0.7

资料来源：美国赴海外留学学生的首要目的地，国际教育协会。未经许可，不得转载。

当南加州大学决定停止德语教学时,许多人都感到震惊,也在疑惑于哪种语言会被优先考虑。南加州大学的文学、艺术和科学学院院长霍华德·吉尔曼说过:"曾经有一段时间,由于某些世界性事件的影响,我们以德语、俄语及其他一些语言和文化为学习重心,但现在我们对于世界有了更加广泛的认识和认知视角。"在我们生活的新世界,大学也应将注意力注意到这个"更广阔的视野"上来。

此为种族隔离的堪萨斯州托皮卡蒙罗学校,照片摄于1949年。1954年,在布朗诉托皮卡教育局案中,美国最高法院判定类似种族隔离违宪。你认为种族融合怎样改变了教育进程?环顾教室,你的教育经历中种族融合程度如何?

这个更广阔的视野从一定程度上意味着大学"想将欧洲语言资源转移到诸如中文和日文等亚洲语言上来。这一决定是鉴于亚洲对美国总体经济尤其是洛杉矶经济状况日益重要的基础之上"。[7] 不仅只有高校正积极地应对不断变化的全球环境,学生的语言学习重心也有所转移。阿拉伯语、中文、日语和韩语等专业的入学率急剧上升,而西班牙语、法语和德语的学生人数从 2002 年的 74.4% 降到 2006 年的 71.3%。[8] 面对着世界不断变换的局势,你认为在未来哪种语言会变得更重要呢?而哪种语言的重要性会有所降低呢?

虽然我们不能预测未来,尤其是可能会或可能不会发展什么样的国际关系,不过中国看似会成为未来的一支劲旅。还有什么其他的语言可能会变得日益重要?俄罗斯会发生怎样的变化?会成为一个经济支柱吗?或者资本主义会有所动摇吗?你会学习阿拉伯语吗?中东会随着石油变得日益稀缺而在未来占有更加重要的地位吗?或者替代性燃料会削弱我们的关系吗?在这种新的全球环境中工作,你如何定位自己呢?

文化教育

教育机构面向各种不同的文化群体的历史兴起和发展也与跨文化传播相关。例如，1890年的莫里尔法案确定了如今的 **HBCU** 或传统意义上的黑人大学（historically Black colleges and universities）。亚拉巴马州、特拉华、南卡罗来纳州、田纳西州、路易安那州关柏林和南达科他州霍华德都成立了 HBCU。针对这些教育机构办学目的的争论反映了人们对于教育的固有的文化态度。例如，一些批评者认为，HBCU 不但未能激励非裔美国人，反而侧重于为以白人为主导的社会培养顺从的黑人员工。比如说，一个世纪以前，著名的黑人教育学家布克·华盛顿推崇工业艺术和职业培训方面的教学，因为"一个种族只有意识到农耕与诗词歌赋同样高贵时才可能得以欣欣向荣"。[9] 要知道，一位作家写道："黑人大学——在许多情况下与高中相差无几——从国家取得的资金或从联邦政府获得的赠地是不公平的。"[10] 而这种不平等只会延续黑人和白人之间的历史不平等性——延续至今的悲剧。

还有一些教育机构是为白人女子成立的，如密西西比女子大学（MUW）和得克萨斯女子大学；也有一些是为美国原住民而成立，如梅诺米尼学院、迪内学院等教育机构。白人女子院校建立的原因与那些美国本土院校的办学目标截然不同。但是，无论哪种情况，教育都是与特定的文化息息相关，并且针对不同的学生具有不同的目的。同样地，你自身的文化属性在你的教育选择和经验中也能体现出来。

并非所有的院校都坚守其最初的使命，但是却继续吸引着那些最初成立时所针对的学生群体。密西西比女子大学被特许建立于1884年，是"美国第一所国家资助的女子大学"。近乎100年之后，随着学校政策的改变，也开始吸收男学生。[11] 如今，密西西比女子大学的校训仍然反映了其传统的使命："自1982年接收男生以来，密西西比女子大学仍然提供高水准的人文教育，明确侧重于女子的职业发展和领导才能的培养。"[12]

这些院校的少数民族和其他民族学生的教育体验不一定完全一样，因为诸如最初为白人男子成立的佐治亚理工学院等早已偏离其原始校训，而在网站上大肆宣扬："自1952年开始接收女学生，1961年佐治亚理工学院成为南方腹地的第一所未经法院批准便自主接收非裔美国学生的大学。"[13] 这些不同院校的学生体验反映了不同的历史、不同的学生构成、不同的社会背景以及办学目标。

还有许多其他类型的教育机构已不复存在，但其反响仍然遗留着。例如，"印第安学校"的成立是为了强行学生寄宿以同化美国本土居民，向美国白人社会靠拢。如今，凤凰城有一个称之为"印第安校道"的主干路，旁边坐落着凤凰城印第安学校。在写道有关俄克拉荷马州的印第安学校时，Tsianina Lomawaima 告诉我们"尽管希洛科的印第安学校在 1980 年已经封闭，但如今在俄克拉荷马州的许多地区仍然是一大社会现实问题"，[14] 校友们仍然会在固定的时间内约在一起。事实上，由于这些学校仍然将主流的白人社会文化的渗透和同化作为学校政策和实践规范的明确目标，[15] 这些学生在与自己家庭和生活社区分离后所接受到的教育"自然会对其语言运用、宗教传统和转换以及对待教育的态度和自尊等会有重大的影响"。[16]

教育的影响延续到世世代代，因为一旦语言、习俗、传统、宗教丢失，后代是很难甚至不可能挽回的。教育在维系或彻底改变各种文化社区方面具有非常大的影响力。

最近，在各种压力的驱使下，人们开始针对移民子女教育问题进行探讨。不像早期隔离学校那样，移民子女开始进入一些处于国家政府限制的学校体系下。2011 年 6 月，亚拉巴马州通过了针对无证移民最为苛刻的法律之一——HB 56。该法第 28 条要求各学校确定学生和家长的合法地位。把教育机构纳入决定学校是否合法的范围中，这意味着教育机构不再被视为仅仅涉及教育的地方。这使教育机构的认知和发展发生了转变。一些家长和学生（公民和非公民）担心这部法律对其自身的影响。但是，2012 年 8 月，第 11 区的美国联邦上诉法院推翻了这一法案（同其他法律一起）。[17] 你有何感想呢？全球移民对于教育机构会有怎样深入的影响？这将如何影响到我们对于跨文化传播的思考方式？一些校区制定了单独的项目来帮助这些学生。也有一些学校聘请双语教师来帮学生补习英语以及其他课程。例如，在内布拉斯加州的克里特岛，一个肉类加工厂吸引了许多移民工人及家庭。这种新居民的涌入改变了学校，但也带来了更多的国家援助以聘请双语教师："虽然少数民族学生的比例 10 年来从 5% 上升至 35%，但克里特岛学校的校长约翰·费罗说，国家援助支持了双语教师及其他额外费用。"[18] 相对来说，其他地方——如亚利桑那州，会禁止老师对词或概念进行讲解——即使老师知道这个词用另一种语言怎么说，因为"州法律规定，教师禁止使用任何一种英语之外的语言进行教学"。[19] 2000 年，亚利桑那州的选民通过了 203 号提议，"最严格的纯英语教学——禁止任何其他语言的书籍、教材、公告栏或教学"。[20] 争议仍然集中在帮助非英语母语者

> **信息频道**
>
> 历史上，为了同化美国印第安人，使之更好地融入白人社会，政府会要求他们上寄宿学校。白人认为，在寄宿制学校里强制性地对他们进行文化同化，是解决印第安问题的最好办法。然而强制性的文化同化使老师和学生都遭遇到大量文化上的两难。美国寄宿制学校专为在文化上有所缺失和对自己的文化过于坚持的美国人设立。在网站上查询更多这类寄宿制学校的信息：http://xroads.virginia.edu/HYPER/INCORP/Native/school.html。

适应教育体系的最好途径上。但是找出解决方式并不容易，这些困扰美国的问题以及处理问题的方式仍然延续至今。今天所做的决定将如何影响我们的未来呢？

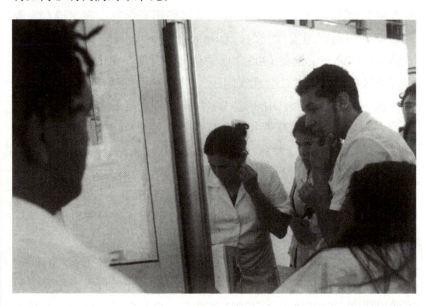

这些学生正在教室外一个带玻璃罩的公告栏前，查看公示出的成绩。在美国，成绩被认为是隐私信息。你认为成绩应当是公开的还是私密的？

信息频道

直到 1934 年，印第安事务管理局（the Bureau of Indian Affairs）下属的学校才允许讨论美国土著文化。在此之前，美国联邦政府的政策就是要"通过消灭印第安人的部落文化来达到同化他们的目的"。（资料来源：http://www.bia.gov/WhatWeDo/ServiceOverview/IndianEducation/index.htm）

宗教教育机构是文化价值观能够影响教育体验的另一个地方。在马萨诸塞州一所私立天主教机构——斯通希尔学院，一名叫凯蒂·弗雷塔斯的学生决定给学生提供避孕套。她和几个同学将几盒避孕套分配给校园的各个宿舍使用。结果，学院将其收回，因为这是违反学院政策的。该学院的发言人马丁·麦戈文说："我们公开自己的宗教信仰，我们的信仰体系是相当简单的。我们不期望校园里的每个人都赞同我们的信仰，但是我们要求人们尤其是学生对此保持尊重的态度。"[21] 一些人站在学生一边，支持其倡导安全性行为。有些人同意学院的观点，因为这些学生既然选择了上一所天主教大学，就得遵守相应的规定和政策。

同样地，一个学生完成了本科学位所有的课程却被拒于本科学历之外，部分原因就是因为一部日历的出版。查德·哈代在其为争取学位而对杨百翰大学的上诉中以败诉收场。哈代先生出版了一本名为"传教中的男人"的日历——描述了赤膊的摩门教徒传教归来的形象。他的"文凭于去年秋天被杨百翰大学扣留，也是在被经营学校的耶稣基督后期圣徒会开除教籍之后"。该校学生系主任称"该日历非常无礼，具有侵犯性，因为它刻画的传教士形象非常不得体"。[22] 他被逐出教会，并且该日历确实体现了哈代先生和教会之间价值观的冲突，但这个案例也让我们不得不对不同的教育机构所秉持的价值观进行思考。有些宗教团体已建立一些教育机构来发扬其价值观。正如性别和种族之分一样，宗教也可能影响或决定学生的教育体验。

教育环境下的跨文化传播

课堂上的许多传播行为可能会被来自不同文化背景的人误解。教育深植于文化中，我们对于教育过程的期待也是文化的一部分。我们在教室里的行为角色往往是文化对于教育影响的一部分。我们看看这些角色有何不同。

师生角色

汤姆在比利时法语区的一所大学任教时，另一位教授给了他一条有用的文化提示："在比利时，学生不会回答教授的问题，即使他们知道答案。而在美国，学生会回答教授的问题，即使他们不知道答案。"这种文化普及对于汤姆在不同背景下担任教授的角色来说很受用。尽管他在课堂上会提问，但课堂上缺乏讨论的氛围他会比较容易理解。因为担心会将自己的文化理念施加于比利时学生的头上，汤姆没有强行要求他们参与课堂讨论，也没有要求他们回答问题。随着学期的结束，一些学生已经开始在课堂上发言，即使汤姆觉得自己正朝向一种讲座式的课堂模式发展。课堂成为协调这些文化差异的场所。

这些文化差异也可能让学生和老师们倍感疑惑和迷茫。请注意以下发生在荷兰的案例：

当 Setiyo Hadi Waluyo 从他的家乡印度尼西亚来到瓦赫宁根农业大学就读时，他惊呆了。一次又一次地，教授每次提问时，都有学生回答，然后教授都会说："很正确。"

Waluyo 先生回忆道："我每次都会疑惑：到底发生什么事情了？难道学生比教授知道得还多？"[23]

学习风格（学生在不同的文化氛围内学习的不同方式）和**教学方式**（教师采用的教学风格）上的文化冲突很常见，因为学生逐渐开始远赴其他文化环境中求学。我们往往在面对不同的学习方式时才会意识到我们对于教育的文化设定。在最近的一项以在新西兰大学就读的中国学生为对象的研究中，学者普鲁霍姆斯发现，中国学生学会了适应新西兰课堂上的沟通风格，包括打断、提问和对教学素材提出质疑。他们从其他国际学生那寻求很多指导意见，以便于其快速适应，但是他们仍然发现与新西兰学生进行跨文化交流时比

你怎么看？
美国的女性或者有色人种（或两者皆是）的大学教授和老师在教学评估上的分数始终低于白人，你知道这一现象吗？想想你的课程和老师，在学期末你会如何评估他们的教学？对于老师的期望会随着他们的身份而有所不同吗？权力是如何在评估体系中运作的？

> **你怎么看？**
>
> 在不同的教育体系中，留学生主要会面临哪些困难？很多美国学生想要去英格兰或爱尔兰留学，因为不会遇到语言障碍。你认为语言问题是出国留学最大的障碍吗？去一个非英语国家留学会有怎样的收获？在网站查询更多相关信息 www.studentsabroad.com。想想看，出国留学最珍贵的经历是什么，同时需要注意些什么。

较困难。[24] 想想你对于导师行为举止的期待。或许你认为导师在课堂上应预留一部分时间来探讨教学材料或者允许学生说出他们对于那些读物的想法，或者应以"正态分布"的方式来进行评分。例如，在许多大学，学期末之前会安排学生读一些书籍，同时会参加一次期末考试，而不是给出一个阅读清单然后安排作业而已。

评分与权力

当汤姆任教于一个法语区的比利时大学时，他对导师将考试分数公布在教学楼大厅的一个大玻璃柜上而惊讶无比。考试分数是按照名字的字母顺序来排列的。学生们会围绕在名单周围，有些人会为自己的分数欢欣雀跃，有些人看到自己的分数时则还需要朋友的安慰。在美国，以这种方式公布分数是一种侵犯1974年颁布的《家庭教育权利和隐私法》（也被称之为巴克利修正案）的行为。学生的分数被认为是一种隐私信息。

你认为你成绩有多重要呢？分数应成为私密信息还是公共信息呢？不同的文化对于分数的感觉不同，不应想当然地认为各地都是一样的。在其他文化中分数意味着什么呢？你的分数对于他人而言又意味着什么呢？

正如在其他任何社交场合一样，课堂上也有对权力关系的文化期待。导师和学生之间的传播过程中往往存在着权力的差异，在不同的文化中这种差异的程度不同。例如，在美国，导师和学生之间的关系往往比其他文化要随性一些。我们的一个学生迈克尔为我们讲述了以下体现出权力差异的跨文化冲突：

> 在马来西亚海外留学项目中，我获得了自认为不公平的分数。当我在老师的办公室吐露自己的不快时，老师非常不高兴，因为我居然跑到他办公室来对他的评分评头论足。争吵白热化时，我威胁说要向学校董事会举报他，而他也威胁说要将我逐出学校！冲突升级，并最终失控……若干危险讯号告诉我是跨文化差异在作祟……在他的文化中，学生对老师决策表示质疑是一种不尊重的行为；而在我的文化中，质疑才能表示你很重视。我选择将自己的行为去向老师解释，最终冲突得以化解。我们重新审视并修正了自己的沟通行为，双方都满意而终：我得到了更好的分数，他也赢得了更多的尊重。

迈克尔的经验更加突出了文化在教育过程中的作用。教师和学生之间的关系并非全世界都一样。迈克尔决定与马来西亚的老师公开探讨文化差异，这对于解决问题非常有用。文化差异往往会导致跨文化冲突，仅仅因为双方并未正视这些差异。

"公平"和"不公平"的概念也深入到文化中。我们的评分系统远未达到普及的程度。不同的文化对于学生成绩的评估方式不同。汤姆在法语区的比利时学校任教时，他非常熟悉那边的评分系统，因为与法国的大学是相同的评分体系，最高分数是 20（基本不可能达到）。在大多数美国院校，最高分数是 A，每个班级都会有若干学生得到这个成绩。

评分等级在世界各地有所不同，而要了解特定的分数意味着什么也不完全是一件简单的事情。在南非，4~6 年级的学生评分等级为 1~4，4 是最高分数。对于 7~9 年级的学生，分数分为 1~7 等级，7 是最高分数。[25] 想要理解不同的评分系统并没有一些捷径可走，但世界教育服务网（www.wes.org/gradeconversionguide）有一个转换表格，可深入了解不同的评分体系。你可以看到，在德国"1"是一个很好的分数，而在瑞士却是很差的成绩。不要认为所有的评分标准都是一样的，也不要理所当然地想象一个班级里会给出很多最高分数。在一些文化中，没有所谓的"正态分布"式评分规则。

入学、平权法案和标准测验

有关大学入学的争论已不鲜见。由于大学资源有限且昂贵，大学的入学机会具有很大的竞争力。英国的布里斯托大学的竞争力更是如此，"每年 3 300 个本科名额却有 39 000 个申请者"[26]。大学教育高昂的成本最终导致刚果的金沙萨大学关门结业。[27]

由于大学学位具有经济上的重要性，上大学对于增强或削弱文化群体的权力非常重要。因此，许多人竭尽所能地突破障碍，争取上大学。田纳西大学反映了这种紧张关系，"直到 1961 年才开始招收黑人大学生；第一位黑人教员于 1964 年得以任命"[28]。入学最明显的障碍早已被清除。如今，大学校园再也不会因为种族而拒收学生。亚利桑那州立大学有一条不歧视声明："禁止关于种族、肤色、宗教、国籍、性别、性取向、年龄、残疾与否或特殊伤残退伍军人等歧视现象。"[29]

为了克服一些由于历史或当代原因导致不同群体入学状况与人数不协调的状况，民权运动使得平权法案政策得以树立起来。这些政策鼓励教育机构采取积极措施确保学生群体更能体现人口特征的公平公正。作为该运动的一部分，有人对院校机构"选贤任能"的能力提出了质疑，尤其是标准测试方面。我们如何知道谁更有资格被录取？最近，人们提出了一些招生过程中校友子女优先而抹灭了均等机会的相关问题。鉴于某些文化群体不被允许上大学的历史障碍，校友子女这些问题是否也体现了社会的整体现状？

在大西洋彼岸，久负盛名的巴黎政治学院确定了一项被称为法国平权行动（即法国人所说的"教育优先区"，EEP）的项目。拥有弱势背景的学生可享受"提供咨询、特别课程和参观巴黎政治学院校园"的机会[30]。这种方式的平权行动最近经受住了来自法院的挑战。法院并未质疑项目的原则，但要求该院校修正和明确列出某些规定。但是，据政府专员让-皮埃尔所述，法院并未反对创造"一条社会弱势背景的高中学生的便捷之径"[31]，其原则是使得社会各层人士都能够融入法国社会。

最近，人们对于有关招生政策的注意力也转移到招生标准本身以及招生过程中文化群体的优先与否。**逆向歧视**概念的出现或者对白人、男性或者白人男性不利的政策已成为那些主流群体争取更多空间的修辞策略。密歇根大学在一项最高法院诉讼中胜诉，即将种族作为招生决策的众多因素之一。

其他大学也面临着类似的担忧。2011年9月，加州大学伯克利分校的大学共和党举行了一次具有争议的义卖，其特色是价格根据购买者的种族和性别递加。其Facebook页面上发布了以下内容："一种烘培商品，卖给白人的价格是2美金，卖给亚洲人是1.5美金，拉美裔是1美金，非裔美国人是75美分，土著美国人则是25美分。"[32]女性可享受25美分的额外优惠。这种备受争议的价格结构是为了抗议某即将生效的立法，即"允许加州公立大学在招生过程中将种族、性别、民族/地理作为衡量的因素"。[33] 针对学生群体和教职员工多元化的争论很可能将永远不会停歇。

美国大学本科的录取标准可能还包括学习能力倾向测验（SAT）。在确定"新SAT"的过程中，一些群体很可能比其他人更受益。

在写作考试上，女生往往比男生成绩好，因此如有写作部分的增加，她们总体的分数也可能受益。男生在数学考试上通常能取得更高的分数，但是新的考试内容减少了他们擅长的抽象推理型的题目。类比题目的取消可加剧黑人与白人的SAT分数差距，因为在类比部分的成绩差距相对于整体测试来说更小。[34]

对于试图预测学术成就的价值观倍感担忧的加州大学校长，建议SAT不再作为其8个本科校园的招生标准。在发表其观点和建议时，他说"少数民族关注的是他们子女的平均成绩比白人和亚裔美国学生差。尽管对于分数上的差异原因众多，他也提出"美国社会的力量来源于其对于在重要事业上取得成就的信仰。人们应根据学生对于机会的把握能力来衡量他们"。[35] 在SAT上作出的改变可能有助于缓解一些与测试相关的问题，但仍然难以预测学业成功与否。

最近，学生结构的变化使得一些招生人员开始优先考虑男生。倾斜招生不仅是有关种族差异。俄亥俄州凯尼恩学院的招生主任在评估一个女生的申请时说："如果她是一个男生，毫无疑问会立即招收，但事实是由于年轻的男生越来越稀少，男性申请者变得更宝贵。如今，有 2/3 的大学院校都声称收到的女性申请者比男性申请者要多，并且全国有 56% 以上的本科毕业生是女生。"鉴于这种人口构成特点，一些招生人员会选择优先考虑男性申请人。虽然该院长承认了这种倾斜性对待的存在，她也指出："我很欣赏咱女儿们的辉煌成就。对于未被录取的学生及其家长，我很抱歉，但这确实是人口构成的现实状况。"[37] 你怎么看待这种倾斜政策？招生人员如何评估申请者的优劣？大学院校应如何录取学生？对于这些问题没有简单的答案，但是无论结论如何，都会影响到我们文化的发展以及相应的跨文化互动类型。

传播、教育和文化身份

一位纳瓦霍学生分享了她们部落里的人都熟知的一种文化迷思/体验。很明显，她部落的人们都遇到过所谓的"人皮生物"。这种生物有人类的脸庞动物的身体。它们总是在夜晚出现，但不是每个人都能遇到。当她把这事告诉她老师时，她老师却告诉她是不可能的。这位纳瓦霍学生真的为老师的武断感到伤心，因为这个对于她的部落以及文化背景那么神圣的事情在老师眼里却是荒诞不经的。

——莫娜

这张宾夕法尼亚州卡莱尔印度工业学校的教室照片拍摄于1902年，卡莱尔是众多试图通过消除学生的部族身份、语言和宗教达到教化目的的众多"印度学校"之一。这种教育过程对于当代的土著美国人造成什么样的后果呢？

莫娜的故事直指强化或挑衅有关文化身份、教育和传播作用的相关争论的核心。教育本身是社会化和赋权的一个重要方面。教育学专家安·洛克·戴维森指出：

> 教育被普遍认为是将不同文化的公民融入美国社会并且实现经济平等和地理分布不可缺少的因素。但是，虽然教育能够明显提高社会流动性的概率，学校对于贫困的非裔美国学生和拉美裔学童的效果甚微。[38]

同样，莫娜关于她纳瓦霍朋友的例子说明了来自于其他文化的学生在课堂上可能会体验到的疏远和陌生。

我们往往会认为，教育可为所有学生提供均等机会，但是学生们实际遭遇的不公体现了不同的对待方式。这些体验在塑造他们身份的过程中具有强有力的影响力，而学生也非常迎合这些力量。一位墨西哥裔美国高中生索尼娅这样描述她的白人教师：

> 可能是他们看你的眼神以及他们说话的方式……就像他们谈论即将辍学的学生一样。以库拉先生为例，当他在谈论到青少年怀孕或类似的事情时，他会转过身看着我们，那样子仿佛是他想环视整个教室，趁我们不注意……有时候我确实觉得他是有偏见的。[39]

像其他学生一样，索尼娅在这种教育背景下逐渐形成自己的身份。她的这种体验对于其他墨西哥裔的学生而言非常常见，因此也算是一种塑造文化身份的共有的文化体验，这不单单是个人身份的认同。

即使老师并非是公然的种族主义者，也可能没有接受到能够体现学生差异的课程等相关教育，从而无法制定相关课程。教育学教授亨利·吉鲁告诉我们，"公立学校和高等教育学生的多元化日益明显，但能够迎合学生教育生活的经济、社会和文化因素多元化的课程寥寥无几"。[40]

想想你自己所接受到的教育。你对于美国或其他地方的其他文化群体的历史了解有多少？读过多少来自各种不同文化背景的作者所撰写的书籍？接触过多少非西方的艺术和音乐？

詹姆斯·洛温的畅销书《老师的谎言》（*Lies My Teacher Told Me*）强调了在成就我们身份的过程中教育这一关键作用的相关问题。[41] 这本书中，詹姆斯通过回顾美国针对高中生的历史书籍强调了美国学生学习历史的方式。他指出了许多历史事件中一些误导性的信息，以及盲目的爱国主义。尽管该举动可鼓励美国学生成为忠诚的公民，但却无助于他们理解历史对于其文化身份的重要性以及了解过去的真正意义所在。

美国并非是唯一一个通过塑造历史来建立特定文化身份的国

你怎么看？

得克萨斯州会大量购买学校教材，因此得克萨斯州想在教材上看到的内容对于教材市场有着巨大的影响。这同样也影响着得克萨斯州数以百万计的学生。2010年，得州教育委员会批准家。2005年,"中国的反日游行——针对日本教科书涉嫌掩饰其侵略暴行——使两国的关系白热化。"[42] 日本历史教科书上的内容受到尤其是韩国和中国的严厉指责。两国都受到日本军事主义时期到"二战"后和平主义时期的影响。但是,中国、韩国和日本都意识到了教育对于建立民族身份的重要性:"它们的学生都是通过学习政府批准的书籍来了解历史的,这对于塑造民族身份非常有用。由于教科书需要中央政府的首肯,它们也体现了当前政府领导人的观点。"[23] 当然,其他国家也同样要求学生学习历史。

2001年9月11日的恐怖袭击后,沙特阿拉伯因其教育内容而遭到抨击,因为许多恐怖分子正是来自于这个国家。基于这一背景,"政府面临着来自国内外的强大压力,改变其教学内容"[44]。但是,2006年的针对这些教科书发表的一篇评论指出"本学年沙特伊斯兰教的官方课本揭示出,尽管沙特政府有了之前的声明,但该地区的公立学校体系仍然蕴藏了对基督徒、犹太人以及不遵守瓦哈比教义的穆斯林教徒的仇恨情绪。这种思想意识的灌输在一年级课本上即能够体现出来,每年逐步加强和扩展,最终在其12年级的课本上告诉学生他们的宗教职责包括对异教徒发动圣战以传播信仰"。[45] 如果还想了解更多,可浏览 www.freedomhouse.org/religion/。

虽然我们只列举了美国、日本和沙特阿拉伯,但这种历史教育上的诸多趋势不仅仅局限于这三个国家。想想你在学校时学到什么,而这些又如何影响到你的世界观。那么其他人所受到的教育又会怎样塑造其世界观、树立跨文化障碍?由于我们对于过去的看法不一致,你可以想象实现世界通用的历史书籍是根本不可能的。这是一种教育问题,很可能将继续影响跨文化关系。

社会问题和教育

许多社会问题都是在教育方面得以体现出来,并且会影响学生的教育体验。学校和学院从来都是社会文化和社会态度的一部分。我们在此想强调一些相关问题,当然还有更多的社会问题会在未来的几年浮现,大家也应该继续去了解和探索。

虽然**欺凌行为**不一定存在于跨文化互动中,但文化差异势必会加剧这一倾向。美国公共健康服务部将欺凌行为定义为"在校适龄儿童间不必要的进攻性行为,其中涉及真实存在或感知到的权力不平衡因素。该行为具有长期的重复性或重复可能性的特点"。[46] 欺凌行为可存在于言语、非言语和网络传播过程中。这种定义强调的是学龄儿童之间,但欺凌行为往往还发生在大学生之间。

了新的指导方针,即强调共和党人的历史贡献以及保守派的理念。历史和其他社会学科从来都不是"中立"的,所以要如何决定哪些内容应该包含进教材里,哪些应该被剔除出去?随着互联网的大规模使用和其在生活中变得越来越重要,学生们会去寻找其他历史和观点吗?或者他们会坚持书中所教的内容?

你怎么看?
"俄大憎恨"(OSU Haters)网站收集了俄亥俄州立大学生所发布的种族歧视

> （或其他歧视）推特。网站的目的是消除该大学存在的种族歧视以及其他歧视性现象。登录该网站，并阅读相关推特和对其的回应：http://osuhaters.tumblr.com/。你对此有何看法？种族问题、种族歧视、种族差异以及恐同和跨性别恐惧等如何塑造了学生的教育背景？该网站用社交网络旨在创造一种包容的学习氛围，这是否有效？

例如，在马萨诸塞州西部，菲比·普林斯随其母亲和妹妹从爱尔兰搬到南哈德利。她被南哈德利高中的一些学生嘲弄，被取绰号为"爱尔兰荡妇"。各种言语、非言语和网络传播中无情的欺凌最终导致她在2010年1月自杀。甚至在她自杀后，Facebook上还在流传着对她的嘲笑。事后，她的家人将其遗体运回爱尔兰安葬。[47]实施这种欺凌行为的相关人员被指控为重罪，随后经抗辩减为轻罪。

许多其他学生也都经历过欺凌的行为，有的甚至不堪凌辱导致自杀。由于上学是强制性的，被欺负的学生必须日复一日地经受这种欺凌。这些恶霸是否应接受刑事法院的审判？或者是否有其他方式教学生来面对这种文化差异呢？

种族偏见是另一种可影响到国际留学生教育体验的社会问题。虽然关于国际留学生的众多学术研究文献侧重于适应问题，但由于本地文化的偏狭，某些情况下适应起来是相当困难的。

在美国，宽容和偏狭也可能是一个社会问题。就读于加州大学洛杉矶分校的亚历山德拉·华莱士在YouTube上发布的一条有关其对亚洲学生言论的视频被疯狂流传。该视频名为"图书馆里的亚洲人"，引起了强烈的反响，并体现出种族的不稳定性以及社交媒体的强大力量。2012年4月，美国加州大学圣迭戈分校与美国司法部和解一致同意"针对黑人学生的种族骚扰（包括校园三K党等）控诉进行调查"。[51]虽然各大院校尽力创造一个适合所有学生的学习环境，但并非所有学生都能有这种条件。

随着世界的距离被拉近，学会从其他文化群体互动中受到启发对成为一个全球性的公民很重要。而教育可能是最关键的一个环节。

如前所述，教育机构以及教育过程本身的发展深深植根于文化中。当学生和教师同聚在课堂上时，文化差异可能会导致交流上的误解。当然，要逃避教育历史问题以及教育过程中可能发生的文化相关问题是不可能的，更不可能找出一种办法避免教育。毕竟，你在一个教育机构里的目的是接受教育的，与本书的作者一样，我们在教育机构里面也是有重要作用的。无论如何，我们应该考虑跨文化传播相关的一些社会问题。

首先，要意识到教育过程体现了文化权力，这点很重要。我们学习或未学习到的知识、我们在课堂上的交流方式、师生之间的关系——都涉及权力这一因素的作用。我们如何确定在各个不同的课程中学到了什么或没学到什么？谁的交流风格在课堂上成为主基调？为什么师生之间的互动总是存在一种阶层关系的味道？这些问题的答案都与权力问题相关，因此意识到课堂上每个人的文化占有不同的分量，这点很重要。

其次，要认识到教育机构的组成结构，相对于身处其中的人，在权力相关问题上往往扮演了重要的角色。因此，我们需要理解教育体系是如何影响权力关系的。例如，一些院校要求上历史或文学课程，但是他们所传授的历史和文学课程可能是**欧洲中心主义**的，即侧重于欧洲或西方的历史和文学观点。正是因为这种以欧洲为中心主义的态度，这些课程更强化了特定的世界观，使一些学生的文化身份和认同受到挑战。正如本书前面提到的，我们经常会学习到自己国家的历史。但是很显然，这种教育方法可能会为跨文化传播造成障碍。

针对这一问题，一种解决办法是传授**非洲中心主义**的相关历史传播，[52] 即以非洲而非欧洲为中心，使得非裔美国学生认识到一种完全不同的世界观以及他们的历史地位。当然，正如社会学家詹姆斯·洛温指出的："可以肯定的是，解决欧洲中心主义教科书问题的答案并非是单面的非洲中心主义历史——非洲人的每一样发明都是有益的，而白人只是创造了奴役和压迫制度。"[53] 这些课程的创新对于维护所有学生的自尊、文化认同和权力感至关重要，但是各大学校似乎并不清楚如何以一种更加包容和公平的方式去教授来自各种不同文化群体的学生。正如詹姆斯·洛温针对美国历史所说的："学生们在意识到学习历史的意义时，或者当历史学习对他们看似越来越有趣或重要时，更或者当他们相信历史可能与他们的生活和未来息息相关时，他们才会开始投入精力。只有当老师和教科书不再骗他们时，他们才会去发现历史的趣味所在。"[54]

感恩节是美国的一个重要节日。教育过程在灌输该节日的重要性时起着重要的作用。感恩节不像宽扎节、农历新年或其他具有种族特色的节日那样被专门视为"白人的"节日。
为什么你认为将感恩节看成国家节日而非仅仅是白人的节日这点很重要呢？

最后，教育学教授威廉·蒂尔尼指出："我们的高校需要更积极地发出声音——面对分歧时诚实的对话是很好的。可以肯定的是，我们绝不能淹没其他的声音……必须更努力地以尊重为前提来进行对话。"[55] 要做到这一点，我们必须指出教育过程中制造问题的文化差异。只有敢于谈论这些差异及其背后的原因，我们才可能改变教育过程。我们必须创造一种允许文化差异的存在和探讨的环境。我们需要避免想当然地认为文化无足轻重。

在其高等教育与种族主义的研究中，传播学教授珍妮弗·辛普森总结道："种族主义不只是一个理论。"对于白人来说这不是一堂简单的课就能够了解清楚的。对于接受高等教育的群体来说也不是一件易事，因为在求知的过程中，我们往往会坚持安全和可预见的路线或方式。课堂和高等教育场所中做出改变也不简单，需要各种时间和精力成本。[56] 我们是否已准备好让教育适合于每一个人——无论其背景如何——这个还有待观察。我们要意识到，不是每个人都具有相同的文化、对于学习和教学具有相同的目标和目的，这点很重要。

小结

本章探讨了文化差异给教育过程带来的一些挑战。由于教育是一种社会化和文化适应的过程，它与跨文化传播具有紧密的相关性。不同的文化具有不同的教育目标。某些国家的课程并未体现出其自身的文化，而是专注于其前殖民主义者的欧洲文化。一些特定文化背景下的教育机构可能与其他机构具有不同的办学目标。无论是老师还是学生在教育场景下都承担着一定的文化角色，甚至评分也具有一定的文化差异性，因为并非所有的教育体系都采用统一的评分体系。而不同的招生政策——有时具有歧视性——对于跨文化关系具有重要的历史和当代意义。标准测验——招生程序的一部分——有时也隐含了一些文化偏见。

我们还研究了教育中的传播能够影响学生文化身份和自尊的方式。一些老师可能会有意或无意地在课堂上传达出自己的文化偏见。最后，以欧洲为中心还是以非洲为中心的问题凸显了教育的社会相关性。

培养跨文化技能

1. 对于教育课程是强化还是挑战你的文化和文化身份的方式更敏感些。想想对于其他学生的意义是否不同。你所受到的教育是如何针对广大的学生群体的？你学习到的历史、文学、音乐以及艺术体现了怎样的偏见？

2. 了解文化特质所产生的对教育活动中特定角色的期待。如果你意识到某人的行为不像一个"老师"或一个"学生"所为，这种感觉有多少成分是来源于文化差异的？

实践

1. 地图和世界观：看世界地图。除非是一张"彼得斯投影"的地图，你会发现，赤道并不是在地图的中间，即使是环绕着世界中间地带的。为什么赤道不在地图中间，该地图可突出怎样的世界观呢？

2. 文化课程：从学校找出一张陈旧的大学目录。看看如今已不再重要或已不存在的课程，有家政类的课程吗？针对的群体是哪些？这些课程对于社会化有怎样的理论建构？工艺美术呢？当时采用的什么语言，如今又是什么语言？教育满足了怎样的文化需求？

注释

1. Worah, S. (n.d.). The Fulbright experience in the U.S. Mobility International USA. Retrieved September 2, 2012, from: http://www.miusa.org/ncde/stories/worah.
2. Bennett, J. M., & Salonen, R. (2007, March/April). Intercultural communication and the new American campus. *Change*, pp. 46–50.
3. Judy, R. W., & D'Amico, C. (1997). *Workforce 2020: Work and workers in the 21st century*. Indianapolis: Hudson Institute, p. 116.
4. Docker, J. (1995). The neocolonial assumption in university teaching of English. In B. Ashcroft, G. Griffiths, & H. Tiffin (Eds.), *The post-colonial studies reader* (pp. 443–446). New York: Routledge.
5. Hennebelle, I. (2006, April 20). Mon avenir, c'est . . . du chinois! *L'Express*, p. 80. (In France, 12,000 secondary students are now studying it. Ten years ago, there were only 2,500.)
6. Das Ende for German at USC. (2008, April 11). *Inside Higher Education*. Retrieved March 7, 2009 from: http://www.insidehighered.com/news/2008/04/11/german.
7. Brockmann, S. (2009, March 6). The study of foreign languages should not be a zero-sum game. *The Chronicle of Higher Education*. Retrieved March 3, 2009 from: http://chronicle.com/weekly/v55/i26/26a03301.htm.
8. More students, more languages. (2007, November 14). *Inside Higher Education*. Retrieved March 7, 2009 from: http://www.insidehighered.com/news/2007/11/14/languages.
9. Washington, B. T. (1971). The Atlanta Exposition address, September 1895. In A. Meier et al. (Eds.), *Black protest thought in the twentieth century* (2nd ed., pp. 3–8). Indianapolis: Bobbs-Merrill, p. 5.
10. Goodenow, R. K. (1989). Education, Black. In C. R. Wilson & W. Ferris (Eds.), *Encyclopedia of southern culture* (Vol. 1). New York: Anchor Books, p. 253.
11. *MUW history*. (n.d.). Mississippi University for Women. Retrieved from http://muw.edu/aboutmuw/history.php.
12. *Mission/Purpose*. (n.d.). Mississippi University for Women. Retrieved from http://muw.edu/aboutmuw/mission.php.
13. *About Tech*. (n.d.). Georgia Institute of Technology. Retrieved from http://www.gatech.edu/about/history.html.
14. Lomawaima, K. T. (1994). *They called it Prairie Light: The story of Chilocco Indian School*. Lincoln: University of Nebraska Press, p. 160.
15. Lomawaima (1994), p. 3.
16. Lomawaima (1994), p. xv.

17. Robertson, C., & Preston, J. (2012, August 21). Appeals court draws boundaries on Alabama's immigration law. *New York Times*. Retrieved September 1, 2012, from http://www.nytimes.com/2012/08/22/us/appeals-court-limits-alabamas-immigration-law.html; Robertson, C. (2011, October 27). Critics see 'chilling effect' in Alabama immigration law. *New York Times*. Retrieved from http://www.nytimes.com/2011/10/28/us/alabama-immigration-laws-critics-question-target.html?pagewanted=all.
18. Bauer, S. (2006, May 31). Nebraskans show immigration frustration. *The Washington Post*. Retrieved June 1, 2006, from http://www.washingtonpost.com/wp-dyn/content/article/2006/05/31/AR2006053100335.html.
19. Bland, K. (2006, February 26). State struggles to help English-learners achieve. *The Arizona Republic*. Retrieved June 1, 2006, from http://www.azcentral.com/specials/special24/articles/0226ellday1blomo0226.html.
20. Kossan, P. (2006, February 28). English-only immersion debated for schools. *The Arizona Republic*. Retrieved June 1, 2006, at http://www.azcentral.com/specials/special24/articles/0228ellprimer0228.html.
21. Schworm, P. (2009, March 5). Catholic college bars student's free condoms. *The Boston Globe*. Retrieved March 7, 2009 from: http://www.boston.com/news/local/massachusetts/articles/2009/03/05/catholic_college_bars_students_free_condoms/.
22. No degree for creator of Mormon calendar. (2009, March 2). *The Houston Chronicle*. Retrieved March 3, 2009 from: http://www.chron.com/disp/story.mpl/bizarre/6290585.html.
23. Burton, B. (2000, February 25). Preventing culture clashes: Learning styles, food, and dorm life challenge foreign students in Holland. *The Chronicle of Higher Education*, p. A56.
24. Holmes, P. (2005). Ethnic Chinese students' communication with cultural others in a New Zealand university. *Communication Education, 54*, 289–311.
25. National policy on assessment and qualifications for schools in the general education and training band. (n.d.) Department of Education, Republic of South Africa. Retrieved on March 7, 2009 from: http://www.education.gov.za/Curriculum/GET/doc/ANatioanalPolicy.pdf.
26. Bristol denies admissions bias. (2003, February 26). *BBC News*. Retrieved from http://news.bbc.co.uk/2/hi/uk_news/education/2798507.stm.
27. Juakali, K. (2001, December 19). L'Université de Kinshasa ferme ses portes. *Afrik.com*. Retrieved from http://www.afrik.com/article3775.html.
28. Brief historical sketch of the University of Tennessee. (n.d.). University of Tennessee. Retrieved from http://web.utk.edu/~mklein/brfhist.html.
29. Equal Employment Opportunity/Affirmative Action Policy. (n.d.). Arizona State University. Retrieved from http://www.eoaa.asu.edu/Pres%20EOAA%20policy%20statement.html.
30. Bollag, B. (2003, November 7). French court upholds landmark program of affirmative action in college admissions. *The Chronicle of Higher Education*. Retrieved from http://chronicle.com/prm/daily/2003/11/2003110703n.htm.
31. Laronche, M. (2003, November 7) Sciences-Po condemned to review the method of its ZEP conventions. *Le Monde*. Retrieved from http://www.lemonde.fr/web/recherche_articleweb/1,13-0,36-341087,0.html?query=sciences+po&query2=&booleen=et&num_page=1&auteur=&dans=dansarticle&periode=30&ordre=pertinence&G_NBARCHIVES=796331&nbpages=2&artparpage=10&nb_art=11.
32. Katrandijian, O. (2011, September 24). Berkeley college bakesale incites debate over racism. *ABC News*. Retrieved September 2, 2012, from http://abcnews.go.com/US/berkeley-college-bakesale-incites-debate-racism/story?id=14597584#.UEU1aI7xFR4.
33. Katrandijian (2011).
34. Cloud, J. (2003, October 27). Inside the new SAT. *Time*, 49–50.
35. Atkinson, R. C. (2001, February 18). Standardized tests and access to American universities. Robert H. Atwell Distinguished Lecture. 83rd Annual Meeting of the American Council on Education. Washington, DC. Retrieved from http://www.ucop.edu/pres/comments/satspch.html.
36. Britz, J. D. (2006, March 23). To all the girls I've rejected. *New York Times*, p. A25.
37. Britz (2006, March 23), p. A25.
38. Davidson, A. L. (1996). *Making and molding identity in schools: Student narratives on race, gender, and academic empowerment*. Albany: State University of New York, p. 22.
39. Davidson (1996), p. 128.
40. Giroux, H. A. (1996). Is there a place for cultural studies in colleges of education? In H. A. Giroux, C. Lankshear, P. McLaren, & M. Peters (Eds.), *Counternarratives: Cultural studies and critical pedagogies in postmodern spaces*. New York: Routledge, p. 50.
41. Loewen, J. W. (1995). *Lies my teacher told me: Everything your American history textbook got wrong*. New York: New Press.

42. China, Japan eye textbook tension. (2005, April 11). *BBC News*. Retrieved May 23, 2006, from http://news.bbc.co.uk/2/hi/asia-pacific/4432535.stm.
43. Onishi, N. (2005, April 17). In Japan's new texts, lessons in rising nationalism. *New York Times*. Retrieved May 23, 2006, from http://www.nytimes.com/2005/04/17/weekinreview/17onishi.html?ex=1271390400&en=60e4a68bc70713c4&ei=5090&partner=rssuserland&emc=rss.
44. Fattah, H. (2006, May 24). Don't be friends with Christians or Jews, Saudi texts say. *New York Times*, p. A10.
45. Shea, N. (2006, May 21). This is a Saudi textbook. (After the intolerance was removed.) *The Washington Post*, p. B1.
46. U.S. Department of Health and Human Services. (n.d.) Bullying definition. Stopbullying.gov. Retrieved September 2, 2012, from http://www.stopbullying.gov/what-is-bullying/definition/index.html.
47. Cullen, K. (2010, January 24). The untouchable mean girls. *The Boston Globe*. Retrieved September 1, 2012, from http://www.boston.com/news/local/massachusetts/articles/2010/01/24/the_untouchable_mean_girls/.
48. Cai, P. (2012, April 24). "This city is so dangerous": Outrage in China over Sydney train assault. *The Sydney Morning Herald*. Retrieved September 2, 2012, from http://www.smh.com.au/national/this-city-is-so-dangerous-outrage-in-china-over-sydney-train-assault-20120424-1xiv4.html#ixzz25P2pQeHv.
49. In Russia, the worst kind of racism arrives on campus. (2012, May 30). *Kommersant*/World Crunch. Retrieved September 2, 2012, from http://worldcrunch.com/russia-worst-kind-racism-arrives-campus/world-affairs/in-russia-the-worst-kind-of-racism-arrives-on-campus/c1s5477/.
50. Hennock, M. (2012, August 17). China rolls out welcome mat for foreign students. *The Chronicle of Higher Education*, p. A13.
51. Huus, K. (2012, April 13). UC San Diego agrees to overhaul handling of racial harassment complaints. *NBC News*. Retrieved September 2, 2012, from http://usnews.nbcnews.com/_news/2012/04/13/11185692-uc-san-diego-agrees-to-overhaul-handling-of-racial-harassment-complaints?lite.
52. Loewen (1995), p. 302.
53. Loewen (1995), p. 302.
54. Loewen (1995), p. 311.
55. Tierney, W. G. (1997). *Academic outlaws: Queer theory and cultural studies in the academy.* Thousand Oaks, CA: Sage.
56. Simpson, J. (2003). *I have been waiting: Race and U.S. higher education.* Toronto: University of Toronto Press, p. 196.

CHAPTER 13 第十三章

跨文化传播与医疗

章节概要

传播在医疗中的重要性
有效医疗所面临的跨文化障碍
不同文化群体的历史待遇
意识形态偏见
宗教与医疗
文化对医疗方法的影响
医疗传播中的权力影响
医疗传播中的权力失衡
医疗业
跨文化伦理与健康问题
小结
培养跨文化技能
实践
注释

学习目标

读完本章后应能够：
1. 了解医疗保健服务中传播的重要性；描述可能被

忽略的传播方式及其对于医疗服务的影响。

2. 说明有效医疗所面临的一些跨文化障碍;指出各文化群体在医疗系统中的待遇;描述偏见与歧视对医疗保健服务有怎样的影响。

3. 阐述宗教或精神信仰对于有效医疗服务有着怎样潜在的影响;指出某些医护人员对待宗教和精神信仰所持有的态度;探讨医护人员对待宗教或精神信仰的伦理意义。

4. 解释说明权力差异对医疗传播的影响。

5. 指出医生在传达病人健康等信息上的四大传播框架。

6. 描述伦理委员会的角色和意义;探讨道德医疗抉择时所面临的复杂问题。

关键词

艾滋病(AIDS)、替代性医学、善意欺骗、生物疗法、补充疗法、契约式诚实、能量疗法、伦理委员会、安乐死、肥胖接纳运动、医护人员、人类免疫缺陷病毒(HIV)、身体操作疗法、医疗行话、医疗沟通失误、医学术语、身心疗法、意识形态偏见、宗教自由、宗教史、严格的家长制、塔斯基吉梅毒项目、完全诚实

我在美国待得时间越久,就越能发现中美医疗体系上的差异。例如,在美国,老年人普遍都会在养老院度过余生,即使他们有子女。然而,在中国,子女有责任和义务照看老人,将父母送去养老院尽管不违法,但会被认为是一种有违孝道的行为。

——兰

兰对于健康医疗文化差异的描述给了我们启示:应如何以更宏观的角度来思考医疗问题呢?我们往往可能认为医疗是一种科学或医学问题,但医疗与传播其实也深植于文化当中。

跨文化传播相关的知识对于医疗背景下的交流和沟通具有重要的意义。随着美国人口老龄化和新的医疗技术的发展,医疗保健将在我们的日常生活中显得日益重要;而随着管理式医疗公司涌入市场,健康医疗已然成为一个愈加具有争议的话题。在这个

风云变幻的背景下，随着美国人口变得日益多元化，美国人开始寻求各种医疗渠道——从传统的西方医师到更具"异国情调的"东方医学举措。

本章将探讨医疗传播变得日益重要的原因。不仅仅是患者，甚至是**医护人员**——包括医生、护士、医师和理疗师以及医药技术人员——都可能来自于各种不同的文化背景。健康医疗背景下的跨文化传播和传播失误每天都可能发生。

传播在医疗中的重要性

跨文化传播由于各方面的原因在医疗背景下显得日益重要。第一，由于我们的人口日趋多元化，有关健康问题上的沟通也变得日益复杂。不仅医护人员与来自不同文化背景的人进行沟通，同样地病人还需要与护士、医生及来自不同文化背景的其他医疗人员沟通。表13.1列出了美国医生文化背景的多样性。在一些文化中，可能存在与医疗传播相关的一些特性，使探讨这些问题具有一定的难度。例如，在某些文化中，诸如精神疾病、艾滋病、禽流感、性传播疾病以及阳痿、流产等话题不会被轻易讨论。

> **信息频道**
> 美国对替代性药物的接受度越来越高。阿尔布开克（Albuquerque）的新墨西哥大学成立了生命中心（The Center for Life）。生命中心主要提供包括东西方医疗手段在内的"辅助性医疗"。根据《前线》杂志（Frontline）的统计，有30%的美国人使用替代性疗法，探索健康频道（Discovery Health）报道，仅在1997年，美国人在辅助性或替代性药物上花的钱就高达300亿美元。

表 13.1　外籍医师的祖籍

许多医生是在美国以外的学校取得医学学位的。这些国际医学毕业生（IMGs）来自许多不同的国家。在此情况下，跨文化传播具有怎样的重要性？十大IMGs 的就学国家（或地区）是：
1. 印度—19.9%（47 581）
2. 菲律宾—8.7%（20 861）
3. 墨西哥—5.8%（13 929）
4. 巴基斯坦—4.8%（11 330）
5. 多米尼加共和国—3.3%（7 892）
6. 苏联—2.5%（6 039）
7. 格林纳达—2.4%（5 708）
8. 埃及—2.2%（5 202）
9. 韩国—2.1%（4 982）
10. 意大利—2.1%（4 978）

资料来源："IMGs 来源国"，美国医学协会，2007。摘自：http://www.ama-assn.org/ama/pub/about-ama/our-people/member-groups-sections/international-medical-graduates/imgs-in-united-states/imgs-country-origin.page。

第二，医护人员和患者可能没有意识到传播的重要性。这种疏忽在医疗培训和治疗时似乎只是偶然出现，但现实是，许多医疗实践——特别是诊断过程，在很大程度上依赖于医患沟通。这种医疗缺陷体现了一种西方文化现象，"部分原因是因为相信医疗的生物医学模式——西方社会的主导模式——是基于一系列生理程序（体检、理疗、注射等）而不是双方之间的沟通"[1]。换言之，西方的医生往往在很大程度上依赖于根据身体症状来评估病情，而不是与患者之间对于病情的沟通。

但是，良好的沟通对于高质量的医疗服务至关重要。医疗服务提供者通过提问进行诊断以帮助病人了解治疗方式等；而病人会找医疗专业人员来寻求治疗方法，同时也会不可避免地问及一些问题。但是，即使是以英语为母语者也会不满**医疗行话**的使用——医生使用易混淆或难于理解的医学术语。

新奥尔良泽维尔大学药学院的院长凯斯林·肯尼迪提出了一种称为LEARN的沟通模式以帮助与患者的沟通。

L（listen）：听患者对病情的感知

E（explain）：阐述你的观点

A（acknowledge）：确认和探讨对于问题感知的差异和差距

R（recommend）：推荐治疗

N（negotiate）：共同协商治疗方法[2]

不断努力地增加你对于其他文化及其价值观和信仰——尤其是健康问题的相关了解也是非常重要的，要做到这点是不容易的，但是了解其他文化是一个终身持续的过程。

对于英语母语者都无法很好理解的医学术语，医护人员在选用这些术语时尤其需要注意。对于那些使用第二语言进行沟通的病人来说，**医学术语**——医生采用的用于描述特定医学条件的科学语言——尤其具有混淆性。文化误解的发生可导致治疗失当。这种误解有时也被称之为**医疗沟通失误**。这种沟通失误可导致医疗事故、病人药物使用错误及其他问题。日本的一项研究还表明，医疗沟通失误也可导致巨额的财务费用。如非医疗失误，64.4%的问题可能都源自于医疗服务提供者和病人（及其家属）之间的沟通不畅。[3]

第三，也可能是造成医疗服务最直接障碍的，是语言因素。一些医疗服务提供者会要求其双语员工为不会说英语的病人作口头翻译。例如，在纽约发生的一个事例中，当"一位讲西班牙语

> **极速冲浪**
>
> 你知道健康传播是一门专业吗？健康传播涵盖了方方面面的内容，比如病人与医生之间的沟通，以及在社会组织、社会支援活动和健康促进活动中的健康传播。在如今文化多样的环境中，我们应该如何处理这些问题？

> **流行文化聚焦**
>
> 《奥兹医生秀》（The Dr. Oz Show）是一档主要讨论健康问题的电视节目，广受欢迎。奥兹医生在节目上探讨大量的健康问题，同时帮助观众厘清一些医疗困惑。他也会在节目中探讨替代性疗法的相关问题。这档脱口秀曾被票选为最受欢迎的电视节目。你对他的节目风格有什么看法吗？对于他坦率地谈论大量健康问题你又怎么看？他是否帮助人们避免了医疗术语的问题？他的观众都是怎样形形色色的人？

的接待员在午休时间拒绝提供翻译服务时，圣文森特史泰登岛医院的医生请求一个年仅 7 岁的小孩告诉一位受伤的建筑工人说他需要紧急截肢"。[4] 语言在医院和药房中都可能成为问题。由纽约市布朗克斯区的儿科医生所做的一项研究发现，"药房往往会运用计算机程序来翻译处方。只有聘请讲西班牙语药剂师的药房才可能检查译文是否准确"[5]。这在医疗业中甚至产生了更多的问题。正如这项研究的作者所指出的，"我们探访了一个大型的连锁药房之后，发现电脑甚至无法翻译出一些常用的术语，如滴管，或 30 天"。[6] 许多医院依赖于员工或病人的双语子女来帮助翻译。在一所加利福尼亚州的医院，"医院往往没有任何夜间值班的讲南亚苗语的员工……甚至连一个会说苗语的子女都没有。急诊室的夜班医生们往往没有办法了解患者的病历……我问了一位医生，遇到这种情况时会怎么处理。他说：'熟能生巧吧。'"[7] 需要记住，1964 年，民权法案第六章要求，接受联邦资助的机构需要为那些英语能力有限的人员提供便利。由于许多患者依赖于联邦援助（如医疗保险、医疗补助、退伍军人福利等），针对那些英语语言能力有限的患者必须有相应的便利措施。鉴于美国以及世界上的语言种类不一，这些问题或许没有简单的解决方法，但是需要意识到这些问题，以提出处理语言差异的创新方式。

第四，医疗服务提供者和病人都同样可能会无意中犯种族中心主义的错误。医疗相关的假设和理论往往具有文化根源。请看下面的例子：节子是一个居住在美国的日本女人，她由于一种痼疾不得不住院几个月。日复一日，她变得极度抑郁，甚至一度想要自杀。但每当工作人员问她觉得怎么样时，节子都会回答说很好。这种沟通的贫乏使得护理和医务人员都不知道她已经抑郁几周了。直到她开始表现出抑郁症的生理特征时，才给予她精神会诊。问题是，节子所在的文化认为，一个好的病人是不会无病呻吟或引人注目抑或抱怨自己被抑郁缠绕而让家人尴尬的，因此她总是回答说她很好。尽管心理医生试图说服她在美国文化中所谓的"好病人"应当将所有的症状或问题提出来，节子还是需要重新界定其作为一位好病人的文化角色，以便获得更好的医疗护理。在这种情况下，医疗服务提供者和病人都需要以一种更加有效的传播框架进行协商，以确保更好地治疗。

第十三章 跨文化传播与医疗 **363**

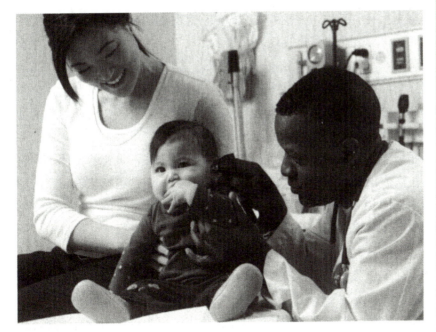

病人和医疗服务提供者来自不同的文化背景，对于医疗的相关理论和医生及护士的角色设定各不相同。这些文化差异可影响到病人所接受的健康护理方式。医疗服务提供者在提供健康服务时需要保持对文化差异的敏感性。

第五，患者的治疗往往不仅仅在于医生与病人的沟通而已，在更加注重个人主义的西方文化中，一对一的沟通往往比较有效，但还有一些其他的文化可能更侧重于医疗过程中家人的角色。因此，医生和病人之间的沟通只是沟通过程中的一个元素。不幸的是，大多数医疗传播方面的研究却局限于医生—病人之间的关系。劳雷尔·诺斯豪斯是一个护理学教授，彼得·诺斯豪斯则是传播学教授，他们指出："这种针对医护人员与家人之间互动的系统性研究缺乏，体现了医疗人员对于医疗过程中这种关系的不够重视。"[8]

这种对于家庭成员的医疗作用的文化偏见可能会导致问题。以一位因枪伤住院的萨摩亚人为例。一天当中，其家庭成员络绎不绝地来到休息室。由于其亲戚很多，医院工作人员让他们在大厅等候。家庭成员变得越来越愤怒，因为他们希望大家一起去看病人，而医院却只允许一次3个来访者。患者的家人和医院员工之间的紧张气氛继续升级，直到一位对文化差异比较敏感的医院管理者特例允许其家庭成员集体去看望病人。

伊朗也有相似的文化模式，医院可能会认为家人藐视或违反医院的探访时间，从而引起冲突。这种文化模式的出现主要是因为患者家人认为习俗上有义务待在患者身旁。

伊朗人很善于交际，去医院探访朋友或亲戚被认为是一种道义上的责任。因此探访者很多，并且会带来糖果、鲜花和礼物。病人需要社交和陪伴，大多数住院的伊朗患者喜欢有一大群喧闹的探视者。伊朗文化中，让亲近的人独自住院而没有探病者会给人一种羞耻感。[9]

如果医院工作人员明白这一点，可避免与患者家属发生文化冲突。鉴于家属在患者整个的医疗过程中非常重要，文化上的迁就可能被认为是更有效地护理患者的一种方式。

当然，家庭对患者身体的恢复能够提供非常重要的支持，他们在病人出院回家后甚至具有更重要的作用。但这也意味着，家属对病患的状况有足够的了解。因此，医护人员必须对文化差异敏感，并且做出相应的沟通调整。

最后，一些研究开始发现群体社区对于医疗的重要性。传播学者利·阿登·福特和古斯特·耶普在其社区基础上的医疗传播相关的研究中发现，以社区为基础的方法往往比专注于个体的方法更好。这种有效性部分源自于社区健康工作者"成为催化剂，通过其公共健康和传播网络角色的发挥，使得社区组织和个人发挥了更积极的作用。值得注意的是，社区健康工作者促进了个体、家庭、邻里以及社区的互动和沟通"。[10] 这种社区式的方法似乎在海地很有效。保罗·法默专注于"以社区为基础来解决健康问题，即将某些本地居民培养为医生、技术人员以及能够诊断和为邻居提供治疗的编外工作者"。[11] 以社区为基础进行健康医疗的方式与传统的一对一医疗截然不同，但似乎也非常有效。

有效医疗所面临的跨文化障碍

在第三章中，我们讨论了历史对于跨文化传播的重要性。我们来看看一些对当今医疗业具有重要影响的历史动力。这点很重要，因为医学历史决定了不同的文化社区与医疗之间的关系。

不同文化群体的历史待遇

首先，从历史上看，医护人员的不同文化意识形态针对不同群体（尤其是少数族裔）具有差别性对待的特点。正如社会学家克里斯·希林写道，"从历史上看，黑人群体的消极性建构使得他们成为围绕健康和疾病等各种社会恐慌的指责对象"[12]。历史上，有关所谓种族差异的医疗结论使一系列令人遗憾的社会现象看似合法合理，包括奴役、殖民以及移民限制等。[13]

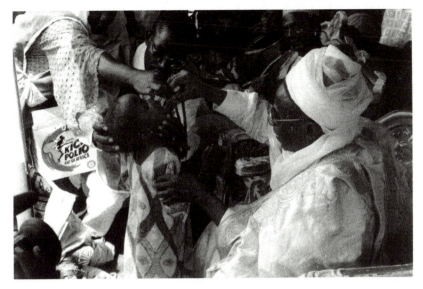

尽管在一些国家谣传脊髓灰质炎疫苗是使孩子失去生育能力的阴谋,这些医生还是在为孩子接种。是什么样的过去导致这种恐惧的产生?

这种差别待遇使得一些文化群体对当代健康医疗有了合理的怀疑根据。例如,由美国公共卫生服务组织针对亚拉巴马州塔斯基吉的非裔美国人所实施的臭名昭著的**塔斯基吉梅毒项目**。该项目历经40年之久,促使了一些问题的产生。[14] 在这项研究中,寻求梅毒治疗的黑人患者却只得到了安慰剂(糖丸),但对于自己仅是研究的一部分(作为实验控制组)这件事并不知情。该研究旨在探讨梅毒在病人体内的扩散机制。医学期刊上有定期报告发表,但疾病控制中心却仅仅收到一封一名医生提出伦理问题的信。该研究最终被勒令停止,不是在医学界的劝诫下,而是在爱德华·肯尼迪参议员进行公开谴责后。不幸的是,人们似乎一点都不奇怪这样的研究不会在比弗利山庄富裕的白种人身上进行。

塔斯基吉梅毒项目及其他一些研究项目进一步加剧了许多边缘群体对医学界的怀疑。这种"非裔美国人对医疗体系的不信任已成为优化医疗和参与临床试验的一种障碍"[15]。最近一项有关人们对医疗体系信任感知的研究表明,白人和黑人受访者之间存在信任度差异。研究人员发现,"相对于美国白人,非裔美国人似乎对医疗体系中存在的种族歧视历史具有更深刻的认识,而这种对历史歧视更强烈的意识与缺乏对诊所和研究机构的信任是密不可分的。该研究结果与我们发现的非裔美国人对医院做有害实验的担忧是一致的"。[16] 鉴于这种可怕的历史,医疗服务提供者如何与非裔美国人进行沟通以获取他们的信任呢?鉴于"在美国不同种族和族裔群体之间健康状况的不均令人担忧",我们需要侧重"发展多种传播平台和媒体之间的战略性适应性和体贴入微的健康传播",以提升整体

信息频道

全国艾滋病少数群体理事会(NMAC)是一家全国性的组织,"旨在提升有色人种解决 HIV/AIDS 问题的领导力"(在网站查看:www.nmac.org/home/)。基于你对跨文化传播的学习,你认为这个组织应该处理什么样的问题?

的健康水平。[17] 在最近的一项跨种族和教育差异的预期寿命相关研究中，研究人员发现这些差异还在持续加剧。例如，接受过大学教育的白人往往比高中学历以下的黑人寿命长 14.2 岁。这种寿命上差距的加大对于我们所生活的不同世界产生了巨大的影响。20 世纪末蔓延的**艾滋病**（AIDS，获得性免疫缺陷综合征）和**人类免疫缺陷病毒**（HIV）引起了同性恋们和少数民族的惊慌和恐惧（医学界会再次提供差别待遇）。正如艾滋病和卫生政策顾问杰弗里·列维极力指出的：

> 同性恋恐惧症并未被纳入艾滋病疫情的卫生保健系统。相反，其根深蒂固的歧视和排斥等历史原因使得同性恋人群内成立了一种单独的医疗体系。这种医疗体系即时对疾病风险作出回应，挽救了无数的同性恋以及异性恋人群的生命——而政府资助体系却乱作一团，无法筹集到操作资金。[19]

联邦政府对艾滋疫情的过慢反应受到广泛讨论和指责。传播学教授拉里·格罗斯在他关于艾滋病公共话语分析报告中总结道，"艾滋病给了我们两个教训：首先，发生在同性恋人群（以及少数民族、吸毒者和穷人）身上的疾病不会引起足够的重视；其次，只有当波及名人或重要人群的身上才可能引起人们的注意"。[20] 因此，艾滋病更进一步凸显了医疗体系和少数族裔之间固有的信任缺失。

意识形态偏见

其次，针对各文化群体的**意识形态偏见**——基于固有成见上的一系列思想意识——对医护人员和病人都有一定的影响。想象一下：护理单位的社会工作者在填写病历表格时，无意中听到员工在讨论这个病人，他们不确定病人是来自中国大陆、中国台湾地区抑或是来自越南。护士长叫来国际服务负责人才了解到原来病人来自中国台湾地区，因此需要一位会说闽南语的翻译。在继续探讨病人的相关情况时，一位员工说："她一点都不会英语吗？如果不会说英语怎么在这个国家生存呢？"另一位职员回应道："她不需要到处交际，只靠福利。"[21] 鉴于我们对于非主流文化群体所接受的医疗类型的关注，这些话语比仅仅持偏见的态度更尖酸。这种态度可能会影响到病人接受的医疗服务质量，而医护人员不可能完全公正不带任何偏见。读卫校或医学院也不可能完全避免同性恋恐惧症、种族主义、性别歧视及其他偏见。

患者也常常会对医疗体系持偏见的态度。例如，汤姆的姐夫是北卡罗来纳州的一名医生，他经常遇到一些患者不太愿意接受美国"北方佬"的治疗。经常会有病人问他："你是哪里人？"这也说明了地域差异仍然是一种障碍。由于他来自加利福尼亚州，这些病人同意他来诊治；毕竟，他不是所谓的"该死的北方佬"。地域认同会影响到人们对医护人员的信任度。

由于这种不信任，很多人更愿意从自己所在的群体获得大量的医疗信息。例如，就艾滋病而言，许多男同性恋者从同性恋群体中寻求有关实验药物和治疗的最新信息。在美国南部，一些低收入的白人认为，百忧解（抗抑郁药物）可致使人们上瘾，尽管科学证据并不支持这一点。但是，由于百忧解在这一群体里面被普遍认为是上瘾药物，患者往往会拒绝服用。这里的重点是：人们可能会由于不相信医护人员而去向同类人群寻找帮助。有时，这些群体可以提供较好的替代性医疗，正如男同性恋和艾滋病患者那样；但是也有可能会提供误导性的信息。

目前，人们一直不断地努力根治小儿麻痹症，但是却遇到很大的挫折，因为人们相信脊髓灰质炎疫苗接种会使孩子失去生育能力，并且小儿麻痹症往往在医护人员难以到达的地方蔓延。早期小儿麻痹症根除成功的经验或许难以继续：

> 从1988年35万例病患（那时第一次宣布快速根除小儿麻痹症）减到如今的2 000例患者（主要是在尼日利亚、印度、巴基斯坦和阿富汗）看似即将获得彻底的胜利。但最后阶段也是最困难的……在阿富汗和巴基斯坦所发生的战争妨碍了当地的疫苗接种计划。因此，尼日利亚北部的穆斯林人之间盛传这样的流言：疫苗接种计划实际上是一个使儿童丧失生育能力的阴谋，能够让脊髓灰质炎病毒加剧和传播。尼日利亚的发病人数现在可能已经达到10倍于其他国家。[22]

由于对疫苗存在恐惧感，脊髓灰质炎可能会进一步传播而非灭绝。但是，为什么人们会害怕这是让儿童丧失生育能力的阴谋呢？过去到底发生了什么以至于有这种担忧？

> **信息频道**
> 你知道12月1日是世界艾滋病日吗？你知道关注艾滋行动的标志是什么吗？你是否能为支持世界艾滋病日做些什么？

宗教与医疗

即使没有面临着严重的疾病或死亡，许多人仍然会寻求宗教或精神帮助以试图理解生命的复杂性。[23] 但是，在生病时，一些人还是会寻求那些科学解答不了的问题的答案。有些人会求助于精神治疗，但其他人更倾向于将精神信仰与传统的医疗服务结合起来。精神和/或宗教有时在治愈过程中起到有效的作用；而有时对于人们面对死亡也能起到积极的效果。

宗教和灵学的医疗作用仍然是一个具有争议的话题，但如今——也"仅仅开始于三十几年前"——"美国大半的医学院"会开设宗教和灵学相关的课程。[24] 但是，宗教和灵学的医疗作用引起了一系列问题：如何以符合伦理的方式将医疗措施纳入现有的信仰体系中，同时帮助病人克服任何其对于信仰所担负的压力。医护人员还应注意避免将其自身信仰强加在患者身上。例如，当一个"医生告诉其病人如果她与主同在，那么她就不会再有精神上的困惑"，这就是一种将自身信仰强加在患者身上的失误。[25] 不用说，医护人员不应该理所当然地认为所有的病人都应与其持有同样的信仰，因为世界各地的人们持有各种不同的精神信仰观点。

但是，适应宗教差异是有效医疗服务的重要部分。请看下面的例子：

苏珊·斯特朗是加州大学洛杉矶分校的一个家庭医学博士，她有一个需要服药的穆斯林病人，但又正好遇到斋月，所以白天不能饮食。在记录了**宗教史**之后——UCLA所有住院患者都需要做的事情——斯特朗选择日服一次，即可以在太阳落山之后服药。"如果我们没有谈及此事，我会开给他一个处方，一天四次，而他也不会按照处方服药。"[26]

尽管宗教和精神信仰有很大的不同，凯尼格、麦卡洛和拉森博士还是尝试调查该领域的相关研究，并且编辑了一本《宗教与医疗手册》。我们对于宗教和灵学的医疗作用的理解仍然存在着诸多未回答的问题，但是他们在与病人相处时有为医生及其他医护人员推荐了七项具体策略：[27]

- 记录宗教史
- 支持或鼓励宗教信仰
- 确保获得宗教资源
- 尊重神职人员来访
- 将牧师视为医疗团队的一部分

> **你怎么看？**
> 医院是否应该为非英语患者提供翻译人员？如果应该，要提供所有语种吗？还是少数几个？假如你正在意大利旅行，却不得不去医院，你会希望医院里有人能说英语吗？那如果是像蒙古这种几乎没人会说英语的国家该怎么办？

- 当没有神职人员时，随时做好准备充当这种角色
- 谨慎运用复杂的精神干预

其中的一些建议可能对于某些医护人员来说难以遵从，尤其是当他们追随不同的宗教、持有不同的精神信仰，或者是无神论者或不可知论者时。患者也可能不想讨论这些话题。吉姆·马丁医生是一位美国家庭医生学会负责人，他教导居民们记录精神史，但"如果患者退缩畏惧，我们不会勉强他们，而如果患者说精神信仰不重要，我们会继续教导他们一定要记录精神史"。[28]

然而，有些医生反对上述某些建议。例如，哥伦比亚长老会医疗中心的理查德·斯隆医生告诫人们不要与患者一起祈祷："会混淆关系，可能会让患者认为只要祷告就能够从一定程度上恢复健康。当然确实会改善其精神健康状态，但没有证据表明能够改善生理状况。"他对于医护人员参与宗教活动的最大担忧是"宗教操纵、限制**宗教自由**，侵犯隐私从而导致伤害。生病已经够糟糕了，身患重病更是如此，而如果再因对于宗教不够虔诚而引起自责和内疚，这些精神负担是不可取的"。[29]虽然一些医护人员可能认为精神信仰或宗教信仰有助于患者更健康，但斯隆博士指出："现在的问题是，如果证明宗教信仰是有效的，即真的能够影响寿命、发病率和死亡率以及生活品质，那为什么保险公司没有参与进来？"[30]这里的关键是，医疗过程中的文化差异和宗教分歧很难弥合。然而，道德问题应始终被优先考虑。有关这些问题上的沟通可能是解决伦理问题的关键。

许多医护人员可能不了解世界各地宗教和精神信仰的多样性。学习宗教和文化差异对于医护人员有什么益处？医护人员如何在尊重他人宗教或精神信仰的同时也不会有违自己的信仰？患者在要求医护人员适应自己的宗教或信仰自由时应表现出怎样的自信？医护人员还应知道，一些病人可能会害怕如果不追随主流宗教信仰可能会受到不好的医疗待遇。患者和医护人员应如何互相理解和让对方舒心？所有的这些问题都是在争论宗教或精神信仰的医疗作用时首先要考虑到的。

文化对医疗方法的影响

不同的文化会带来不同的健康视角——我们如何保持健康以及怎样会生病。你可能在自己家里听说过许多保持健康或避免疾病的方法。有些人听说，天冷时戴帽子很重要，因为头部会损失大量的热量；而事实上，身体上任何暴露在外的部位都会散发热量。

你怎么看？

现在，肥胖是通过身体质量指数（BMI）进行测量，它通过身高和体重的比例来计算。你的身体质量指数是多少？这一测量合理吗？是否还应该考虑其他因素？美国国家卫生统计中心通过BMI数据估算，美国20多岁的成年人当中，32.7%体重偏重，34.3%有肥胖症，5.9%极度肥胖。使用BMI作为整体健康水准的参照，其他文化如何看待这一现象？

例如，如果在寒冷的冬天穿泳衣，你身体上任何暴露在外的部分都会与头部以同样的散发率向外散发热量。有些人听说生病时要喝鸡汤，因为鸡汤具有疗效。对于其他人来说，水煮柑橘是一种能治百病的饮料。

对于什么样的状况可能需要考虑就医这点，也存在许多文化差异。例如，在美国，越来越多的人认为男人脱发可能需要寻求医学方法，例如服用落建（米诺地尔）来矫正这个"问题"。一个名为《整容室》(Nip/Tuck)的电视节目重点强调了使用药物来解决其他一些问题，而这些问题在其他文化中可能不会被看作是医疗保健问题。例如，隆胸是一种文化问题还是医疗问题？又或者都是？

人们越来越关注美国人的肥胖症。在美国以及世界各地，对待体重的文化态度有了很大程度的改变。曾经被视为财富象征的肥胖如今成为一种需要医学治疗的疾病征兆。对于体重的争论以及什么样的体重可被接受是**肥胖接纳运动**的重点。肥胖接纳运动是一种致力于结束对超重人群的歧视或者认为他们一定不健康或需要医学治疗等观点的社会活动。

在美国和其他许多国家，医学的主导模式是基于生物医学科学之上的。所有其他的方法都归属于**替代性医学**。有关医学健康的替代性医学方式无法完全统计，但主要包括顺势疗法、自然疗法和传统中药。针灸是中国传统医学中使用的方法，许多患者报告说针灸确实有效。草药的使用是传统中药学的另一方面。在中国还发明了许多其他在许多亚洲文化中被普遍接受的方法。

除了上述所列，还有太多其他对健康同样有效的替代性医学方式。这些方式有时被称之为"补充和替代医学"。目前，美国国家卫生研究所设立了一个侧重于其他医疗方式的补充和替代医学中心。有许多不同的医疗方式不算是传统的医学。这些方式被归结为四种：(1)身心疗法；(2)生物疗法；(3)身体操作疗法；(4)能量疗法。[31]

身心疗法侧重于利用心神影响身体，其中包括团体支持疗法、冥想和祈祷。**生物疗法**是指利用自然生物作为治疗的方法。这些方法包括使用药草疗法、营养补充剂以及其他天然产品。**身体操作疗法**是指运用按摩或推拿的方法来达到医疗健康的目的。**能量疗法**侧重于利用能量场来促进健康。

在结合传统西药使用的同时利用这些替代性疗法即被认为是**补充疗法**。一些医疗服务提供者接受了一种互补性方法，而另一些人对于替代性医学持否定的态度。

医疗传播中的权力影响

医疗传播情景下往往存在着权力失衡的现象。我们在第二章研究了权力的作用，但是我们再来看看权力作用在医疗背景下对于传播的影响。

医疗传播中的权力失衡

医生和患者之间的传播往往在医疗知识和治疗方式上存在权力失衡的特点。例如，患者如果没有医生开的处方可能就没办法取到药。为了拿到处方，患者必须依赖于有权力开出药剂处方的医生。在美国越来越多的保健医生可以选择向患者推荐或不推荐专家。医生在其他方面也拥有凌驾于患者之上的权力。例如，他们可以推荐某些治疗方式、预约医学测试甚至决定患者接受怎样的治疗方式。

这种权力失衡深植于美国的医疗结构中，但医患沟通也反映了这些权力差异。例如，如果朱迪思第一次去看一个医生，该医生可能会自我介绍说，"你好朱迪思，我是廷德尔医生"。如果朱迪思回应道"丽萨你好，我是马丁博士"会有什么样的后果呢？一些医生可能会被逗乐，但其他人则会因为朱迪思试图对权力失衡进行挑衅而勃然大怒。

还要注意患者在与廷德尔医生见面时可能会有潜在混乱。谁是廷德尔医生呢？她是一个实习生？一个职业医生？她在提供医疗服务时扮演着怎样的角色呢？今天还需要见多少其他的医护人员呢？因为病人在一天之中会遇到许多医疗工作人员，沟通的文化差异可能会被加剧。协商文化差异的过程对于患者来说可能尤其困难，因为每次沟通互动都很简短。

> **你怎么看？**
> 在孩子们扮演"医生"或"护士"之前，他们就已经扮演过"治愈者"的角色。不同的文化和不同的历史时期，人们照顾病人和将死之人的方法都不尽相同。今天西方社会的医生使用的治疗方法都来自于历史上文化的治愈者。所以，为什么现代科学想要把自身从类似的学科或古代传统中分离出来？

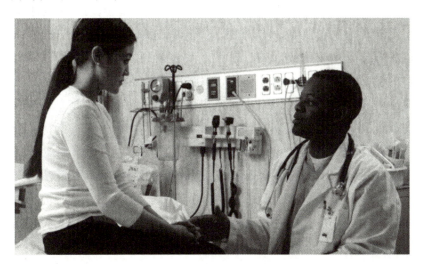

医患沟通折射出美国医疗结构内部的权力失衡。医生凌驾于患者之上的权力包括医疗专业知识，以及获取治疗、诊断与检测。

医疗业

要记住，美国的医疗行业是一个巨大的产业。医疗资源的分配对患者的影响是公众讨论中最炙手可热的话题。一个具有争议的问题是，健康维护组织是否会配给医疗资源；获得这些资源往往很不容易，也不是自然而然的。

医疗费用上涨对我们如何看待医疗资源及其分配具有巨大的影响。在美国，我们已经看到了世界各地的医疗保健系统。近期的研究表明，1999—2009年，美国家庭收入的上涨已经被医疗费用的增长抵消了。[32] 同时，医疗债务正日益成为决定宣布个人破产的一大因素。追债公司往往对医疗债务的跟进比其他债务更快。[33]

为了应对美国卫生保健系统不断增长的成本和担忧，奥巴马总统于2010年3月23日签署了患者保护和平价医疗法案。尽管有时被戏称为"奥巴马医改"，该法案的确带来了医疗保险的重大变化。它致力于减少未投保（或低保）美国群体的人数，降低整体医疗费用的上涨速率。许多变化都会在几年内发生，美国卫生服务署设立了一网站来介绍所有的变化：www.healthcare.gov。

来自政府医疗体系国家的患者可能会被美国的私营医疗系统所迷惑。美国人也会在政府有关专家和特殊医疗的规则和条例上感到无所适从。由于权力的失衡，患者需要意识到健康维护组织也是商业性质的。仅仅要求诸多的医疗服务尤其是高价位的治疗方法是不够的。

例如，迪迪埃是一个出事故后需要全面的作业疗法的法国病人。他不懂为什么作业疗法的时间那么有限，尤其是他的医生告诉他回去工作前需要更多的治疗。直到迪迪埃意识到这个健康卫生组织是一个企业时，才开始要求进行更多时数的治疗；在法国，这种服务是由政府提供的。最终，该健康卫生组织同意了提供更多的治疗。但是，迪迪埃相信，只是因为他不懈纠缠威胁使治疗成本上升了，该健康组织才同意提供额外的治疗。因此，患者需要认识到，他们是成本—收益分析的对象，并且必须坚持获取医疗资源。

2010年，由美国总统奥巴马签署的患者保护与平价医疗法案针对美国的医疗系统进行了大幅程度的改革与完善。该法案致力于减少美国无医保人士的数量，通过补贴和税收减免来精简成本，提高医疗成果。

流行文化聚焦

有大量的电视剧以医疗为背景，包括《私人诊所》(Private Practice)、《欲海医心》(Royal Pains)以及《纽约医务组》(NY Med)。一直以来医疗剧都广受喜爱，比如《综合医院》(General Hospital)、《威尔比医生》(Dr. Welby)、《医学博士》(MD)、《陆军野战医院》(M*A*S*H)。对此类工作环境的偏好展示了我们怎样的文化特质？电视剧中所描述的生老病死又反映出怎样的文化问题？有多少人遇到了跨文化的问题？他们又是如何解决的？

有什么可以将美国医学总会、医药行业、蓝十字与蓝盾协会和服务业雇员国际工会团结起来致力于一种事业呢？出人意料的是，是医疗改革。[34]

这种行为具有很大的争议性，因为它不断地改变着美国人看待医疗及其作为一个营利系统的方式。

跨文化伦理与健康问题

医疗传播的伦理标准是什么？在医患关系中，医生了解的信息远远多于患者，伦理标准是很复杂的，尤其在跨文化场景中。对于医疗中的传播伦理，医生可在四大框架下告知患者与健康状况相关的信息：（1）严格的家长制；（2）善意欺骗；（3）契约式诚实；（4）完全诚实。[35]

严格的家长制是指医生出于最大程度保证患者利益的考虑，而瞒报信息。例如，当患者患有晚期癌症时，医生可能会觉得即使告诉他或她有高血压也于事无补。**善意欺骗**是指医生选择只告诉患者部分诊断结果。例如，一位患者可能被告知他/她患有癌症，可以治疗，但并不会被告知治愈概率非常低。**契约式诚实**是指告诉病人他/她想听到或了解的信息。例如，如果患者说："我只想听可以采用的治疗方式，不需要告诉我存活的概率"，医生则可能选择听从患者的意愿。**完全诚实**是指医生选择告诉患者全部的诊断结果。一些医护人员更愿意采取这种方式以避免后续遭到起诉。但是，一些患者会因为这种方法过于直率而苦恼。例如，如果一个医生告诉患者可以采取一些非常昂贵而痛苦的治疗方法，但患者可能还是不能存活，那么患者就有理由不高兴了。

对于医疗事故诉讼的恐惧心理会导致许多伦理相关的决定。有些医疗机构会成立**伦理委员会**——往往是由医护人员、宗教领袖以及社会工作者所组成——以帮助做出伦理相关的决策。[36]在跨文化背景下，这些抉择可能是复杂的。在某些文化中，家庭与其成员的护理和医疗密切相关。在其他文化中，医学信息具有保密性并且只允许告知患者，除非他/她丧失能力或无法理解。了解与患者及家庭进行有效沟通的方式也不是轻而易举的。例如，有些患者可能不希望家庭成员参与到其治疗当中，如流产、患结肠癌或抑郁。同时，许多医疗程序具有非常大的争议性，即使是在同一文化成员之间也是如此。

流行文化聚焦

健康维护组织（HMOs）一直以来就在医疗保健问题上引起反对和争论。电影《造雨人》(*The Rainmaker*)中，一位名不见经传的律师代理了一起保险公司的案子，保险公司拒绝对得绝症男孩的治疗费用理赔。我们对健康问题的讨论是否一定得通过法律渠道才能为大众所了解？最近，电影制片人迈克尔·摩尔将健康维护组织拍进了纪录片《医疗内幕》(*Sicko*)中。电影中摩尔站在批判健康维护组织的立场上，通过对比加拿大、英国和法国的医疗保险对美国进行批判。你对健康维护组织持怎样的观点？迈克尔·摩尔对于美国医疗保险制度的描述是否公正？

医疗技术使纳迪娅·苏莱曼在生育6个孩子后又怀上了八胞胎。有人对此持批评态度。女人生多少孩子是否轮得到别人多嘴呢？在这个例子中体现了什么医疗伦理问题？

纳迪娅·苏莱曼（之前已有6个小孩）生下八胞胎的事件引起了人们对于体外受精的伦理争议。"美国生殖医学学会是生殖医学领域的领导机构，建议35岁以下的女性通过体外受精所植入的胚胎不应多于2个"。[37] 由于苏莱曼的医生植入了2个以上的胚胎，有关这一决定的伦理问题被提了出来。同时，人们还对她抚养14个子女的能力提出了伦理问题。许多人对其抚养14个子女的决定表达了强烈的情感和关心。你认为医生怎样做比较合适？纳迪娅·苏莱曼应怎么做？如果她决定按照自己所愿想生多少便生多少，这是否也关其他人的事？在这一案例上你会如何看待伦理问题？

在某些宗教制度中，**安乐死**由于涉及结束绝症病人的生命而被视为自杀，从而不被接受。在其他宗教中，安乐死对于绝症病人来说是可接受的。关键问题在于病人在这种情况下有多少控制权，一个医生如果其伦理意识与患者的不同，则应该有多大的权力，以及国家在制定阻止或允许安乐死的法律中又持有多少权力？

小结

在本章中，我们研究了一系列跨文化传播和医疗相关的问题。跨文化传播在医疗中变得日益重要，因为人口也日趋多元化。传播对于医疗服务的运作至关重要，而这种传播不仅仅是介于患者和医生之间。

我们也应注意有效医疗所遇到的障碍。不同的医疗和医学研究历史在某些文化群体中会引起不信任的局面。塔斯基吉梅毒项目和艾滋病便是不同的文化群体是如何开始不相信医疗体系的例子。许多医护服务提供者和患者也持有一些为有效治疗以及医疗资源的提供造成障碍的偏见意识。此外，宗教信仰也可能造成传播和医疗的挑战。

最后，我们将注意力转向健康传播中的权力问题。医患之间以及患者和健康维护组织之间往往存在着权力失衡问题。针对健康问题有四种伦理途径：严格的家长制、善意欺骗、契约式诚实和完全诚实。

▌培养跨文化技能

1. 反思一下你自己的家族历史和传统医疗。你的家庭成员中是否有许多从事医护行业？你成长过程中是否需要经常看医生？你对医生有怎样的信任度？

2. 想想在医疗情景下如何与他人沟通。作为患者，在接受诊断治疗过程中，你是否意识到与医生或护士沟通的重要性？你对各种健康问题持有的什么文化态度可能会对更有效的沟通造成障碍？例如，你是否对询问有关自己身体的问题而感到害羞？

3. 想想医护人员如何与你沟通。例如，如果你有一种需要与医生进行大量互动的严重疾病，他是你想信任的人吗？

4. 想象医护人员可能会怎样鼓励病人进行更开放的沟通，以便于他们能够接受更好的医疗服务。

▌实践

1. 媒体与医疗：观看新闻媒体有关健康的报道，因为这些问题关系到大多数相关的文化群体。例如，艾滋病是否仍然被错认为是"同性恋病情"？汉坦病毒是否被认为是一种纳瓦霍病？文化群体与疾病在哪些方面可能会被混为一谈？

2. 有关医疗方面的沟通：向医护人员讲述他/她在沟通过程中存在的文化差异。沟通过程中存在哪些主要的问题？将来你会提出怎样的建议以避免这些问题？

注释

1. Pauwels, A. (1995). *Cross-cultural communication in the health sciences*. South Melbourne, Australia: Macmillan Education Australia, p. 3.
2. Quoted in Edlin, M. (2012). Cultural competency means better patience service. *Drug Topics*, *156*(6): 18.
3. Aoki, N., Uda, K., Ohta, S., Kiuchi, T., & Fukui, T. (2008). Impact of miscommunication in medical dispute cases in Japan. *International Journal for Quality in Health Care*, *20*(5): 358–362.
4. Bernstein, N. (2005, April 21). Language barrier called health hazard in E.R. *New York Times*, p. B8.
5. Sharif, I., Lo, S., & Ozuah, P. O. (2006). Availability of Spanish prescription labels. *Journal of Health Care for the Poor and Underserved*, *17*(1), 67.
6. Sharif et al. (2006), p. 67.
7. Fadiman, A. (1997). *The spirit catches you and you fall down: A Hmong child, her American doctors, and the collision of two cultures*. New York: Farrar, Straus and Giroux.
8. Northouse, L. L., & Northouse, P. G. (1998). *Health communication: Strategies for health professionals*. Stamford, CT: Appleton & Lange, p. 103.
9. Bahjati-Sabet, A., & Chambers, N. A. (2005). People of Iranian descent. In Waxler-Morrison, N., Anderson, J. M., Richardson, E., & Chambers, N. A., *Cross-cultural caring: A handbook for health professionals* (pp. 127–161). 2nd ed. Vancouver: University of British Columbia Press.
10. Ford, L. A., & Yep, G. A. (2003). Working along the margins: Developing community-based strategies for communicating about health with marginalized groups. In T. L. Thompson, A. M. Dorsey, K. I. Miller, & R. Parrott (Eds.), *Handbook of health communication* (pp. 241–261). Mahwah, NJ: Erlbaum, p. 253.
11. Arnst, C. (2006, May 29). Health as a birthright. *BusinessWeek*, p. 20.
12. Shilling, C. (1993). *The body and social theory*. Newbury Park, CA: Sage, p. 58.
13. See, for example, Gilman, S. L. (1985). *Difference and pathology: Stereotypes of sexuality, race and madness*. Ithaca, NY: Cornell University Press; Gilman, S. L. (1988). *Disease and representation: Images of illness from madness to AIDS*. Ithaca, NY: Cornell University Press; Harding, S. G. (Ed.). (1993). The *"racial" economy of science: Toward a democratic future*. Bloomington: Indiana University Press; Harding, S. G. (1998). *Is science multicultural? Postcolonialism, feminisms, and epistemologies*. Bloomington: Indiana University Press; Mondimore, F. M. (1996). *A natural history of homosexuality*. Baltimore: Johns Hopkins University Press; Stoler, A. L. (1995). *Race and the education of desire*. Durham, NC: Duke University Press.
14. Solomon, M. (1985). The rhetoric of dehumanization: An analysis of medical reports of the Tuskegee Syphilis Project. *Western Journal of Speech Communication*, *49*, 233–247.
15. Scherer, C. W., & Juanillo, N. K., Jr. (2003). The continuing challenge of community health risk management and communication. In Thompson, Dorsey, Miller, & Parrott, p. 228.
16. Boulware, L. E., Cooper, L. A., Ratner, L. E., LaVeist, T. A., & Powe, N. R. (2003, July–August). Race and trust in the health care system. *Public Health Reports*, *118*, 363–364.
17. Kreps, G. L. (2006). Communication and racial inequalities in health care. *American Behavioral Scientist*, *49*, 1–15.
18. Olshansky, S. Jay, et al. (2012). Differences In Life Expectancy due to race and educational differences are widening, and many may not catch up. *Health Affairs*, *31*(8): 1803–1813.
19. Levi, J. (1992). Homophobia and AIDS public policy. In W. J. Blumenfeld (Ed.), *Homophobia: How we all pay the price* (pp. 217–232). Boston: Beacon Press, p. 217.
20. Gross, L. (1993). *Contested closets: The politics and ethics of outing*. Minneapolis: University of Minnesota Press, p. 34.
21. Northouse & Northouse (1998), pp. 288–289.
22. So near, so far. (2009, January 22). *The Economist*. Retrieved January 30, 2009 from: http://www.economist.com/world/international/displaystory.cfm?story_id=12972597
23. Aldridge, D. (2000). *Spirituality, healing and medicine: Return to the silence*. Philadelphia: Jessica Kingsley.
24. Kalb, C. (2003, November 10). Faith & healing. *Newsweek*, p. 44.
25. Kalb (2003, November 10), pp. 55–56.
26. Kalb (2003, November 10), p. 54.
27. Koenig, H. G., McCullough, M. E., & Larson, D. B. (2001). *Handbook of religion and health*. Oxford: Oxford University Press.
28. Kalb (2003, November 10), p. 54.
29. Sloan, R. P. (2003, November 10). 'Religion is a private matter.' Interview with C. Kalb. *Newsweek*, p. 50.
30. Sloan, R. P. (2000, January/February). Religion, spirituality and medicine. *Freethought Today*. Retrieved from http://www.ffrf.org/fttoday/jan_feb00/sloan.html.

31. National Center for Complementary and Alternative Medicine. (2007, February). What is CAM? National Institutes of Health. Retrieved March 5, 2009 from: http://nccam.nih.gov/health/whatiscam/overview.htm.
32. Auerbach, D. I., & Kellermann, A. L. (2011, September). "a decade of health care cost growth has wiped out real income gains for an average U.S. Family," *Health Affairs*, *30*(9): 1630–1636.
33. Carrins, A. (2011, August 18). Medical debt cited more often in bankruptcies. *New York Times*. Retrieved September 5, 2012, from http://bucks.blogs.nytimes.com/2011/08/18/medical-debt-cited-more-often-in-bankruptcies/.
34. Arnst, C. (2009, February 2). Health reform: Stumbling blocks still remain. *BusinessWeek*, pp. 60–61.
35. Pauwels (1995), p. 272.
36. Kreps, G. L., & Kunimoto, E. N. (1994). *Effective communication in multicultural health care settings*. Thousand Oaks, CA: Sage, pp. 67–69.
37. Stateman, A. (2007, February 9). The octuplet mom speaks, and questions grow. *Time*. Retrieved March 5, 2009 from: http://www.time.com/time/nation/article/0,8599,1877962,00.html.

词 汇 表

accommodating style（随和式风格）：强调一种克制情感、迂回处理冲突的方式

adaptors（适应性动作）：情感控制相关的姿态或举动

adventure tourism（探险旅游）：远出偏僻之地，参与某种具有挑战性的户外活动

affirmative action（AA，反歧视行动）：鼓励雇用少数民族及妇女的废除歧视性措施

Afrocentric（非洲中心主义）：以非洲或非裔美国人的文化标准（包括信仰、价值观等）作为诠释行为和态度的标准

age identity（年龄身份）：针对某种年龄所特有的举止、观点和行为方式等文化传统的认同感

AIDS（艾滋病）：获得性免疫缺失症状；一种通过性关系或血液接触而传播的 HIV 病毒类疾病，对人体的免疫系统形成攻击和损害（同 HIV）

alternative medicine（替代性医学）：与医学权威标准相对立的医学方法，可涉及整体医学、精神性医学及/或非西方健康理念

Americans with Disabilities Act (ADA，美国残疾人法案)：要求商业场所对身患生理残疾的雇员进行适当补偿的法案

anti-Americanism（反美主义）：对美国，尤其是美国政府所持有的负面观点、情感甚至行为

argot（行话）：仅行内人能够理解的特殊交流方式

assimilable（可同化）：个人放弃自身文化底蕴而顺应和认同主流文化的一种适应性

authenticity（原真性）：在旅游业中，对不同于游客日常生活的"真实"文化体验的探求

back translation（回译）：将已经翻译好的一种外语文献还原成源语言的翻译过程

benevolent deception（善意欺骗）：表面上为了病人着想而隐瞒消息

bilingual（双语人才）：能够流利或顺畅地说两种语言

biologically based practice（生物疗法）：采用自然生物类产品提供治疗方法

blog（博客）：网络日志；由个人定期写些评论、事件描述或其他诸如表格或视频的网站

boundary maintenance（边界维护）：当地人与游客互动关系的约束规则

bullying（欺凌）：学校儿童之间由于权利失衡而多次发生的攻击性行为

class identity（阶层身份）：一种对于某个与自己具有类似经济、职业或社会地位的社群的归属感

class structure（阶级结构）：社会收入水平的经济结构；由这种结构界定了上中下及其他社会阶层

cocultural group（共文化群体）：某民族文化中存在的非主导性文化群体——例如，非裔美国人或华裔美国人群体

code switching（语码转换）：从一种语言或交流方式转换为另一种语言或交流方式

collectivism（集体主义）：将集体的目标、需求和观点凌驾于自身目标、需求或观点之上（与个人主义对立）

colonial education system（殖民教育体系）：由殖民势力在殖民地建立的学校体系，通常会禁止使用本土语言或探讨本土文化

colonial histories（殖民史）：将国际侵略和吞并合法化的历史过程

communication（通信交流）：以某种符号过程来创造、修复和转换事实的过程

communication style（交流方式）：以特定的方式来传达希望听者接受或理解某言语内容的元信息

complementarity（互补性）：一种相互吸引法则。例如，我们有时会被那些与我们不同的人相吸引

compromise style（折中性）：一对来自不同文化的情侣之间各自放弃一些自身的文化习惯和信仰，尽量减少跨文化差异的一种互动风格

conflict（冲突）：两个或多个相互独立的个体或群体之间的干扰或冲突，他们拥有不同的目标、价值观或行为方式

consensus style（协商式）：跨文化伴侣之间针对文化差异采用协商的方式来进行互动的风格（与折中式、闭塞式和顺从式的风格不同）

constructive identity（建设性文化身份）：与周围不同文化进行积极协调，形成一种新的多重文化身份情感的一种认同感

contact cultures（接触文化）：人们互动时距离较近且频繁有身体接

触的文化群体——例如，南美、中东以及欧洲南部的文化群体（见非接触文化）

contact hypothesis（接触假说）：跨文化接触可导致对其他文化群体的态度更为积极和包容，但这仅限于特定的条件下

context（语境）：交流的物理或社会场景

contractual honesty（契约式诚实）：仅告诉病人他或她想了解的信息

cosmopolitans（世界公民）：认为自己是世界公民并且相互之间都负有责任的人们

cross-cultural training（跨文化培训）：为了能够在不同的文化或者国际背景下进行有效的沟通而传授知识、技能和动机的讲习班

cross-cultural trainers（跨文化培训师）：教人们熟知其他文化标准，并且提升其余不同文化人群互动的培训师

cultural contact（文化联系）：通常由于规模较大的文化迁移、战争等导致两个或多个文化之间有所交集，

cultural group histories（文化群体历史）：某国家内各文化群体的起源、迁移以及发展和维护其文化特质的历史过程

cultural identities（文化身份）：由我们所属的文化所界定的文化身份

cultural imperialism（文化帝国主义）：通过传播文化产品而占领主导地位

cultural space（文化空间）：构建不同地方文化底蕴的特定的通信构成

cultural texts（文化语境）：传播文化标准、价值和信仰的文化产品（如杂志、电视节目、电影等）

culture（文化）：特定群体的人们所共有的习得性行为和态度

culture industries（文化产业）：以商品形式生产和销售大众文化的产业

culture shock（文化冲击）：由于缺乏熟悉感而产生的短期不适感或迷惑感

cultural tourism（文化旅游）：侧重于学习某地方的历史、语言和/或特定文化特点的旅游类型

cyberspace（网络空间）：计算机网络等能够进行在线沟通交流的电子媒介

cybertourism（虚拟旅游）：一种允许参与者通过新型的虚拟现实技术进行旅游的形式，该旅游形式通常不受时间、距离、消费或人类劣根性的限制

deception（欺骗）：让他人相信伪事实的行为

demographics（人口统计学特征）：某种群的年龄、性别以及收入等总体特征

diaspora（流散）：通常是由于战争或饥荒或屠杀而发生的大规模迁移，最终导致某个统一群体的流散

diasporic histories（移民历史）：跨国迁移、奴役、宗教屠杀或其他历史原因而导致的跨国文化群体迁移的历史过程

direct approach（直接解决策略）：强调冲突本质上是一件好事，应迎难而上

discrimination（歧视）：因某种成见或偏见而形成的行为，通常导致某特定文化群体成员（种族）的平等参与或权利被否决

discussion style（探讨式风格）：结合了直接或情感压制的方式，侧重于以直接运用言语的方式来处理争议

diversity training（多元化培训）：为在（通常是指某国内）跨文化（如不同种族、民族、性别、性取向等）和差异权势之间进行更有效的工作而传授的知识、技能和行为动机。

dynamic style（动态风格）：采用一种更具情感张力表达方式的间接交流方式

ecotourism（生态旅游）：具有环境或自然优势的旅游业

electronic colonialism（电子殖民主义）：运用科技形式进行的占领或剥削行为

emblems（象征性动作）：具有特定语言意思的手势或姿势

embodied ethnocentrism（具体化的民族优越感）：在自己的文化环境中针对其他的空间、行为或举动所产生的舒适和熟悉感

emotionally expressive style（强调情感表达的策略）：在争议讨论过程中侧重于情感的张力和表达

encapsulated identity（密封性文化身份）：在不同文化身份之间游移不定，通常会产生一种文化身份的模糊感

enclaves（聚居区）：由其他国家领地所包围的地区；居住在某个重大文化群体领地的少数文化群体

energy medicine（能量疗法）：使用能量场来保持健康的方式

engagement style（投入式风格）：侧重于直面言语的方式来处理冲突

equal employment opportunity（EEO，平等就业机会法）：反职场歧视法案

equivalency（对等性）：一种转译原则，在意思、价值或数量等上具有均等性

ethics（伦理）：约束个人或群体行为的规则理论

ethics committees（伦理委员会）：为做出医疗抉择提供指导的群体；通常由医疗教授、行政人员、律师、社会工作者、宗教会员以及病患代表而组成

ethnic histories（民族历史）：特定民族的历史进程

ethnic identity（民族认同）：针对某特定民族身份的一系列观点；一种在了解某群体所共有的特性基础上对该群体所持有的归属感

ethnocentrism（民族优越感）：以自己的民族为中心；通常会将自己的民族文化凌驾于他人之上

Eurocentric（欧洲中心论）：以欧洲文化为中心或认为欧洲文化具有优越性

euthanasia（安乐死）：结束身患绝症患者的生命

eye contact（眼神接触）：一种非言语的交流方式，在互动沟通过程中传达出尊重、身份的意思，通常还传递出轮流沟通的意思。

facework（面子功夫）：为维持我们或他人的脸面而运用的特定的沟通策略

facial expressions（面部表情）：传递出某种情感态度的面部表情

facilitated intergroup dialogue（促进群体间对话）：由本杰明·布鲁姆提出的一种和平对话方式（包括听和说，并非说服而是澄清）。其前提是，政府官员在面对长期存在的冲突时无法独立解决，而必须依靠群众领袖和人民大众

family histories（家族史）：家族成员共同了解的知识体系，以及代代相传的风俗、礼节和家族故事

fat acceptance movement（肥胖接纳运动）：结束歧视超重人群的社会运动，认为他们的身体一定不健康或需要医疗治疗

folk culture（民俗文化）：与财务收益无关的传统文化

friendship（友谊）：一种个人（非恋人）之间的关系，具有特定文化含义

gay relationships（同志关系）：同性之间的恋人关系

gender histories（性别史）：男性和女性的文化传统被创建、维系以及/或改变的历史

gender identity（性别身份）：对男性和女性的文化特质的认可

gestures（手势）：使用手和胳膊动作的非言语沟通方式

globalization（全球化）：不同国家之间媒体、商业和文化的日益频繁的联系

global nomads（全球流浪者）：由于父母迁移而不得不在许多不同文化背景下成长的人

grand narrative（宏大叙事）：对于人类历史和观点的统一叙述

HBCU：黑人院校

health care professionals（医护人员）：医疗体系中病人所接触的医生、护士以及所有其他的医务人员

heterogeneity（异质性）：由不同或相异的元素所构成

hidden histories（鲜为人知的历史）：在主流历史事件的影响下被遗忘或鲜为人知的历史

high-context communication（强语境交流）：一种信息多数蕴含在语境和非言语线索中而非以文字形式明确表达出来的交流风格（与弱语境交流对立）

HIV：人体免疫缺陷病毒

home（家庭）：我们成长的直接文化背景；我们所生长的地方

Homo narrans（叙事性）：拉丁语，指人类叙事的倾向

host（本地人）：指旅游区的居民

hyphenated Americans（带连字符的美国人）：指不仅具有美国公民身份同时还是某少数种族成员的美国人

identity（身份）：对于我们是谁的界定。身份特征可能会因视角（如社会心理学、交际或批判观点）的不同而理解有别

illustrators（阐释性动作）：辅助讲演的工具

immigration（移民）：永久性或长期性迁移到新的国家、地区或环境生活

improvised performance（即兴表演）：来自两个不同文化的人在相处过程中进行表演式的互动方式

incompatibility（不相容性）：两个或多个人之间在目标、价值观或期待值上的不协调性

indirect approach（间接解决策略）：侧重于避免冲突的解决方式

individualism（个人主义）：相对于群体，侧重于个人的身份、信仰、需求、目标和价值观（与集体主义相对应）

intellectual histories（思想史）：强调思想观发展史的文献

intercultural communication（跨文化传播）：来自不同文化背景的人们之间的互动

intercultural conflict（跨文化冲突）：来自不同文化背景的两方在目标、价值观或期待值上有着真实的不兼容性

intercultural dating（跨文化交往）：对跨文化情侣关系的追求

intercultural relationships（跨文化关系）：来自不同文化的个人之间所形成的关系

interdependent（相互依赖的）：一种相互影响的状态；在一段关系中一个人影响另一个人的举动或行为

interlanguage（语际语）：当非本族语使用者将自己母语中的语法或结构融入另一种语言中时便称为语际语

intermediary（中间人）：在正式场合中，是指调解双方冲突的第三方专业人士，如律师、房地产经纪人或顾问；在非正式场合中，中间人可以是过来干涉的朋友或同事

international conflict（国际冲突）：国际层次上的冲突，通常是国家之间的冲突

international negotiation（国际谈判）：两个国家团体（具有共同但相互冲突的利益关系）以互赢为目标解决冲突的过程

international students（国际学生）：在其他国家就读高中或上大学的学生（见"海外学习计划"）

interpersonal allies（人际盟友）：致力于更好的人际或群体间关系的人或朋友

interpersonal conflict（人际冲突）：个人而非群体或国家之间发生的冲突

interpretation（口译）：用另一种语言将口述或书面的表达内容用言语表达出来的过程

intimacy（亲密）：情感亲密度

language（语言）：使用大家熟知的符号进行沟通的方式

language acquisition（语言习得）：学习语言的过程

language policies（语言政策）：确定何时、何地用哪种语言的法律或习俗

learning styles（学习风格）：学生在不同的文化中学习的不同方式

low-context communication（弱语境交流）：一种侧重于使用文字代替非语言线索或语境来传达多数信息的交流风格（与强语境交际相对应）

macrocontexts（宏观语境）：影响交流的政治、社会、历史、背景和环境等

majority identity development（多数族裔身份发展）：对优势群体归属感的发展

manipulative and body-based practices（实践性身体疗法）：利用按摩或其他操作身体的方法来达到健康的目的

maquiladoras（边境加工厂）：墨西哥术语，指在美国—墨西哥边境成立的组装工厂（主要是美国公司），大多数聘请的是墨西哥

劳工。

masculinity/ femininity value（男性/女性气质维度）：一种文化区分维度，包括女性化程度——重视流动性角色、生命质量、服务、关系和相互依赖型，以及男性化程度——强调不同性别角色、目标、物质主义和独立性

media imperialism（媒介帝国主义）：通过媒体来进行主导或控制

mediation（仲裁、调解）：通过第三方介入来解决双方冲突的行为

medical jargon（医疗行话）：医学术语，尤其是指那些对于行外人士来说容易混淆或难以理解的表达方式

medical miscommunication（医疗沟通失误）：由于沟通问题而出现在医学上的误解

medical terminology（医学术语）：医生精确描述病情所常用的一系列科学术语

melting pot（熔炉）：一种比喻的表达方式，指移民或少数文化民族被美国主流文化同化而失去其原有的文化底蕴

mentoring（导师制）：在合作关系中，一个人向其他人分享自己的知识、技能、信息和视角来让其在个人或职业上有所成长

migrating（移居）：一个人离开其出生和成长的文化背景，而搬迁到新的文化背景下长期生活下去

mind-body medicine（身心医学）：指利用其心神来影响其身体生理状况的治疗方法

minority identity development（少数族裔身份发展）：对于非优势性群体归属感的发展

MMORPGs（多人在线角色扮演游戏）：参与者与环境、事物和其他参与者进行互动

mobility（移动性）：从一个地方移到另一个地方的状态

monochromic（单一性）：一种时间理论，认为时间是线性发展的，并且是可失可得的商品

multicultural identity（多重文化身份）：由于频繁的或多种文化交叉而形成的一种居中感

multilingual（多语言人才）：能够流利或顺畅地说两种以上语言的能力

multinational（跨国的）：指公司在两个或多个国家都有营业操作

multiracial and multicultural people（多民族和多元文化的人）：指传承了多个种族或文化群体底蕴的人

national history（国家史）：对一个国家具有重大影响力的过去事件

的整体叙述

national identity（国家身份）：国家公民身份

neighborhood（社区）：根据文化身份（通常是民族或种群）界定的居住区域

noncontact cultures（非接触文化）：相对于接触文化群体，人们在沟通时更愿意保持更多的距离、更少的接触。英国和日本都更倾向于非接触文化（与接触文化相对应）

nonverbal codes（非语言代码）：理解非语言行为（包括沟通双方保持的距离、眼神交流、面部表情、手势、时间定向以及沉默等）所表达的含义的代码体系

nonverbal communication（非语言传播）：通过语言以外的其他方式进行沟通——例如，面部表情和着装等

obliteration style（删除式）：来自于不同文化的情侣间，在处理冲突时，双方都尝试磨灭其自身文化的一种互动风格（与折中式、协商式和顺从式对应）

pacifism（和平主义）：反对在任何场景下使用武力

peacebuilding（和平建设）：在社会上向着平衡和稳定努力的过程，确保新的事端不会升级到暴力和战争

perception（观念）：我们选择、组织、理解外部和内部刺激继而形成世界观的过程

personal identity（个人身份）：对于自身的见解和认识

personal space（私人空间）：指一个人周围的空间区域，如有侵犯可能会导致不适感或冒犯的迹象

phonology（语音学）：有关语音的学习体系

physical ability identity（体能身份）：一个人根据其身体（如视觉、听力和体重）而短时或长久的特征来判断自身

physical appearance（外形特征）：一种重要的非语言代码，包括诸如体重、身高、体型以及个人装扮等物理特征

physical attraction（身体吸引力）：对他人的外表而产生的性欲望

political conflict（政治冲突）：由于政治问题而产生的社会冲突

political histories（政治史）：侧重于政治事件的历史叙述

polychromic（多重性）：认为时间是循环的，而且更加具有整体性

popular culture（流行文化）：一种当代文化形式，由于该类文化产品的大众使用而普及开来，包括大多数人都了解或共享的系统或产品，包括电视、音乐、视频以及流行杂志等

postcolonialism（后殖民主义）：过去被殖民的民族为呼吁独立和自

由而开展的知识、政治和文化运动

power（权利）：各种社会和结构优先权的多层次状态

power distance（权力距离）：一种文化多样性维度，与人们对权利分配不均的接受程度

pragmatics（语用学）：研究如何构建意思让听者接受，以及语言是如何在特定场景下加以运用的

prejudice（偏见）：很少或者根本没有来由地对某个文化群体所持有的（通常是负面的）态度

prejudicial ideologies（偏见的意识形态）：根据固有的思想成见而秉持的一系列观点和想法

racial and ethnic identity（种族和民族身份）：对于特定种族或民族群体的认同。尽管过去种族群体是按照生物特点来分类，但现在大多数科学家都意识到种族是在流动的社会和历史背景下所形成的

racial histories（种族历史）：非主流种族的历史

reader profiles（读者概要）：杂志对于读者人口统计的描述

regionalism（区域主义）：对于（具有重要文化意义的）特定区域的忠诚度

regulators（调控性动作）：引导对话发展尤其是轮流状态的手势或姿态

relational messages（关系信息）：指我们对他人的感觉所表达出的（语言和非语言）信息

relativist position（相对主义立场）：认为我们所讲的语言，尤其是语言结构，形成了我们对现实和文化模式的观点（与唯名论立场和合格相对论立场相对应）

religious conflicts（宗教冲突）：指由于根深蒂固的观点和宗教信仰而出现的冲突

religious freedom（宗教自由）：毫无恐惧地信奉某宗教的能力

religious histories（宗教史）：关于信仰以及与该信仰相关且对于某文化群体来说具有重要意义的活动惯例的知识体系

religious identity（宗教身份）：对于某宗教群体的归属感

resistance（抵抗）：为避免侵略而可能采取相对积极或更加武断的行为

restraint style（情感抑制策略）：采用一种很平静的方式来讨论争议的冲突解决方式

retreatism（逃避）：本地人对游客持逃避的态度

revitalization（振兴）：在某些区域旅游业相关的经济效益

romantic relationships（情侣关系）：由爱、认同、分享、敞开心扉以及相互联系不可分等构成的亲密关系

self-awareness（自我意识）：与跨文化交流能力相关；针对你如何成为一个沟通者以及了解你的优势和劣势等品质

self-reflexivity（自我反思）：一种学习如何了解自我以及理解自己所处社会地位的过程

semantics（语义学）：有关单词及其意思的学习

sexual orientation histories（性取向历史）：有关过去同志或女同性恋经历的历史

silence（沉默）：无言语信息

similarity principle（相似性原则）：一种关系吸引力原则，我们往往会被那些与我们相似的人所吸引

social conflict（社会冲突）：不同群体之间由于不等或不公平的社会关系所引发的冲突

social histories（社会史）：侧重于不同群体过去日常生活经历的历史叙述

socially responsible tourism（社会责任型旅游业）：指偏重于积极的经济、社会、文化和环境影响的旅游产业

social movements（社会运动）：有组织的社会活动，参与人员希望一起努力带来社会变化

social positions（社会地位）：我们在社会上所处的位置，影响因素包括性别、种族、阶级、年龄、社会角色、性行为等

social roles（社会角色）：我们在特定文化中所承担的角色——例如，母亲、哥哥、社区领导等

socioeconomic class histories（社会经济阶层历史）：与群体社会阶层以及经济实力相关的知识体系

source text（源文本）：翻译的源语言版本（与"目标文本"相对应）

staged authenticity（舞台真实）：当本地人改变自己的文化表现方式去满足游客的期望时所呈现出的本土文化便不具有真实性

status（地位）：一个人在社会或组织上所处的相对位置

stereotypes（刻板印象）：对某个群体的人所普遍持有的信仰

stereotyping（成见化）：抱有成见地看待

strict paternalism（严格的家长制）：医生为了病人的利益提供的失真信息

study-abroad programs（海外学习项目）：为海外学生提供学科学分的

大学教学计划

submission style（顺从式）：来自不同文化的情侣间，其中一人通过摒弃或否决自己的文化而向另一人的文化模式屈服的互动模式（与"折中式""协商式"和"删除式"相对应）

syntactics（语法学）：针对某种语言的结构或语法的学习体系

target text（目标文本）：源语言文本被翻译出的新语言文本（与"源文本"相对应）

teaching styles（教学方式）：教师在不同文化中采取的不同教学方式

third culture style（第三文化风格）：两个人在尝试适应对方风格时形成的一种新的交流方式

third culture kids (TCKs, 第三文化儿童)：由于在许多不同的文化背景下成长而发展了多重文化身份的孩童

tourists（游客）：去其他国家或地区的拜访者

translation（笔译）：使用另一种语言将现有的口述或书面文字进行转译的过程

traveling（旅行）：通过空间移动到另一种文化背景

Tuskegee syphilis project（塔斯基吉梅毒项目）：一个针对梅毒研究的政府资助项目，疾病治疗的对象不包括非裔美国人男性，将其作为实验控制组

U-curve theory（U形曲线理论）：一种有关移民文化适应理论，在移民适应一种新的文化环境时会经历一些普遍的极端（兴奋/期待、冲击/迷茫、适应）

uncertainty avoidance（不确定性规避）：一种关于规避不确定性、模糊性以及非常规观点和行为的文化多样性维度

universalist position（普世主义立场）：强调不同文化之间信仰相似性的一种伦理方法——例如，群体内的杀戮或被判

unmitigated honesty（完全诚实）：医生对病人毫无保留地进行医疗诊断沟通

values（价值观）：认为某些观点比其他理念更加重要的价值体系

verlan（反读）：法语术语，单词的音节或单词调转过来读取

volunteer tourism（voluntourism，志愿者旅游）：一种结合假期旅游和服务型项目的旅游形式

Whiteness（白人属性）：与白人身份相关联的特性

worldview（世界观）：对于现实和人类行为本质的基本看法